『老乞大』와 『朴通事』 언해서의 중국어음 연구

『老乞大』와 『朴通事』 언해서의 중국어음 연구

초판 1쇄 인쇄 2019년 10월 10일
초판 1쇄 발행 2019년 10월 15일

지은이 신용권
펴낸이 오세정
펴낸곳 서울대학교출판문화원

출판등록 제15-3호

주소 08826 서울 관악구 관악로 1
대표전화 02-880-5252 | **팩스** 02-889-0785
도서 주문 02-889-4424, 02-880-7995
이메일 snubook@snu.ac.kr
홈페이지 www.snupress.com

ISBN 978-89-521-2059-5 93720

『老乞大』와 『朴通事』 언해서의 중국어음 연구

신용권 지음

서울대학교출판문화원

A Study on Chinese Readings in the Versions of Nogeoldae Eonhae and Baktongsa Eonhae

Shin, Yongkwon

Seoul National University Press

■ 책머리에

필자가 『老乞大』와 『朴通事』의 언해서를 처음 접한 것은 1992년 김완진 선생님의 서울대학교 대학원 수업에서이다. 생생한 구어 자료를 보여 주고 동일한 내용에 대해서 일정한 기간을 두고 수정하여 여러 차례 간행이 이루어진 이 책의 간본들은 역사언어학에 관심을 갖고 대학원에 막 입학한 학생에게는 매우 매력적인 자료로 다가왔다. 선생님께 부여받은 발표 주제는 노걸대언해서의 마지막 간본인 『重刊老乞大諺解』에 나타난 중국어 구개음화의 양상과 원인 문제였는데, 당시 중국어를 전혀 알지 못했던 필자는 몇 주일간 해답을 찾기 위하여 고심하였다. 결국 『老乞大』와 『朴通事』의 언해서에 나타난 중국어음 문제는 석사논문의 주제가 되었고, 이를 계기로 필자는 중국어 역사언어학을 평생의 업으로 삼게 되었다.

본서는 그간 필자가 『老乞大』와 『朴通事』의 언해서를 연구해 온 결과물들을 종합적으로 정리한 책이다. 석사논문 이후 다른 주제들을 연구하기도 하였지만 『老乞大』와 『朴通事』의 언해서를 비롯한 朝鮮 漢學書에 나타난 중국어음 표기 문제는 필자가 늘 관심을 가지고 있던 주제였다. 조선 한학서에 나타난 중국어음 표기는 당시의 漢學者들이 그들의 중국어 관련 지식을 최대한 활용하여 훈민정음으로 공들여 표기한 것으로 조선시대의 중요한 언어학적 성과이기 때문이다.

필자는 중국어 역사언어학 방면의 연구를 시작하면서 세 가지 문제를 꼭 연구해 보리라 다짐하였다. 첫째는 한국에서 간행된 중국언어학 관련 자료 문제이고, 둘째는 훈민정음 창제에 영향을 미친 中國韻書 문제이며,

셋째는 이른 시기에 우리말에 차용된 중국어 어휘 문제이다. 본서는 미흡하기는 하지만 첫 번째 문제에 대한 소박한 결과보고서라고 생각하며 이제 첫 번째 단계를 어설프게 지나고 있지만 다음 단계의 연구를 위한 기반이 될 수 있을 것이라고 생각한다.

본서에 나타난 오류나 미흡한 부분은 전적으로 필자의 책임이지만, 필자가 이만큼이나마 학문적으로 성장할 수 있도록 도움을 주신 많은 분들께 깊은 감사의 마음을 가지지 않을 수 없다. 석사논문 지도교수이신 성백인 선생님께서는 역사비교언어학 연구의 필요성과 한국어 계통 연구에서의 중국어 연구의 중요성에 대하여 깨우쳐 주셨고 서울대학교 언어학과의 여러 선생님들께서는 언어학적인 기초를 다질 수 있도록 많은 가르침을 주셨다. 박사논문 지도교수이신 권재일 선생님께서는 서울대학교출판문화원에서 저서를 낼 수 있도록 추천하고 늘 격려하여 주셨다. 그리고 『老乞大』와 『朴通事』 언해서의 자료적 가치에 대하여 처음 알려주신 김완진 선생님께도 감사를 드린다. 여러 선생님들께서 도와주시지 않았다면 이 책은 출판되기 어려웠을 것이다.

끝으로 본서를 출판할 수 있도록 해 주신 서울대학교출판문화원의 기획위원 여러분께 깊은 감사의 말씀을 드린다.

2019년 9월 30일

신용권 삼가 씀

■ 『老乞大』와 『朴通事』 언해서의 간본

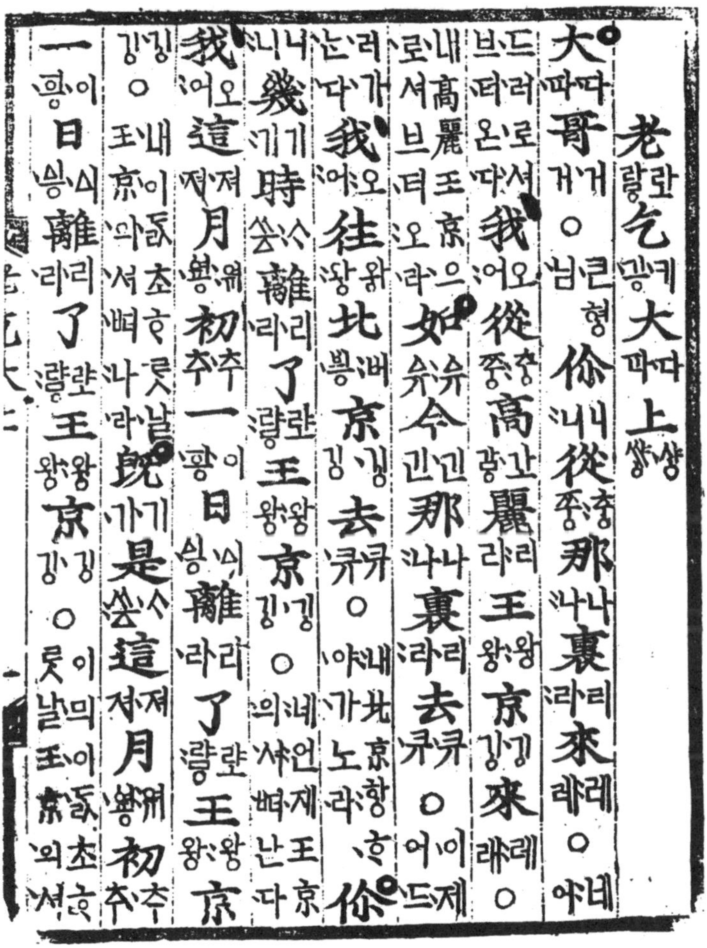

『飜譯老乞大』(1515년경, 1980년 아세아문화사 영인)

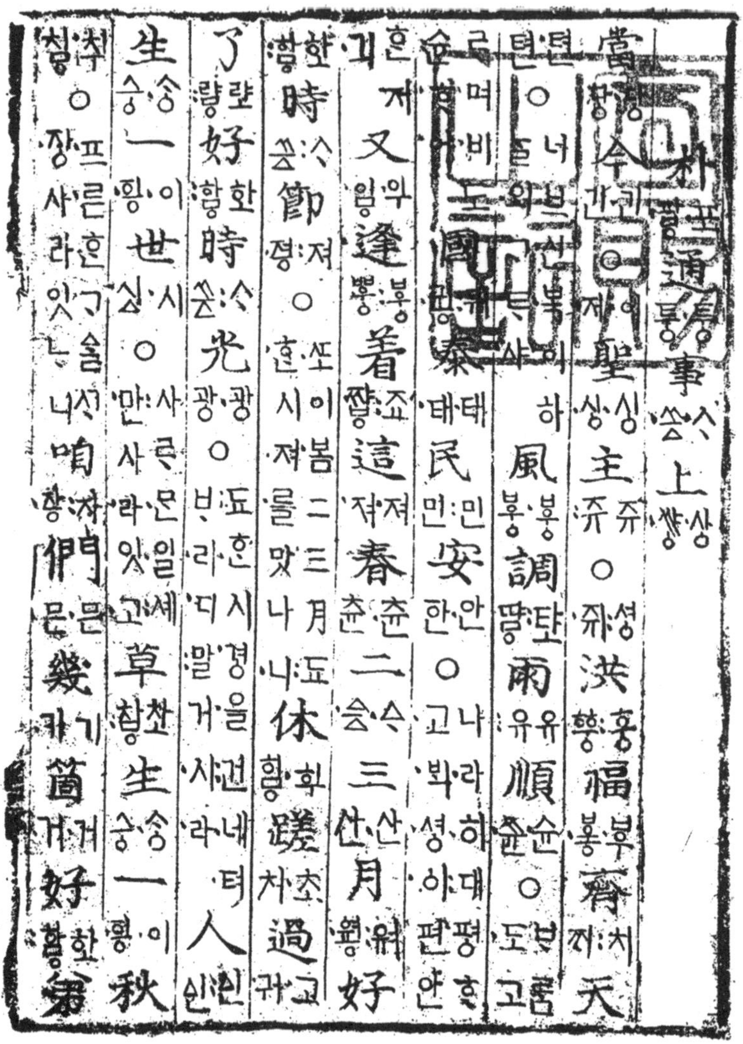

『飜譯朴通事』(1515년경, 1959년 경북대학교 대학원 영인)

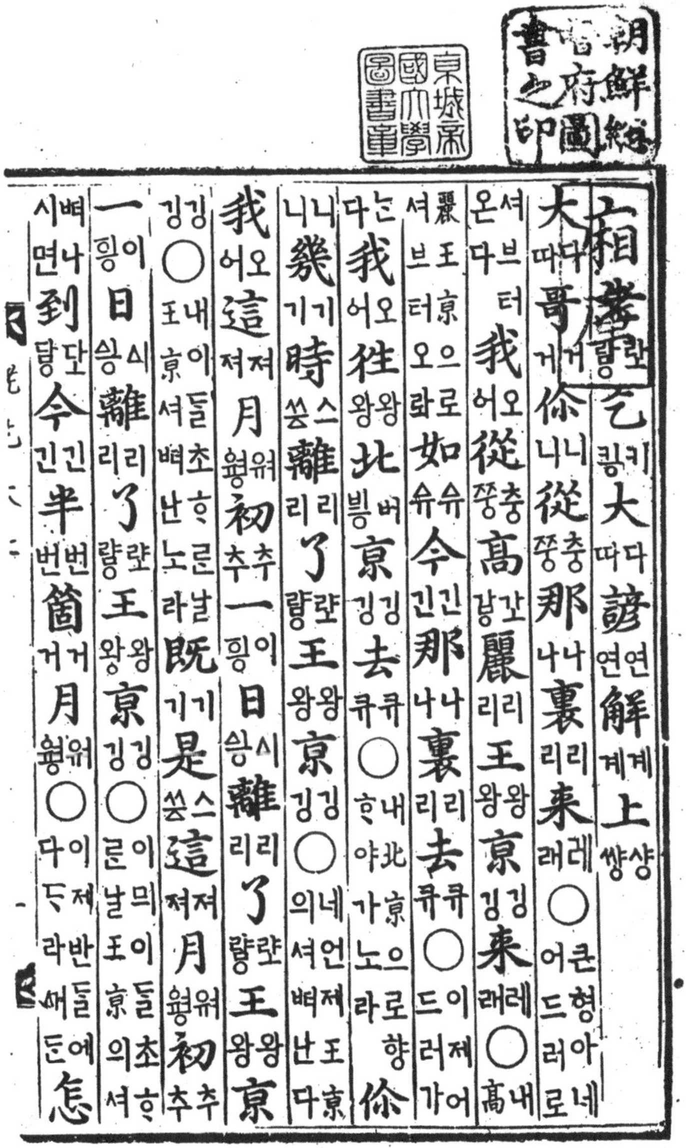

『老乞大諺解』(1670년, 서울대학교 규장각한국학연구원 소장)

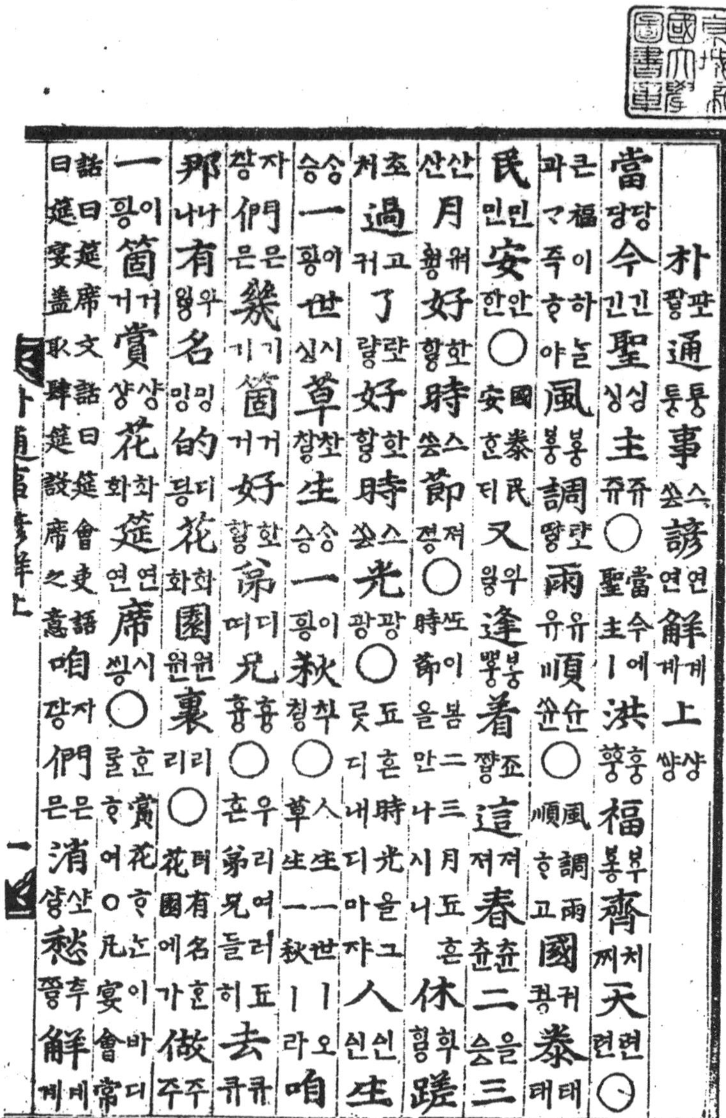
朴通事諺解上

當今聖主洪福齊天

風調雨順國泰

民安又逢着這春二三

月好時節休蹉

過了好時光人生

一世草生一秋咱

們幾箇好弟兄去

那有名的花園裏做

一箇賞花筵席

咱們消愁解

『朴通事諺解』(1677년, 서울대학교 규장각한국학연구원 소장)

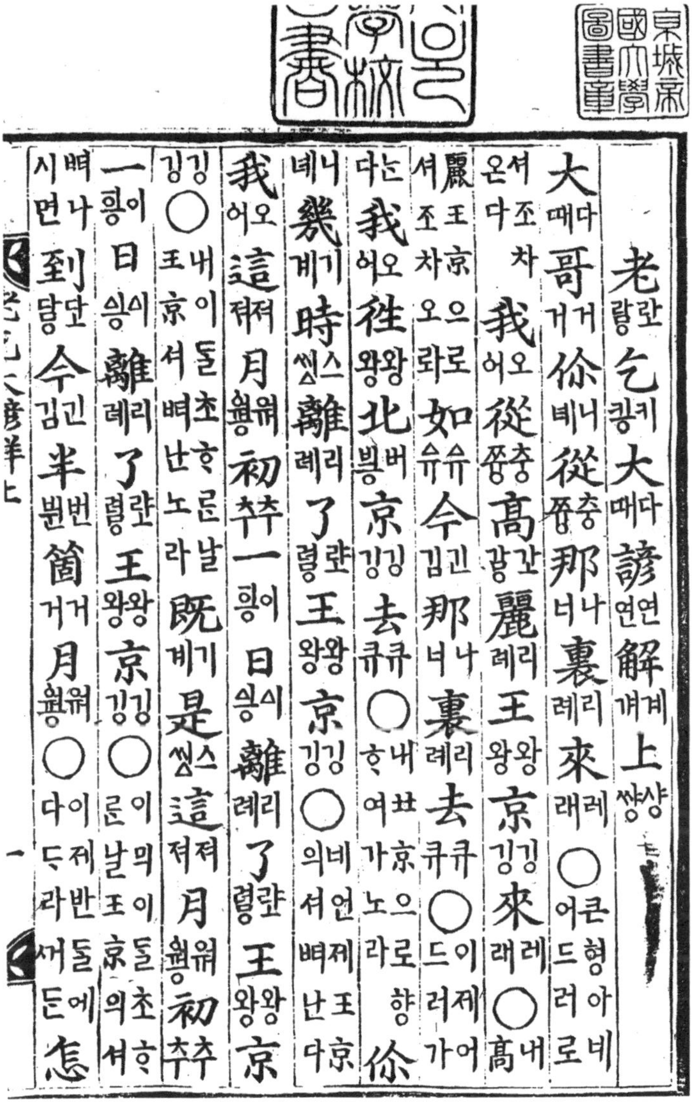

『老乞大諺解』(平安監營重刊本)(1745序,
서울대학교 규장각한국학연구원 소장)

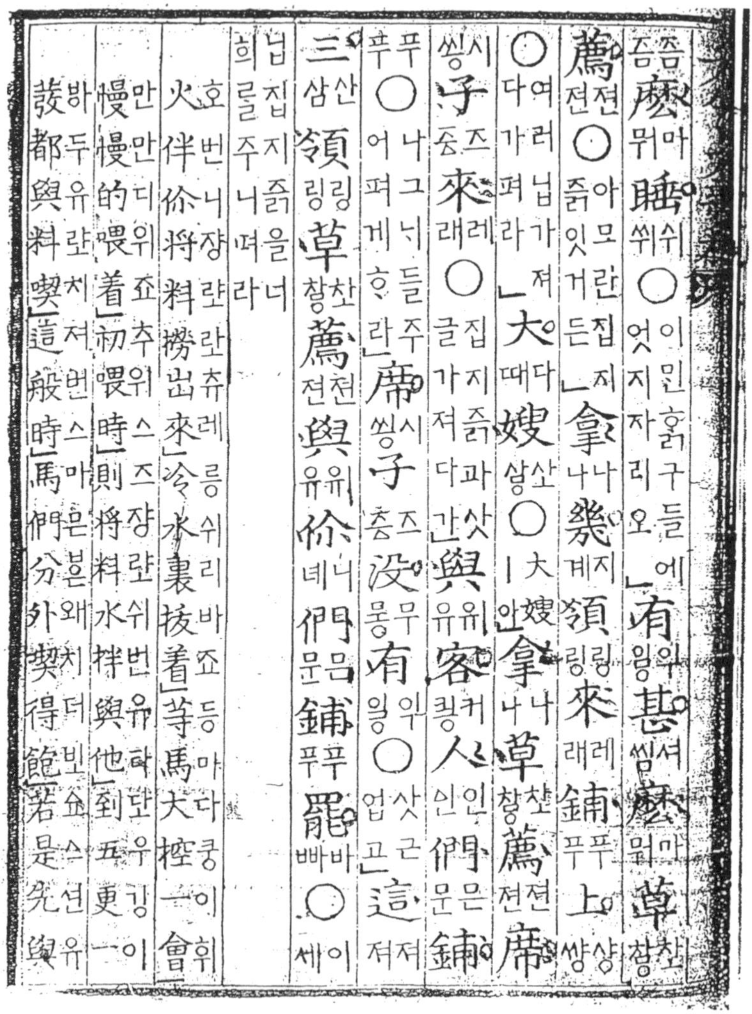

『老乞大新釋諺解』(1763년, 컬럼비아대학 동아도서관 소장)

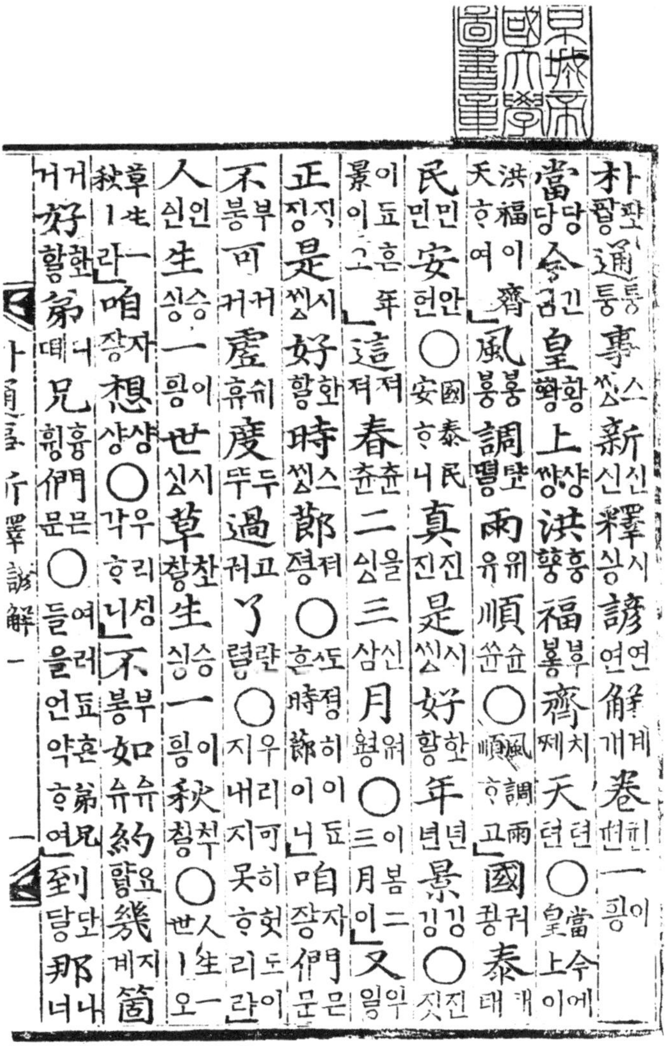
朴通事新釋諺解卷一
當今皇上洪福齊天
風調雨順國泰
民安真是好年景
這春二三月又
正是好時節
不可虛度過了
人生一世草生一秋
咱想不如約幾箇
好兄弟們到那

『朴通事新釋諺解』(1765년, 서울대학교 규장각한국학연구원/서울대학교 중앙도서관 소장)

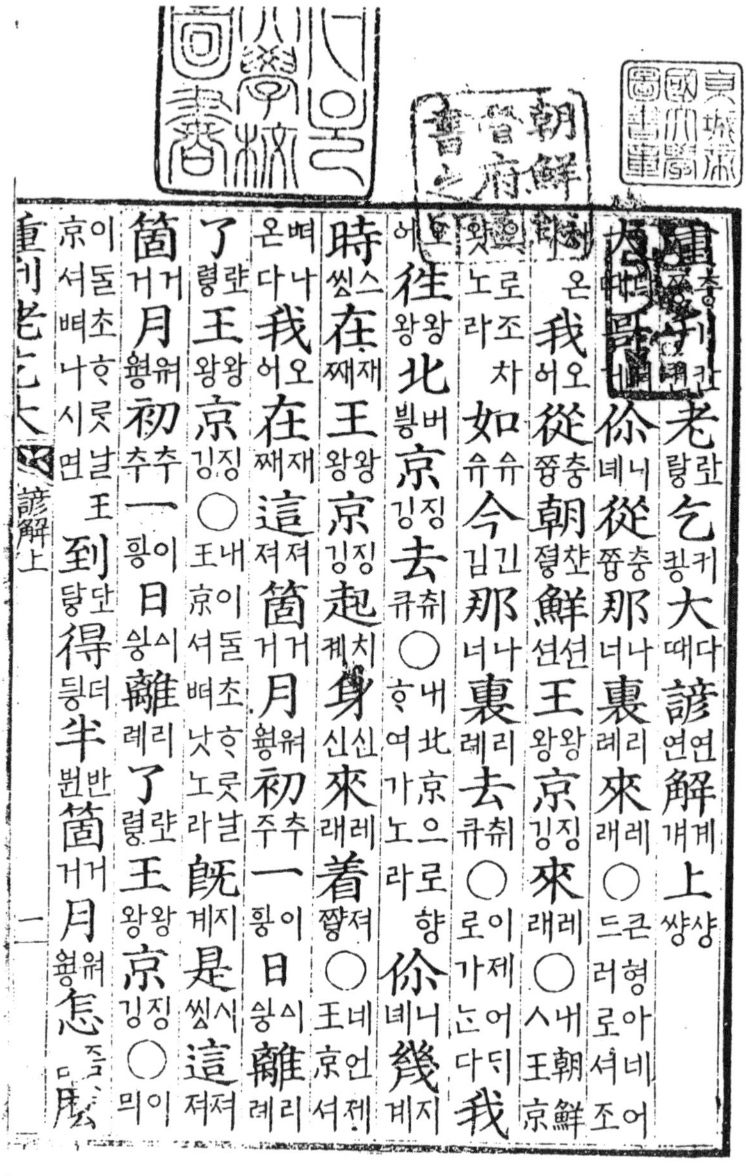

『重刊老乞大諺解』(1795년경, 서울대학교 규장각한국학연구원 소장)

■차례

I 서론

我오어 這져뎌 月웨웡 初추추 一

○ 네 언제 王京의셔 떠난다

○ 내 王京으로 향호여 가노라

哥거거 你니니 從충쭝 那나나 裏리례 來레래

到도담 今긴김 半번번 箇거거 月웨웡

○ 이믜 이 둘 초호론날 王京의셔

日시싀 離리례 了랴령 王왕왕 京

1. 연구의 내용과 목적

『老乞大』와 『朴通事』의 諺解書는 다른 문헌들에서는 찾아보기 어려운 자료적 가치와 독특한 성격을 가지고 있다. 이 문헌의 간본들은 중국어 회화 교재이기 때문에 다른 문어적인 문헌과는 달리 생생하면서도 현실적인 언어 자료를 보여 주며, 동일한 내용에 대해서 일정한 기간을 두고 改修하여 여러 차례 간행이 이루어졌기 때문에 시대에 따른 간본들의 비교를 통하여 언어변화의 과정을 잘 파악할 수 있다. 따라서 이 문헌의 간본들은 중국어 注音 표기를 대상으로 한 중국어음운사 연구, 중국어 원문을 대상으로 한 어휘사나 문법사 연구 등 중국어사의 측면에서 많은 주목을 받아왔다. 또한 중국어 주음과 언해 부분은 한국어사 연구에도 중요한 자료로 사용되었다.

『老乞大』와 『朴通事』 언해서의 체재는 구절 단위로 중국어의 원문을 먼저 쓰고 그 아래에 두 줄로 된 언해문을 붙이며 둘 사이의 경계는 동그라미로 표시하는 방식으로 되어 있는데, 특히 중국어 원문의 각 한자 밑에는 訓民正音으로 좌우에 중국어의 발음을 표시하였다. 이러한 체재는 『老乞大』와 『朴通事』의 언해서로서는 최초의 간본인 『飜譯老乞大』·『飜譯朴

通事』(1515년경, 이하 『飜譯老朴』)부터 시작되어 이후에 간행된 『老乞大』와 『朴通事』 언해서의 간본들에서 그대로 답습된다. 본서에서는 『老乞大』와 『朴通事』의 언해서에 나타난 부분 중에서 각 한자 아래의 좌우에 표기된 중국어음과 관련된 문제에 대하여 살펴보고자 한다.

『老乞大』와 『朴通事』의 언해서에 나타난 중국어음 표기에 대한 기존의 연구에서 주로 주목을 끌어온 것은 우측음이다. 중국어 원문의 각 한자 밑에 한글로 좌우에 전사해 놓은 중국어음 표기는 왼쪽이 규범음인 正音, 오른쪽이 현실음인 俗音으로 나란히 正俗音이라 불렸다. 이 중 우측음은 일반적으로 『老乞大』와 『朴通事』의 언해서가 편찬되던 당시 中國北方音의 현실을 보여 주는 것으로 간주되어 왔다.[1] 이 때문에 연구자들의 관심은 변화가 없는 규범음인 좌측음보다는 중국어음의 현실과 변화를 비교적 잘 반영하고 있는 우측음에 모아졌던 것이다. 『洪武正韻譯訓』(1455년, 이하 『譯訓』), 『四聲通攷』(1455년경, 이하 『通攷』)의 정음 또는 속음을 적은 것으로 간주되어 온 좌측음은 훈민정음을 사용한 초기의 외국어 표기라는 점에서 가치가 있기는 하지만, 그 근원이 『譯訓』 및 『通攷』에 있다는 점에서 상대적으로 독자적인 가치를 인정받지 못했다. 우측음이 『老乞大』와 『朴通事』의 언해서에 나타난 중국어음 표기 부분에서 독자적인 자료적 가치를 가지고 있는 것이 사실이지만, 그 표기의 성격이나 자료적 가치는 우측음을 고립적으로 고찰할 때가 아니라 좌측음과의 관련성의 측면에서 고찰할 때 비로소 그 전모를 파악할 수 있다.

본서에서는 『老乞大』와 『朴通事』의 언해서에 나타난 좌측음과 우측음 표기를 두 표기의 관련성이라는 측면에서 종합적으로 살펴보고자 한다. 좌우음 표기를 전면적으로 이해하기 위하여 먼저 좌우음의 전사체계와 그 표기의 성격에 대해 심도 있는 논의를 진행할 것이며, 이를 통하여 이 책

1 『老乞大』와 『朴通事』의 언해서에 나타난 중국어음이 중국북방음을 반영하는 것이라는 근거는 본서의 Ⅳ장과 Ⅴ장에서 상세히 제시하고 있다.

에서 좌우음을 나란히 표기한 이유에 대해 해명하게 될 것이다. 즉 좌측음은 通攷所制之字이고 우측음은 國俗撰字之法에 의해 만든 글자로 서로 다른 표기방식에 기반을 두고 있는데, 이는 『譯訓』과 『通攷』에서 고안된 정밀한 韻書的 표기방식이 중국어 학습의 편의를 위하여 『老乞大』와 『朴通事』 언해서의 우측음에서 일반적인 표기방식을 사용한 간략표기로 조정된 것이다. 『飜譯老朴』에서 수립된 좌우 병기의 중국어음 표기는 조선시대의 훈민정음을 사용한 두 가지 중국어음 표기방식인 韻書的 표기방식과 譯學書的 표기방식이 공존하는 양상을 보여 준다. 이와 관련된 논의는 필자가 밝히고자 하는 가장 핵심적인 부분이라고 할 수 있다.

『老乞大』와 『朴通事』의 언해서에 나타난 중국어음 표기를 통해 당시 북방중국어의 현실과 음운변화의 양상을 살펴보는 것은 그간 많은 연구가 진행되었지만 여전히 정밀한 논의가 필요한 문제이다. 본서에서는 『老乞大』와 『朴通事』 언해서의 간본들 사이에 나타나는 표기의 차이를 분석하여 16세기 초에서 18세기 말 사이에 진행된 중국북방음의 음운변화를 살펴볼 것이다. 특히 18세기 간본에 나타난 가장 주목할 만한 음운변화인 見組의 구개음화에 대하여 그 변화의 양상과 원인을 중심으로 심도 있게 논의할 것이다. 또한 『老乞大』와 『朴通事』의 언해서에 나타난 음운체계와 음운변화의 문제를 연구하는 데 이 책의 방언 배경에 대한 연구는 꼭 필요하다. 특히 이 책에 나타난 일부 중국어음 표기는 北京官話의 측면에서 설명하기 어려운 경우도 있어서 이러한 표기가 어떠한 방언의 영향에서 온 것인지 검토할 필요가 있다. 따라서 최초의 간본인 『飜譯老朴』의 경우에는 당시 표준어의 기반이 되었던 南京官話의 영향과 함께 文白異讀과의 관련성에 대하여 살펴보고, 18세기 간본의 경우는 北京語 이외에 북방방언의 다른 하위방언이 반영되었을 가능성에 대하여 살펴본다.

본서는 필자가 『老乞大』와 『朴通事』 언해서의 중국어음에 대하여 연구한 결과물들을 정리하고 보충한 것이다. 아래의 저작들은 본서가 기초하고 있는 필자의 논문이며 이 논문들의 내용이 본서에서 인용되는 경우 별도로 인용 표시는 하지 않는다.

신용권(1994), 「老乞大諺解의 漢語音 硏究 — 18世紀 刊本의 在右字音을 중심으로 —」, 서울대학교 석사논문.

愼鏞權(2004), 「≪飜譯老乞大≫에 나타난 좌측음의 성격에 대하여」, 『中國文學』 42.

愼鏞權(2007), 「≪老乞大≫, ≪朴通事≫ 諸刊本에 나타난 漢語 문법 변화 연구 — 漢語의 성격 규명과 文法化 현상을 중심으로 —」, 서울대학교 박사논문.

愼鏞權(2008), 「老乞大諺解書에 나타난 漢語 聲調 표기와 관련된 몇 가지 문제에 대하여」, 『中國文學』 57.

愼鏞權(2009), 「≪飜譯老乞大≫에 나타난 濁音과 入聲 표기에 대하여」, 『中國語文學』 54.

愼鏞權(2010), 「近代漢語 구개음화 연구(Ⅰ) — 반영하는 자료를 중심으로」, 『中國文學』 64.

신용권(2011), 「『번역노걸대·박통사』에 나타난 정속음의 개념에 대한 재검토」, 『한글』 293.

신용권(2012), 「≪번역노걸대·박통사≫의 한어음 표기와 관련된 몇 가지 문제에 대하여」, 『언어학』 62.

愼鏞權(2013), 「老乞大와 朴通事의 諺解書에 나타난 漢語音의 방언배경 연구」, 『中國言語硏究』 47.

신용권(2016), 「「홍무정운역훈」에 나타난 속음의 성격에 대하여」, 『언어학』 76.

愼鏞權(2017), 「≪四聲通解≫에 나타난 今俗音의 성격에 대하여」, 『中國文學』 92.

본서는 『老乞大』와 『朴通事』의 언해서에 나타난 중국어음 표기의 언어학적 가치를 정확히 이해하고 언어사 자료로 적절하게 이용할 수 있도록 하기 위하여 그 표기의 성격을 규명하는 것을 일차적인 목적으로 한다. 그리고 이러한 논의의 기초 위에서 우측음이 반영하고 있는 음운변화와 방언 배경의 문제 등에 대해서도 논의한다. 『老乞大』와 『朴通事』 언해서의 중국어음 문제를 논의한 대부분의 연구에서는 그 표기의 성격에 대한 면밀한 검토가 부족한 상태에서 표기에 대하여 표면적인 고찰에 그친 결과 그 자료적 가치를 제대로 밝혀내지 못한 경우가 많았다. 본서는 이러한 연구의 한계를 극복하기 위하여 『老乞大』와 『朴通事』의 언해서에 나타난 중국어음 표기가 가지고 있는 자료적 성격과 가치를 여러 측면에서 살펴볼 것이다. 본서에서 다룰 관련 문제에 대한 논의는 이 문헌의 중국어음 표기가 가진 중국어음운사와 한국어음운사 자료로서의 가치와 의미를 밝히는 데 기여할 수 있을 것이다.

2. 연구 대상 문헌

본 절에서는 『老乞大』와 『朴通事』의 언해서에 나타난 중국어음에 대한 본격적인 논의에 들어가기에 앞서 이 책의 간본들에 나타난 언어와 문헌의 성격을 보다 잘 이해하는 데 도움이 되도록 연구 대상으로 삼은 문헌에 대한 대체적인 정보를 제공하고자 한다. 각 간본에 대해서는 기존의 연구에서 언해와 서지 사항 등을 중심으로 이미 비교적 자세한 解題가 제공되고 있기 때문에 본 절에서는 연구 대상으로 삼는 『老乞大』와 『朴通事』 언해서 간본들의 서지 사항과 影印本 상황, 각 간본에서 반영하는 중국어 등과 관련된 내용을 중심으로 간략하게 소개하도록 하겠다.

2.1. 『飜譯老乞大』

朝鮮 中宗朝 漢學의 대가인 崔世珍은 舊本 『老乞大』를 참조하여 중국어 원문인 『老乞大』를 대상으로 언해를 하게 되는데, 이 책이 『老乞大』의 언

해서로는 최초의 판본인 『飜譯老乞大』이다.[2] 간행과 관련된 직접적인 기록이 없기 때문에 崔世珍이 『老乞大』의 언해서를 언제 간행하였는지는 정확히 알 수 없지만, 서지적 특징과 『四聲通解』, 『老朴集覽』, 『通文館志』 등에 나타난 관련 기록에 근거하면 崔世珍이 편찬하여 飜譯老乞大朴通事凡例(이하 飜譯凡例)가 실려 있는 『四聲通解』(1517년, 이하 『通解』)보다는 앞선 시기에 간행된 것으로 추정되어 왔다. 그러나 安秉禧(1996: 8-9)에서 지적하고 있는 바와 같이 간행시기 추정에서 중요한 자료로 간주된 飜譯老乞大朴通事凡例는 崔世珍이 편찬한 언해서인 『飜老』와 『飜朴』의 凡例가 아닐 가능성이 있다.[3] 다만 『通解』의 序文을 통해 『飜老』와 『飜朴』이 『老朴集覽』과 함께 『通解』에 앞서 간행된 것임을 알 수 있어서 간행의 하한선은 여전히 1517년이라고 볼 수 있다. 그러나 간행의 상한선에 대해서는 기록이 없는데 崔世珍과 관련된 여러 기록을 미루어 볼 때 1510년 무렵의 간행으로 보는 것이 온당하다고 할 수 있다(安秉禧 1996: 7). 본서에서는 관련 기록과 기존의 연구를 참고하여 『通解』가 간행되기 직전인 1515년경에 간행된 것으로 추정한다. 南廣祐(1972)에서는 『飜老』에 飜譯이나 諺解 같은 언급이 나와 있지 않으나 다른 책과의 구별을 위하여 이 책을

---

2 이 책에 대하여 『飜譯老乞大』라는 서명을 사용하는 것은 적절하지 못한 측면이 있다. 그 이유는 다음과 같다. 첫째, 원본의 어디에도 '飜譯'이라는 명칭은 없고 '老乞大'라고만 되어 있다. 둘째, Ⅲ장에서 다시 언급하겠지만 『飜譯老乞大』는 본래 이 책의 서명이 아닐 가능성이 크다. 즉 『四聲通解』의 뒤에 붙어 있는 '飜譯老乞大朴通事凡例'에서의 『飜譯老乞大』라는 서명은 언해 없이 중국어 주음만을 달아 놓은 다른 책의 서명일 가능성이 있다. 『飜譯朴通事』의 경우도 마찬가지이다. 다만 본서에서는 『老乞大諺解』(1670), 『朴通事諺解』(1677)와의 구별을 위해 관례에 따라서 이 책들에 대하여 『飜譯老乞大』, 『飜譯朴通事』라는 서명을 사용한다.

3 본서에서 많이 나타나는 서명은 다음과 같이 서명과 약칭을 병용하여 사용한다. 『飜譯老乞大』=『飜老』, 『飜譯朴通事』=『飜朴』, 『飜譯老乞大』·『飜譯朴通事』=『飜譯老朴』, 『老乞大諺解』(1670)=『老諺』, 『朴通事諺解』(1677)=『朴諺』 『老乞大諺解』(平安監營重刊本)=『平老』, 『老乞大新釋諺解』=『老新諺』, 『朴通事新釋諺解』=『朴新諺』, 『重刊老乞大諺解』=『重老』, 『洪武正韻譯訓』=『譯訓』, 『四聲通攷』=『通攷』, 『四聲通解』=『通解』.

'飜譯老乞大'라고 부르는 것이 좋을 것 같다고 하였다. 결국 현재 전하는 崔世珍의 노걸대언해서의 명칭이 '飜譯老乞大'라고 정해진 경위는 이와 같으며 '飜譯老乞大朴通事凡例'라는 명칭이 崔世珍이 편찬한 『老乞大』와 『朴通事』의 언해서에서 온 것이라는 어떤 직접적인 증거도 없다.

이 노걸대언해서의 판본은 上下 2卷 2冊의 木版本으로 卷上은 故 白淳在 씨 소장이고 卷下는 趙炳舜 씨가 수집하여 誠庵文庫에 소장한 것인데 이 중 卷上은 현재 소장처가 분명하지 않다. 安秉禧(1996: 7)에 따르면 이 책은 목판본이지만 版式이 간혹 黑魚尾가 나타나는 점을 제외하고 『飜譯朴通事』와 완전히 일치하므로 16세기 초 崔世珍이 번역하여 乙亥字로 간행한 책을 복각한 것이 틀림없다고 한다. 이 판본의 서지적 특징에 대해 安秉禧(1996: 6)에서 언급한 바를 정리하면 다음과 같다.[4]

> 2卷 2冊. 木版本. 33.1×22.1cm. 四周單邊. 半葉匡郭: 23.7×17.6cm.
> 有界, 9行 19字, 註雙行.
> 版心: 上下黑口三葉花紋魚尾 또는 黑魚尾.

이 외에 특기할 만한 사항으로는 다음과 같은 것이 있다. 魚尾 사이에 '老乞大'라는 版心題와 卷, 張次가 있는데 卷上은 表題 '老乞大 潮', 卷首書名 '老乞大 上'이고 卷下는 表題 '老乞大 汐', 卷首書名 '老乞大 下'이다. 이 판본은 여러 영인본이 있는데 처음 영인된 책은 아래의 것이다.

> 『飜譯老乞大』 卷上 (中央大學校 大學院, 1972년)
> 『飜譯老乞大』 卷下 (仁荷大學校 人文科學研究所, 1975년)

이 외에 1980년에 亞細亞文化社에서 『原本老乞大諺解(全)』이라는 서명

4 책 크기는 鄭光(2002: 188)에서 인용하였다. 南廣祐(1972: 203)에서는 책 크기가 33×22cm, 板匡이 24.4×18.8cm로 제시되고 있어 安秉禧(1996)과 鄭光(2002)에서 제시된 것과는 차이가 난다.

으로 卷上下의 영인본이 간행되었고, 1974년(1985년 再版)에 大提閣에서 『飜譯朴通事』의 卷上과 합본하여 『飜譯老乞大』 卷上의 영인본이 출판되었다. 본서에서는 卷上下가 합본으로 나온 亞細亞文化社의 영인본을 주로 참고하였다.

이 책의 체재는 구절 단위로 중국어의 원문을 먼저 쓰고 그 아래에 두 줄로 된 언해문을 붙이며 둘 사이의 경계를 동그라미로 표시하는 방식으로 되어 있다. 그리고 중국어 원문의 각 한자 밑에는 한글로 좌우에 중국어음을 표기하였다. 이러한 체재는 이후에 간행된 『老乞大』와 『朴通事』의 언해서와 일부 漢學書에서도 그대로 답습된다. 1998년 원본에 가까운 『老乞大』가 발견되기 전까지 『飜老』의 기초가 되었던 『老乞大』는 현존하는 최초의 판본으로 인정받아 왔고 많은 주목을 끌었다. 노걸대언해서는 구어를 반영하는 실용적인 회화 교재이기는 하지만 어떤 측면에서는 언어변화를 수용하는 데 소극적이었고 이전의 노걸대언해서를 답습하는 경향을 보여 주기도 한다. 그 이유는 이후의 노걸대언해서가 전거로 삼고 있는 것이 이전에 간행된 언해서이기 때문이었고 그중에서도 『飜老』의 영향은 아주 컸다. 더 나아가 『飜老』는 최초의 역학서 언해라는 점에서 노걸대언해서뿐만 아니라 이후의 역학서 편찬에도 지대한 영향을 끼쳤다.

『飜老』에서 중국어 원문의 각 한자 밑에 한글로 좌우에 표기하고 있는 두 종류의 중국어음 중에서 좌측음은 『譯訓』 및 『通攷』의 속음으로 규범음을 나타내고 우측음은 崔世珍이 직접 관찰한 16세기 중국북방음으로 현실음을 나타내는 것으로 간주되어 왔다. 그러나 세밀하게 검토해 보면 『飜老』에 나타난 좌우음 표기는 이러한 일반적인 견해와는 다소 차이가 있음을 알 수 있다. 즉 좌측음은 『譯訓』의 속음과 대부분 일치하나 편찬자의 改正音도 일부 들어 있다. 『飜老』의 좌측음은 중국어음운사 자료로서 일정한 가치가 있으며 무엇보다도 조선시대에 漢學者들이 중국어음을 표기할 때 어떤 원칙을 가지고 있었고 중국어음에 대한 正音觀이 무엇이었는지 엿볼 수 있다는 데 자료로서의 큰 의미가 있다. 물론 좌측음이 자료적 가치가 있다고 할지라도 이것이 通攷所制之字인 이상 그 가치의 많은 부분이 『通攷』로 돌려져야 할 것이다. 좌측음이 가진 중국어음운사 자료로서의 독자적인 가치는 『通攷』 속음과의 차이에서 찾을 수 있을 것이다. 우측음은 현실음이라고 할 수 있으나 일부 보수적인 측면도 보이고 있다.

좌측음과 우측음의 차이를 통해서도 중국어음운사의 관점에서 중요한 사실들을 관찰할 수 있다. 물론 우측음이 편찬 당시의 중국어음을 반영하고 있기 때문에 중국어음운사의 측면에서는 우측음이 좌측음보다 독자적인 가치가 더 크다고 할 수 있으며 지금까지의 연구 성과도 주로 우측음에 집중되어 있다. 그러나 『飜老』의 경우에는 우측음과 함께 좌측음의 표기 특성을 종합적으로 검토해야만 이 책이 반영하고 있는 중국어음의 전체적인 모습에 대하여 정확한 이해에 이를 수 있다. 단순화시켜 정리하면 좌측음과 우측음은 通攷所制之字와 國俗撰字之法의 대립이다. 이는 중국어음에 대한 전통적인 표기법과 편찬자의 현실음에 대한 표기법이 공존하고 있는 것이다.

『飜老』는 舊本『老乞大』를 참고했기 때문에 元代 중국어의 한 단면을 반영하고 있으나, 14세기 후반에 간행된 것으로 보이는 舊刊『老乞大』와 비교할 때 중국어 원문에 나타난 어휘와 구문에서 상당한 차이를 보여주고 있어서 많은 교정이 행해졌음을 알 수 있다. 『飜老』는 舊刊『老乞大』와의 비교를 통해 근대중국어 문법변화의 양상을 확인할 수 있는데, 舊刊『老乞大』가 어순이나 後置詞 및 어휘 등에서 元代 중국어의 특색을 많이 보여 주는 데 비해서 『飜老』에서는 이미 이러한 元代 중국어의 색채가 많이 사라졌다.

2.2. 『飜譯朴通事』

崔世珍은 『飜老』와 함께 『老乞大』보다 높은 수준의 중국어 학습서인 『朴通事』를 대상으로 언해를 하게 되는데 이것이 박통사언해서의 최초 판본인 『飜譯朴通事』(1515년경)이다. 『老乞大』와 『朴通事』는 先老後朴의 간행 순서이면서 짝으로 붙어 다니고 두 문헌의 체재와 반영하는 중국어가 기본적으로 일치하는 경향이 있는데, 이는 『飜老』와 『飜朴』에서 비롯된 것이다. 『老乞大』가 중국으로 私貿易을 하러 가는 과정에서 일어나는 상황별 회화를 중심으로 구성된 데 비하여, 『朴通事』는 중국의 일상생활이나 문화, 풍속 등과 관련된 내용으로 되어 있다. 박통사언해서의 판본은 크게 나누어 보면 3종이 있는데 『飜老』가 이후의 노걸대언해서에 큰 영향을 미친 것과 마찬가지로 『飜朴』 역시 이후의 박통사언해서에 큰 영향을 미쳤다.[5]

『飜朴』은 上・中・下 세 권 가운데 현재 卷上만 전하는데, 경상북도 상주읍 趙誠穆 씨가 소장해 오던 것을 1959년 경북대학교 대학원에서 영인하여 널리 알려지게 되었다. 본서에서는 이 영인본을 참고하였다. 鄭光(2002: 197)에서 언급하고 있는 바와 같이 이 책의 卷上은 현재 청구기호 '貴412.8ㅊ231ㅂ'으로 국회도서관에 소장되어 있는데, 이 판본의 서지적인 특징은 다음과 같다.

> 卷上 1冊(零本). 活字本(乙亥字)의 覆刻木版本. 34.6×22.3cm.
> 四周單邊. 半葉匡郭: 25.2×17.5cm.
> 有界, 9行 19字, 註雙行.
> 版心: 上下黑口內向三葉花紋魚尾.

---

5 박통사언해서의 세 판본은 『飜譯朴通事』(1515년경), 『朴通事諺解』(1677), 『朴通事新釋諺解』(1765)이다.

魚尾 사이에는 '朴通事'라는 版心題와 卷, 張次가 있고 卷上의 卷首書名은 '朴通事 上'으로 되어 있다.

『飜朴』은 『飜老』와 자매편의 성격으로 동일한 저자에 의하여 편찬되었기 때문에 그 내용은 다를지라도 중국어음과 중국어 원문에서 『飜老』와 동일한 시기의 중국어를 반영하고 있다. 따라서 중국어사 자료의 측면에서 『飜朴』은 『飜老』와 동등한 가치를 가진다고 볼 수 있다. 『飜老』보다는 내용도 어렵고 풍부한 어휘 및 문법 사항을 담고 있기 때문에 중국어사 자료로 높은 가치가 있지만 卷上만 남아 있다는 한계가 있다.

2.3. 『老乞大諺解』

『飜老』가 간행되고 150여 년이 지난 顯宗 11년(1670)에 『老乞大諺解』가 간행되는데, 序, 跋, 刊記 등은 붙어 있지 않으나 『通文館志』 卷八 書籍條의 기록을 통해 간행 시기와 간행과 관련된 사항을 알 수 있다.[6] 『飜老』와 비교할 때 언해 부분에서는 분명한 차이를 보이고 있으나, 『飜老』에 이끌린 결과인지 중국어 원문과 중국어음 표기에서 일부를 제외하고는 큰 차이를 보이지 않아서 그 영향을 짐작하게 해 준다. 이 책은 중국어 원문의 각 한자 아래에 정음과 속음이 병기되어 있고 언해는 두 줄로 되어 있으며 중국어 원문과 언해문을 동그라미로 구분하고 있어서 전체적인 체재의 측면에서 『飜老』와 기본적으로 일치하고 있다. 다만 중국어 원문과 언해문을 구분하는 동그라미가 상당히 크고 단락 표시를 花紋魚尾로 하고 있는

6 金完鎭(1976: 14)에 따르면 『通文館志』 卷八에 '內賜老乞大諺解'라고 하고, 그 注에 "康熙庚戌, 陽坡鄭相國啓, 令芸閣鑄字印行"이라고 한 것에 따라 顯宗 11년(1670)의 간행인 것을 알 수 있다고 하고 있다. 安秉禧(1996: 12)에서는 淥谷의 內賜本에 있는 內賜記에서 1675년(肅宗 1년) 1월에 頒賜되었음을 말하고 있으나, 비슷한 시기의 『朴通事諺解』에 대한 『通文館志』 기술의 年紀가 간행된 시기로 해석되므로 종래의 추정대로 1670년이 刊年이 된다고 하였다.

것이 『飜老』와 다른 점이다.

『老諺』의 중국어음 표기를 『飜老』와 비교해 보면 좌측음은 일부 誤記를 제외하고는 기본적으로 일치한다. 우측음에서는 『老諺』에서 微母字의 완전한 소실, '兒, 二, 耳, 餌'와 같은 일부 日母字의 兒化 등 음운 변화의 모습을 반영해 주고 있으나 소수이다. 또한 일부 글자에서 '·'표기가 사라진 것을 제외하고는 중국어음 표기에서 별다른 변화가 나타나지 않는다. 중국어 원문에서도 의미 있는 차이가 나타나지 않고 있다.[7] 좌측음은 『飜老』와 마찬가지로 『譯訓』의 속음 위주로 되어 있다.

이처럼 『老諺』은 17세기 후반의 자료이지만 『飜老』와 비교하여 중국어 부분에서 의미 있는 변화의 양상을 보인다고 하기 어렵다. 그러나 조선시대에 譯官들이나 역학서의 편찬자들이 꾸준히 중국을 왕래하면서 중국어를 청취하고 質正하였다는 점을 미루어 볼 때 이러한 상황은 의심스러우며 편찬 과정에서 『飜老』에 지나치게 이끌린 결과가 아닌가 한다.[8]

기존의 연구에서는 『老諺』의 영인본 중에서 1944년에 京城帝國大學法文學部 奎章閣叢書 第九로 영인한 것과 이를 1973년에 亞細亞文化社에서

---

7 김현주·정경재(2006: 318-322)에서는 『飜老』와 『老諺』 사이에 중국어 원문에서 차이가 있는 부분을 대조하여 표로 제시하고 있다. 이 대조표에 보이는 바와 같이 두 간본의 중국어 원문이 완전히 일치하는 것은 아니나 본서에서는 이 차이가 문법적으로 크게 의미 있는 것이라 보기 어렵다고 판단한다. 『飜朴』과 『朴諺』의 경우도 마찬가지이다.

8 金完鎭(1976: 17-19)에서는 『老諺』의 편찬자들이 『飜老』를 보면서 언해에 임했을 것이 분명한 이유로 飜譯凡例 正俗音條에 나타난 기록을 중요한 근거로 삼고 있다. 『飜老』를 가지고 있지 않았을 때에는 한자 밑에 정음과 속음을 좌우로 병기하는 방식이 『老諺』에 재현될 수 있는 길은 '飜譯老乞大朴通事凡例'를 통한 것밖에는 생각할 수 없다. 그러나 飜譯凡例 正俗音條의 기록은 崔世珍이 실제로 『飜老』와 『飜朴』의 중국어음 표기에서 취한 기준과는 많이 다르기 때문에 『飜老』 없이 飜譯凡例 正俗音條의 기록에 의지하여 顯宗朝의 『老諺』 편찬자들이 『飜老』의 체재와 일치하는 중국어 주음 양식을 재현해 낸다는 것은 거의 불가능하다. 또한 『飜老』와 『老諺』의 중국어 원문은 일치하는 것은 아니나 의미 있는 차이를 보인다고 하기도 어려워 『老諺』에 대한 『飜老』의 절대적인 영향은 부인할 수 없는 것으로 보인다.

재영인한 것을 비교적 많이 참고하고 있다. 그러나 安秉禧(1996: 11)에서도 언급하고 있는 바와 같이 이는 影印底本 卷下의 상당한 誤字가 교정되지 않은 未校正本이다. 본서에서는 2003년 서울대학교 奎章閣에서 발행한 영인본을 사용한다. 이 영인본도 규장각에 소장되어 있는 판본(도서번호 奎 2044)을 영인한 것이다. 이 판본의 서지적인 특징은 다음과 같다.

> 2卷 2册. 活字本(戊申字). 35.5×22.8cm. 四周雙邊. 半葉匡郭: 24.7×17cm. 有界, 10行 19字, 註雙行.
> 版心: 上下內向二葉花紋魚尾.

魚尾 사이에 '老乞大諺解'라는 版心題와 卷, 張次가 있고 表題는 '老乞大諺解(乾, 坤)'이며 卷首書名은 '老乞大諺解(上, 下)'로 되어 있다. 규장각에는 '奎 2044'를 포함하여 도서번호 '奎 1528', '奎 2304', '奎 2347' 네 간본이 소장되어 있는데 동일한 판본으로 보인다. 安秉禧(1996: 10)에 따르면 규장각 소장본 이외에 같은 책으로 內賜本 2부가 경북 칠곡(李敦柱 씨 소장)과 미국 컬럼비아대학 동아도서관에 소장되어 있다고 한다. 『老諺』은 중국에서는 京城帝國大學法文學部 奎章閣叢書 第九 영인본으로 널리 소개되어 『飜老』보다 훨씬 잘 알려진 판본이며 2000년 이전에 중국에서 행해진 노걸대언해서에 대한 연구는 대부분 『老諺』에 집중되어 있다.

2.4. 『朴通事諺解』

『朴通事諺解』는 肅宗 3년(1677)에 朴世華 등 12명이 3卷 3册으로 편찬한 박통사언해서의 두 번째 판본으로 李聃命의 序가 있다. 『朴諺』 역시 『飜朴』에 영향을 받은 결과인지 중국어 원문과 중국어음 표기에서 일부를 제외하고는 큰 차이를 보이고 있지 않다.[9] 그러나 서문에서는 崔世珍이 번역한 『朴通事』가 없어져 전하지 않아 그 譯을 배우는 자가 그를 근심하였다고 하고, 참고한 책으로는『老朴集覽』만을 언급하고 있어『朴諺』이『飜朴』을 실제로 참고하였는지는 확언하기 어렵다.[10] 또한『朴諺』은『飜朴』과 내용을 비교할 때 언해문에서는 상당한 차이를 보이고 있다. 그러나 중국어 원문에서 큰 차이가 없으며, 兒化音을 나타내는 일부 日母字 표기를 제외하고 우측음에서『飜老』와『老諺』사이에 나타나는 것과 같은 종류의 차이가 있으나 좌측음이『飜朴』과 마찬가지로『譯訓』의 속음 위주인 것은『老朴集覽』만 참고하고『飜朴』을 참고하지 않았다면 나타나기 어려운 것이다. 이 문제는 이후 보다 세밀한 고찰이 필요하다. 체재는 짝이 되는『老諺』과 대체적으로 일치하나 단어 주해가 있으며 단락 구분을 다음 행으로 올려 적고 있는 점에서 차이를 보인다.

기존의 연구에서는『朴諺』의 영인본 중에서 1943년에 京城帝國大學法文學部 奎章閣叢書 第八로 영인한 것을 비교적 많이 참고하고 있는데, 본서에서는 2004년 서울대학교 규장각에서 발행한 영인본을 사용한다. 이 영인본은 규장각에 소장되어 있는 판본(도서번호 奎貴 1810)을 영인한 것이다. 이 판본의 서지적인 특징은 다음과 같다.

> 3卷 3冊. 木版本. 37.8×24.2cm. 四周雙邊. 半葉匡郭: 26.3×18.8cm.
> 有界, 11行 21字, 註雙行.
> 版心: 上下內向二葉(또는 三葉)花紋魚尾.

魚尾 사이에 '朴通事諺解'라는 版心題와 卷, 張次가 있고 表題는 '朴通事諺解(上, 中, 下)'이며 卷首書名은 '朴通事諺解(上, 中, 下)'로 되어 있다.

---

9 竹越孝(2005)에서는『飜朴』과『朴諺』의 중국어 원문에서 차이가 있는 부분을 표로 제시하고 있는데, 주로 字形 차이가 대부분으로 71항목에서 차이를 보이고 있다.

10 "其在世宗朝, 有曰崔世珎者, 取朴通事一冊, 諺以釋之, 俾象鞮肄業者, 皆得以易知而易學, 其於譯學, 實有指南之功. 龍蛇之變, 書籍盡灰, 而崔氏之釋, 泛而失其傳, 學譯者多病之. 近有宣川譯學周仲者, 於閭閻舊藏, 偶得一卷, 書曰老朴輯覽, 其下又有單字解, 亦世珎所撰也." (『朴諺』序).

이 판본으로 '奎貴 1810'만이 규장각에 귀중본으로 소장되어 있다. 정승혜(1998c: 144-145)에서는 규장각 소장본 이외에 고려대학교 만송문고에도 'C11A20'이라는 도서기호로 소장되어 있는데 같은 판본으로 보인다고 하고 있다.

『飜朴』이 卷上만 남아 있는 데 비해 『朴諺』은 全卷이 모두 남아 있기 때문에 자료적 가치가 크다. 『朴諺』 역시 『老諺』과 자매편의 성격으로 편찬되었기 때문에 그 내용은 다를지라도 중국어음이나 중국어 원문은 『老諺』과 동일한 시기의 언어를 반영하고 있다.

2.5. 『老乞大諺解』(平安監營重刊本)

본 언해서는 卷頭에 卞煜의 서문이 있고 下卷 끝에 '平安監營重刊'이라는 刊記가 나오며 序에 나오는 '歲乙丑仲秋上澣'이라는 年記로 판단할 때 英祖 21년(1745)에 平安監營에서 중간된 것임을 알 수 있다.

이 판본의 주요 영인본으로는 1984년 弘文閣에서 발행한 것과 2003년 서울대학교 규장각에서 발행한 것이 있는데 본서에서는 후자를 사용한다. 이 두 영인본 모두 규장각 소장본인 도서번호 '奎 2303'을 영인저본으로 한 것인데 규장각에는 이 판본만이 소장되어 있다. 이 판본의 서지적인 특징은 다음과 같다.

> 2卷 2冊. 木版本. 36×23cm. 四周雙邊. 半葉匡郭: 24×16.8cm.
> 有界, 10行 19字, 註雙行.
> 版心: 上下內向二葉花紋魚尾.

魚尾 사이에 '老乞大諺解'라는 版心題와 卷, 張次가 있고 表題는 '舊刊老乞大(乾, 坤)'으로 되어 있으며 卷首書名은 '老乞大諺解(上, 下)'로 되어 있다.

『平老』는 짝이 되는 박통사언해서도 없고 전체적인 모습에 있어서도 『老諺』의 改刊本이라 불러도 과언이라 하지 않을 정도로 대부분 일치하는 양상을 보여 주고 있다. 다만 언해 부분에서 표기의 차이가 일부 보이고 있다. 그리고 좌측음에서 『老諺』과 큰 차이를 보여 주고 있어 『平老』의 편찬 목적과 관련하여 흥미를 끈다. 이러한 차이점 때문에 安秉禧(1996: 14)에서는 『平老』를 주음과 번역이 다 새로운 모습의 책이라고 보기도 하였다.

이전의 간본을 수정 편찬하여 『老乞大』와 『朴通事』의 언해서를 간행하는 가장 큰 이유는 時用性 확보에 있다고 할 수 있다. 그러나 『平老』는 중국어 원문에 별다른 수정도 가해지지 않았고 우측음에서도 『老諺』과 차이를 보이지 않으면서 時用性과는 거리가 멀다고 할 수 있는 좌측음에서만 유독 큰 차이를 보이기 때문에 이 문헌의 주요한 간행 목적이 당시의 중국어 현실에 맞도록 수정하려는 것은 아니었던 것으로 보인다. 서문의 기록을 보면, 약간의 印本이 거의 다 없어졌고 古今의 聲音도 차이가 나서 그 譯을 배우는 자가 그것을 병통으로 생각하였으며 언해의 교정과 중간을 급한 일로 여겼다고 한다.[11] 이러한 내용으로 미루어 기존의 『老乞大』 印本들이 거의 다 없어져 급하게 중간할 필요가 있었음을 알 수 있다.

『平老』의 서문에서 '古今聲音之差殊'의 문제점을 언급하고 있는데, 현실음인 우측음은 이전의 간본과 차이가 없고 규범음인 좌측음만 차이가 있어서 이 언급이 어떤 의도에서 나온 것인지 의문을 품게 한다. 『平老』의 좌측음은 『飜老』, 『老諺』과 비교할 때 『譯訓』의 정음에 근접한 모습을 보이고 있다. 『飜老』와 『老諺』에서는 좌측에 대부분 『譯訓』의 속음을 표기하였는데 飜譯凡例에 규정된 정음 자리에 속음을 표기함으로써 결과적으로 표기

11 "舊有活字印布, 而歲月寖久, 若干印本, 幾盡散佚, 又或有古今聲音之差殊, 學譯者病之. …… 而念諺解之校整重刊爲急務, 相國暨侍郎後先陳達, 自上又以關西是譯舌所通之地, 命印於關西." (『平老』 序).

방식 이외에는 큰 차이가 없는 전시대의 현실음과 편찬 당시의 현실음을 병기하게 되어『平老』편찬자의 관점으로는 한자 밑에 좌우 두 음을 붙여 놓은 목적이 분명하지 않다고 간주했을 가능성이 있다. 실용적인 중국어 학습서인『老乞大』와『朴通事』언해서에서 각 한자 밑에 정음과 속음을 나란히 표기한 것은 일차적으로는 通攷所制之字와 國俗撰字之法이라는 다른 표기방식에 기초한 중국어음 표기를 병기하여 중국어 학습에 효과적으로 활용한 것이지만 규범음과 현실음을 함께 보여 주려는 목적도 있었던 것으로 보인다.『洪武正韻』에 기반을 둔 중국어 규범음은『譯訓』,『通攷』,『通解』및 그 맥을 잇는다고 볼 수 있는『奎章全韻』을 통해 꾸준히 정리되었을 만큼 韻書 편찬자들이 매우 중시하던 존재였기 때문이다. 그러나 이처럼 중시된 중국어 규범음 즉 정음이『飜老』와『老諺』에서 제대로 표기되지 않았고 그 이유도『平老』편찬자의 관점에서는 타당하지 않은 것이었기 때문에『飜老』를 답습하여 좌측음을『通攷』의 속음 위주로 표기한『老諺』의 상황을『平老』에서 수정한 것으로 볼 수 있다.

2.6.『老乞大新釋諺解』

『老乞大新釋諺解』(1763)는『通文館志』卷八 什物續條에 간행과 관련된 기록이 있지만 그간 전하지 않는 것으로 알려져 있다가 미국 컬럼비아대학 동아도서관에 卷一 1册(零本)이 소장되어 있는 것으로 확인되었다. 이 책의 版式에 대한 컬럼비아대학 동아도서관의 기록을 그대로 옮기면 다음과 같다.

> 木版. [Korea; 英祖・正祖 年間(1725-1800)]印. 1卷 1册(零本).
> 四周雙邊, 半郭 23.3×17cm.
> 有界, 半葉 10行 20字, 註雙行. 上3葉花紋魚尾. 33.8×22.2cm. 線裝. 楮紙.
> 表題: 老解. 版心題: 老乞大新釋.

『老新諺』의 한문본인 『老乞大新釋』(1761)이 존재하고 있기 때문에 중국어 원문은 이미 알려져 있었지만 『老新諺』의 내용 중 한자 밑에 달려 있는 주음과 언해 부분은 베일에 싸여 있었다. 『老新諺』의 체재를 살펴보면 구절 단위로 중국어의 원문을 먼저 쓰고 그 아래에 두 줄로 된 언해문을 붙여 둘 사이의 경계는 동그라미로 표시하며 각 한자의 밑에 두 종류의 중국어음 표기를 붙이는 노걸대언해서의 체재를 그대로 답습하고 있다. 그러나 새 과가 새 행으로 시작되고 있고 각 과가 끝나면 이전 언해서의 해당 중국어 원문과 우측음을 함께 옮겨 싣고 있으며 한 구절의 중국어 원문과 언해가 끝난 후 'ㄴ' 기호를 사용하여 구분하고 있는 등 이 책의 독특한 체재적인 특징이 있다.

『老新諺』은 『老諺』과 미세한 차이를 보이기는 하지만 『老諺』의 중국어 원문과 우측음을 옮겨 싣고 있는데, 이러한 상황을 이해하기 위해서는 『老新諺』 편찬자의 의도를 고려할 필요가 있다.[12] 『飜老』가 15~16세기 중국 북방음의 현실을 보여 준 이후 『老諺』과 『平老』에서는 『飜老』와 중국어 원문이나 현실음인 우측음에서 거의 차이를 보이지 못하다가 약 250년 이후에 간행된 『老新諺』에 이르러서야 중국어 원문과 우측음에서 상당한 변화가 반영되고 있다. 이러한 사실로 미루어 편찬자들의 보수성과 신중함을 추측할 수 있고 『老新諺』에서 중국어 원문과 우측음의 개정에 대해 편찬자들이 가졌을 부담감도 이해할 수 있다. 이 때문에 이전 간본의 중국어 원문과 우측음을 『老新諺』에 덧붙이게 된 것으로 보인다. 한문본인 『老乞大新釋』의 서문에도 時俗에 편리하게 고치도록 힘썼고 古本 또한 없앨 수 없어 모두 함께 기록하였다는 내용이 있다.[13]

---

12 『老諺』 중국어 원문에서의 '只'와 '匹'이 『老新諺』의 각 과 뒤에 붙어 있는 중국어 원문에서 '則'과 '疋'로 바뀌는 등의 차이가 있으나 의미 있는 차이로 보기 어렵다.

13 "……賤臣請專屬於憲, 及至燕館, 逐條改證, 別其同異, 務令適乎時便於俗, 而古本亦不可刪沒, 故併錄之, 蓋存羊之意也." (『老乞大新釋』 序)

결국 이로 인해『老新諺』은 다른 노걸대언해서와는 달리 3卷 3冊으로 간행되었다. 존재가 확인된『老新諺』은 비록 卷二, 三이 없는 卷一만의 零本이지만 반영하는 중국어의 대체적인 모습을 보여 주는 데는 부족함이 없다. 즉『老新諺』은 18세기의 북방중국어를 살펴볼 수 있는 중요한 자료이다.『老新諺』은『老乞大新釋』과 마찬가지로 중국어 원문이 이전의 노걸대언해서와는 상당한 차이를 보여 주고 있고, 우측음에서도 근대중국어에서 나타난 구개음화, 日母字의 변화, 韻母 변화 등 다양한 변화가 나타나고 있다. 좌측음은 일부 차이가 있으나 기본적으로『譯訓』의 정음을 표기하고 있다. 그러나 중국어 원문은『老乞大新釋』과 같으며 중국어음 표기는『朴新諺』및『重老』와 일치하고 있어 사실상 새로운 자료의 발견을 통해 새로운 중국어사 자료를 얻었다고 보기는 어려운 측면이 있다.

2.7.『朴通事新釋諺解』

『朴通事新釋諺解』는 박통사언해서 중에서 마지막 판본이다. 序, 跋, 刊記가 보이지 않지만『通文館志』卷八 什物續條에 "新釋朴通事板, 諺解板, 訓長金昌祚等修整, 乾隆乙酉箕營刊板"이라는 기록이 나오는 것으로 보아 金昌祚 등이 본래의『朴通事』를 대폭 수정하여『朴通事新釋』을 만들고 이를 언해하여 英祖 41년(1765)에 3卷 3冊의 목판본으로 平壤에서 간행한 책임을 알 수 있다. 또한『老乞大新釋』의 序에 나오는 "……書成名之曰老乞大新釋, 承上命也. 旣又以朴通事新釋, 分屬金昌祚之意, ……"라는 구절로 미루어 보아도『朴通事新釋』이『老乞大新釋』의 편찬에 檢察官으로 참여한 金昌祚의 주도하에 이루어진 것임을 알 수 있다. 다만『朴通事新釋』의 끝에 있는 간행에 관여한 사람의 명단에는 金昌祚가 들어 있지 않아서 그가 이 책의 간행에 어떤 역할을 했는지 정확히 알 수 없다.

이 판본에 대한 주요 영인본으로는 1985년 弘文閣에서 발행한 책과

2004년 서울대학교 규장각에서 발행한 책이 있는데 본서에서는 두 영인본을 모두 사용하였다. 전자는 규장각 소장본인 도서번호 '일사 古 495.1824-G415ba' 등을 영인저본으로 한 것이고 후자는 규장각 소장본인 도서번호 '古 3917-8'을 영인저본으로 한 것이다. '古 3917-8'의 서지적인 특징은 다음과 같다.

> 3卷 3冊. 木版本. 33.3×22.3cm. 四周雙邊. 半葉匡郭: 21.5×15.6cm.
> 有界, 10行 20字, 註雙行.
> 版心: 上下內向二葉花紋魚尾.

魚尾 사이에 '朴通事新釋諺解'라는 版心題와 卷, 張次가 있고 表題는 '朴通事新釋諺解(卷一, 卷二, 卷三)'이며 卷首書名은 '朴通事新釋諺解(卷一, 卷二, 卷三)'이다. 이 판본은 필자가 확인한 여섯 종의 규장각 소장본을 포함하여 박통사언해서 중에서는 가장 많은 책이 전하고 있다.

중국어 원문과 중국어음 표기를 검토해 보면, 『朴新諺』 역시 『老新諺』과 마찬가지로 편찬 당시에 質正한 결과에 의거하여 편찬된 것이기 때문에 당시의 중국어를 생생하게 반영하고 있는 자료로 인정된다. 『朴新諺』에 나타난 중국어는 『老新諺』과 동질적인 것이나 중국어 원문의 내용에서 두 문헌이 차이를 보이기 때문에 독자적인 자료로 인정받을 수 있다. 중국어음 표기의 경우에도 두 문헌의 표기가 일치하지만 『朴新諺』은 3권이 모두 전하며 분량이 많기 때문에 중국어음운사 자료로 유용하게 쓰일 수 있다.

박통사언해서 간본 사이의 관계를 간략하게 정리해 보면, 『朴諺』은 『飜朴』을 답습하고 있으나 『朴新諺』은 이전의 간본과는 달리 18세기의 중국어를 충실히 반영하고 있다. 결국 간행 당시의 중국어를 충실히 반영하고 있는 박통사언해서 간본은 『飜朴』과 『朴新諺』이라고 할 수 있다.

2.8. 『重刊老乞大諺解』

『重老』는 노걸대언해서의 판본 중에서 마지막의 것이다. 正祖 19년(1795) 간행의 『重刊老乞大』를 언해한 책으로 본문만 있고 刊記나 序, 跋 및 편찬자에 대한 기록이 없어 간행 시기나 편찬에 관여한 사람들을 정확히 알 수 없다. 그러나 『重刊老乞大』가 간행된 이후에 간행되었을 것이기 때문에 간행 시기는 『重刊老乞大』가 간행된 1795년에서 가까울 것으로 추정할 수 있고, 관례에 따라 『重刊老乞大』의 편찬에 관여했던 사람들이 『重老』의 편찬에도 관여했을 것으로 보인다.

이 판본에 대한 주요 영인본으로는 1984년 弘文閣에서 발행한 것과 2003년 서울대학교 규장각에서 발행한 것이 있다. 전자는 규장각 소장본인 도서번호 '奎 2049'를 영인저본으로 한 것이고 후자는 규장각 소장본인 도서번호 '奎 2050'을 영인저본으로 한 것이다. 본서에서는 규장각 소장본인 '奎 2049' 원본을 참고하였다. '奎 2049'의 서지적인 특징은 다음과 같다.

> 2卷 2冊. 木版本. 35.2×23.6cm. 四周雙邊. 半葉匡郭: 22.3×16.4cm.
> 有界, 10行 20字, 註雙行.
> 版心: 上三葉花紋魚尾.

版心題는 '重刊老乞大諺解'이고 表題는 '老乞大諺解(上, 下)'이며 卷首書名은 '重刊老乞大諺解(上, 下)'로 되어 있다. 『重老』의 版式이나 체재는 대체적으로 이전의 노걸대언해서를 따르고 있으나 『老新諺』과 달리 『老諺』의 중국어 원문과 우측음을 싣고 있지 않다. 필자가 규장각에서 확인한 『重老』의 간본으로 10종의 책이 소장되어 있으며, 노걸대언해서의 각 판본을 통하여 가장 많은 책이 전하고 있다. 安秉禧(1996: 17)에 따르면, 『重老』는 규장각에도 원전과 합하여 20종이 넘는 책이 소장되어 있는데,

이들은 初刷本과 後刷本의 두 종류로 크게 나뉜다고 한다.

『重刊老乞大』의 끝에는 간행에 관여한 官員의 명단이 열거되고 있고 校檢官 서두에 李洙(崇祿大夫)가 올라와 있으며 司譯院의 原任, 時任 長官(正)들을 열거하고 있는 사실로 미루어 당시 司譯院의 총력을 다한 사업임을 알 수 있다. 金完鎭(1992: 20)의 지적처럼 언해 사업의 차원을 넘어서서 正祖가 벌였던 문화정비사업의 일환으로 생각된다. 실제로 『重老』의 본문을 보면 다른 노걸대언해서에 비해 체재도 정연하고 誤記도 거의 없어 상당히 공들인 흔적을 찾아볼 수 있다.

『重老』는 『平老』 이전의 노걸대언해서와 중국어음 표기 및 중국어 원문에서 차이가 크고 근대중국어의 白話文에 근접된 모습이 나타난다. 그러나 『重老』를 『老新諺』과 비교해 보면 중국어 원문이 수정되기는 했지만 전체적으로 유사하고 중국어음 표기에서는 기본적으로 일치하고 있어 『老新諺』의 영향에서 벗어나지 못했음을 알 수 있다. 이와 같이 『重老』가 『老新諺』을 답습하는 것은 이 문헌이 時用性을 확보하기 위한 목적보다는 문화사업의 일환으로 편찬되었기 때문인 것으로 보인다. 실제로 중국어 원문을 살펴보면 『老乞大新釋』에서 수정된 것을 다시 수정해 원래의 상태로 일부 되돌린 것이 있다. 安秉禧(1996: 17-18)에서도 언급하고 있는 바와 같이 『重刊老乞大』는 지나친 時俗에 따른 『老乞大新釋』의 수정을 받아들일 수 없다는 인식에서 편찬, 간행되었다고 볼 수 있는 것이다. 이러한 배경에서 『老乞大新釋』과 그 언해가 간행된 지 겨우 30여 년이 지난 후에 『重刊老乞大』와 『重老』의 간행이 이루어진 상황을 이해할 수 있다.

최초의 노걸대언해서 간본인 『飜老』에서 마지막 간본인 『重老』까지 노걸대언해서 간본 사이의 관계를 간략하게 정리해 보면 『老諺』은 『飜老』, 『平老』는 『老諺』, 『重老』는 『老新諺』을 각각 상당부분 답습하고 있다. 결국 간행 당시의 중국어를 충실히 반영하고 있는 노걸대언해서는 『飜老』와

『老新諺』이라고 할 수 있다.

3. 이전의 연구 성과

현재까지 『老乞大』와 『朴通事』의 언해서에 나타난 중국어음에 대해서는 우측음의 표기 체계와 우측음이 반영하는 音系에 대한 연구를 중심으로 비교적 많은 연구가 행해져 왔다. 본 절에서는 『老乞大』와 『朴通事』의 언해서에 나타난 중국어음 표기 및 음계와 관련된 연구 성과를 비롯하여 중국어음 표기에 나타난 음운변화의 전개 양상 및 방언 배경 등에 대한 연구 성과를 개관해 보도록 한다. 『老乞大』와 『朴通事』의 언해서에 나타난 중국어음 표기를 전문적으로 연구한 성과를 가능한 범위에서 모두 제시함으로써 이후의 연구에 참고가 되도록 하고 중복 연구를 피하도록 하고자 한다.[14] 다음에서는 본서에서 논의되는 내용과 관련된 연구 성과를 항목별로 나누어 발표연도 순서로 배열하고 각 항목에서의 주요한 연구 성과를 간략하게 소개하였다.

(1) 『老乞大』, 『朴通事』의 언해서에 나타난 중국어음 표기 체계와 음계에 대한 연구

中村完(1961), 「「朴通事 上」の漢字の表音について」, 『朝鮮學報』 21・22.

胡明揚(1963), 「≪老乞大諺解≫和≪朴通事諺解≫中所見的漢語、朝鮮語對音」, 『中國語文』 第3期.

俞昌均(1967), 「朴通事諺解의 中國音에 對한 考察」, 『嶺南大論文集(人文科學)』 1・2.

鄭光(1970), 「司譯院 譯書의 外國語 表記法 硏究 — 飜譯 朴通事를 中心으

14 동일한 저자에 의하여 여러 종류의 언어로 작성된 저작의 경우에는 발표된 저작 중 하나만을 제시하였다. 또한 동일한 내용을 여러 번 발표한 경우에도 하나만 제시한다.

로 —」, 『國語硏究』 25.
姜信沆(1974), 「飜譯老乞大・朴通事의 音系」, 『震檀學報』 38.
金仁經(1974), 「≪老乞大≫의 中國音 表記法 硏究」, 서울대학교 석사논문.
朴泰權(1974), 「老乞大諺解硏究」, 『釜山大學校論文集(人文社會科學編)』 18.
鄭光(1974), 「飜譯老乞大 朴通事의 中國語音 表記 硏究 — 四聲通解 歌韻內 諸字의 中聲表記를 中心으로 —」, 『國語國文學』 64.
菅野裕臣(1977), 「司譯院漢學書에 記入된 近世 中國語의 聲調表記」, 『李崇寧先生古稀紀念國語國文學論叢』.
林東錫(1977), 「老乞大・朴通事의 譯音과 諸韻書와의 關係」, 건국대학교 석사논문.
Mei, Tsu-lin(1977), "Tones and tone sandhi in 16th century Mandarin", *Journal of Chinese Linguistics*, 5:2.
姜信沆(1978a), 「中國字音과의 對音으로 본 國語母音體系」, 『國語學』 7.
姜信沆(1978b), 「老乞大・朴通事諺解內字音의 音系」, 『東方學志』 18.
姜信沆(1978c), 「「朴通事新釋諺解」內 字音의 音系」, 『學術院論文集(人文・社會科學篇)』 17.
金完鎭(1978), 「朱點本 重刊老乞大諺解에 대하여」, 『奎章閣』 2.
康寔鎭(1980), 「老乞大朴通事硏究(Ⅰ) — 諸値說을 中心으로 —」, 『文理科大學論文集』 19.
胡明揚(1980), 「≪老乞大諺解≫和≪朴通事諺解≫中所見的≪通考≫對音」, 『語言論集』 1.
遠藤光曉(1981), 「「飜譯老乞大・朴通事」の聲調について」, 東京大學 碩士論文.
玄幸子(1981), 「≪重刊老乞大諺解≫內の音系 — "給"について」, 大阪市立大學文學部畢業論文.
康寔鎭(1982), 「老乞大朴通事硏究(Ⅱ) — 入聲字의 派入樣相을 中心으로 —」, 『人文論叢』 22.
遠藤光曉(1984), 「≪飜譯老乞大・朴通事≫裏的漢語聲調」, 『語言學論叢』 13, 商務印書館.
蔡瑛純(1985), 「「朴通事新釋諺解」의 漢語聲調 硏究」, 『人文科學硏究所論文集』 11.
康寔鎭(1985), 『「老乞大」「朴通事」硏究』, 臺灣學生書局.

康寔鎭(1986), 「<飜譯老乞大朴通事>의 「右音」 聲母 體系」, 『中國語文論集』 3.
安奇燮(1988), 「朝鮮時代 對 漢語 譯音書 序·凡例上의 聲調 認識과 入聲 — /-k//-t//-p/韻尾 脫落 後의 變遷 탐구를 위하여 —」, 『中國人文科學』 7.
安世鉉(1988), 「≪老乞大諺解≫와 ≪朴通事諺解≫의 표음을 통한 16-17세기 중국한자음체계에 대한 고찰」, 『朝鮮語文』 72.
韓亦琦(1988), 「朝鮮≪老乞大諺解≫研究」, 『語言研究集刊』 2, 江蘇教育出版社.
李敦柱(1989a), 「「飜譯老乞大·朴通事」의 漢音 上聲 變調에 대하여」, 『주시경학보』 3.
李敦柱(1989b), 「「飜譯老乞大·朴通事」의 漢音 調値에 대하여」, 『國語學』 18.
遠藤光曉(1990), 『≪飜譯老乞大·朴通事≫漢字注音索引』, 好文出版.
吳葆棠(1991), 「≪老乞大諺解≫中古入聲字的分派研究」, 『紀念王力先生九十誕辰文集』, 山東教育出版社.
遠藤光曉(1991), 「≪飜譯老乞大·朴通事≫の中朝對音について」, 『第77回朝鮮語研究會提綱』.
金完鎭(1992), 「重刊老乞大諺解의 研究」, 『韓國文化』 13.
李長熙(1992), 「飜譯老乞大 漢語韻母의 表記法 研究」, 경북대학교 석사논문.
李得春(1992), 「老乞大、朴通事諺解朝鮮文注音」, 『延邊大學學報(社會科學版)』 第1期.
리득춘(1994), 「번역 박통사의 중국어 표음에 대한 초보적 감별」, 『조선어 한자어음 연구』, 박이정.
신용권(1994), 「老乞大諺解의 漢語音 研究 — 18世紀 刊本의 在右字音을 중심으로 —」, 서울대학교 석사논문.
權仁瀚(1995), 「<老·朴> 在右音 旁點 變動例의 一考察」, 『韓日語學論叢』, 國學資料院.
愼鏞權(1996), 「18世紀 刊本 老乞大諺解의 漢語音 轉寫에 대하여」, 『언어연구』 14.
李鍾九(1996), 「≪老乞大、朴通事≫漢語語音研究」, 復旦大學 博士論文.
李鍾九(1997), 「≪飜譯老乞大·朴通事≫所反映的漢語聲調調值」, 『古漢語研究』 第4期.
최범용(1998), 「飜譯老乞大·朴通事의 聲調體系 研究」, 연세대학교 석사논문.
愼鏞權(1999), 「≪老乞大新釋諺解≫의 漢語音 研究」, 『언어의 역사』, 태학사.

李鍾九(1999), 「新釋本 ≪朴通事諺解≫의 漢語語音」, 『中國硏究』 23.
朱星一(2000a), 「從≪飜譯老乞大・朴通事≫左側音看近代漢語入聲」, 『古漢語硏究』 第2期.
朱星一(2000b), 「15、16世紀朝漢對音硏究」, 北京大學 博士論文.
이정환(2002), 「≪重刊老乞大諺解≫의 中國語 音韻 體系 硏究」, 한국외국어대학교 석사논문.
유재원(2003), 「『老乞大新釋諺解』의 중국어 성모 표음체계에 관한 고찰」, 『中國硏究』 32.
中村由紀(2003), 「≪飜譯老乞大≫ ≪老乞大諺解≫ ≪重刊老乞大諺解≫における時代別ハングル音注の比較」, *KOTONOHA* 9.
鋤田智彦(2005), 「東洋文庫本「重刊老乞大諺解」に現れた上聲の連續變調について」, 『開篇』 24.
유재원(2006), 「『飜譯老乞大・朴通事』 중국어 표음에 관한 고찰 — 變則의 類型을 중심으로 —」, 『중국학연구』 36.
崔玲愛(2006), 「『飜譯老乞大』 入聲字의 훈민정음표기 연구」, 『中國語文學論集』 37.
鋤田智彦(2006), 「東洋文庫所藏「重刊老乞大諺解」の入聲字に附せられた傍點について」, 『中國古籍文化硏究』 4.
遠藤光曉(2006), 「『飜譯老乞大・朴通事』に存在する注音・用字上の內部差異について」, *KOTONOHA* 38.
中村雅之(2006), 「飜譯老乞大・朴通事の輕聲について」, *KOTONOHA* 43.
鋤田智彦(2007), 「「重刊老乞大諺解」三本に見える聲調を表す傍點について」, 『中國文學硏究』 33.
愼鏞權(2008), 「老乞大諺解書에 나타난 漢語 聲調 표기와 관련된 몇 가지 문제에 대하여」, 『中國文學』 57.
姚駿(2008), 「≪老乞大諺解≫朝鮮語語音硏究」, 北京大學 博士論文.
吉田知世・竹越孝(2008), 「『重刊老乞大諺解』(上)同音字表」, *KOTONOHA* 63.
申雅莎(2009), 「『老乞大』諺解本 중의 中古 入聲字 韻尾 'ㅸ'에 대하여」, 『中國學硏究』 50.
愼鏞權(2009), 「≪飜譯老乞大≫에 나타난 濁音과 入聲 표기에 대하여」, 『中國語文學』 54.
廉載雄(2009), 「從入聲字看≪飜譯老乞大≫、≪飜譯朴通事≫左右音在近代漢語中的地位」, 『中國語文學論集』 58.
張曉曼(2010), 「≪飜譯老乞大≫、≪重刊老乞大諺解≫右音對比分析」, 『韓漢語言探索』, 學古房.
신용권(2012), 「≪번역노걸대 · 박통사≫의 한어음 표기와 관련된 몇 가지 문제에 대하여」, 『언어학』 62.
홍현지(2017), 「≪合併字學集韻≫과 ≪飜譯朴通事≫의 韻母體系 대조 고찰」, 『中國語文學誌』 59.

『老乞大』와 『朴通事』의 언해서에 나타난 중국어음의 표기 체계와 반영하는 음계에 대한 연구는 이 책의 중국어음과 관련된 연구 성과의 대부분을 차지하고 있다. 특히 좌우음 중에서 현실음인 우측음에 연구가 집중되어 있다. 中村完(1961), 胡明揚(1963), 俞昌均(1967) 등에서 『飜譯朴通事』, 『老乞大諺解』, 『朴通事諺解』에 대하여 선구적인 연구를 행한 이후 姜信沆(1974)에서는 『飜譯老朴』의 음계를 개괄한 진일보한 연구 성과를 내놓아 이후의 연구에 많은 영향을 끼쳤다. 鄭光(1970), 金仁經(1974), 林東錫(1977) 등은 이 분야 연구의 초기에 나온 석사학위논문이다. 초기 간본의 聲 · 韻 · 調와 관련된 전반적인 음계를 고찰한 이후의 연구들은 대체적으로 이러한 초기 연구의 테두리 안에서 논의가 이루어지고 있다. 聲調 표기와 聲調에 대해서는 菅野裕臣(1977), Mei, Tsu-lin(1977), 金完鎭(1978), 遠藤光曉(1981, 1984) 등 수준 있는 연구들에 의해 그 전모가 밝혀졌으며 이후 康寔鎭(1980), 蔡瑛純(1985), 李敦柱(1989a, 1989b), 權仁瀚(1995), 李鍾九(1997), 鋤田智彦(2005, 2007), 中村雅之(2006), 愼鏞權(2008) 등의 연구가 이어져 이 책에 나타난 성조 표기 문제는 많은 부분이 해명되었다. 특히 入聲 문제는 큰 주목을 끌어서 遠藤光曉(1981, 1984), 康寔鎭(1982), 吳葆棠(1991), 朱星一(2000a), 崔玲愛(2006), 鋤田智彦(2006), 申雅莎(2009), 愼鏞權(2009), 廉載雄(2009) 등 비교적 많은 수의 전문적인 연구가 나왔다. 遠藤光曉(1990)은 『飜譯老朴』의 중국어 주음을 색인으로 제시한 것인데, 이 책에 출현하는 모든 한자의 주음, 출현하는 장과 행, 入聲字 일람표, 上聲이 연속한 구, 연구문헌목록 등을 정밀하게 제시하고 있어 관련 연구자들이 참고할 수 있도록 하였다. 초기에는 『飜譯老朴』과 『老諺』, 『朴諺』에 연구가 집중되었다가 姜信沆(1978c)를 시작으로 18세기 간본에 대해서도 전문적으로 연구가 진행되었다. 18세기 간본에 대한 연구는 주로 『飜譯老朴』과의 음계 차이와 이 간본들에서 새로 나타난 음운변화 현상에 중점을 두고 이루어졌는데, 위에서 언급한 성조 관련 연구를 제외하고 이와 관련된 연구로는 玄幸子(1981), 康寔鎭(1985), 金完鎭(1992), 愼鏞權(1994, 1999), 李鍾九(1999), 이정환(2002), 유재원(2003), 中村由紀(2003), 吉田知世・竹越孝(2008), 張曉曼(2010) 등이 있다. 국어학자들의 주요 관심은 이들 간본에 나타난 중국어음 표기를 중세국어 음운 연구의 보조 자료로 사용하려는 데 있다고 할 수 있다. 다만 姜信沆(1978a) 등 소수의 연구를 제외하고 이와 관련된 전문적인 연구가 거의 없다는 사실은 『飜譯老朴』의 좌우음 표기가 『譯訓』에서 수립된 전사 표기에 기초하고 있고 이러한 표기 체계는 이후의 간본에서 그대로 이어졌기 때문에 중국어음 표기에 근대 시기에 나타난 한국어 음운의 변동 양상이 반영되기 어렵다는 사실을 보여 주고 있다.

(2) 『老乞大』, 『朴通事』의 언해서에 나타난 좌우음 표기의 성격에 대한 연구

鄭光(1974), 「飜譯老乞大 朴通事의 中國語音 表記 硏究 — 四聲通解 歌韻內 諸字의 中聲表記를 中心으로 —」, 『國語國文學』 64.

張馨實(1994), 「「飜譯老乞大」의 中國語 注音에 對한 硏究」, 고려대학교 석사논문.

朱星一(2000), 「15、16世紀朝漢對音硏究」, 北京大學 博士論文.

유재원(2002), 「조선 역음서의 정속음과 좌우음의 관계 및 성격에 대한 연구」, 『언어와 언어학』 30.

柳在元(2003), 「조선시대의 두 가지 중국어음 표기체계」, 『中國學硏究』 23.

愼鏞權(2004), 「≪飜譯老乞大≫에 나타난 좌측음의 성격에 대하여」, 『中國文

學』 42.
張衛東(2004), 「≪老乞大≫六版本左音變異條例及其成因初探」, 『漢語言文字學論文集』, 中國社會科學出版社.
朱星一(2006), 「조선 초기 韓中 譯音 자료에 나타난 중국어음 표기방식 연구 — 申叔舟식과 崔世珍식 어음표기를 중심으로 —」, 『中語中文學』 38.
中村雅之(2006), 「飜譯老乞大朴通事の左側音の入聲表記について」, *KOTONOHA* 41.
朱星一(2007), 「『飜譯老乞大・朴通事』에 나타난 중국어 入聲의 성질 고찰」, 『中國言語研究』 24.
愼鏞權(2010), 「關於≪飜譯老乞大≫中左右音的性質」, 『韓漢語言探索』, 學古房.

『老乞大』와 『朴通事』 언해서의 중국어음 표기 특히 우측음이 반영하는 음계에 대한 연구가 활발했던 반면 좌측음과 우측음이 가지고 있는 성격에 대해서는 심도 있는 논의가 이루어지지 못했다. 그러나 이 책에 나타난 중국어음 표기의 성격이나 자료적 가치는 우측음을 고립적으로 고찰할 때가 아니라 좌측음과의 관련성의 측면에서 고찰할 때 그 전모를 파악할 수 있다는 점에서 좌우음 표기의 성격과 관계에 대한 연구는 매우 중요하다. 이러한 측면에서 鄭光(1974)는 초기의 연구 중에서 주목할 만한데, 『飜譯老朴』에서 저자 崔世珍이 전통적 표기체제와 당시 실제 중국어음과의 차이에 착안하여 새로운 표기체제를 이룩하려 노력하였다고 지적하고 좌측음이 通攷所制之字이고 우측음이 國俗撰字之法에 의해서 만든 표기라는 점에 주목하고 있다. 張馨實(1994) 역시 이러한 관점을 이어서 『飜譯老乞大』의 좌우음이 표기법에서 차이가 날 뿐 그 음에 있어서는 큰 차이가 없다고 하면서도 좌우음이 동일음에 대한 표기법의 차이만을 보이는 것이 아니라 좌측음은 우측음보다는 약간 보수성을 띠는 口語的 正音이라는 주장을 하고 있다. 이후 『飜譯老朴』을 비롯한 朝鮮 漢學書에 나타난 좌우음을 정밀표기(通攷所制之字)와 간략표기(國俗撰字之法)라는 二元的 표음체계의 관점에서 살펴보려는 연구가 나타났는데, 유재원(2002, 2003), 朱星一(2000, 2006, 2007), 愼鏞權(2004, 2010) 등을 들 수 있다.

(3) 飜譯老乞大朴通事凡例와 『老乞大』, 『朴通事』의 언해서에 나타난 正俗音에 대한 연구

鄭光(1974), 「飜譯老乞大朴通事凡例硏究」, 『第17次 全國 國語國文學大會 發表要旨』.

安奇燮(1988), 「朝鮮時代 對 漢語 譯音書의 正音·俗音 성격의 再考―序·凡例上의 기술을 중심으로―」, 『中語中文學』 10.

李敦柱(1988), 「飜譯老乞大·朴通事凡例攷(Ⅱ)」, 『湖南文化硏究』 18.

李敦柱(1989), 「飜譯老乞大·朴通事凡例攷(Ⅰ)」, 『語文論叢』 10·11.

鄭光(1995), 「飜譯老朴凡例의 國音·漢音·諺音에 대하여」, 『大東文化硏究』 30.

金武林(1998), 「「飜譯老乞大朴通事」 凡例의 새김과 解說」, 『한국어학』 7.

張衛東(2004), 「再論"正音俗音皆時音"―以多版本諺解≪老乞大≫爲中心」, 『漢語言文字學論文集』, 中國社會科學出版社.

신용권(2011), 「『번역노걸대·박통사』에 나타난 정속음의 개념에 대한 재검토」, 『한글』 293.

飜譯老乞大朴通事凡例는 『飜譯老朴』을 연구하는 데 필수적인 자료로 이 책을 연구한 저작들에서 거의 빠짐없이 거론되었다. 다만 이 범례에 대한 전문적인 연구는 많지 않은데, 鄭光(1974, 1995)는 범례에 나타난 國音, 漢音, 諺音, 正俗音 등의 개념에 대하여 논의하고 있다. 李敦柱(1988, 1989)와 金武林(1998)에서는 飜譯凡例의 원문을 해석하고 각 조목별로 관련된 설명을 하고 있다. 『老乞大』와 『朴通事』 언해서의 좌우음을 正俗音의 측면에서 전문적으로 논의한 연구 성과로는 『飜譯老朴』을 비롯한 漢語 譯音書에 나타난 정음과 속음의 성격을 관련 기록에 기초하여 논의한 安奇燮(1988)과 『華音正俗變異』에 대한 논의 이후 노걸대언해서를 중심으로 반영하는 시기는 다르지만 정음과 속음이 현실음을 반영

한다고 주장한 張衛東(2004)가 있다. 신용권(2011)에서는 기존의 연구에 나타난 정속음 개념의 문제점을 정리하고 『飜譯老朴』 좌우음을 정속음과의 관계 측면에서 종합적으로 살펴 『飜譯老朴』 정속음의 개념을 검토하고 있다.

(4) 『老乞大』, 『朴通事』의 언해서에 나타난 중국어 음운변화에 대한 연구

康寔鎭(1985), 『「老乞大」「朴通事」研究』, 臺灣學生書局.

김선옥(1991), 「『飜譯老乞大』와 『老乞大諺解』의 音韻體系 變遷 研究」, 『中原語文』 7.

遠藤光曉(1993), 「≪重刊老乞大諺解≫牙喉音字顎化的條件・附パリにある朝鮮資料」, 『開篇』 11.

신용권(1994), 「老乞大諺解의 漢語音 研究 — 18世紀 刊本의 在右字音을 중심으로 —」, 서울대학교 석사논문.

朱星一(2005), 「조선초기 韓中 對譯音 자료를 통해 본 捲舌音의 형성과정」, 『中國語文論譯叢刊』 14.

張衛東(2005), 「從≪老乞大≫六諺解本看近代漢語語音史」, 『世界漢語教育史研究』, 澳門理工學院出版.

김명금(2008), 「≪飜譯老乞大≫의 漢字音과 中國現代漢字音 對比」, 전북대학교 석사논문.

김은희(2010), 「捲舌音 생성시기에 관한 논의와 한계 — 『朴通事新釋諺解』・『華音啓蒙諺解』에 나타난 捲舌音 對譯音 표기와 『音治』의 捲舌音과 관련하여 —」, 『中國語文學論集』 61.

『老乞大』와 『朴通事』 언해서의 간본들에 반영된 중국어 음운변화의 문제는 일반적으로 각 간본의 음계를 논의한 연구들에서 부분적으로 다루어지고 있다. 康寔鎭(1985), 신용권(1994)에서는 간본들을 통해 나타나는 전반적인 중국어 음운변화의 양상을 저작의 특정 부분에서 집중적으로 논의하고 있다. 김선옥(1991), 張衛東(2005), 김명금(2008) 등에서는 『飜譯老乞大』에서 이후의 간본이나 현대음까지 변화한 양상을 개략적으로 보여

주고 있다. 특정 음운변화에 대한 분석도 이루어졌는데, 遠藤光曉(1993)에서는 『重刊老乞大諺解』의 牙喉音字에 나타난 구개음화의 문제를 음운 환경과 방언 배경의 관점에서 논의하고 있고 朱星一(2005)와 김은희(2010)에서는 『老乞大』와 『朴通事』 언해서의 간본에 나타난 권설음화의 양상에 대하여 논의하고 있다.

(5) **『老乞大』, 『朴通事』의 언해서에 나타난 중국어음의 방언 배경에 대한 연구**

尉遲治平(1990), 「老乞大、朴通事諺解漢字音的語音基礎」, 『語言研究』 第1期.

崔玲愛(2006), 「『飜譯老乞大』 入聲字의 훈민정음표기 연구」, 『中國語文學論集』 37.

中村雅之(2006), 「飜譯老乞大朴通事の右側音」, *KOTONOHA* 42.

李鍾九(2009), 「『飜譯老乞大朴通事』 中國音의 성격」, 『中國言語研究』 29.

愼鏞權(2013), 「老乞大와 朴通事의 諺解書에 나타난 漢語音의 방언배경 연구」, 『中國言語研究』 47.

기존의 연구에서는 『老乞大』와 『朴通事』의 언해서에 나타난 좌측음과 우측음이 편찬 당시인 15세기와 16세기의 중국북방음을 반영하는 것으로 보고 현대 北京語와의 비교를 시도한 경우가 많았다. 많지는 않지만 이와 다른 관점에서 이 책의 방언 배경을 논의한 경우도 있다. 尉遲治平(1990)에서는 『朝鮮王朝實錄』, 『明實錄』 등의 사료 기록에 근거하여 좌측음은 官話音, 우측음은 遼陽音을 반영하는 것으로 보았다. 『飜譯老朴』의 우측음을 15~16세기 당시 중국 표준음의 기반이 된 南京官話의 영향을 받은 것으로 보는 관점의 연구는 특히 주목할 만하다. 中村雅之(2006)에서는 舊入聲韻字에서 보이는 바와 같이 『飜譯老朴』의 좌측음은 전통적인 北京音이고, 우측음은 南京官話의 영향을 받은 音形이라고 주장하였다. 崔玲愛(2006) 역시 좌측음은 전통 관념이 씌워진 15세기 중엽의 北部官話 口語音(白讀)이고 우측음은 南部官話가 北部官話에 흡수되어 형성된 16세기 초엽의 讀書音(文讀)으로 표준음이라고 주장하였다. 다만 이 연구들은 入聲字에 국한하여 논의를 하고 있다는 점에서 한계가 있다. 李鍾九(2009)에서는 『飜譯老朴』의 중국어음이 관료들의 활동 공간에서 주로 쓰인 官話와는 달리 민간에서 쓰이던 民間音이라고 하였다. 愼鏞權(2013)에서는 각 간본에 나타난 우측음의 전체적인 모습이 北京을 중심으로 하는 지역에서 통용된 北方官話를 반영하고 있지만, 『飜譯老朴』의 좌측음과 우측음이 반영하는 15세기 중반 이후의 北方官話는 明初의 首都語인 南京官話의 영향이 있었다는 점을 지적하였다. 또한 18세기 간본에 나타난 우측음도 전체적으로는 北京과 東北 지역을 중심으로 하는 북방 지역에서 통용된 官話의 모습을 보여 주는 가운데 몇 가지 특이한 표기에 근거하여 일부 제보자가 山東 東部 지역의 방언적인 배경을 가지고 있었을 가능성에 대하여 언급하였다.

4. 通攷所制之字와 國俗撰字之法

『老乞大』와 『朴通事』의 언해서에 나타난 좌측음과 우측음의 가장 큰 차이점은 표기방식에 있다고 할 수 있고 이러한 표기방식의 차이는 본서에서 논의하는 주요 문제들과 관련되어 있다. 따라서 본 절에서는 본격적인 논의에 들어가기에 앞서 좌측음의 표기방식인 '通攷所制之字'와 우측음의 표기방식인 '國俗撰字之法'에 대하여 개략적으로 설명하고자 한다.

훈민정음 창제 이후 표음문자인 훈민정음을 사용하여 중국한자음을 표기하려는 시도가 우선적으로 이루어졌고 이는 창제자가 역점을 기울인 사업이었다.[15] 이러한 노력의 결과 1455년에 韻書인 『洪武正韻譯訓』이 간행

15 훈민정음이 창제된 다음해인 世宗 26년(1444) 2월 집현전 교리 최항 등에게 명하여 『韻會』를 諺文으로 번역하게 했다는 『世宗實錄』의 기록을 통하여 훈민정음을

되었고, 『譯訓』의 중국어음 색인이라고 할 수 있는 『四聲通攷』가 이어 간행되었다. 『譯訓』과 『通攷』에서 사용된 중국어음 표기 방식은 이후 한국 운서와 역학서(외국어 학습서)에 사용된 중국어 규범음 표기방식 즉 운서적 표기방식의 기초가 되었다는 점에서 큰 의미가 있다.

16세기 초반에 최초의 역학서 언해이자 『老乞大』와 『朴通事』 언해서의 최초 간본인 『飜譯老朴』이 간행되는데, 이 책에서는 각 한자 밑의 좌우에 두 개의 중국어음을 나란히 표기하고 있다. 중국어 학습서를 한국어로 풀이(諺解)하고 중국어 발음의 학습을 위하여 훈민정음으로 중국어음을 각 한자 밑에 달아 놓은 것이다. 正俗音이라고도 불리는 이 책의 좌우음에서 좌측음은 『通攷』에 나타난 속음의 표기방식에 기초한 通攷所制之字이고, 우측음은 중국어를 배우는 사람들의 학습을 위하여 일반적으로 사용하는 훈민정음 표기방식인 國俗撰字之法에 의거하여 만든 것이다. 『飜譯老朴』에 나타난 이러한 표기방식은 조선시대의 漢學者들이 중국어음을 어떻게 인식하였는가와 함께 훈민정음을 사용한 중국어음 표기의 면모를 여실히 보여 주고 있다. 특히 우측음은 이후 역학서적 표기방식의 기초가 되었다. 『飜譯老朴』의 좌우음은 이처럼 표기방식에서 중요한 차이를 보인다. 좌측음은 『通攷』의 저자인 申叔舟의 표기방식이고 우측음은 『飜譯老朴』의 저자인 崔世珍의 표기방식으로 조선시대를 통틀어 가장 뛰어난 두 한학자의 훈민정음을 사용한 중국어음 표기방식인 운서적 표기방식과 역학서적 표기방식이 공존하는 것이라고 할 수 있다. 현대적인 의미에서 보면 좌측음은 정밀표기이고 전문가를 위한 표기의 성격을 가지는 반면, 우측음은 간략표기이고 중국어를 처음 배우는 사람들을 위한 표기의 성격을 가진다고

사용하여 중국한자음을 표기하려는 시도가 훈민정음 창제 이후 가장 먼저 이루어진 사업의 하나라는 사실을 알 수 있다. 世宗 자신이 中國音韻學의 대가였고 한자음을 정비하는 것이 훈민정음 창제의 주요 동기 중 하나라는 점에서 이러한 사업을 적극적으로 시도한 배경을 알 수 있다.

볼 수 있다. 훈민정음 창제 이후 훈민정음의 특성을 이용하여 이와 같은 뛰어난 중국어음 표기법을 만들어 낸 것이다. 또한 『飜譯老朴』에 나타난 좌우음은 음운변화의 반영 정도에도 차이를 보이는데, 좌측음은 음운변화 과정 중의 음을 반영하지 않는 규범음의 성격을 가진 반면 우측음은 비록 보수적인 성격도 있으나 좌측음에 비해서는 음운변화의 과정을 비교적 생생하게 반영하는 양상을 보여 주고 있다. 이처럼 『飜譯老朴』에서는 좌우음에 표기방식과 음운변화 반영의 차이를 적절하게 나타내는 방법을 통하여 중국어 학습서로 유용하게 사용할 수 있도록 한 것이다. <표 Ⅰ-1>은 『飜譯老朴』의 좌측음과 우측음을 聲母, 韻母, 聲調로 나누어 그 표기상 차이를 정리한 것이다.

<표 Ⅰ-1>에서 보이는 바와 같이 『飜譯老朴』의 좌측음은 『譯訓』과 『通攷』에 수록된 속음의 표기방식에 기초한 것이고, 『飜譯老朴』의 우측음은 학습자를 위하여 일반적인 방식으로 표기한 것이어서 많은 차이가 나타나고 있다.

성모 표기에서의 차이는 크게 두 가지 방면에서 나타난다. 먼저 좌측음의 정밀표기적 성격과 우측음의 간략표기적 성격의 차이를 반영하는 것으로 齒音 표기가 대표적이다. 다음으로 표기방식과 음운변화 반영 정도에서의 차이를 함께 반영하는 것으로 全濁音, 疑母, 影母, 微母 등의 표기가 이에 속한다.

운모 표기에서는 표기방식에서의 차이와 음운변화 반영의 차이뿐 아니라 文白音의 차이까지 나타난다. 예를 들어 歌韻, 戈韻, 일부 止·蟹攝字 등에서 나타난 표기 차이는 주로 음운변화의 반영 정도와 관련된 것이다. 또한 ㅸ 종성, ㅿ 종성(支紙寘韻), 우측음의 '·' 표기, 일부 山·咸攝字 표기 등은 표기방식의 차이를 반영한다. 이외에 入聲韻尾의 차이는 음운변화를 반영하는 측면이 크지만 入聲韻의 범주를 표시하려는 편찬자의 의도도 반영하고 있다. 入聲韻字에서 나타나는 文白音의 차이도 주목할 만하다.

〈표 Ⅰ-1〉『飜譯老朴』좌측음과 우측음의 표기상 차이

1. 聲母

표기항목	例字	『飜譯老朴』 좌측음의 상황과	例字 표기	우측음의 상황과	例字 표기
全濁音	其	있음	끼	없음	:키
齒音	壯	구분 있음	·좡	구분 없음	·좡
疑母	艾	있음	·애	없음	·애
影母	愛	있음	·해	없음	·애
微母	微	대부분 있음	ᄝᅵ	일부 있음	:위

2. 韻母

표기항목	例字	『飜譯老朴』 좌측음의 상황과	例字 표기	우측음의 상황과	例字 표기
入聲韻尾(ㆆ)	吉	있음	·기ᇹ	없음	·기
入聲韻字 文白音	北	白話音 위주	·비ᇹ	文言音 위주	:버
ᄝ 종성	卯	ᄝ 종성	:마ᇢ	ㅗ/ㅜ 종성	만
ᄫ 종성(藥韻)	嚼	ㅏ/ㅑ/ㅘ(종성 ᄫ)	·쨔ᇦ	ㅗ/ㅛ/ㅓ(종성 없음)	:죠
△ 종성(支紙寘韻)	子	ㅡ/ㅣ(종성 △)	:즈ᇫ	·/ㅣ(종성 없음)	ᄌᆞ
歌韻	鵝	ㅓ	어	ㅗ	:오
戈韻	波	ㅝ	붜	ㅗ	·보
· 표기 (우측음)	參 生	ㅡ/ㅣ (종성 ㄴ/ㅇ/(ㅁ))	슨 승	·(종성 ㄴ/ㅇ/(ㅁ) 또는 종성 없음)	·ᄉᆞᆫ ·ᄉᆞᆼ
일부 止·蟹攝字	肥	ㅣ	삐	ㅢ	:뵈
일부 山·咸攝字	嵌	ㅑ (종성 ㄴ/(ㅁ))	캰	ㅕ (종성 ㄴ)	·켠

3. 聲調

四聲		例字	『飜譯老朴』 좌측음 清濁	調値 설명	旁點	표기	『飜譯老朴』 우측음 國音 聲調와의 비교	旁點	표기
平聲	陰	眞	全淸 次淸	輕呼而稍擧	0	진	如國音去聲之呼/ 其呼與國音去聲相似	1	·진
	陽	臣	全濁 不淸不濁	先低而中按 後厲而且緩	0	찐	如國音上聲之呼/ 其聲勢同國音上聲之呼	2	:친
仄聲	上	孔		低而安	2	:쿵	如國音平聲之呼/ 其呼勢同國音平聲之呼	0	쿵
	去	空		直而高	1	·쿵	同國音去聲之呼/ 與國音去聲相同	1	·쿵
	入	木		直而高	1	·뭉	呼如去聲	1	·무
		席		先低後厲而促急	1	·씽	少似平聲濁音之呼	2	:시

좌우음의 표기방식을 이해하는 데 성조 표기는 매우 중요하다. 『飜譯老朴』의 좌측음에서는 당시의 중국어 성조를 정확하게 표시하기 위하여 중국어 각 성조를 나타내는 전문가적 표기를 한 반면, 『飜譯老朴』의 우측음에서는 국어의 고저에 의거한 성조 표기를 하여 학습의 편의를 도모하였다. 즉 『飜譯老朴』의 좌측음은 중국어 성조와 직접적으로 대응시키는 운서적 표기방식을 사용하고 있고, 역학서의 중국어음 표기를 대표하는 『飜譯老朴』의 우측음에서는 한국인의 중국어 학습을 위해 調値(tone value)가 정확히 일치하지 않는 한정된 수의 한국어 성조로 중국어 성조를 개략적으로 표시하였다. 이 때문에 『飜譯老朴』에 표시된 旁點은 15, 16세기경의 중국어 성조를 나타낸 것으로 당시의 중국어 성조를 연구하는 데 중요할 뿐 아니라 우측음은 국어한자음의 성조로 표기하였으므로 국어한자음의 성조를 이해하는 데도 중요한 자료가 되었다. 『老乞大』와 『朴通事』의 언해서에서 문헌에 성조 표기인 방점이 표시된 것은 『飜譯老朴』밖에 없고 그 이후의 판본에서는 문헌 자체에서 성조 표기가 보이지 않는다. 다만 조선 후기의 일부 중국어 학습서에는 교습자 또는 학습자가 행한 성조 표기가 존재하는 경우가 있다. 예를 들어 18세기 간행 일부 『老乞大』와 『朴通事』 언해서의 한자 좌우에는 성조를 표시하는 것으로 보이는 朱點이나 墨點을 찍어 놓고 있는데, 이들 문헌에는 우측 1점, 우측 2점, 좌측 1점 및 '<'와 '>'의 다섯 종류 표기가 나타난다. 이처럼 『飜譯老朴』부터 『老乞大』와 『朴通事』 언해서의 일부 간본에 이르기까지 체계적인 성조 표기를 보이고 있다는 사실은 조선시대에 중국어를 학습하고 교육하는 역학자나 역관과 같은 계층에서는 그들 나름의 중국어 성조 표기를 사용하고 있었다는 것을 보여 주는 것이다. 새로 나타난 이 성조 표기는 『飜譯老朴』 우측음의 성조 표기를 계승한 것으로 國俗撰字之法에 의거한 것이다.

최초의 역학서 언해인 『飜譯老朴』 이후에도 『飜譯老朴』에서 수립된 방식에 근거하여 중국어음을 훈민정음으로 표기하려는 노력은 지속적으로 이어져 왔다. 중국어 학습서를 비롯한 한학서에 나타난 중국어음 표기는 『飜譯老朴』에 나타난 바와 같이 운서적 표기방식(通攷所制之字)과 역학서적 표기방식(國俗撰字之法)이 공존하는 양상이 한동안 이어져서 『老乞大』와 『朴通事』의 언해서뿐만 아니라 『譯語類解』(1690), 『伍倫全備諺解』(1721), 『經書正音』(1735) 등과 같은 다양한 문헌에서도 이어진다. 18세기에 간행된 중국어 학습서는 편찬자의 기준에 따라 중국어음을 개편하였지만 이러한 표기방식은 그대로 따르고 있다. 『飜譯老朴』에서 수립된 중국어음 표기는 18세기 간행 『老乞大』와 『朴通事』의 언해서에 이르게 되면 다음과 같은 특징을 보인다.

첫째, 18세기 중반 이후에 간행된 『老乞大』와 『朴通事』의 언해서는 時用性과 함께 실용성의 확보에 큰 힘을 기울였다. 16세기 초의 『飜譯老朴』 이후 17세기 후반의 『老乞大』와 『朴通事』의 언해서에서는 『飜譯老朴』의 권위에 이끌려서인지 근대중국어에 나타난 음운변화를 잘 반영하지 못하고 있다. 이러한 이유로 실용적인 중국어 학습서에 당시 중국어 발음의 상황을 제대로 반영하지 못하는 결과를 가져왔다. 반면 18세기 중반 이후 간행된 『老乞大』와 『朴通事』의 언해서는 중국어 원문을 당시에 부합하게 수정하고 현실음인 우측음에 당시 중국북방음에서의 음운변화 상황을 생생하게 반영함으로써 중국어 학습서가 가져야 할 실용성을 확보할 수 있었다. 그러나 중국어음의 개정도 매번 하는 것은 아니어서 바로 앞의 노걸대언해서와의 간행 간격이 불과 30년 정도인 『重刊老乞大諺解』는 불필요한 중국어음의 개정은 하지 않으면서 책의 체재도 정연하게 하고 誤記도 없도록 공들여 정비하는 면모를 보이고 있다.

둘째, 실용성의 확보와 함께 규범성도 존중하려는 경향을 보인다. 『洪武正韻』에 기반을 둔 중국어 규범음은 『譯訓』, 『通攷』, 『通解』와 그 맥을 잇는다고 볼 수 있는 『奎章全韻』을 통해 꾸준히 정리되었을 만큼 운서 편찬자들이 매우 중시한 존재였고, 이러한 상황이 실용적인 중국어 학습서인 『老乞大』와 『朴通事』의 언해서에서 각 한자 밑에 정음(좌측음)과 속음(우측음)을 병기하는 표기를 낳게 한 것이라고 볼 수 있다. 그러나 이처럼 중시된 중국어 규범음(정음)이 『飜譯老朴』과 17세기의 『老乞大』와 『朴通事』 언해서에서 제대로 표기되지 않았기 때문에 이러한 상황을 『老乞大諺解』(平安監營重刊本)에서 수정하게 된다. 18세기 간행 『老乞大』와 『朴通事』 언해서의 좌측음이 정음 체계로 되어 있다는 사실은 이러한 측면에서 주목할 만하다.

19세기 후반에 편찬된 『華音啓蒙諺解』 이후의 한학서에서는 좌우음을 병기하는 방식이 사라지고 『飜譯老朴』의 우측음에 해당하는 역학서적 표기만을 제시하는 방식을 채용하게 된다. 그러나 이러한 표기 역시 『飜譯老朴』의 우측음과 이후 한학서의 중국어음 표기가 기초한 國俗撰字之法의 표기방식을 계승 발전시킨 것이라고 볼 수 있다. 다만 『華音啓蒙諺解』 이후의 한학서에서는 보다 현실적이고 음성전사에 충실한 주음의 경향이 나타나는데, 이 때문에 한편으로는 표기체계가 『老乞大』와 『朴通事』 언해서의 우측음 표기체계보다 비체계적인 것으로 보이기도 한다.

『飜譯老朴』을 비롯하여 이후의 중국어 학습서에 나타난 중국어음 표기는 당시의 한학자들이 通攷所制之字와 國俗撰字之法이라는 이원적인 표기방식의 기초 위에서 그들의 중국어 관련 지식을 최대한 활용하여 공들여 표기한 것으로 조선시대의 중요한 언어학적 성과라고 할 수 있다.

II

전사 표기

『老乞大』와 『朴通事』의 언해서에 나타난 중국어음 표기의 성격과 이 표기가 나타내는 중국어음을 파악한다고 할 때 가장 기본이 되는 것은 전사 표기에 대한 정확한 이해이다. 그리고 전사 표기를 정확하게 이해하기 위해서는 전사 대상이 되는 언어의 음운 체계와 전사 수단이 되는 언어의 음운 체계에 대한 올바른 파악이 선행되어야 하고 두 언어 음운 체계 사이의 대응 관계도 정확히 이해해야 한다. 이러한 점에서 전사 표기에 대한 논의는 본 연구의 기초가 되는 것이며 여러 복잡한 문제들이 관련되어 있다.

『老乞大』와 『朴通事』의 언해서에서 각 한자 밑에 좌우로 제시한 중국어음 표기 중 우측음 전사 표기의 전사 대상은 16세기에서 18세기에 걸쳐 나타난 북방중국어의 음운이고 전사 수단은 최초의 간본인 『飜譯老朴』 편찬 시에 수립된 훈민정음 표기이다. 좌측음의 전사 체계는 훈민정음 창제 이후 처음으로 중국어음을 훈민정음으로 표기한 운서인 『譯訓』과 『譯訓』 수록 글자의 字音만을 제시한 『通攷』의 정음 또는 속음에 기초를 두고 있다.[1] 『譯訓』의 전사 체계에 대한 문제는 기존의 연구에서 자세히 논의되었고 『老乞大』와 『朴通事』 언해서의 독자적인 부분이라고 할 수 없기 때문에 본 장에서는 주로 우측음의 전사 표기에 관한 문제에 관심을 집중하고 좌측음 전사 표기와 관련된 문제는 필요한 경우 언급하도록 하겠다.

『飜譯老朴』 이후에 간행된 『老乞大』와 『朴通事』 언해서의 우측음은 『飜譯老朴』에서 수립된 전사 체계의 골격을 그대로 따른다고 볼 수 있다.[2] 그러나 17~18세기에 이르면서 한국어와 중국어에서 주목할 만한 음운변화가 상당히 일어났고 전사 표기에서도 일부 변화가 있었기 때문에 이에 대한 별도의 고찰이 필요하다. 또한 전사 표기와 관련하여 생각해 볼 수 있는 몇 가지 흥미로운 문제들이 있다는 점에서 이 부분에 대한 추가 논의는 매우 유용할 것으로 보인다.

본 장에서는 먼저 『飜譯老朴』에 나타난 중국어음의 전사가 어떤 방식으로 되어 있는지 전체적으로 개괄한다. 중국어음의 전사 도식은 중국어의 字音 중에서 음절 초 子音인 聲母, 聲母를 제외한 나머지 음절 부분인 韻母 그리고 聲調로 나누어 제시한다. 『飜譯老朴』의 중국어음 전사 도식에 대해서는 기존의 연구에서도 제시하고 있어서, 본 장에서는 기존의 연구와 중복을 피하여 핵심적인 부분을 중심으로 간략하게 논의한다. 다만 본서에서 다룰 중국어음 전사와 관련된 몇 가지 문제를 논의하기 위한 기초가 되기 때문에 이 전사 도식을 보다 명확하고 정밀하게 제시하도록 하며, 18세기 간행 『老乞大』와 『朴通事』의 언해서에서 달라진 전사 표기의 문제에 대해서도 논의한다. 아울러 『老乞大』와 『朴通事』의 언해서에 나타난 중국어음 표기와 관련된 문제 중에서 핵심적으로 다루어야 할 문제이거나 기존의 연구에서 충분히 논의되지 못한 문제인 齒音 표기, 全濁音 표

1 『通攷』는 『譯訓』의 대표 편찬자인 申叔舟가 편찬한 운서로 『譯訓』 수록 글자의 字音만을 제시한 책이다. 이 때문에 『通攷』는 현재 전하지 않으나 『譯訓』의 중국어음 표기와 일치하는 것으로 간주할 수 있다.

2 중국어음을 표기하는 데 쓰인 훈민정음 표기 체계의 골격은 『譯訓』에서 이미 만들어졌다고 할 수 있고, 이후 조선시대의 한학서를 통해서 기본적인 틀은 계속해서 이어진다.

기, 入聲韻尾 표기, 'ㅱ' 종성 표기, 좌우음에서 차이가 나는 성모와 운모 표기, 성조 표기 등의 문제에 대해서도 집중적으로 논의하고자 한다.

1. 聲母 표기

1.1. 聲母의 전사 도식

『飜譯老朴』에 나타난 좌우음 성모의 전사 도식은 <표 Ⅱ-1>과 같다. <표 Ⅱ-1>의 전사 표기를 분석하면 16세기 초의 중국북방음을 반영하는 『飜譯老朴』 우측음의 성모 체계는 <표 Ⅱ-2>와 같이 제시할 수 있다.

『飜譯老朴』에 나타난 성모의 좌우음 전사 표기에서 주목할 만한 문제를 정리하면 다음과 같다.

첫째, 『飜譯老朴』의 좌우음 성모 표기는 수에서 큰 차이를 보이고 있다. 좌측음은 『譯訓』 및 『通攷』의 표기방식에 기초하기 때문에 31개의 성모 표기를 보이고 있다. 훈민정음 초성체계로는 31 성모를 모두 표시할 수 없기 때문에 'ㅹ, ㅱ'과 같이 한글 초성체계에는 쓰이지 않던 표기를 채용했을 뿐 아니라 齒音의 경우와 같이 글자체의 변형을 통해서 중국어 성모를 표음하기도 하였다. 또한 'ㅸ, ㅿ'과 全濁音을 나타내는 아홉 가지 표기에서 보이는 바와 같이 중국어음을 표기한 한글 초성의 음가가 우리말을 표기할 때의 음가와 다른 경우도 존재한다. 우측음에서 성모 표기의 수는 17로 좌측음에 비해서 상당히 간략화되었음을 알 수 있다.

둘째, 『飜譯老朴』의 좌우음 성모 표기에서 가장 큰 차이를 보이는 부분은 全濁音 표기인 各自並書의 유무이다. 좌측음에는 'ㄲ, ㄸ, ㅃ, ㅹ, ㅉ, ㅉ, ㅆ, ㅆ, ㆅ'이 전탁음을 나타내는 성모 표기로 나타나고 있다. 宋代의 자료에서 이미 나타나기 시작하는 유성 장애음의 무성음화(濁音淸化)가

〈표 Ⅱ-1〉『飜譯老朴』에 나타난 성모의 전사 도식

音種	좌측음	중국어음[3]	한글 표기 음가[4]	우측음
牙音	ㄱ	k	k	ㄱ
	ㅋ	kʰ[5]	kʰ	ㅋ
	ㄲ	g	k'	
	ㆁ	ŋ	ŋ	
舌音	ㄷ	t	t	ㄷ
	ㅌ	tʰ	tʰ	ㅌ
	ㄸ	d	t'	
	ㄴ	n	n	ㄴ
重脣音	ㅂ	p	p	ㅂ
	ㅍ	pʰ	pʰ	ㅍ
	ㅃ	b	p'	
	ㅁ	m	m	ㅁ
輕脣音	ㅸ	f	β	ㅸ
	ㅹ	v		
	ㅱ	w	(w)	ㅱ
齒頭音 整齒音	ᅎ	ts	ts	ㅈ
	ᅐ	ʧ, tʂ		
	ᅔ	tsʰ	tsʰ	ㅊ
	ᅕ	ʧʰ, tʂʰ		
	ᄼ	s	s	ㅅ
	ᄾ	ʃ, ʂ		
	ᅏ	dz	ts'	
	ᅑ	ʤ		
	ᄽ	z	s'	
	ᄿ	ʒ		
喉音	ㆆ	ʔ	ʔ	
	ㅎ	x	h	ㅎ
	ㆅ	ɣ	ç'	
	ㅇ	零	零	ㅇ
半舌音	ㄹ	l	l	ㄹ
半齒音	ㅿ	ʒ, ʐ	z	ㅿ

---

3 해당 한글 초성 표기에 대응하는 중국어음은 姜信沆(1973: 163)을 참고하였다. 다만 권설음화가 『譯訓』과 『飜譯老朴』에서 일부 나타난 것으로 인정하여 整齒音과 半齒音에는 권설음도 함께 제시하였다.

4 한글 표기의 음가는 허웅(1985: 390-391)을 참고하였다.

〈표 Ⅱ-2〉『飜譯老朴』 우측음의 성모 체계

	양순음	순치음	치-치조음	권설음	경구개음	연구개음
파열음	p, p^h		t, t^h			k, k^h
마찰음		f	s	ʂ(ʃ), ʐ(ʒ)		x
파찰음			ts, ts^h	tʂ(ʧ), $tʂ^h$($ʧ^h$)		
접근음		w				
비음	m		n			
설측음			l			

『洪武正韻』(1375)에는 반영되어 있지 않아서 『洪武正韻』의 反切을 한글로 전사한 『譯訓』의 정음에도 전탁음 표기가 남아 있다. 이미 濁音淸化가 종반 단계에 이른 것으로 보이는 15세기 중반의 중국북방음을 기록한 『譯訓』의 속음 체계를 기반으로 하는 좌측음에서도 위의 9가지 표기가 전탁음을 나타내기 위하여 사용되고 있다. 반면 우측음에서는 『飜譯老朴』부터 전탁음 표기가 존재하지 않는다. 좌측음에서 전탁음을 표기하는 데 사용한 각자병서는 16세기 초에는 이미 국어에서 폐기된 표기여서 중국어를 처음 배우는 사람이 이해하기 어려웠기 때문에, 우측음의 기본적인 성격인 國俗撰字之法에 부합하지 않는 표기이다. 따라서 저자 崔世珍의 표기 원칙이나 방식을 고려할 때 『飜譯老朴』 편찬 당시 실제로 전탁음이 일부 잔존했더라도 당시 고유어 표기에서 폐기된 각자병서로 우측음에서 이를 표기하기는 어려웠을 것으로 보인다. 中村雅之(2006a)에서는 좌측음에서의 전탁음 성모는 실질적으로 존재하는 것이 아니고 전통적인 음운범주를 보여 주기 위한 형식적인 표기라고 주장하고 있다. 이러한 측면도 분명히 있으나 『通攷』 범례 등의 기록을 통해 좌측음이 반영하는 15세기 중반의

5 음가를 인용한 각 문헌에서는 다른 표기로 나타내기도 하지만, 본서에서는 유기음을 나타내는 표기는 ʰ로, 된소리를 나타내는 표기는 ˀ로 통일하였다.

중국북방음에는 전탁음이 어떤 형태로건 남아 있었던 것으로 보인다. 전탁음의 문제는 入聲韻尾와 함께 좌우음의 성격을 규명하는 데 핵심적인 사항이므로 본 절에서 상세하게 논의한다.

셋째, 『飜譯老朴』의 좌우음 성모 표기는 표기방식과 음운변화의 반영에서 주요한 차이를 보인다. 좌측음은 정밀표기이고 전문가를 위한 표기이며 운서 표기의 성격을 가지는 반면, 우측음은 간략표기이고 중국어를 처음 배우는 사람들을 위한 표기이며 중국어 학습서 표기의 성격을 가지는데, 이러한 차이는 성모 표기에서도 잘 나타난다. 성모 표기 중에서 좌우음 표기방식의 차이로 간주할 수 있는 대표적인 것은 齒音系 글자이다. 좌측음에서는 齒頭音(s, ʦ, ʦʰ)을 'ᄼ, ᅎ, ᅕ'으로, 整齒音(또는 正齒音)(ʃ, ʧ, ʧʰ)을 'ᄾ, ᅐ, ᅔ'으로 세밀하게 나누어 표기하고 있는 반면 우측음에서는 'ㅅ, ㅈ, ㅊ'으로 구분 없이 표기하고 있다. 좌우음은 음운변화의 반영 정도에서도 차이를 보이는데, 좌측음은 음운변화 과정 중의 음을 반영하지 않는 규범음의 성격을 가진 반면 우측음은 보수적인 측면도 없지 않으나 좌측음에 비해서는 음운변화의 과정을 비교적 생생하게 반영하고 있다. 음운변화 반영의 차이와 표기상의 차이를 함께 반영해 주는 것으로 전탁음 표기와 함께 疑母, 影母, 微母의 표기인 'ㆁ, ㆆ, ㅱ'을 예로 들 수 있다. 전탁음의 좌우음 표기에는 음운변화가 반영된 측면이 분명히 나타나는데, 이 중에서도 濁上變去 현상은 주로 음운변화의 차이를 보여 주는 것이다.

18세기 간행 『老乞大』와 『朴通事』의 언해서에 이르게 되면 좌측음의 성모 체계는 『飜譯老朴』과 차이가 없으나 우측음에서는 微母 표기인 'ㅱ'이 완전히 소실되고 음운변화의 결과 치음 표기인 'ㅈ, ㅊ, ㅅ'은 각각 네 종류의 중국어 성모를 표기하게 된다.

특히 치음 표기의 문제는 주목해야 한다. 'ㅈ, ㅊ, ㅅ'이 표음하고 있는 치두음 및 정치음의 영역에서 15~16세기 이후 두 종류의 음운변화가 일어나게 되는데, 권설음화와 구개음화였다. 우선 좌측음에서 'ㅈ, ㅊ, ㅅ'으로 전사되고 있는 치두음은 17~18세기경에 齊齒呼와 撮口呼의 환경에서 구개음화가 일어나서 'ts, tsʰ, s'와 'tɕ, tɕʰ, ɕ'로 음이 분화되는데, 음운변화를 반영하고 있는 우측음에서는 이 두 종류의 음이 모두 'ㅈ, ㅊ, ㅅ'으로 표음되고 있어서 구개음화가 일어났는지의 여부를 확인할 길이 없다. 현대 北京語에서는 이 두 종류의 음들이 상보적인 환경에서 나타나기 때문에 운모의 환경으로 구분할 수 있다.[6] 그러나 18세기 간행 『老乞大』와 『朴通事』의 언해서가 편찬되던 시기는 치두음의 구개음화가 완성되었다고 말할 수 없어서 운모의 환경으로 두 종류의 음을 구분할 수 없다. 18세기 간본인 『老新諺』, 『朴新諺』, 『重老』에서는 見組(k, kʰ, x)의 구개음화가 여러 글자들에서 나타나고 있는데, 이러한 과정에서 생기는 'tɕ, tɕʰ, ɕ'도 마찬가지로 'ㅈ, ㅊ, ㅅ'으로 전사하고 있다. 한편 좌측음에서 'ㅈ, ㅊ, ㅅ'으로 전사되는 정치음의 영역에서 권설음화가 일어나 'ʧ, ʧʰ, ʃ'와 'tʂ, tʂʰ, ʂ'라는 두 종류의 음이 일정 기간 함께 존재하게 된다.[7] 음운변화를 반영하는 우측음에서 이 두 종류의 음은 치두음과 마찬가지로 'ㅈ, ㅊ, ㅅ'으로 표음되지만, 이 경우에는 운모의 환경으로 두 종류의 음들을 구분할 가능성이 있다. 즉 권설음은 'i'나 'y'와는 결합할 수가 없기 때문에, 여전히 'i'나 'y'와 결합하고 있는 照系 성모는 아직 권설음화가 일어나지 않은 상태를 반영한다고 할 수 있다. 예를 들어 '只'는 18세기 간행 『老乞

---

6 현대 北京語에서 'ts, tsʰ, s'는 'i' 또는 'y' 앞에서 모두 'tɕ, tɕʰ, ɕ'로 변화하였다. 이에 따라서 'tɕ, tɕʰ, ɕ'가 출현하는 환경은 'i'나 'y' 앞이고 'ts, tsʰ, s'는 그 밖의 환경에서 출현하게 된다. 그러나 이 두 音群을 음운론적인 관점에서 각각 독립적인 음소(phoneme)로 간주할지 아니면 특정 음소의 변이음(allophone)으로 간주해야 할지는 논란의 여지가 있는 문제이다.

7 여기에서 'ʧ, ʧʰ, ʃ'는 권설음화가 일어나기 전의 정치음(舌葉音)을 나타내는 것이고, 'tɕ, tɕʰ, ɕ'는 見組나 精組 성모의 구개음화 결과로 생긴 음을 나타내는 것이다. 두 音群은 음질에서 유사하지만 각각 다른 기원에서 유래됐다는 점에서 구분할 필요가 있다.

大』와 『朴通事』 언해서의 좌측음에서 'ᅐᅵᇫ'으로 나타나고 우측음에서는 'ᅑᅳ'로 나타나는데, 이것은 좌측음에서 권설음화가 일어나기 전의 상태, 우측음에서는 권설음화가 일어난 상태를 운모 환경의 변화를 통해 보여 주는 것이다. 그러나 문제는 그렇게 간단하지 않아서 시대에 따른 『老乞大』와 『朴通事』 언해서 각 간본의 우측음을 비교해 보면, 照二系와 照三系가 합류해 가는 권설음화의 과정을 운모 환경의 변화를 통해 보여 주고 있지 못하다. 즉 권설음화 대상 글자들의 운모 표기가 변하지 않은 것이다. 오히려 'ㅡ(ï) → ㅣ(i)'로 표기의 변화가 일어난 경우가 있다.

이러한 음운과정의 결과로 『老新諺』, 『朴新諺』, 『重老』의 우측음에서 'ㅈ'은 'ts, ʧ, tʂ, ʨ', 'ㅊ'은 'ts^h, $ʧ^h$, $tʂ^h$, $ʨ^h$', 'ㅅ'은 's, ʃ, ʂ, ɕ'의 네 종류 음들을 모두 표음하는 상황이 나타난다. 편찬자들이 현실음을 나타내는 우측음에서 'ㅈ, ㅊ, ㅅ'이 이처럼 과중한 역할을 떠맡게 되는 상황을 알았음에도 불구하고 이러한 표기방식을 유지하고 있었던 데는 이유가 있는 것으로 추측된다. 즉 이는 좌측음 표기를 통해 그 근원을 알 수 있거나 운모의 환경을 통해 구분할 수 있는 부분이 있고, 18세기 간행 『老乞大』와 『朴通事』 언해서의 전사 체계가 우측음에서 'ㅈ, ㅊ, ㅅ' 글자체의 변형이나 구별 표지(diacritic mark) 없이 나타나는 『飜譯老朴』을 답습하고 있다는 점과 관련된 것으로 보인다.

여러 문제점이 있지만 성모 전사 표기와 중국어 음가, 한국어 음가 사이의 대응 관계는 비교적 명확하다. 또한 성모를 표음하는 한글 표기는 다소 인위적인 조정을 거쳐 대응하는 중국어 음가가 고정되었기 때문에, 성모 전사 표기에 체계적인 변화가 일어났다면 음운변화를 반영하는 것으로 보아도 큰 무리는 없을 것으로 보인다.

1.2. 全濁音 표기

『老乞大』와 『朴通事』 언해서의 좌우음 성모 표기에서 가장 주목할 만한 차이를 보이는 부분은 유성 장애음인 전탁음이다. 따라서 전탁음 글자가 좌우음에서 나타나는 양상에 대한 분석은 좌우음 성모 체계의 이해에 핵심적인 부분이다. 본 절에서는 『飜譯老乞大』를 대상 문헌으로 하여 좌측음에서 전탁음 표기를 가지고 있는 글자와 이에 대응하는 우측음의 표기 상황에 의거해서 이 문제를 논의하도록 한다. 『飜老』 좌측음에서의 전탁음 표기와 이에 대응하는 우측음 표기를 字母, 聲調, 淸濁, 韻尾의 순서에 따라 제시하면 다음과 같다.

(1) 『飜老』 좌측음에서의 전탁음 표기와 대응하는 우측음 표기

① 群(ㄲ[g])

[좌측음]

(平聲) {陰} 茄, 瘸, 衢, 騎, 其, 碁, 橋/ {陽} 勤, 群, 裙, 强

(上聲) {陰} 妓, 舅/ {陽} 件, 近$_1$

(去聲) {陰} 具, 舊/ {陽} 妗, 近$_2$, 競, 共

(入聲) {入} 及, 極

[우측음][8]

(陰平)

(陽平) <次淸(ㅋ)> {陰} 茄, 瘸, 衢, 騎, 其, 碁, 橋/ {陽} 勤, 群, 裙, 强

(上聲)

(去聲) <全淸(ㄱ)> {陰} 具, 妓, 舅, 舊/ {陽} 妗, 件, 近$_1$, 近$_2$, 競, 共/ ({入} 及, 極)

② 定(ㄸ[d])

[좌측음]

8 우측음에서 入聲은 1점 또는 2점의 陰聲韻으로 표기되고 있으나 그 성격이 平聲, 上聲, 去聲 표기와는 다른 것으로 간주하여 우측음의 去聲(1점)과 陽平(2점) 부분에서 入聲韻을 괄호 안에 표기한다.

(平聲) {陰} 駞, 馱, 擡, 題, 提, 蹄, 桃, 逃, 萄, 條, 調, 苕, 頭, 投/ {陽} 甛, 彈, 田, 團, 堂, 唐, 糖, 停, 廷, 同, 銅, 筒

(上聲) {陰} 垜, 肚, 待, 弟, 道, 稻/ {陽} 但, 動

(去聲) {陰} 大, 惰, 渡, 袋, 第, 兌, 地, 盜, 豆/ {陽} 淡, 段, 鈍, 錠, 定, 衕

(入聲) {入} 達, 迭, 特, 糴, 讀

[우측음]

(陰平)

(陽平) <次淸(ㅌ)> {陰} 駞, 馱, 擡, 題, 提, 蹄, 桃, 逃, 萄, 條, 調, 苕, 頭, 投/ {陽} 甛, 彈, 田, 團, 堂, 唐, 糖, 停, (廷), 同, 銅, 筒/ ({入} (ㄷ) 達, 迭, 特)

(上聲)

(去聲) <全淸(ㄷ)> {陰} 大, 垜, 惰, 肚, 渡, 待, 袋, 弟, 第, 兌, 地, 道, 稻, 盜, 豆/ {陽} 淡, 但, 段, 鈍, 錠, 定, 衕, 動/ ({入} 糴, 讀)

③ 並(ㅃ[b])

[좌측음]

(平聲) {陰} 婆, 葡, 排, 皮, 瓢/ {陽} 盤, 貧, 傍, 朋, 憑, 棚, 平, 評

(上聲) {陰} 部, 婢, 抱/ {陽} 辨, 伴, 拌, 棒

(去聲) {陰} 步, 捕, 罷, 笓, 倍, 被, 避, 鞁, 備, 鼻/ {陽} 辦, 便, 病

(入聲) {入} 拔, 別, 孛頁, 薄, 蔔, 白, 帛

[우측음]

(陰平)

(陽平) <次淸(ㅍ)> {陰} 婆, 葡, 排, 皮, 瓢/ {陽} 盤, 貧, 傍, 朋, 憑, 棚, 平, 評/ ({入} (ㅂ) 拔, 別, 薄, 白, 帛)

(上聲)

(去聲) <全淸(ㅂ)> {陰} 部, 步, 捕, 罷, 笓, 倍, 婢, 被, 避, 鞁, 備, (鼻), 抱/ {陽} 辦, 辨, 便, 伴, 拌, 棒, 病/ ({入} 孛頁, 蔔)

④ 奉(ㅸ[v])

[좌측음]

(平聲) {陰} 扶, 肥, 浮/ {陽} 凡, 繁, 房, 防, 逢, 縫

(上聲) {陰} 父

(去聲) {陰} 附, 婦/ {陽} 犯, 飯, 糞, 分, 鳳

(入聲) {入} 乏, 罰, 服

[우측음]

(陰平)

(陽平) <全清(ㅸ)> {陰} 扶, 肥, 浮/ {陽} 凡, 繁, 房, 防, 逢, 縫/ ({入} 乏, 罰)

(上聲)

(去聲) <全清(ㅸ)> {陰} 父, 附, 婦/ {陽} 犯, 飯, 糞, 分, 鳳/ ({入} 服)

⑤ 從(ᅏ[dz])

[좌측음]

(平聲) {陰} 材, 財, 裁, 纔, 齊, 甆, 槽/ {陽} 錢, 前, 全, 藏, 曾, 情, 從

(上聲) {陰} 坐, 在, 皀/ {陽} 漸, 盡

(去聲) {陰} 聚, 自, 孳, 字, 就/ {陽} 暫, 賤, 臟, 淨

(入聲) {入} 雜, 集, 截, 絕, 疾, 昨, 嚼, 賊

[우측음]

(陰平)

(陽平) <次清(ᅔ)> {陰} 材, 財, 裁, 纔, 齊, 甆, 槽/ {陽} 錢, 前, 全, 藏, 曾, 情, 從/ ({入} (ᅐ) 雜, 截, 絕, 昨, 嚼, 賊)

(上聲)

(去聲) <全清(ᅐ)> {陰} 坐, 聚, 在, 自, (孳), 字, 皀, 就/ {陽} 暫, 漸, 賤, 盡, 臟, 淨/ ({入} 集, 疾)

⑥ 邪(ᄽ[z])

[좌측음]

(平聲) {陰} 斜, 辭, 詞, 隨/ {陽} 尋, 旋, 巡

(上聲) {陰} 似, 巳/ {陽} 象

(去聲) {陰} 謝, 遂

(入聲) {入} 襲, 席, 夕

[우측음]

(陰平)

(陽平) <全清(ᄾ)> {陰} 斜, 詞, (ᅔ 辭, 隨)/ {陽} 尋, 旋, 巡/ ({入} 席)

(上聲)

(去聲) <全清(ᄾ)> {陰} 謝, 似, 巳, 遂/ {陽} 象/ ({入} 襲, 夕)

⑦ 牀(ᅑ[dʒ])

[좌측음]

(平聲) {陰} 茶, 除, 遲, 治$_1$, 錘, 朝, 紬, 愁, 酬/ {陽} 沉, 纏, 傳, 船, 陳, 辰, 臣, 長, 腸, 場, 常, 嘗, 承, 程, 成, 城, 盛

(上聲) {陰} 紵, 柱, 趙/ {陽} 丈, 杖, 重

(去聲) {陰} 筯, 助, 住, 滯, 治$_2$, 値, 驟

(入聲) {入} 剿, 姪, 着, 直, 軸

[우측음]

(陰平)

(陽平) <次淸(ᅕ)> {陰} 茶, 除, 遲, 治$_1$, 錘, 朝, 紬, 愁, 酬/ {陽} 沉, 纏, 傳, 船, 陳, 辰, 臣, 長, 腸, 場, 常, 嘗, 承, 程, 成, 城, 盛/ ({入} (ᅐ) 剿, 姪, 着)

(上聲)

(去聲) <全淸(ᅐ)> {陰} 筯, 紵, 助, 柱, 住, 滯, 治$_2$, (値), 趙, 驟/ {陽} 丈, 杖, 重/ ({入} 直, 軸)

⑧ 禪(ᄿ[ʒ])

[좌측음]

(平聲) {陰} 匙, 時, 誰, (壽)/ {陽} 神, 晨, 裳, 繩

(上聲) {陰} 社, 是, 柹, 市, 受/ {陽} (甚), 善, 上$_1$

(去聲) {陰} 麝, 樹, 事, 侍, 睡/ {陽} 愼, 順, 尙, 上$_2$, 剩

(入聲) {入} 濕, 十, 什, 拾, 舌, 折, 食, 射, 石, 熟, 屬

[우측음]

(陰平)

(陽平) <全淸(ᄾ)> {陰} 時, 誰, (ᅕ 匙)/ {陽} 神, 裳, 繩, (ᅕ 晨)/ ({入} 濕, 舌, 折, 石, 熟)

(上聲)

(去聲) <全淸(ᄾ)> {陰} 麝, 社, 樹, 是, 柹, 事, 市, 侍, 睡, 受, 壽/ {陽} (甚), 善, 愼, 順, 上$_1$, 上$_2$, 尙, 剩/ ({入} 十, 什, 拾, 食, 射, 屬)

⑨ 匣(ㆅ[ɣ])

[좌측음]

(平聲) {陰} 何, 荷, 和$_1$, 禾, 胡, 湖, 狐, 葫, 瑚, 孩, 頦, 廻, 懷, 毫/ {陽} 酣, 鹹, 嫌, 寒, 韓, 閑, 弦, 還$_1$, 還$_2$, 環, 杭, 黃, 惶, 行, 紅

(上聲) {陰} 下$_1$, 戶, 亥, 後/ {陽} 旱, 限, 項, 巷, 杏

(去聲) {陰} 和$_2$, 下$_2$, 夏, 樺, 害, 械, 會, 壞, 畫, 話, 號, 候, 衚/ {陽} 餡, 汗, 翰, 現, 見, 換, 眩, 幸, 橫

(入聲) {入} 盒, 匣, 褐, 活, 猾, 學, 或, 惑, 核

[우측음]

(陰平)

(陽平) <次淸(ㅎ)> {陰} 何, 荷, 和$_1$, 禾, 胡, 湖, 狐, 葫, 瑚, 孩, 頦, 廻, 懷, 毫/ {陽} 鹹, 嫌, 寒, 韓, 閑, 弦, 還$_1$, 還$_2$, 環, 杭, 黃, 惶, 行, 紅/ ({入} 盒, 活, 猾, 學, 或, 惑, 核)

(上聲)

(去聲) <次淸(ㅎ)> {陰} 和$_2$, 下$_1$, 下$_2$, 夏, 樺, 戶, 亥, 害, 械, 會, 壞, 畫, 話, 號, 後, 候, 衚/ {陽} (酣), 餡, 旱, 汗, 翰, 限, 現, 見, 換, 眩, 項, 巷, 杏, 幸, 橫/ ({入} 匣, 褐)

위에서 보이는 바와 같이 『飜老』 좌측음에서 전탁음으로 나타나는 글자들은 대응하는 무성음인 淸音에서 全淸, 次淸의 구분이 있는 경우 우측음에서 平聲字들은 차청의 陽平聲字로, 上聲·去聲字들은 전청의 去聲字로 나타나고 있다. 濁上變去 현상도 명확하여 상당히 규칙적인 음운변화의 대응 양상을 보여 줄 뿐만 아니라 전탁음 入聲字가 전청음으로 변하는 과정도 잘 보여 주고 있다. 따라서 표기상으로는 북방중국어에서 나타난 濁音淸化의 과정이 거의 완성된 모습을 반영하고 있다. 飜譯老乞大朴通事凡例에서도 다음과 같이 이러한 과정을 기록하고 있다.

(2) "ㅋㅌㅍㅊㅎ, 乃通攷所用次淸之音, 而全濁初聲之呼, 亦似之. 故今之反譯, 全濁初聲, 皆用次淸爲初聲, 旁加二點, 以存濁音之呼勢, 而明其爲全濁之聲." (飜譯凡例 諺音條)

('ㅋ·ㅌ·ㅍ·ㅊ·ㅎ'은 곧 『通攷』에서 사용한 차청의 음인데, 전탁 초성의 발음도 역시 이와 같다. 그러므로 지금의 反譯에서 전탁 초성은

모두 차청으로 초성을 삼고 옆에 두 점을 더해 탁음의 呼勢를 보존하게 하여 그것이 전탁의 소리임을 밝혔다.)

(3) "全濁, 群定並奉從邪床禪八母. 平聲, 初呼之聲, 亦歧出雙聲, 而引聲之勢, 中按後厲, 上去入三聲, 初呼之聲, 逼同全淸, 而引聲之勢, 各依三聲之等, 而呼之, 故與全淸難辨. 唯上聲則呼爲去聲, 而又與全淸去聲難辨矣." (飜譯凡例 淸濁聲勢之辨條)

(전탁은 群·定·並·奉·從·邪·床·禪의 8개 성모이다.[9] 이들의 平聲은 처음에 내는 소리가 역시 歧出雙聲이고 소리를 끄는 힘은 가운데는 누르다가 뒤에 세어지며 上·去·入 3성은 처음에 내는 소리가 전청과 거의 같으나 소리를 끄는 힘은 각 3성의 等에 맞추어 발음하므로 전청과 구별하기 어렵다. 다만 上聲만은 去聲으로 발음하니 또한 전청의 去聲과 구별하기 어렵다.)

(2)는 전탁 초성의 발음이 차청의 음과 같게 되었기 때문에 우측음에서 전탁 초성에 대하여 대응하는 차청을 써서 초성을 삼고 옆에 두 점을 더하여 탁음의 呼勢를 보존케 함으로써 그것이 전탁의 소리임을 밝힌 사실을 언급하고 있다. (3)에서는 8개 전탁 성모의 평성은 처음 내는 소리가 歧出雙聲이고 소리를 끄는 힘은 가운데는 누르다가 뒤에 세어지며, 상·거·입 3성은 처음 내는 소리가 전청과 거의 같으나 소리를 끄는 힘은 각 세 성조의 等(高低)에 맞추어 발음하므로 전청과 구별하기 어렵다고 하고 있다.[10] 또한 상성은 거성으로 발음하여 전청의 거성과 변별하기 어렵다는 기록을 통하여 濁上變去 현상도 일어났음을 보여 주고 있다. 이를 통해 좌우음의 전탁음 관련 표기에 음운변화의 차이가 분명히 반영되어 있음을 알 수 있다.

---

9 『飜譯老朴』의 좌측음에서 전탁음은 匣母까지 포함하여 9개의 성모이다.

10 '歧出雙聲'이라는 기록에 대하여 金武林(1999: 298)에서는 차청음의 발음 특성으로서 平音에 덧붙는 유기성 자질을 포착한 것으로 해석하면 충분하다고 하였다. 李敦柱(2003: 372)에서는 차청음에 내재한 무성(−voiced)과 유기(+aspirated)라는 두 음성 자질이 일시에 갈래져 나온 듯한 청각인상으로 음질을 파악했기 때문에 '歧出雙聲'이라고 말한 것으로 추측하였다.

그러나 아래의 飜譯凡例 기록은 좌측음에서 전탁음이 모두 보존되어 있고 우측음에서는 모두 무성음화(淸化)하였다는 사실만을 보여 주기 위해서 편찬자가 이러한 방식으로 좌우음 표기를 한 것이 아니라는 사실을 시사해 준다.

(4) "在左者, 卽通攷所制之字, 在右者, 今以漢音, 依國俗撰字之法, 而作字者也. 通攷字體, 多與國俗撰字之法不同, 其用雙字爲初聲, 及ㅱ ㅸ爲終聲者, 初學雖資師授, 率多疑碍, 故今依俗撰字體, 而作字如左云." (飜譯凡例 諺音條)
(왼편에 있는 것은 즉 『通攷』에서 만들어 쓴 글자이고 오른편의 것은 지금의 漢音으로서 國俗撰字之法에 의거하여 만든 글자이다. 『通攷』의 글자체는 國俗撰字之法에 의거한 글자와 많이 다르니 雙字를 사용하여 초성을 삼고 'ㅱ, ㅸ'을 종성에 쓴 것은 처음 배우는 사람이 훌륭한 스승에게 배울지라도 많은 의문과 막힘이 따른다. 그러므로 이제 俗間에서 만든 글자체에 의거하여 글자를 다음과 같이 만들었다.)

이 기록은 初學者가 익히기 까다로우므로 당시의 중국어음을 알기 쉽게 표음하기 위하여 우측음에서 國俗撰字之法을 적용한 예로서 전탁음 표기를 제시해 주고 있어 여기에는 음운변화의 문제뿐 아니라 표기방식의 문제도 관여되었음을 보여 준다. 즉 각자병서는 중국어음을 적는 데 쓸 수 있는 표기이나 李基文(1972/1987: 48-49)에서 언급하고 있는 바와 같이 이 표기는 『圓覺經諺解』(1465)부터 全廢되고 말았다. 따라서 우측음에서 이 표기를 사용한다면 중국어를 학습하는 사람들에게 혼란을 줄 수 있어 國俗撰字之法에 부합하지 않는다.

그러면 좌우음을 통해 규칙적인 탁음청화의 양상을 보여 주면서 飜譯凡例에서 이러한 언급을 한 이유는 무엇일까? 좌측음이 기반을 두고 있는 『通攷』 속음이 반영하는 15세기 중반의 북방중국어에도 탁음청화가 일어났음은 『通攷』의 범례를 통하여 확인할 수 있다.

(5) "全濁上去入三聲之字, 今漢人所用, 初聲與淸聲相近, 而亦各有淸濁之別, 獨平聲之字, 初聲與次淸相近, 然次淸則其聲淸, 故音終直低, 濁聲則其聲濁, 故音終稍厲." (『通攷』 凡例)
(전탁 상・거・입 3성의 글자는 지금 漢人이 사용하는 바로는 초성이 淸聲과 서로 가까우나 또한 각각 淸濁의 분별이 있는데, 오직 평성의 글자는 초성이 차청과 서로 가깝다. 그러나 차청은 그 소리가 맑아서 그 음이 결국 곧고 낮으며, 濁聲은 그 소리가 탁해서 그 음이 결국 조금 세다.)

이 기록에 보이는 바와 같이 『通攷』 편찬 시기 탁음청화는 분명히 일어났으나 '而亦各有淸濁之別'이라는 기록에서 보이는 바와 같이 淸濁音의 구분은 여전히 존재했음을 알 수 있다. 전탁음의 변화는 당시 중국어 성모 체계에서 전반적인 변화를 야기하기 때문에 탁음청화라는 현상이 명시적으로 일어났다고 할지라도 음운변화가 종료 단계에 이르기 전까지는 규범음의 성격을 가지고 있는 좌측음에서 이전의 전탁음 글자를 청음으로 표기하기는 어려웠을 것이다. 이러한 사실은 탁음청화의 문제를 음운변화의 차원에서만 다루기 어렵다는 것을 보여 준다. 훈민정음으로 중국어음을 표기한 최초의 운서인 『譯訓』의 서문에서도 다음과 같이 당시 이미 전탁의 글자가 전청과 차청에 가깝게 변화하였다고 하면서 이에 대한 처리를 고민한 부분이 있다.

(6) "四聲爲平上去入, 而全濁之字, 平聲近於次淸, 上去入近於全淸, 世之所用如此, 然亦不知其所以至此也." (『譯訓』 序)
(四聲은 평・상・거・입성인데, 전탁의 글자에서 평성은 차청에 가깝고, 상・거・입성은 전청에 가깝다. 세상에서 사용하는 바가 이와 같지만, 이에 이르게 된 이유를 알지 못한다.)

위에서 논의한 바를 정리하면 우리는 『飜譯老朴』에 나타난 전탁음 표기의 양상과 관련된 두 가지 의문점을 제기할 수 있다.

첫째, 좌측음은 15세기 중반의 중국북방음을 반영하고 있음에도 왜 전탁음 표기를 여전히 보존하고 있는가의 문제이다. 더욱이 『飜譯老朴』의 좌측음은 『譯訓』 및 『通攷』의 속음에 기반을 두고 있으나 16세기 초반 저자 崔世珍의 일부 개정을 거친 음이다.[11] 이는 당시 북방중국어의 언어 상황을 고려할 필요가 있다는 사실을 보여 준다. 崔世珍이 좌측음에 전탁음 표기를 남겨 놓았던 이유는 『洪武正韻』 및 『譯訓』으로 대표되는 규범적인 운서의 권위에 이끌렸기 때문이기도 하지만 또 한편으로는 당시의 언어 현실에서 탁음청화는 일어났으나 전탁음이 어떤 형태로건 남아 있었고 그 기원이 전탁음이라는 것을 보여 줄 필요가 있었기 때문인 것으로 보인다. 즉 15세기 중반에 이르면 북방중국어의 口語에서는 전탁음이 소실되었던 것으로 보이나 讀書音에서는 잔존하고 있었을 가능성이 있다. 또한 15세기 중반 北京을 중심으로 하는 지역에서 통용된 北方官話에 큰 영향을 끼친 南京語에 전탁음이 보존되어 있었다는 점도 고려해야 한다.

둘째, 우측음에는 전탁음 표기가 아닌 청음 표기를 하여 탁음청화의 일반적인 변화 과정을 반영하면서 왜 飜譯凡例에서는 전탁음 관련 표기에 대하여 國俗撰字之法에 의해 만들었다는 언급을 하였는가의 문제이다. 이는 國俗撰字之法이라는 표기적인 특성과 함께 당시의 북방중국어가 어떤 성격을 가지고 있었고 『飜譯老朴』에 나타난 전탁음 표기의 양상이 당시의 북방중국어에서 전탁음 변화가 어떤 상태에 이른 것을 반영하는가의 문제와 관련되어 있다. 각자병서는 중국어음을 적는 데 쓸 수 있는 특수한 표기이나 15세기 후반부터는 국어의 표기에 사용하지 않게 되었기 때문에 國俗撰字之法에 부합하지 않는 표기이다. 崔世珍의 또 다

11 좌측음은 『譯訓』 및 『通攷』의 속음과 완전히 일치하지는 않는다. 좌측음은 『譯訓』 및 『通攷』의 표기방식을 기초로 한 속음 체계에 기반을 두고 있으나 속음 표기가 적합하지 않다고 생각하는 경우 필자의 개정음을 싣고 있다. 이 문제에 대해서는 Ⅲ장에서 논의한다.

른 저작인 『通解』에 나타난 今俗音에는 『飜譯老朴』 우측음과 동일한 시기의 음임에도 불구하고 운서적 표기라는 성격 때문에 전탁음 표기가 남아 있어서 좌우음의 전탁음 표기 차이를 음운변화의 측면에서만 해명하기 어렵다는 사실을 다시 한 번 확인해 준다.[12] 좌측음의 전탁음 표기는 정밀표기로서의 측면과 언어 현실에서 탁음청화가 완전히 완료되기 전의 상태를 반영하는 측면을 함께 가지고 있는 것으로 보이므로 우측음의 상황과 함께 고려한다면 북방중국어에서 전탁음이 완전히 소실한 시기를 밝히는 데 중요한 자료로 쓰일 수 있을 것이다.[13]

북방중국어에 나타난 탁음청화 현상은 口語音과 讀書音 문제, 방언 문제, 규범음과 현실음 문제 등 당시 중국어의 여러 측면과 관련되어 있고, 조선 한학서에서는 훈민정음을 사용한 표기의 문제까지도 고려해야 하기 때문에 명확하게 해명하기는 어려운 상황이다. 다만 전탁음 표기는 入聲韻尾 표기와 함께 『老乞大』와 『朴通事』의 언해서에 나타난 좌우음의 성격을 밝히는 데 핵심적인 사항이므로 본서에서는 여러 부분에서 지속적으로 이 문제에 관심을 가지고 논의하도록 하겠다.

---

12 『通解』 금속음은 16세기 초 필자의 得聞之音임에도 불구하고 『飜譯老朴』의 우측음에 없는 전탁음 표기가 있으며, 전탁음 성모가 청음으로 변한 것을 보여 주는 예들도 나타나서 운서적 표기이지만 전탁음 소실 과정의 일면을 반영하고 있다.

13 전탁음을 각자병서를 사용하여 표기한 이유에 대해서도 고찰이 필요하다. 즉 평음, 격음, 경음으로 구성된 한국어 장애음 체계와 무성음(무기음, 유기음), 유성음으로 구성된 당시 북방중국어의 장애음 체계를 대비해 볼 때 당시 중국어의 유성음을 중국어 전사표기체계에서 사용될 수 있는 가능성을 가진 한국어의 경음 표기로 대응시킨 것은 충분히 이해가 가는 일이다. 그러나 이와 함께 당시 한국어의 경음과 중국어의 유성음 사이에 어떤 음성적 특성을 공유하고 있었는가의 문제에 대해서도 세밀한 고찰이 필요하다. 예를 들어 현대에 영어에서 유성음이 들어간 어휘인 'dance'를 '땐스', 'game'을 '께임'과 같이 한국인이 발음하는 예가 있음을 상기해 볼 만하다.

1.3. 齒音 표기

『飜譯老朴』에 나타난 성모 표기 중 전탁음 표기와 함께 기존의 연구에서 가장 논란이 된 것은 치음 표기이다. 좌측음에서는 ‘ㅈ, ㅊ, ㅅ, ㅉ, ㅆ’의 왼쪽과 오른쪽을 각각 길게 늘어뜨려서 왼쪽이 긴 ‘ᅎ, ᅔ, ᄼ, ᅏ, ᄽ’는 齒頭音, 오른쪽이 긴 ‘ᅐ, ᅕ, ᄾ, ᅑ, ᄿ’는 整齒音(正齒音)을 나타내는 것으로 구분하였다. 좌측음은 이와 같지만, 우측음에서는 이러한 글자체의 변형이 없어서 ‘ㅈ, ㅊ, ㅅ’은 여러 종류의 음을 전사하고 있다. 본 절에서는 『飜譯老朴』에 나타난 치음 표기와 관련된 문제 중에서 권설음화의 표기 양상과 함께 支(平)·紙(上)·寘(去) 三韻의 치음 글자 문제에 대하여 논의한다.

먼저 『飜譯老朴』에서의 권설음화의 표기 양상과 그 양상이 보여 주는 의미에 대하여 살펴보자. 권설음화의 과정을 간략하게 정리하면, 章組가 莊組에 병입되어 照系를 형성하며 이후 知組가 파열음에서 파찰음으로 변화한 후 照系에 병입되고 권설음화가 일어나게 된다(王力 1980: 116). 중국 자료에서의 상황을 살펴보면 『中原音韻』(1324)에서는 일부 韻에서 ‘知組·莊組·章組’의 合用 및 ‘知二等·莊組’와 ‘知三等·章組’가 각각 합병하여 대립하는 현상이 나타나는데, 이 현상에 근거하여 많은 학자들이 이 시기에 이미 권설음화가 발생한 것으로 추정하고 있다(蔣紹愚 2005: 72-73). 『中原音韻』에 나타난 이 현상은 이후의 자료들에서 더 명확하게 나타난다. 17세기 初 北京 일대의 방언을 반영하고 있는 『重訂司馬溫公等韻圖經』(1606)에서는 中古 照·穿·審母가 細音과 결합하고 있지 않아서 권설음화가 이미 완성 단계에 이르렀다는 것을 보여 준다(陸志韋 1947b: 193). 다만 자료에 따라 권설음화의 반영 정도에 차이가 있어서 17세기 중반에 간행된 『五方元音』(1654-1673?)에서는 照三系와 知組의 권설음화가 많이 이루어지지 않은 모습을 보이기도 한다(陸志韋 1948: 2). 이처럼 권설음화는 17세기 초에 이미 완성 단계이거나 상당히 진전된 상태를 보여 주고 있다.

『飜譯老朴』의 좌측음에서 'ㅈ, ㅊ, ㅅ'으로 표기되는 정치음의 영역에서는 권설음화가 일어나 'tʃ, tʃʰ, ʃ'와 'tʂ, tʂʰ, ʂ'라는 두 종류의 음이 공존하게 된다.[14] 우측음에서는 이 두 종류의 음이 치두음과 마찬가지로 'ᅐ, ᅕ, ᄾ'으로 표음되지만, 이 경우 원칙적으로는 운모의 환경으로 두 종류의 음들을 구분할 수 있다. 즉 『飜譯老朴』에서 'i, (y)'와 결합하고 있는 권설음화 대상 글자는 아직 권설음화가 일어나지 않은 상태를 나타내는 것으로 볼 수 있다. 예를 들어 '誌'는 좌측음에서 '·짗'으로 표기되고 우측음에서 '·ᅐᆞ'로 표기되는데, 이는 좌측음에서는 권설음화가 일어나기 전의 상태이고, 우측음에서는 권설음화가 일어난 상태인 것을 운모 표기의 변화를 통해 보여 주는 것이다. 그러나 『老乞大』와 『朴通事』 언해서의 우측음에서는 이처럼 照二系와 照三系가 합류해 가는 과정을 운모 환경을 통해 보여 주지 못하는 경우가 많다. 아래에 제시한 글자들은 『飜譯老朴』에 나타난 권설음화 대상 글자 중에서 'i(ㅣ)'와 결합하지 않는 글자와 'i(ㅣ)'와 결합하는 글자이다.[15]

---

14 정치음의 영역에서 권설음화가 일어나고 완성된 시기에 대해서는 정확히 단정할 수 없기 때문에, <표 Ⅱ-1>의 성모 전사 도식에서도 두 가지 종류의 음을 모두 제시해 놓았다. 『通攷』 범례 제3조에서는 "凡舌上聲以舌腰點腭, 故其聲難, 而自歸於正齒, 故韻會以知徹澄孃歸照穿牀禪, 而中國時音獨以孃歸泥"라고 언급하고 있어 『通攷』 편찬 시기에는 이미 知組가 照系에 병입된 것으로 보인다. 좌측음에서 'ㅈ, ㅊ, ㅅ'으로 전사되는 치두음은 17~18세기에 齊齒呼와 撮口呼의 환경에서 구개음화가 일어나서 'ts, tsʰ, s'와 'tɕ, tɕʰ, ɕ'로 음이 분화되는데, 『飜譯老朴』의 우측음에서는 精組의 구개음화가 반영되어 있지 않아서 본 장의 논의에서는 제외한다.

15 日母의 변화를 권설음화의 과정으로 볼 수 있는가에 대해서 이견이 있기 때문에 62쪽의 예 (7)에서는 포함하여 제시하지 않는다. 『飜譯老朴』에서 日母를 나타내는 'ㅿ'을 성모로 갖는 글자들의 예는 다음과 같다. 『飜譯老朴』에서 'i(ㅣ)'와 결합하지 않는 日母字: (-u) 肉, 辱, 褥/ (-ʌ) (兒), (二), (而), (耳), (餌)/ (-uŋ) 絨. 『飜譯老朴』에서 'i(ㅣ)'와 결합하는 日母字: (-iao) 饒, 擾/ (-iə) 熱, 偌, 喏/ (-io) 若, 箬/ (-iʉ)

(7) 권설음화 대상 글자 중 'i(ㅣ)'와 결합하지 않는 글자와 결합하는 글자(우측음)16

① 『飜譯老朴』에서 'i(ㅣ)'와 결합하지 않는 권설음화 대상 글자

(a) ㅈ (ᅐ)

(-a) 箚, 閘, 煠, 剳/ (-ao) 爪/ (-ə) 窄, 摘/ (-o) 卓, 涿, 捉/ (-u) 助, 竹, 築, (軸), (粥)/ (-ʌ) 支, 枝, 紙, 只, 脂, 旨, 指, 至, 之, 芝, 誌/ (-ai) 齋, 債, 宅/ (-ui) 綴, 墜, 錐/ (-ïu) 皺, 驟/ (-an) 盞/ (-ïn) (揍)/ (-uŋ) 中$_1$, 中$_2$, 忠, 仲, 終, 衆, 重, 鍾, 種/ (-ʌŋ) 爭/ (-oaŋ) 莊, 裝, 粧, 壯, 撞

* 본 항목에서 다음의 운모 표기는 나타나지 않음: (-ï)/ (-əi)/ (-oa)/ (-oai)/ (-uə)/ (-ïi)/ (-ən)/ (-un)/ (-ʌn)/ (-oan)/ (-uən)/ (-aŋ)/ (-ïŋ)/ (-ʌm)

(b) ㅊ (ᅕ)

(-a) 茶, 搽, 叉, 差$_1$, 插/ (-ao) 鈔, 炒/ (-u) 初/ (-ʌ) 翅, 匙, (廁), 齒/ (-ai) 差$_2$/ (-ui) 吹, 垂, 錘/ (-ïu) 愁/ (-an) 攙, 剗, 産/ (-uŋ) 充, 衝/ (-oaŋ) 瘡, 床

* 본 항목에서 다음의 운모 표기는 나타나지 않음: (-ə)/ (-o)/ (-ï)/ (-əi)/ (-oa)/ (-oai)/ (-uə)/ (-ïi)/ (-ən)/ (-un)/ (-ïn)/ (-ʌn)/ (-oan)/ (-uən)/ (-aŋ)/ (-ïŋ)/ (-ʌŋ)/ (-ʌm)

(c) ㅅ (ᄾ)

(-a) 沙, 紗, 粆, 裟, 洒, 霎, 殺/ (-ao) (弰), 稍/ (-ə) (色), (濇)/ (-o) (所)/ (-u) 梳, 蔬, 數$_1$, 數$_2$, 叔, 熟, 束, 屬/ (-ʌ) 施, 是, 師, 獅, 屍, 柿, 事, 使$_1$, 使$_2$, 詩, 試, 時, 市, 侍, (參)/ (-oa) (耍), 刷/ (-oai) 率/ (-ui) 稅, 睡, (瑞), 水, 誰/ (-ïu) 瘦/ (-an) 衫, (珊), 山/ (-ʌn) 蔘/ (-oan) (絟)/ (-ʌŋ) 生, 甥, 省/ (-oaŋ) 爽, 雙/ (-ʌm) 甚

* 본 항목에서 다음의 운모 표기는 나타나지 않음: (-ï)/ (-ai)/ (-əi)/ (-uə)/ (-ïi)/ (-ən)/ (-un)/ (-ïn)/ (-uən)/ (-aŋ)/ (-uŋ)/ (-ïŋ)

如, 乳, 入/ (-i) 日/ (-iu) 揉/ (-iən) 染$_1$, 染$_2$, 然/ (-in) 壬, 任, 人, 仁, 刃, 認/ (-iʉiən) 軟.

16 예 (7)에서는 中古의 성모가 莊組인 경우 밑줄을 그어 표시하였다. 뒤 66쪽의 예 (9)에서도 마찬가지로 莊組에 밑줄을 그어 표시하였다. 중세한국어 단모음의 추정음은 다음과 같다(허웅 1985: 390). ㅏ[a], ㅓ[ə], ㅗ[o], ㅜ[u], ㅡ[ï], ㅣ[i], ·[ʌ]. 'ㅠ'는 'ᅷ(-iu)'와 구분하기 위하여 '-iʉ'로 제시한다.

② 『飜譯老朴』에서 'i(ㅣ)'와 결합하는 권설음화 대상 글자

(a) ㅈ (ᅐ)

(-iao) 趙, 照, 詔/ (-iə) (褯), 者, 摺, 褶, 折$_1$, 靳, (這)/ (-io) 着, 斫/ (-iʉ) 猪, 筯, 紵, 諸, 煮, 拄, 註, 柱, 住, 珠, 主, 囑/ (-i) 滯, 知, 致, 置, 治$_1$, 値, 執, 姪, 直, 織, 隻/ (-iʉiə) 拙/ (-iu) 周, 州, 箒/ (-iən) 氈/ (-iʉn) 准/ (-in) 針, 眞, 診/ (-iʉiən) 轉, 塼/ (-iaŋ) 張, 長$_1$, 帳, 丈, 杖, 章/ (-iŋ) 蒸, 證, (貞), 整, 正, 政

* 본 항목에서 다음의 운모 표기는 나타나지 않음: (-ia)/ (-iəi)/ (-iʉŋ)

(b) ㅊ (ᅕ)

(-iao) 朝/ (-iə) 車, 扯, 撤/ (-iʉ) 除, 杵, 處, 出/ (-i) 池, 遲, (治$_2$), 赤, 尺, (喫)/ (-iu) 丑, 籌, 紬, 醜, 酬/ (-iən) 謟, 韂, 纏, 禪, (鞊)/ (-iʉn) 春, 鶉/ (-in) 沉, 趂, 陳, 塵, (疹), 辰, 晨, 臣/ (-iʉiən) 傳, 川, 穿, 患, 釧, 船/ (-iaŋ) 長$_2$, 腸, 場, 昌, 唱, 常, 嘗/ (-iŋ) 稱, 承, 程, 成, 城, 盛

* 본 항목에서 다음의 운모 표기는 나타나지 않음: (-ia)/ (-io)/ (-iəi)/ (-iʉiə)/ (-iʉŋ)

(c) ㅅ (ᄾ)

(-iao) 梢, 鞘, 燒, 少$_1$, 少$_2$/ (-iə) 蛇, 麝, 賖, 捨, 赦, 舍, 社, 涉, 舌, 折$_2$/ (-iʉ) 書, 鼠, 署, 輸, 樹, 贖/ (-i) 世, 誓, 濕, 十, 什, 拾, 實, 失, 食, 識, 飾, (射), 石/ (-iʉiə) 說/ (-iu) 收, 手, 守, 獸, 受, 壽/ (-iən) 陜, 閃, (扇), 善, (騸)/ (-iʉn) 順/ (-in) 深, 瀋, 嬸, 神, 身, 申, 愼/ (-iaŋ) 商, 傷, 賞, 晌, 裳, 上$_1$, 上$_2$, 尙/ (-iŋ) 繩, 剩, 升, 聲, 聖

* 본 항목에서 다음의 운모 표기는 나타나지 않음: (-ia)/ (-io)/ (-iəi)/ (-iʉiən)/ (-iʉŋ)

위에서 보이는 상황에 근거하여 『飜譯老朴』의 우측음에 나타난 권설음화의 양상을 정리하면 다음과 같다.

첫째, 권설음화 대상 글자 중 中古 莊組의 글자는 대부분 'i(ㅣ)'와 결합하지 않아서 표기상으로는 권설음화가 거의 완성된 모습을 보이고 있다. 中古 章組와 知組의 글자들은 莊組와 병합한 경우도 적지 않게 나타나지만 'i(ㅣ)'와 결합하는 경우가 더 많아서 표기상으로 권설음화가 여전히 진

행 중임을 보여 준다. 예를 들어 일부 韻을 제외하고 '知·章' 성모는 開口 3等字에서 'i(ㅣ)'와 결합하는 경우가 많아서 변화가 더딘 양상을 보여 주는 반면, 知組 開口 2等字는 'i(ㅣ)'와 결합하지 않는 예가 많이 나타나고 있다. 合口 3等字는 'i(ㅣ)'와 결합하는 경우가 많으나 'i(ㅣ)'와 결합하지 않는 경우도 적지 않게 나타난다. 또한 전체적으로 볼 때 章組와 知組의 글자들은 陰聲韻에서 'i(ㅣ)'와 결합하지 않는 예가 비교적 많이 나타나지만, 陽聲韻에서는 'i(ㅣ)'와 결합하는 경우가 많아서 권설음화의 중반 단계를 보여 주고 있다.[17]

둘째, 支紙寘韻 우측음의 권설음 글자 표기에서 莊組, 章組는 주모음이 '·(ʌ) (章組 일부는 ㅣ(i))'로, 知組는 주모음이 'ㅣ(i)'로 되어 있어 권설음화의 속도 차이를 보여 준다. 그러나 이 세 韻에서는 다른 韻과는 달리 좌측음에 종성 'ㅿ'이 붙어 있어 이 표기의 성격도 함께 고찰해야 한다.

셋째, 중고 시기 성모가 知組, 莊組, 章組 중 어느 것에 속했는가와 함께 開合과 等은 『飜譯老朴』에서의 권설음화 양상과 매우 밀접한 관계를 맺고 있다.

이와 같이 『飜譯老朴』에 나타난 권설음화의 양상은 中古 莊組의 권설음화와 止攝에서의 권설음화를 비교적 충실히 반영할 뿐 아니라 일부 韻에서 '知·莊·章' 성모의 병합 양상을 반영하고 있어서 북방중국어 권설음화의 초중반 단계와 부합하는 방향으로 진행되고 있다. 그러나 이후에 간행된 『老乞大』와 『朴通事』 언해서의 우측음과 비교해 보면, 『飜譯老朴』부터 18세기 간행 『老乞大』와 『朴通事』 언해서까지 'i(ㅣ)'와 결합하는 권설음화 대상 글자는 'i(ㅣ)'가 그대로 유지되어 변화가 없다.[18] 이처럼 『老

17 조선 초기 韓中 對譯音 자료에서 '知·莊·章' 세 組의 병합 양상이 어떻게 나타나고 있는지에 대해서는 朱星一(2005)에서 각 攝별로 상세하게 정리하고 있어서 자세한 양상은 이를 참고할 수 있다.

18 유재원(2003b)에서는 18세기에 간행된 『伍倫全備諺解』(1721)에 나타난 권설음화 대상 글자의 표기 상황을 언급하고 있는데, 이에 따르면 莊組 성모는 齊齒呼나 撮

乞大』와 『朴通事』 언해서의 시간에 따른 간본들에서는 『飜譯老朴』을 제외하고 표기를 통해 북방중국어에서 나타난 권설음화의 과정을 제대로 반영하지 못하고 있다. 이처럼 표기된 이유에 대해서는 Ⅳ장의 권설음화를 논의하는 부분에서 다시 살펴보도록 한다.

다음으로 支紙寘 三韻 齒音字의 문제에 대하여 살펴보자. 飜譯凡例에서는 支紙寘 三韻 齒音字의 종성에 대하여 다음과 같이 기록하고 있다.

(8) "通攷貲字音즈, 註云俗音즈ᇫ, 韻內齒音諸字, 口舌不變, 故以△爲終聲然後, 可盡其妙. 今按齒音諸字, 若從通攷(*원문은 考)加△爲字, 則恐初學難於作音. 故今之反譯, 皆去△聲, 而又恐其直從去△之聲, 則必不合於時音, 今書正音, 加△之字於右,[19] 庶使學者必從正音, 用△作聲然後, 可合於時音矣. 通攷凡例云, 一則一・之間, 今見漢俗於齒音着一諸字例, 皆長於用・爲聲. 故今之反譯, 亦皆用・作字. 然亦要參用一・之間讀之, 庶合時音矣." (飜譯凡例 支紙寘三韻內齒音諸字條)

(『通攷』에서 '貲'의 字音은 '즈'인데 註에 속음은 '즈ᇫ'이라 하였다. 韻內 齒音의 여러 글자들은 입과 혀가 변하지 않으므로 '△'으로 종성을 삼은 후에 가히 그 묘함을 다하였다. 이제 치음의 여러 글자를 살펴보니 만약 『通攷』에 따라 '△'을 더하여 글자를 삼는다면 初學者가 그 음을 발음하기 어려울까 두렵다. 따라서 이번의 反譯에서는 '△' 소리를 보두 없앴시만 또한 '△'을 없앤 소리를 바로 따른다면 반드시 時音에 맞지 않을까 걱정되어 이제 정음을 쓰고 '△'을 더한 글자를 오른쪽에 붙여 배우는 사람들로 하여금 반드시 정음을 좇아 '△'을 사용하여 소리를 낸 다음에 時音에 맞도록 하였다. 『通攷』 凡例에 이르기를 '一'는 '一'와 '・' 사이로 읽

口呼와 결합한 경우가 드물고 知組 성모는 四呼와 모두 결합하고 있으며 章組 성모는 止攝 開口 三等 이외에는 모두 齊齒呼나 撮口呼와 결합하고 있다. 이 문헌에 나타난 양상도 『老乞大』와 『朴通事』 언해서와 기본적으로 일치한다. 이러한 譯音 자료의 양상에 근거하여 유재원(2003b)에서는 모음 [i]와 결합하고 있는 정치음 성모의 권설음화가 18세기 중반까지 완성을 보지 못하고 있었음을 주장하고 있으나, 16세기 초의 『飜譯老朴』과 18세기 말의 『老乞大』와 『朴通事』 언해서들을 비교해 보면 권설음화 대상 글자가 [i]와 결합하지 않는 방향으로 변화하는 예가 없다는 점에서 이 주장은 재고할 여지가 있다.

19 본 부분에서 '右'는 '左'의 잘못으로 보인다.

는다 하였다. 지금 중국 속음에서 치음에 '一' 모음이 들어가는 여러 글자의 예를 보면 모두 '·' 음 쪽으로 길어져 발음된다. 그러므로 이번의 反譯에서도 모두 '·'를 써서 글자를 만들었다. 그러나 역시 '一'와 '·' 사이임을 참고하여 읽어야만 時音에 맞게 된다.)

위의 기록은 '支(平)·紙(上)·寘(去)'韻에 소속해 있는 齒音字에서 『通攷』의 속음 및 『飜譯老朴』의 좌측음에 '△'을 종성 표기로 쓴 사실을 언급하고 있다. 즉 支紙寘韻의 齒音字에서 운모를 '一'(또는 'ㅣ')로만 발음하면 치음을 정확히 낼 수 없으며 △ 종성을 붙여야 치음을 제대로 낼 수 있지만, 初學者가 배우기 어려울 것을 우려하여 △ 종성 표기를 反譯音인 우측음에서 모두 없애 버렸음을 범례에 명기한 것이다. 따라서 이 예는 동일한 음에 대하여 좌우음의 표기방식이 다르다는 사실을 보여 주는 것으로, 이를 통해 좌측음은 정밀표기의 성격, 우측음은 간략표기의 성격을 가졌음을 알 수 있다. 다음은 『飜譯老朴』에 나타난 支紙寘韻의 齒音字이다.

(9) 『飜譯老朴』에 나타난 支紙寘韻의 齒音字(좌측음)

① ᅎ(치두음)

(-ïz) 紫, 資, 子, 仔/ (-iz) 해당글자 없음

② ᅔ(치두음)

(-ïz) 此, 次/ (-iz) 해당글자 없음

③ ᄾ(치두음)

(-ïz) 厮, 私, 死, 四, 肆, 司, 絲, 思, 伺, 寺/ (-iz) 해당글자 없음

④ ᅏ(치두음)

(-ïz) 甆, 自, 孶, 慈, 鶿, 字/ (-iz) 해당글자 없음

⑤ ᄿ(치두음)

(-ïz) 辭, 詞, 似, 巳/ (-iz) 해당글자 없음

⑥ ᅐ(정치음)

(-ïz) 支, 枝, 紙, 只, 脂, 旨, 指, 至, 之, 芝/ (-iz) 知, 致, 置, 誌

⑦ ᅕ(정치음)

(-ïz) 翅, (厠), 齒/ (-iz) 해당글자 없음

⑧ ㅅ(정치음)

(-ïz) 施, 師, 獅, (屍), 使₁, 使₂, 詩, 試/ (-iz) 世

⑨ ㅉ(정치음)

(-ïz) 해당글자 없음/ (-iz) 池, 遲, 治₁, 治₂, 値

⑩ ㅆ(정치음)

(-ïz) 匙, 是, 柿, 事, 時, 市, 侍/ (-iz) 誓

⑪ ㅿ

(-ïz) 兒, 二, 而, 耳, 餌/ (-iz) 해당글자 없음

표기와 관련 기록을 참고하여『飜譯老朴』에 나타난 支紙寘韻 齒音字의 특성과 관련된 문제를 정리하면 다음과 같다.

첫째, 支紙寘韻의 齒音字에만 ㅿ 종성을 쓴 이유를 밝히는 것이 선결과제이다. 支紙寘韻의 소속 글자들은 개음절의 글자라는 점에서 일단 'ㅿ'을 韻尾로 보기는 어렵다. 'ㅿ'을 종성에 표기한 것은 이 글자들의 주모음이 'ㅡ(ï)'나 'ㅣ(i)'로 표기하는 다른 韻의 주모음과는 다름을 보여 주는 것으로 이들 齒音字의 종반부 발음의 특성을 'ㅿ'으로 나타낸 것으로 보인다. 姜信沆(1973: 136)에서는 ㅿ 종성이 어떤 음가를 나타낸 것이라고 하기보다는 齒音字를 발음할 때 '口舌不變'의 상태를 나타내기 위한 표기로 보고 있다. 또한 리득춘(1994: 144)에서는 혀끝유성자음 종성인 'ㅿ' 앞에서 'ㅡ(ï)'는 자연히 혀끝모음으로 변화되기 때문에, ㅿ 종성은 설면모음이 혀끝화한 표식이라고 주장하고 있다. 이러한 견해들을 미루어 볼 때 ㅿ 종성은 'ㅡ'나 'ㅣ'로 표기되는 다른 韻에서의 모음과 구별하여 새로 출현한 치음 뒤의 모음인 'ɿ, ʅ'를 표기하기 위한 것이라고 할 수 있다. 이러한 중국어 모음(ɿ, ʅ)은 한국어의 'ㅡ, ㅣ' 모음으로는 정확히 표기할 수 없는 것이어서 'ㅿ'을 종성에 붙여 구분한 것인데, 이러한 글자를 발음할 때의 입 모양이 편찬자에게는 口舌不變의 상태로 보였다고 할 수 있다. 다만 'ㅣ'가 'ㅿ' 앞에 오는 경우는 완전한 변화가 일어난 것으로 보기 어렵다.

둘째, 이들 齒音字 좌측음의 주모음 표기는 'ㅡ(ï)'와 'ㅣ(i)' 두 가지로 나타나는데, 이는 齒音字 운모의 변화를 반영하는 것으로 보인다. 예를 들어 정치음 3等字인 '支'의 경우 『譯訓』의 정음에서는 주모음 표기가 'ㅣ'인 반면 속음에서는 'ㅡ'와 'ㅣ' 두 가지 표기가 공존하고, 『飜譯老朴』의 좌측음에서는 주모음 표기가 'ㅡ', 우측음에서는 '·(ʌ)'로 나타나는데 이는 이 글자의 운모 변화 과정을 잘 보여 주고 있다. 치음 4等字의 경우는 『譯訓』부터 이미 주모음 표기가 'ㅡ'로 나타나고 있다. 李敦柱(2003: 386-387)에서도 언급하고 있는 바와 같이 이 글자들은 같은 치음이라도 성모의 자질에 따라 『譯訓』의 정음에서 치두음의 4等韻은 'ㅡ(ï)'로, 정치음과 반치음계는 'ㅣ(i)'로 반영되고 있는데, 이처럼 표기된 이유는 치두음은 중국어음운사에서 나타난 운모의 변화 현상인 '-i > -ï'와 관련이 있으며 정치음과 반치음은 권설음화가 완전히 확립되지 않아 'ㅡ(ï)'와 'ㅣ(i)'가 혼용된 단계에 있었기 때문인 것으로 보았다. 위의 예 (9)에 나타난 支紙寘韻 정치음의 좌측음에서 莊組, 章組는 주모음이 'ㅡ(ï) (章組 일부는 ㅣ(i))'로, 知組는 주모음이 'ㅣ(i)'로 되어 있는데, 이는 권설음화의 속도 차이를 반영하고 있는 것으로 보인다. 즉 이들 韻에서 치두음은 표기상으로는 'ɿ'로 변화가 완성되었음을 보여 주며, 정치음은 주로 知組가 여전히 주모음 표기 'ㅣ(i)'를 가지고 있어서 이들 글자는 완전한 권설음의 상태는 아니라고 할 수 있다.

셋째, 『飜譯老朴』에 나타난 支紙寘韻 齒音字의 표기는 편찬자들이 제한된 표기방식으로 되도록 정확하게 중국어음을 표기하려 했던 노력의 일면을 보여 주고 있다. 즉 중국어와 한국어 사이의 발음이 다르므로 중국어음을 표기한 한글 표기를 보고 본래의 중국어음에 가깝게 발음하려면 일정한 조정을 거쳐야 한다는 사실을 강조하고 있는 것이다. 따라서 支紙寘韻의 좌측음에서 △ 종성을 표시하거나 우측음의 운모 표기를 '·'로 표기하고 'ㅡ'와 '·' 사이임을 참고하여 읽어야 한다고 飜

譯凡例에서 언급한 것은 최대한 중국의 時音에 맞게 발음하도록 하려는 의도를 보여 주고 있다. 齒音字 우측음에서의 '·' 표기는 17세기에 간행된 『老乞大』와 『朴通事』 언해서부터는 'ㅡ'로 바뀌게 된다.

2. 韻母 표기

2.1. 韻母의 전사 도식

본 절에서는 『飜譯老朴』에 나타난 우측음의 운모 전사 도식을 아래의 <표 Ⅱ-3>에서 제시한다. 좌측음은 『譯訓』 및 『通攷』의 표기방식에 기초한 것이기 때문에 <표 Ⅱ-3>에서는 일단 제외한다. 또한 운모 전사와 관련된 일반적인 사항은 이전의 연구에서 많이 논의되었으므로 『老乞大』와 『朴通事』 언해서의 간본에 나타난 운모 표기와 관련된 주목할 만한 문제들을 중심으로 좌우음에서 차이가 나는 운모 표기, 入聲韻尾 등 몇 가지 문제를 집중적으로 논의한다.

<표 Ⅱ-3>에 제시된 『飜譯老朴』 우측음의 운모 표기에서 주목할 문제는 다음과 같다.

첫째, 『飜譯老朴』에서 나타나는 운모 표기와 중국어음 사이의 대응 관계는 성모 표기에 비해 복잡하다. 성모는 조음 위치나 방법이 비교적 일정하기 때문에 듣고 전사하는 과정에서 일관성을 유지하기 쉽고 제보자 간의 차이도 비교적 작다. 반면 운모는 모음의 특성상 조음점이 명확하지 않고 청취 과정에서도 음을 분명히 구분하기가 쉽지 않다. 또한 중국어음과 우리말 소리는 대응 관계에 있는 음이라도 음가가 다른 것이 있고 한쪽에 없는 음도 존재하며 한국어 음절로는 나타내기 어려운 중국어 음절도 상당수 존재하고 있다. 따라서 두 언어 사이의 이러한 괴리를 극복하여 전사

〈표 II-3〉『飜譯老朴』에 나타난 운모의 전사 도식(우측음)[20]

표기항목	한글 표기 음가	等韻圖經音	現代北京音	例字
ㅏ	a	ɑ, (uɔ, uɑ)	a[21], (ɣ)	打 다, 麼 :마
ㅑ	ia	iɑ	ia	加 ·갸, 下 ·햐
ㅘ	ao	ɒu(?)	au, (o)	高 ·잪, 到 ·닾
ㅙ	iao	iɐu(?), (iɔ)	iau, (ye)	交 ·걒, 雀 :걒
	iao	ɒu(?)	au	少 샾, 照 ·쟢
ㅓ	ə	ɔ	ɣ	哥 ·거, 惡 :어
	ə	ɛ	ɣ, ai, (ei)	色 :서, 窄 :저
	ə	uɛ	o, ai	百 :버, 伯 :버
	ə	iɔ	ye	却 ·커
	ə	ei	ei	北 :버, 黑 :허
ㅕ	iə	iɛ	ie, (ɣ)	些 ·셔, 別 :벼
	iə	ɛ	ɣ	車 ·쳐, 舌 :셔
ㅗ	o	uɔ	uo	多 ·도, 過 ·고
	o	uɔ	ɣ	課 ·코, 和 ·호
	o	uɔ	o, (u, au)	波 ·보, 莫 :모
	o	ɔ	uo	我 오, 絡 :로
ㅛ	io	iɔ	iau, ye	角 :교, 脚 :교
	io	(ɔ)	uo, (au)	若 :쇼, 着 :죠
ㅜ	u	u	u, (o, uo)	古 구, 母 무
	u	əu(?)	ou	肉 ·수, 粥 ·주
ㅠ	iʉ	ʉ	u	柱 ·쥬, 書 ·슈
	iʉ	iʉ(?)	y	女 뉴, 去 ·큐
·	ʌ (齒頭)	ɿ	ɿ	次 ·ᄎᆞ, 四 ·ᄉᆞ
	ʌ (捲舌)	ʅ	ʅ	齒 ᄎᆞ, 時 :ᄉᆞ
ㅡ	ï (入聲)	ɔ(?)	ɣ	肐 ·그
ㅣ	i (舌葉)	ʅ	ʅ, (ɣ)	知 ·지, 世 ·시
	i (齒頭)	i	i	齊 :치, 席 :시
	i (기타)	i	i, (ei)	比 비, 肺 ·빙
ㅐ	ai	ai, (uai, uɛ)	ai	帶 ·대, 買 매
ㅔ	əi	ai	ai	來 :레
ㅖ	iəi	iai	ie	解 계, 皆 ·계

20 <표 II-3>에서 17세기 초 北京 일대의 중국어음인 『重訂司馬溫公等韻圖經』(이하 『等韻圖經』)의 音은 陸志韋(1947b)의 추정음이고, 現代北京音은 『漢語方音字彙(第二版)』(1989)에서 제시된 北京音을 참고하였으며, 필요한 경우 일부 조정을 하였다. 『飜譯老朴』의 중국어음 표기에 사용된 중세한국어 단모음의 추정음은 허웅(1985)를 참고하였다.

21 『漢語方音字彙(第二版)』(1989)에서의 [a]와 [e]는 陸志韋(1947b)의 今北平音에서

〈표 II-3〉 계속

표기항목	한글 표기 음가	等韻圖經音	現代北京音	例字
ㅘ	oa	uɑ	ua	瓜 ·과, 花 ·화
ㅙ	oai	uai	uai	快 ·쾌, 外 ·왜
ㅝ	uə	uɛ	uo	國 :궈, 或 :훠
ᆑ	iʉiə	iuɛ	ye	靴 ·ᄒᆑ, 月 :ᄋᆑ
	iʉiə	uɛ	uo	說 :ᄉᆑ, 拙 :ᄌᆑ
ㅟ	ui	uei	uei	貴 ·귀, 對 ·뒤
	ui	ei	ei	內 ·뉘, 壘 뤼
ㅢ	ïi	ei, (ɛ)	ei, ɤ, (o)	每 믜, 剋 ·킈
	ïi	uei	ei	肥 :븨
ᆕ	ïu	əu(?)	ou	口 ᄏᆕ, 豆 ·ᄃᆕ
	ïu	(əu(?))	u, (y)	牡 ᄆᆕ, 浮 :ᄇᆕ
ᆛ	iu	iəu(?)	iou	九 ᄀᆛ, 牛 :ᄂᆛ
	iu	əu(?)	ou	受 ·ᄉᆛ, 紬 :ᄎᆛ
ㅏㄴ	an	an, (uan)	an	丹 ·단, 板 반
	an	(iuɛn)	an	凡 :빤, 番 ·반
ㅓㄴ	ən	(an)	an	般 ·번, 搬 ·번
ㅕㄴ	iən	iɛn	iɛn	天 ·텬, 面 ·면
	iən	an	an	閃 션, 善 ·션
ㅜㄴ	un	u(ə)n	uən	村 ·춘, 孫 ·순
ㅠㄴ	iʉn	iun	yn	君 ·균, 運 ·윤
	iʉn	u(ə)n	uən	春 ·츈, 順 ·슌
ㅡㄴ	ïn	ən	ən	根 ·근, 恩 ·은
	ïn	u(ə)n	ən	本 븐, 門 :믄
	ïn	(iun)	ən	分 ·븐, 糞 ·븐
ㆍㄴ	ʌn	(ən)	ən, (an)	蔘 ·ᄉᆞᆫ, 簪 ·ᄌᆞᆫ
ㅣㄴ	in	in	in	近 ·긴, 因 ·인
	in	ən	ən	眞 ·진, 愼 ·신
ㅘㄴ	oan	(uan)	uan	慣 ·관, 還 :환
ㅝㄴ	uən	uan	uan	管 권, 短 둰
ᆑㄴ	iʉiən	iuɛn	yan	勸 ·ᄏᆑᆫ, 眷 ·ᄀᆑᆫ
	iʉiən	uan	uan	轉 ·ᄌᆑᆫ, 傳 :ᄎᆑᆫ
ㅏㆁ	aŋ	ɑŋ	aŋ	當 ·당, 倉 ·창
	aŋ	(uɒŋ?)	aŋ	方 ·방, 坊 ·방

[ɑ]와 [ɛ]로 제시되고 있어서, 두 저작에서 [a]와 [ɑ], [e]와 [ɛ]는 각각 동일한 음을 표기하기 위해 쓰인 경우가 있다.

〈표 Ⅱ-3〉 계속

표기항목	한글 표기 음가	等韻圖經音	現代北京音	例字
ᅟᅣᇰ	iaŋ	iɑŋ	iaŋ	講 걍, 香 ·향
	iaŋ	ɑŋ	aŋ	章 ·쟝, 腸 :챵
ᅟᅮᇰ	uŋ	uŋ	uŋ	同 :퉁, 公 ·궁
	uŋ	iuŋ	uŋ, əŋ	龍 :룽, 鳳 ·붕
ᅟᅲᇰ	iʉŋ	iuŋ	iuŋ	兄 ·흉, 永 융
	iʉŋ	(uŋ)	uŋ	容 :융, 蓉 :융
ᅟᅳᇰ	ïŋ	əŋ	əŋ	庚 ·긍, 能 :능
ᅟᆞᇰ	ʌŋ	əŋ	əŋ	爭 ·ᄌᆞᆼ, 省 ᄉᆞᆼ
ᅟᅵᇰ	iŋ	iŋ	iŋ	京 ·깅, 兵 ·빙
	iŋ	əŋ	əŋ	正 ·징, 繩 :싱
ᅟᅪᇰ	oaŋ	uɑŋ	uaŋ	光 ·광, 黃 :황
ᅟᆞᆷ	ʌm	ən	ən	甚 ·ᄉᆞᆷ, 怎 ᄌᆞᆷ

를 하는 데는 많은 노력이 필요한데, 『飜譯老朴』에 나타난 운모 표기와 발음 사이의 복잡한 대응 관계는 이러한 노력을 반영하고 있다.

둘째, 『飜譯老朴』의 우측음 표기는 간략전사표기(broad transcription)이고 한국어의 정상적인 음절 구조에 맞춘 표기이기 때문에 중국어 字音을 정확히 표기하기도 어려우며, 모음의 특성과 두 언어 사이의 모음 체계와 음절 구조의 차이라는 문제가 연관되면서 복잡한 양상을 보인다. 『飜譯老朴』에서는 두 언어의 음가에 다소 차이가 있는 경우라도 대응하는 음이 있으면 그대로 표음하였고((예) ㅏ : a), 당시의 한국어에 아직 대응되는 음이 없었던 중국어음의 'e'나 'ɛ'는 음가에서 비슷하거나 어중간한 음가를 가진 한국어 모음인 'ㅓ(ə)'나 'ㅡ(ï)'로 표기하였다((예) ㅕ : iɛ / ㅢ : ei). 또한 『飜譯老朴』에서는 중국어의 한 음절을 되도록 정상적인 한국어 음절 구조로 나타내려고 했기 때문에 이 과정에서 무리가 따르는 경우도 있는데, 이는 대체적으로 대상이 되는 중국어 음절과 가장 가까운 한국어 음절로 표기하고 그 표음을 체계적으로 하여 해결하고 있다. 예를 들어 'ᆔ'와 'ᆛ'는 각각 'uei'와 'iou'를 표음하기 위한 운모 표기로 시점과 종점만 표시하고 주모음은 생략하는 방식을 취하고 있다. 이러한 상황은 18세기에 조선에서 간행된 滿漢韓 사전인 『漢淸文鑑』(1779년경)과 차이가 있다. 예를 들어 合口呼의 표기에서 『老乞大』와 『朴通事』의 언해서에서는 해당 음절 구조에 맞게 'ㅗ' 또는 'ㅜ'로 표기한 반면 『漢淸文鑑』에서는 음절 구조에 상관없이 'ㅜ'로만 표기하고 있어서 '光'은 『老乞大』와 『朴通事』의 언해서에서 '광', 『漢淸文鑑』에서는 '궝'으로 표기하고 있다. 齊齒呼의 개음도 『漢淸文鑑』에서는 별도로 표기하고 있어서 『老乞大』와 『朴通事』의 언해서에서는 '햐'로 표기된 '下'가 『漢淸文鑑』에서는 '햐'로 나타나고 있다.

셋째, 『飜譯老朴』 우측음의 표기가 반영하는 운모 체계는 현대 北京語의 운모 체계와 상당히 근접되어 있다. 다만 일부 운모에서 변화가 여전히 진행 중이고 권설음 글자 운모의 'ㅣ(i)' 게재 문제, 文白音 문제 등이 있으며 설명하기 어려운 표기도 있어서 『飜譯老朴』 우측음의 운모 체계는 현대 北京語의 운모 체계와 여전히 차이를 보이고 있다. 좌측음에 존재하는 入聲韻尾 'ㆆ, ㅸ'이 우측음에는 나타나지 않는데, 우측음에서는 입성이 韻尾가 아닌 방점으로 표시된다는 점에서 우측음에서 입성이 소실되었다고 확언하기 어려운 측면이 있다. 鼻音韻尾 'm(ㅁ)'도 나타나지 않고 의문사 '怎麽, 甚麽'에서만 제한적으로 나타나고 있다. 이 문제들에 대해서는 이후의 관련 부분에서 논의가 이루어질 것이다.

좌우음에서 운모 표기에 차이가 있는 경우 그 원인은 일부를 제외하고 주로 정밀표기(좌측음)와 간략표기(우측음)의 차이에 있는 것으로 동일한 음에 대한 표기방식의 차이가 가장 주요한 요인이다. <표 Ⅱ-4>는 『飜譯老朴』 좌측음의 운모를 표시하는 데 사용한 한글 표기의 목록을 韻頭와 韻尾에 따라 제시한 것으로 운모 표기는 중세한국어 추정음으로 나타내었다.

『飜譯老朴』의 좌측음과 우측음 운모 표기의 차이와 관련된 문제는 다음 절에서 논의한다. 『飜譯老朴』 우측음의 운모 표기는 『老諺』, 『朴諺』

〈표 Ⅱ-4〉『飜譯老朴』 좌측음의 운모 표기 목록

韻頭 / 韻尾		ㅣ[i]	ㅗ[o] / ㅜ[u]	ㅠ[iʉ][22]
	a, ə	i, ia, iə	(o), u, oa, uə	iʉ, iʉiə
ㅣ[i]	ai, ïi	(iai), iəi	ui, oai	
ㅱ[w]	aw, ïw	iw, iaw		
ㄴ[n]	an, ən, ïn	in, (ian), iən	un, oan, uən	iʉn, iʉiən
ㆁ[ŋ]	aŋ, ïŋ	iŋ, iaŋ	uŋ, oaŋ	iʉŋ
ㅁ[m]	(ïm)[23]	(im), (iam)		
ㆆ[ʔ]	aʔ, (aiʔ), əʔ, (ïʔ), ïiʔ	iʔ, iaʔ, iəʔ	uʔ, oaʔ, oaiʔ, uəʔ, (uiʔ)	iʉʔ, iʉiəʔ
ㅸ[w̲][24]	aw̲	iaw̲	oaw̲	
ㅿ[z][25]	ïz	iz		

및 『平老』와 대부분 일치하지만, 18세기 후반에 간행된 『老新諺』, 『朴新諺』, 『重老』와는 상당한 차이를 보인다. 18세기 후반의 간본에서 달라진 운모 표기는 <표 Ⅱ-5>와 같은 예가 있다.

18세기 후반의 간본에 나타난 운모 표기와 관련된 첫 번째 문제는 이전의 간본과 비교하여 표기상의 변화가 일어났을 때 전사에서의 문제로 차이가 생긴 것인지 음운변화의 결과로 생긴 것인지 아니면 그 이외의 다른 이유 때문에 변화가 일어났는지를 구분해야 한다는 점이다.

---

22 <표 Ⅱ-4>에서는 韻尾와 韻頭의 한글 표기 옆에 중세한국어 추정음을 제시하였다. 韻頭와 韻尾 'ㅣ'의 추정음은 '[i]'로 제시한다. 『譯訓』과 『飜譯老朴』 좌측음에서 撮口呼의 존재 여부는 논란의 여지가 있으나, 'ㅠ[iʉ]'를 撮口呼의 韻頭 항목에 제시한다.

23 『譯訓』에서 -m 운미 글자로 구성된 韻 중에서 沁韻에서만 속음 표기 다음에 '韻中諸字終聲同' 또는 '韻內諸字終聲同'이라는 기록이 없다. 그러나 다른 韻에서 모두 -n 韻尾化를 반영한다는 점을 고려할 때 沁韻 소속 글자에도 모두 -n 韻尾化가 일어난 것으로 추정할 수 있다. 따라서 『飜譯老朴』 좌측음에서는 '餡(·햠), 甚(:씸), 怎(:즘)' 세 글자에서 -m 운미가 나타나기는 하지만 『譯訓』 속음에 기초한 좌측음에서 사실상 -m 운미가 존재한다고 보기 어렵다.

24 'ㅸ'의 추정음은 모음 운미 'ㅱ[w]'과 대응하여 促急의 성격을 가진 入聲韻尾 '[w̲]'로 표시하였다.

25 'ㅿ'은 중국어의 운미로 볼 수 없으나 다른 중국어 운미와 같이 좌측음의 종성으로 표기되므로 본 표에서 운미 부분에 제시하였다.

〈표 II-5〉 18세기 후반의 간본에서 달라진 운모 표기(우측음)

연번	『老諺』·『朴諺』	『老新諺』·『朴新諺』	예
1	iʉ	iʉi	去 큐 → 츄, 雨 유 → 위
2	o	ə	課 코 → 커, 樂 로 → 러
3	iən	ian	間 견 → 갼, 箭 젼 → 쟌
4	uən	uan	段 뒨 → 돤, 官 권 → 관
5	ən	an	滿 먼 → 만, 半 번 → 반
6	iʉiən	iʉian	全 쵠 → 촨, 船 쉰 → 촨
7	iə	ə	客 켜 → 커
8	io	iə, iao	嚼 죠 → 쟢, 着 죠 → 져, 쟢
9	o	ao	薄 보 → 밮
10	un	ïn	論 룬 → 른
11	iəi	ai	街 계 → 개
12	ə	ai	白 버 → 배, 摘 저 → 재
13	ai	ə	宅 재[26] → 저
14	ï	i	市 스 → 시, 使 스 → 시
15	ʌm	iə	甚 슴 → 셔, (신)
16	ʌ	ï	生 숭 → 승, 蔘 슨 → 슨
17	ə	ïi	黑 허 → 희
18	ïi	ə	特 듸 → 터
19	ui	ïi	壘 뤼 → 릐, 內 뉘 → 늬
20	i	ïi	備 비 → 븨
21	uən	an	暖 뉜 → 난
22	o	uə	倭 오 → 워[27]

위의 <표 II-5>에 제시된 운모 표기의 변화는 대체적으로 네 가지 종류의 원인에서 나타난 것으로 보인다.

첫째, 운모 표기에서의 변화가 음운변화를 반영하는 경우이다. 연번 1, 2, 4, 5, 6, 19, 20은 근대중국어에 나타난 음운변화의 과정으로 보이고, 이 중에서 4, 5, 6은 山攝系 글자의 변화를 반영하는 것이다. 그런데 연번

26 '宅'은 『飜朴』에서 ':재, :저' 두 가지 표기로 나타난다. 여기에서는 『飜朴』에서의 예를 제시하였다.

27 '嚼 쟢'와 '倭 워'는 『重老』에 나타난 표기를 제시한 것이다.

〈표 Ⅱ-6〉 일부 山攝字에서의 변화(姜信沆(1978c: 96))

	間	剪	眼
中原音韻	kian	tsien	ian
韻略易通	kian	tsiɛn	ian
譯訓/通解 正音	kian	tsiən	ŋian
飜譯老朴	kiən	tsiən	iən
韻略匯通	kiɛn	tsiɛn	iɛn
老朴諺解	kiən	tsiən	iən
朴新諺	kian	ʧian	ian

3과 14의 경우는 북방중국어 음운변화의 흐름을 거스르는 모습을 보여 의심스러운 표기이다. 연번 3과 같은 일부 山攝系 글자의 표기에 대하여 姜信沆(1978c: 96)에서는 이 계열 글자의 표기가 각 자료마다 <표 Ⅱ-6>과 같이 나타나고 있음을 언급하고 있다.

<표 Ⅱ-6>에서 보이는 바와 같이 『譯訓』과 『通解』의 정음에서 운모가 '-ian'으로 표기되었던 것이 『譯訓』의 속음 체계에 기초한 『飜譯老朴』의 좌측음과 현실음인 우측음에서는 '-iən'으로 표기되고 있다. 그러나 이 부류의 글자들은 18세기에 간행된 『老新諺』, 『朴新諺』, 『重老』의 우측음에서 다시 '-ian'으로 표기되고 있다. 그러나 이는 음운변화를 반영한다기보다는 중국어 운모 '[-iɛn]'을 전사하는 데서 생긴 표기상의 차이로 보는 것이 좋을 것으로 보인다. 연번 14의 경우는 현대 北京語에서 권설음이 된 일부 글자들을 대상으로 하는 표기의 변화인데, 권설음 성모가 'i(ㅣ)'와 결합하는 방향으로 운모 표기의 변화가 이루어지고 있다는 점에서 정상 궤도를 벗어난 표기이다. 연번 20은 中古 止攝이나 蟹攝에서 나타난 변화 과정을 보여 주는 것이다. 즉 'i → ei'로의 과정을 보여 준다고 할 수 있는데, 시대에 따른 간본을 통해 이 과정을 보여 주는 글자는 '備'밖에 없고 '肺'도 『平老』에서 아직 '빙'의 상태에 있기 때문에 이 과정을 거친다고 할 수 있다. 그러나 이 부류에 속한 다른 글자들은 모두 변화의 과정이 완료되어 『飜譯老朴』부터 이미 운모가 'ㅢ' 나 'ㅟ'로 표기되고 있어서 극소수의 글자들만

이처럼 더딘 과정을 보여 주고 있다. 연번 19의 '壘, 內'는 中古音에서 蟹攝이나 止攝의 合口呼에 속했던 것으로 『等韻圖經』에서는 蟹攝의 開口에 속해 있는데, 18세기 후반의 간본들부터는 開口 표기를 보여 주고 있다.

둘째, 白話音 또는 文言音을 반영하는 것으로 보이는 경우로 연번 7, 8, 9, 12, 13, 17, 18, 21 등이 여기에 속한다.[28] 『飜譯老朴』에서는 入聲韻字를 중심으로 우측음이 文言音의 성격을 갖는 경향이 있는데, 18세기에 간행된 『老新諺』, 『朴新諺』, 『重老』에서는 일부 글자가 白話音으로 수정되었다.

셋째, 北京語 중심의 북방중국어 음운변화의 관점에서는 설명하기 어려운 표기이다. 위에서 언급한 연번 3과 14도 이 부류에 속한다. 또한 연번 11의 경우에 'iəi'가 'ai'로 표기가 바뀐 원인은 北京語의 관점에서 설명하기 어렵다. '街'는 『等韻圖經』에서 蟹攝 開口에 속하는 '皆, 解'처럼 『平老』까지는 '계'로 표기되었고 현대 北京語에서도 'tɕie'로 나타난다. 특히 '街'의 음절구조에서 구개음화에 중요한 역할을 하는 개음이 없다는 점에서 순수하게 北京語를 기준으로 한다면 설명하기 어려운 표기이다. 다만 『朴

28 이 경우에 속하는 例字들의 現代 北京音은 다음과 같고, 이는 『漢語方音字彙(第二版)』(1989)에서 조사된 北京音에 근거한 것이다. 現代 北京音에서 성조 표기는 생략한다.

연번	例字	표기 변화	現代 北京音
7	客	켜 → 커	kʰɤ(文), tɕʰie(白)
8	嚼	죠 → 쟢	tɕye(文), tɕiau(白)
8	着	죠 → 져, 쟢	tʂuo(文), tʂau(白)
9	薄	보 → 밮	po(文), pau(白)
12	白	버 → 배	pai
12	摘	저 → 재	tʂai
13	宅	재 → 저	tʂai
17	黑	허 → 희	xei, (xɤ)
18	特	듸 → 터	tʰɤ
21	暖	눤 → 난	nuan, nan(口)

新諺』뿐 아니라 誤記가 거의 없는 것으로 알려진 『重老』까지 全卷을 통해서 일관되게 '개'로 전사되고 있다는 점이 눈길을 끈다. 이 글자의 표기는 관련 방언의 발음에 대한 폭넓은 고찰을 통하여 설명할 필요가 있다. 연번 10 역시 北京語를 기준으로 한다면 合口 표기인 '룬'이 적합한 표기로서 '른'으로 바뀐 것은 설명하기 어려운데, 현대 北京音에서는 'luən'과 'lin(口語)'으로 나타나고 있고 다른 현대중국어 방언들에서는 'lən'으로 나타나는 경우가 있다(漢語方音字彙 1989: 292). <표 Ⅱ-5>에는 없지만 '況'이 '황'으로 표기된 것도 北京語를 기준으로 한다면 설명하기 어려운 표기이다. 이 세 번째 부류의 예들은 다른 방언의 특색이 반영되었을 가능성이 있으며 이 문제에 대해서는 방언 배경을 논의하는 V장에서 다시 언급하게 될 것이다.

넷째, 표기의 변화가 전사에서의 문제와 관련된 것이다. 연번 15, 16은 보다 적합한 표기를 위해서 변화가 일어난 경우로 '·' 표기의 소실 과정과도 무관하지 않다. 연번 22의 예인 '倭'는 戈韻 소속 글자로 『飜譯老朴』에서 좌측음은 '훠', 우측음은 '·오'로 표기되어 있어 戈韻 운모의 변화를 반영하고 있다. 그러나 『重老』에서 좌측음은 '훠'로 표기가 같지만 우측음이 '워'로 바뀌어 오히려 이전의 운모 표기로 되돌려 놓고 있다. 이는 운모 표기 'ㅗ, ㅝ'가 18세기 후반의 간본에서는 모두 중국어 운모 '-uo'를 나타낼 수 있었다는 점과 관련된 것으로 보인다.

다음으로 『老新諺』, 『朴新諺』, 『重老』 등에서 전사된 중국어음은 18세기의 중국북방음이라고 할 수 있는데, 이를 표음하는 한글 표기의 음가도 18세기의 것인가의 문제를 제기할 수 있다. 성모는 대응 관계가 명확하고 중국어음을 전사하는 데 쓰인 한글 초성 표기를 중국어 성모와 인위적으로 대응시켰기 때문에 우리말의 자음에 음가의 변동이 있다고 할지라도 표기에 반영되기는 어렵다. 반면 운모의 경우에는 인위적인 측면이 있어도 우리말 모음 음가의 변동을 반영할 가능성이 있다. 17~18세기는 한국어모음사에서 중요한 시기였는데, '·'의 비음운화, 이중모음의 단모음화, 'ㅣ' 모음 역행동화 등이 일어나서 이전에 존재하던 모음 체계에 변동이 일어난 시기이다(金完鎭 1971: 16-28, 李基文 1972/1987: 121-124). 따라서 이 시기에 한국어에서 나타난 음운변화가 18세기 간본의 중국어음 표기에 반영되었는가의 문제를 살펴볼 필요가 있다. 예를 들어 『飜譯老朴』에서 수립된 운모 전사 표기로 정확하게 나타내기 어려웠던 중국어 모음으로는 'e'와 'ɛ'가 있는데, 18세기에 이르러 한국어 모음 체계의 변동으로 인하여 중국어음의 'e', 'ɛ'와 음가에서 대응하는 단모음 'ㅔ'와 'ㅐ'가 나타나게 된다. 이러한 모음 체계의 변동이 전사 표기를 통해 반영되는가라는 문제를 제기할 수 있는데, 이 문제에서는 두 가지 경우를 살펴보아야 한다. 중국어음에서는 모음 및 운모에 변화가 생겼는데 이를 표음하는 한글 표기가 변하지 않은 경우와 한글 표기에서의 변화가 한국어 모음의 변동을 반영하는 경우이다. 그러나 『老乞大』와 『朴通事』 언해서의 우측음에서는 일반적으로 중국어음에서 음운변화가 일어났다고 인정될 때 표기를 통해 나타냈으므로 첫 번째 경우는 논의에서 제외할 수 있다. 두 번째 경우를 살펴보면 이와 관련된 것으로 논의할 만한 몇 가지 사례가 있다. <표 Ⅱ-5>에서 나타난 운모 표기의 변화 중에서 연번 11, 12가 두 번째 경우와 관련이 있는 것처럼 보이기도 하지만, 이는 北方官話 음운변화의 관점에서는 설명하기 어려운 표기이거나(街), 白話音을 반영하는 것으로 모두 'ai'를 표음하는 것이다(白, 摘). 다만 '·'의 비음운화는 전사 표기를 통해 반영되고 있을 가능성도 배제하기는 어렵다. '·' 표기는 대개 치두음이나 정치음의 운모로 나타나는데, 5종의 『老乞大』와 『朴通事』 언해서 간본에 나타난 '·' 표기의 소멸 과정은 <표 Ⅱ-7>과 같다.

<표 Ⅱ-7>에서 '·' 표기가 사라지는 과정은 네 가지 부류로 나눌 수 있다. 첫 번째 부류는 『飜老』에서 존재하던 '·' 표기가 『老諺』부터 'ㅡ'로 바뀐 경우이고, 두 번째 부류는 첫 번째 부류와 마찬가지로 『老諺』에서

〈표 Ⅱ-7〉 5종의 『老乞大』와 『朴通事』 언해서에 나타난 '·' 표기(우측음)[29]

例字	飜老[30]	老諺	平老	朴新諺	重老
之	·ᄌᆞ	즈	즈	즈	즈
自	·ᄌᆞ	즈	즈	즈	즈
只	·ᄌᆞ	즈	즈	즈	즈
子	ᄌᆞ	즈	즈	즈	즈
脂	·ᄌᆞ	즈	즈	즈	즈
支	·ᄌᆞ	즈	즈	즈	즈
紫	ᄌᆞ	즈	즈	즈	즈
此	ᄎᆞ	츠	츠	츠	츠
次	·ᄎᆞ	츠	츠	츠	츠
辭	:ᄎᆞ	츠	츠	츠	츠
匙	:ᄎᆞ	츠	츠	츠	츠
翅	·ᄎᆞ	츠	츠	츠	츠
時	:ᄉᆞ	스	스	스	스
師	·ᄉᆞ	스	스	스	스
試	·ᄉᆞ	스	스	스	스
似	·ᄉᆞ	스	스	스	스
四	·ᄉᆞ	스	스	스	스
事	·ᄉᆞ	스	스	스	스
死	ᄉᆞ	스	스	스	스
司	·ᄉᆞ	스	스	스	스
絲	·ᄉᆞ	스	스	스	스
思	·ᄉᆞ	스	스	스	스
侍	·ᄉᆞ	스	스	스	스
怎	즘	즘	즘	즘	즘
枝	·ᄌᆞ	즈	즈	지	지
施	·ᄉᆞ	스	스	시	
是	·ᄉᆞ	스	스	시	시
詩	·ᄉᆞ	스	스	시	시
市	·ᄉᆞ	스	스	시	시
使	ᄉᆞ	스	스	시	시
甚	·ᄉᆞᆷ	ᄉᆞᆷ	ᄉᆞᆷ	셔[31]	셔
生	·ᄉᆞᆼ	ᄉᆞᆼ	ᄉᆞᆼ	승	승
參	·ᄉᆞᆫ?(·ᄉᆞ)	ᄉᆞᆫ	ᄉᆞᆫ		슨
蔘	·ᄉᆞᆫ	ᄉᆞᆫ	ᄉᆞᆫ	슨	슨
甥	·ᄉᆞᆼ	ᄉᆞᆼ	ᄉᆞᆼ		승
爭	·ᄌᆞᆼ	ᄌᆞᆼ	ᄌᆞᆼ	ᄌᆞᆼ	ᄌᆞᆼ
睜				ᄌᆞᆼ	
撐				ᄎᆞᆼ	
省	ᄉᆞᆼ[32]	싱	싱	ᄉᆞᆼ(싱)	싱

'·'가 '一'로 바뀌었으나 『老新諺』, 『朴新諺』부터 'ㅣ'로 다시 변화한 경우로서 이 부류의 예가 현대 北京語에서 권설음이라는 점에서 논의가 필요한 표기이다. 세 번째 부류는 『平老』까지 '·'를 유지하다가 『老新諺』, 『朴新諺』부터 '一'로 변한 경우이다. 네 번째 부류는 『老新諺』, 『朴新諺』 및 『重老』까지도 여전히 '·' 표기를 유지하고 있는 극소수의 예이다.

이와 같이 논란의 여지가 있는 예도 있으나 18세기 간본의 우측음 표기에서 근대 시기 한국어 모음 체계의 변동과 관련되었을 가능성이 있는 표기의 변화는 기본적으로 찾아보기 어렵다. 예를 들어 이전까지는 표기하기 어려웠던 중국어의 'e'와 'ɛ'를 적절하게 표기할 수 있는 단모음 'ㅔ'와 'ㅐ'가 나타났지만 표기에 반영되고 있지 않다. 물론 이는 『老新諺』, 『朴新諺』, 『重老』 등이 편찬되던 18세기 후반에 이중모음의 단모음화가 일어나지 않았음을 의미하는 것은 아니다.[33] 그런데 'e'와 'ɛ'를 표기하는 데 'ㅔ'와 'ㅐ'를 사용하는 것이 전사 체계에 혼란을 가져오게 될 것이라는 점을 고려하면

---

29 중국어음 표기에서 박통사언해서는 짝이 되는 노걸대언해서와 기본적으로 일치하는데, 본 표에서는 비교를 위하여 간본의 종류가 많은 노걸대언해서에서 예를 제시한다. 다만 『老新諺』은 卷一만 존재하므로 동일한 중국어음을 반영하는 『朴新諺』에 나타난 중국어음 표기를 제시한다. 『飜朴』은 『飜老』, 『朴諺』은 『老諺』과 중국어음 표기가 일치하지만 출현하는 한자가 다르기 때문에 『飜朴』, 『朴諺』에 나타나는 해당 例字가 표에서 제시되지 못한 경우가 있다. 이후 5종의 『老乞大』와 『朴通事』 언해서에 나타난 예를 표에서 제시하는 경우에는 마찬가지로 이러한 문제가 나타난다.

30 <표 Ⅱ-7>에서 제시한 예 이외에 『飜老』에서는 '厮, 紙, 兒, 資, 甆, 私, 肆, 指, 至, 屍, 二, 孳, 仔, 字, 伺, 詞, 巳, 廁, 柹, 誌, 齒, 耳, 餌' 등의 글자에서 '·'가 운모 표기로 나타난다.

31 『老新諺』, 『朴新諺』, 『重老』에서는 '甚'이 의문사인 '甚麽'의 경우에는 '셔'로 나타나고 정도부사로 쓰일 경우에는 '신'으로 나타난다. <표 Ⅱ-7>에서는 의문사로 쓰인 경우이다.

32 '省'은 『飜老』에는 나타나지 않고 『飜朴』의 우측음에서 'ᇮ' 표기로 나타난다.

33 국어에서 'ㅣ' 모음 역행동화(umlaut)가 일어난 시기는 대개 18세기 말에서 19세기 초로 보고 있다(李秉根 1970, 金完鎭 1971, 李基文 1972/1987). 논란의 여지는 있으나 'ㅣ' 모음 역행동화는 대체적으로 'ㅔ'와 'ㅐ'의 단모음화를 전제로 하는 것이므로 늦어도 18세기 중반 이후에는 서울말에서 단모음화가 일어났다고 볼 수 있다.

오히려 이러한 상황이 자연스럽다는 것을 알 수 있다. 『老乞大』와 『朴通事』의 언해서가 18세기에 처음 편찬되기 시작했다면 중국어음 표기에 18세기 한국어 모음 체계의 변동이 반영될 것을 기대할 수 있겠지만, 표음에 적당한 한국어 표기가 새로 생겨났다고 해서 이미 굳어진 전사 표기에 반영되기를 기대하기는 어렵다. 이미 중국어의 'e'와 'ɛ'를 전사하기 위한 표기가 있었고, 'ㅔ'와 'ㅐ'도 각각 'əi'와 'ai'의 전사를 위해 쓰이고 있었기 때문에 'ㅔ, ㅐ'가 'e, ɛ'를 전사하기 위해 쓰인다면 기존 전사 체계의 혼란을 야기할 것이기 때문이다. 또한 'ㅔ, ㅐ'로서 중국어 운모에 나타나는 'e, ɛ'를 표기한다면 정상적인 한국어 음절로 나타내기 어렵다는 점도 관련이 있다. 그러나 'ㆍ'의 경우는 달라서 'ㆍ'가 담당하고 있는 정치음과 치두음의 운모 전사 영역에 'ㅡ'도 함께 존재하고 있었기 때문에 'ㆍ' 표기가 사라짐과 함께 자연스럽게 'ㅡ'로 대치될 수 있었던 것이다. 따라서 18세기 간행 『老乞大』와 『朴通事』 언해서에 나타난 우측음의 운모 표기는 16세기에 간행된 『飜譯老朴』 운모 표기의 음가를 그대로 답습하고 있다고 볼 수 있다.

2.2. 좌우음에서 차이가 나는 韻母 표기

좌우음은 通攷所制之字와 國俗撰字之法이라는 표기방식에서 근본적인 차이를 보이고 있어서, 『飜譯老朴』에서 좌우음은 동일한 음이 서로 다른 표기방식으로 나타나는 경우가 많다. 본 절에서는 『飜譯老朴』의 좌우음에서 차이를 보이는 운모 표기의 양상을 정리하고, 운모 표기에서 이와 같이 좌우음 차이가 나타나게 된 원인을 살펴보도록 한다. 좌우음의 운모 표기 차이를 전체적으로 살펴보는 것은 좌우음 운모 표기의 성격을 파악하는 데 많은 도움이 될 것이다. 다음의 <표 Ⅱ-8>은 『飜譯老朴』 좌우음에서 운모 표기의 차이가 나타나는 경우이다.

<표 Ⅱ-8>에서 제시된 좌우음에서 차이를 보이는 운모 표기는 그 차이

〈표 II-8〉『飜譯老朴』의 좌우음에서 차이가 나는 운모 표기[34]

표기항목	좌측음	우측음	예
入聲韻尾	韻尾 있음	韻尾 없음	吉 ·깅 ·기
入聲韻字 文白音	白話音 위주	文言音 위주	北 ·븽 :버
ᄝ 종성	ᄝ 종성	ㅗ/ㅜ 종성	卯 :마ᇢ 마ᅩ
ᄫ 종성 (藥韻)	ㅏ/ㅑ/ㅘ (종성 ᄫ)	ㅗ/ㅛ/ㅓ 등 (종성 없음)	嚼 ·쨔ᇦ :죠
ㅿ 종성 (支紙寘韻)	ㅡ/ㅣ (종성 ㅿ)	·/ㅣ (종성 없음)	子 :즈ᇫ ᄌᆞ
歌韻	ㅓ	ㅗ	鵝 어 :오
戈韻	ㅝ	ㅗ	波 붜 ·보
· 표기 (우측음)	ㅡ/ㅣ (종성 ㄴ/ㅇ/(ㅁ))	· (종성 ㄴ/ㅇ/(ㅁ) 또는 종성 없음)	生 승 ·ᄉᆞᆼ 怎 :즘 ᄌᆞᆷ 簪 즌 ·ᄌᆞᆫ
일부 止攝·蟹攝 글자	ㅣ	ㅢ	肥 삐 :븨
일부 山攝·咸攝 글자	ㅑ (종성 ㄴ/(ㅁ))	ㅕ (종성 ㄴ)	嵌 캰 ·켠 餡 ·햠 ·현

를 유발한 원인에 따라 몇 가지 유형으로 나눌 수 있다.[35]

첫째, 동일한 음에 대한 표기방식의 차이를 반영하는 것이다. <표 II-8>의 표기항목 중 入聲韻尾, ᄝ 종성, 藥韻의 ᄫ 종성, 支紙寘韻의 ㅿ 종성, 우측음의 '·' 표기가 여기에 속한다. 이 항목들에서의 좌우음 운모 표기 차이는 通攷所制之字와 國俗撰字之法이라는 표기방식의 차이와 관련된 것으로 좌우음 운모 표기 차이의 대부분을 차지하고 있다. 다만 입성 글자

---

34 <표 II-8>에서는 좌우음 운모 표기에서 차이가 나더라도 분명한 誤記이거나 의미 있는 차이로 보기 어려운 경우에는 제외하였다.

35 <표 II-8>에는 제시하지 않았지만 '來'의 운모 표기도 주목을 끈다. '來'의 운모 표기는 『飜譯老朴』의 좌측음에서 'ㅐ(-ai)', 우측음에서 'ㅔ(-əi)'로 나타나는데, 관련된 운서의 표기에서 모두 'ㅐ'로 나타나고 있어서 우측음 표기는 특수한 예로 간주할 수 있다. 『飜譯老朴』의 우측음은 편찬자가 직접 조사한 것이라는 점에서 이러한 표기는 필자가 'ㅐ'와는 다른 음을 청취하였음을 시사한다. 이후 간행된 『老乞大』와 『朴通事』의 언해서에서도 '來'의 우측음은 모두 '레'로 나타난다.

의 좌우음 표기에는 표기방식의 차이가 강하게 반영되어 있으나 음운변화 진행 정도의 차이라는 측면도 부분적으로 반영되어 있는 것으로 보인다. 좌측음에서는 'ㆆ, ㅸ'을 입성운미로 사용하고 있으나 우측음에는 없는데, 이를 우측음에서 입성이 소실된 것을 반영한다고 간주하기 어려운 측면이 있다. 즉 우측음에는 운미가 표시되어 있지 않지만 평성·상성·거성 과는 또 다른 방식의 입성 표기가 배정되어 있는 것이다. 『飜譯老朴』에서 보여 준 崔世珍의 표기 원칙이나 방식을 고려할 때 우측음에서 'ㆆ'이나 'ㅸ'과 같은 입성운미를 종성에 단독으로 표시하는 것은 정상적인 한국어 음절로 중국어음을 표기하는 國俗撰字之法의 표기 원칙에서 벗어나는 것이다. 또한 종성 표기 'ㅱ, ㅿ'을 우측음에서 사용하지 않은 것 역시 입성운미와 같은 표기의 원칙에 근거한 것으로 볼 수 있으나, 'ㅱ, ㅿ' 종성의 좌우음 표기에는 음운변화 진행 정도의 차이는 반영되어 있지 않다. 이 이외에 각 문헌에 따라 다르게 나타나는 일부 山·咸攝 글자의 운모 표기의 차이는 운모 '-iɛn'을 표음하는 과정에서 생긴 차이로 보인다.

둘째, 음운변화 진행 정도의 차이를 반영하는 것이다. <표 Ⅱ-8>의 표기 항목 중 歌韻과 戈韻, 일부 止攝과 蟹攝 글자의 표기가 이에 속한다. 歌韻과 戈韻은 開口音에서 'ㅏ'로 표기된 것을 제외하고는 좌측음은 'ㅓ, ㅝ', 우측음은 'ㅓ, ㅗ'로 표기되는데, 張馨實(1994), 金武林(1999: 194-198)에서는 이 韻類 核母가 중저모음화의 과도기적 과정을 반영한 것으로 보았다. 실제로 歌韻은 'ɑ > ɔ > uo (喉牙音 일부는 ɤ(ə))', 戈韻은 'uɑ > uɔ, ɔ > uo, o (喉牙音 일부는 ɤ(ə))'의 변화 과정을 거친 것으로 보인다(王力 1980: 146-157). 歌戈韻에서 나타난 이러한 좌우음 표기의 차이는 소속 글자에서 나타난 주모음의 변화를 반영하고 있는 것이다. 중고 시기의 止攝 開口 3等과 蟹·止攝 合口 1·3等에서 일부 唇音字의 운모는 '-ei'로 변화하게 된다. 일부 止·蟹攝 글자의 표기에서 나타난 '-i > -ïi'의 변화는 근대 시기 이 부류 글자들에서 나타난 이러한 운모의 변화를 반영하고 있다.

〈표 Ⅱ-9〉 차이를 보이는 'ㆆ' 종성 글자의『飜譯老朴』좌우음 운모 표기

좌측음	우측음	예
-ïi?	-ə	北德克黑(墨)則色濇百栢伯珀白帛窄摘核
	-u	蔔
	-ai	宅
	-iə	客隔
-ui?	-uə	國或惑
-ai?	-ə	脉
-uə?	-o	鉢潑沫抹脫聒活(豁)

셋째, 文言音과 白話音의 차이를 반영하는 것이다. 특히 入聲韻字에서 文白音의 차이가 현저하게 나타나는데, 일반적으로『飜譯老朴』에서 좌측음은 白話音 위주, 우측음은 文言音 위주로 나타나고 있다. 'ㅸ' 종성 입성 글자의 좌우음 표기는 中古 宕·江攝에서 나타난 文白異讀을 반영하는 것으로 보이며, 일부 예를 제외하고 'ㆆ' 종성 입성 글자의 좌우음 표기에서도 文白音의 차이가 나타나고 있다. <표 Ⅱ-9>에서는 다음 절에서 논의할 'ㅸ' 종성 입성 글자를 제외하고『飜譯老朴』에서 좌우음 운모 표기의 차이를 보이는 'ㆆ' 종성 입성 글자의 예를 제시한다.[36]

<표 Ⅱ-9>에서 나타난 대부분의 예는 曾攝의 開口 1等, 曾攝 開口 3等의 莊組, 梗攝 開口 2等에서 나타난 文白異讀 현상을 반영하는 것으로, 입성운미를 제외한 운모 표기는『飜譯老朴』의 좌측음에서 'ᅴ(-ïi), ㅐ(-ai)', 우측음에서 'ㅓ(-ə)' 등으로 나타나고 있다.[37] 다만 曾攝과 山攝의 合口 1等에서 나타나는 좌우음 운모 표기의 차이는 北京을 중심으로 하는 지역에서 통용된 北方官話의 일반적인 文白異讀 유형에 속하는 것이 아니어서, 이것이 특정 방언의 文白音 차이를 반영하는 것인지 아니면 음운변화

---

36 차이를 보이는 'ㅸ' 종성 입성 글자의 좌우음 운모 표기는 2.3절의 <표 Ⅱ-10>에 제시되어 있다.

37 예외적인 표기에는 다음과 같은 예가 있다. 盒 ·뺭 :허, 截 ·찡 :져, 頿 ·뽕 ·보, 樸 ·붕 :보, 屬 ·쓩 ·수.

를 반영하는 것인지 현재 단계에서는 명확히 결론내리기 어렵다. 이처럼 『飜譯老朴』에 나타난 'ㆆ' 종성 글자와 'ㅸ' 종성 글자의 좌우음 운모 표기가 차이를 보이는 것은 白話音과 文言音을 각각 반영하는 入聲韻字의 좌우음이 서로 다른 방언 배경에 기초하고 있기 때문으로 보인다.

2.3. 入聲韻尾 표기 ㆆ, ㅸ

『飜譯老朴』에 나타난 입성 글자 표기의 양상을 온전하게 설명하는 것은 간단하지 않은 문제이다. 『飜譯老朴』에 나타난 입성 글자의 표기 상황은 북방중국어 음운사의 관점에서 볼 때 이해하기 어려운 부분이 있을 뿐 아니라 어떤 방언의 상황을 반영하는지 명확하게 지적하기도 어렵다. 또한 입성 글자 표기를 정확하게 이해하기 위해서는 口語音과 讀書音, 文白異讀 등 당시 언어 상황의 문제나 中國韻書의 영향 문제도 고려해야 하며, 편찬자의 표기 의도와 좌우음 표기의 성격까지 파악해야 한다. 특히 『飜譯老朴』 우측음에서 입성이 두 종류의 방점으로 표기된 이유에 대해서는 이 현상이 당시의 어떠한 언어 현실을 반영하는 것인지 면밀하게 고찰할 필요가 있다.

본 절에서는 『飜譯老朴』에 나타난 입성 글자 표기와 관련하여 어떤 문제들이 있는지 제시하고 이러한 입성 글자 표기가 좌우음 표기의 성격과 어떻게 연관되는지의 문제 등에 대하여 살펴본다. 본 논의를 위하여 『飜譯老乞大』의 좌측음에서 입성운미 표기를 가지는 글자와 대응하는 우측음에서의 표기 상황을 攝, 운모, 성조 표기의 순서에 따라 제시하면 예 (10)과 같다.[38] 좌측음에서 입성 글자는 모두 1점이 찍혀 있으므로 따로

38 입성 글자는 우측음에서 성조 표기가 1점과 2점으로 되어 있다. 이 성조 표기의 성격에 대해서는 좀 더 세밀한 고찰이 필요하지만 예 (10)의 '『飜老』에 나타난 입성 글자 목록'에서는 '1點'과 '2點'으로만 구분하여 제시한다. 괄호 안에 '*' 표시를

성조 표기는 제시하지 않는다.

(10) 『飜老』에 나타난 입성 글자 목록

① 通攝(-uʔ/-iʉʔ)

[좌측음] (-uʔ) 讀, 目, 木, 覆, 輻, 福, 服, 足, 宿, 竹, 粥, 軸, 束, 叔, 熟, 六, 轆, 綠, 鹿, 祿, 肉, 辱/ (-iʉʔ) 玉, 囑, (屬), 畜, 峪

[우측음] (1點) 讀, 目, 木, 覆, 輻, 福, 服, 足, 宿, 竹, 粥, 軸, 束, 叔, 六, 轆, 綠, 鹿, 祿, 肉, 辱, 玉, 囑, 屬, 畜, 峪/ (2點) 熟

② 江攝(-aw̲/-iaw̲/-oaw̲)

[좌측음] (-aw̲) 樸1/ (-iaw̲) 角, 學/ (-oaw̲) 卓, 捉, 涿 / (*(-uʔ) 樸2)

[우측음] (1點) 樸1/ (2點) (樸2), 角, 學, 卓, 捉, 涿

③ 臻攝(-iʔ/-uʔ/-iʉʔ)

[좌측음] (-iʔ) 吉, 乞, 必, 筆, 匹, 疋, 密, 蜜, 七, 漆, 疾, 膝, 姪, 實, 失, 一, 乙, 栗, 日/ (-uʔ) 骨, 不, 孛頁, 沒, 物/ (-iʉʔ) 戌, 出

[우측음] (1點) 吉, 乞, 必, 筆, 匹, 疋, 密, 蜜, 七, 漆, 疾, 膝, 實, 失, 一, 乙, 栗, 日, 骨, 不, 孛頁, 沒, 物, 戌, 出/ (2點) 姪

④ 山攝(-aʔ/-iaʔ/-oaʔ/-əʔ/-iəʔ/-uəʔ/-iʉiəʔ)

[좌측음] (-aʔ) 達, 八, 拔, 發, 罰, 襪, (咱), 撒, 剌, 殺/ (-iaʔ) 瞎/ (-oaʔ) 刷, 猾/ (-əʔ) 割, 渴, 褐, (迭)/ (-iəʔ) 羯, 結, 鐵, 撇, 別, 節, 切, 折1, 撤, 靳, 舌, 折2, 歇, 熱/ (-uəʔ) 脫, (闊), 潑, 抹, 活/ (-iʉiəʔ) 蹶, 缺, 月, 絕, 雪, 拙, 說, 劣/ (*(-iʔ) 截)/ (*(-uiʔ) 豁)

[우측음] (1點) 割, 渴, 褐, 羯, 結, 熱, 闊, 潑, 缺/ (2點) 達, 八, 拔, 發, 罰, 襪, (咱), 撒, 剌, 殺, 瞎, 刷, 猾, 迭, 鐵, 撇, 別, 節, 切, 折1, 靳, 撤, 舌, 折2, 歇, 脫, 抹, 豁, 活, 蹶, 月, 絕, 雪, 拙, 說, 劣, 截

⑤ 宕攝(-aw̲/-iaw̲)

[좌측음] (-aw̲) 各, 閣, 托, (膊), 薄, 莫, 作, 錯, 昨, 索, 惡, 落, 樂, 絡/ (-iaw̲) 脚, (鵲), 嚼, 着, 約, 藥, 若/ (*(-əʔ) 却)/ (*(-ïʔ) 肐)

[우측음] (1點) 各, 閣, (膊), 錯, 索, 鵲, 却, 肐/ (2點) 托, 薄, 莫, 作, 昨, 惡, 落, 樂, 絡, 脚, 嚼, 着, 約, 藥, 若

한 것은 해당 攝에서 일반적으로 나타나지 않는 예외적인 운모 구조이다.

⑥ 梗攝(-iʔ/-ïiʔ)

[좌측음] (-iʔ) 的, 糴, 壁, 覓, 脊, 惜, 席, 夕, 隻, 喫, 尺, 赤, 石, 射, 易, 歷, 癧/ (-ïiʔ) 隔, 客, 百, 伯, 栢, 珀, 白, 帛, 窄, 摘, 核/ (*(-aiʔ) 脉)

[우측음] (1點) 的, 糴, 壁, 覓, 脊, 惜, 夕, 隻, 喫, 尺, 赤, 射, 易, 歷, 癧, 隔/ (2點) 席, 石, 客, 百, 伯, 栢, 珀, 白, (帛), 窄, 摘, 核, 脉

⑦ 曾攝(-iʔ/-ïiʔ/-uiʔ)

[좌측음] (-iʔ) 極, 息, 媳, 織, 直, 識, 飾, 食, 力/ (-ïiʔ) 克, 剋, 得, 德, 忒, 特, 北, 蔔, 賊, 濇, 色, 黑, 肋/ (-uiʔ) 國, 或, 惑

[우측음] (1點) 極, 息, 媳, 織, 直, 識, 飾, 食, 力, 剋, 蔔, 肋/ (2點) 克, 得, 德, 忒, 特, 北, 賊, 濇, 色, 黑, 國, 或, 惑

⑧ 深攝(-iʔ/-iʉʔ)

[좌측음] (-iʔ) 急, 及, 集, 襲, 執, 十, 拾, 濕, 什, 揖, 立/ (-iʉʔ) 入

[우측음] (1點) 急, 及, 集, 襲, 執, 十, 拾, 什, 揖, 立, 入/ (2點) 濕

⑨ 咸攝(-aʔ/-iaʔ/-əʔ/-iəʔ)

[좌측음] (-aʔ) 搭₁, 搭₂, 塌, 塔, 法, 乏, 雜, 閘, 霎, 臘, 蠟, (盒)/ (-iaʔ) 甲, 恰, 押, 鴨, 壓, 匣/ (-əʔ) 合, 喝/ (-iəʔ) 楪, 帖, 貼, 鑷, 接, 摺, 褶, (涉), 葉

[우측음] (1點) 甲, 押, 鴨, 壓, 匣, 合, 喝, 褶, 涉/ (2點) 搭₁, 搭₂, 塌, 塔, 法, 乏, 雜, 閘, 霎, 臘, 蠟, 盒, (恰), 楪, 帖, 貼, 鑷, 接, 摺, 葉

위에 제시한 입성 글자의 표기 상황에 근거하여 몇 가지 사실을 논의하고자 한다.

먼저 『飜譯老朴』에 나타난 입성 글자 표기 문제를 고찰할 때 표기의 성격에 대하여 잘 파악해야 한다. 입성 표기는 전탁음 표기와 마찬가지로 당시의 중국어음을 알기 쉽게 표음하기 위하여 우측음에서 國俗撰字之法을 적용한 예로서 음운변화의 문제와 표기방식의 문제가 함께 관여되었다고 할 수 있다. 좌측음에서는 'ㆆ'이나 'ㅸ(藥韻)'을 입성운미로 사용하고 있으나 우측음에서는 입성운미가 없는데, 우측음에는 평성・상성・거성과는 또 다른 입성 관련 표기가 배정되어 있어서 우측음에서 입성이 소실된 것을 반영한다고 간주하기 어려운 측면이 있다. 우측음에서 'ㆆ'이나 'ㅸ'과 같은 입성운미를 종성에 단독으로 표시하는 것은 國俗撰字之法이라는 표기의 원칙에서 벗어나는 것이며, 종성 표기 'ㅱ, ㅿ'을 우측음에서 사용하지 않은 처리방식을 상기할 수 있다. 우측음이 國俗撰字之法이라는 점에서 『飜譯老朴』 우측음에서의 입성 처리방식이 중세국어에서의 입성 처리방식과 완전히 일치한다고 하는 朱星一(2000a: 40)의 언급은 시사하는 바가 크다.[39] 입성과 관련된 다음의 기록을 보자.

(11) "漢音入聲有二音, 通攷則皆一點, 而反譯則其聲直而高, 呼如去聲者一點, 先低後厲而促急, 少似平聲濁音之呼者二點." (飜譯凡例 旁點條)
(漢音의 입성에는 두 종류의 음이 있는데, 『通攷』에서는 모두 1점이다. 그러나 反譯에서는 그 성조가 곧고 높아서 거성과 같이 발음되는 것은 1점이고, 처음에는 낮다가 나중에는 거세고 촉급하여 평성 탁음의 발음과 다소 비슷한 것은 2점이다.)

위의 기록과 같이 『飜譯老朴』의 우측음에서 1점을 더하여 거성처럼 발음되는 것은 '直而高'라 하고 2점을 더하여 양평과 다소 비슷한 것은 '先低後厲而促急'이라 하여 구분하고 있고, '促急'이라는 기록이 있는 것으로 보아 우측음에서도 입성의 성격은 어느 정도 유지되고 있었던 것으로 보인다. 이러한 우측음의 상황은 입성은 존재하나 어떤 환경에서는 '促急'이라는 성격이 비교적 강하게 남아 있고 어떤 환경에서는 좀 더 약화된 상황을

39 金完鎭(1973/1989: 2-3)에서는 訓民正音 解例에서 유독 입성에 대해서만 특별한 加點 방법을 마련해 놓지 않았는데, 이는 보통의 완만한 평성・상성・거성에 대하여 그들의 촉급한 변종들을 통칭하여 입성의 범주 아래 넣은 것으로 간주된다고 하였다. 이는 『飜譯老朴』 우측음에서의 입성 표기도 1점은 '去聲的 入聲', 2점은 '陽平的 入聲'으로 처리할 수 있을 가능성을 보여 준다. 실제로 "入聲之音, 如平聲濁音之呼, 而促急, 其間亦有數音隨其呼勢而字音亦變焉. 如入聲軸聲, 本音:주, 呼如平聲濁音, 而或呼如去聲爲·주, 角字呼如平聲濁音爲교而或갸, 如去聲爲갸, 或呼如上聲爲갸, 又從本韻거之類."라는 飜譯凡例 漢音條의 기록은 이러한 처리방식의 가능성을 뒷받침한다.

반영하는 것으로 보이기 때문이다. 따라서 좌우음의 표기가 반영하는 입성의 상황은 차이가 있는 것으로 보이므로 좌우음의 입성 표기를 동일한 음에 대한 표기방식의 차이로만 간주하기는 어려운 것으로 판단한다. 『飜譯老朴』의 우측음에서 나타난 두 종류의 입성 관련 방점 표기는 國俗撰字之法이라는 점에서 입성운미가 소실된 것을 반영하는 것인지 표기상으로는 단정할 수 없다. 다만 양평(2점)과 거성(1점)으로 표기한 『飜譯老朴』 우측음의 상황은 入聲韻에서 陰聲韻으로 가는 과도 단계를 반영할 가능성이 높은 것으로 보인다.[40] 『通攷』에서는 15세기 당시 입성운의 상황과 관련하여 다음과 같은 주목할 만한 언급을 하고 있다.

(12) "入聲諸韻終聲, 今南音傷於太白, 北音流於緩弛. …… 本韻之作併同析異, 而入聲諸韻牙舌唇終聲, 皆別而不雜. 今以ㄱㄷㅂ爲終聲, 然直呼以ㄱㄷㅂ則又似所謂南音, 但微用而急終之不至太白可也. 且今俗音雖不用終聲, 而不至如平上去之緩弛, 故俗音終聲, 於諸韻用喉音全淸ㆆ, 藥韻用唇輕全淸ㅸ以別之." (『通攷』 凡例)
(입성 여러 韻의 종성은 현재 南音은 너무 분명함에 치우치고 北音은 너무 느슨하다.……本韻을 지음에도 같은 것을 아우르고 다른 것을 가르니 입성의 여러 韻에서도 牙舌唇音의 종성은 모두 구별하여 섞지 않았다. 이제 'ㄱ·ㄷ·ㅂ'을 종성으로 삼음에 있어 곧바로 'ㄱ·ㄷ·ㅂ'을 발음하면 소위 南音에 가깝게 되니 다만 미미하게 소리를 내어 급히 마치되 지나치게 명백함에 이르지 않아야 할 것이다. 또한 지금의 속음에서는 비록 종성을 사용하지 않으나 평·상·거성에서 소리가 늘어지는 정도에는 아직 이르지 않았으므로 속음의 종성에서는 여러 韻에 喉音의 全淸인 'ㆆ'을 사용하고 藥韻에서는 唇輕音의 全淸인 'ㅸ'을 사용하여 구별하였다.)

---

40 『中原音韻』에서 입성이 다른 성조로 分派되는 주요 조건은 성모의 淸濁이며 현대 北京語도 마찬가지이다. 이는 『飜譯老朴』 입성의 주요 분화조건인 高母音 韻母字인가의 여부와 차이를 보이는 것이다. 특히 『飜譯老朴』의 우측음에 나타난 入聲字의 상황이 『中原音韻』 및 현대 北京語와 가장 큰 차이를 보이는 부분은 淸入聲이 上聲으로 派入되지 않았다는 점이다.

위의 『通攷』 凡例 기록은 남방음과 북방음에서의 입성운의 상황을 언급하고 있는데, 당시 입성운미가 남방음에서는 분명하고 북방음에서는 촉급이라는 성격이 남아 있으나 이미 소실의 단계로 접어들었음을 알 수 있다. 또한 당시 속음에서는 종성 즉 입성운미를 사용하지 않으나 평·상·거성의 음성운과 같은 단계에는 이르지 않았음을 알 수 있다.

현대중국방언의 예를 통해 보면, 『飜譯老朴』의 우측음에서 입성이 두 종류로 표기된 것은 일부 江西方言처럼 陰陽으로 분화된 상태를 나타내는 것일 수도 있고, 南京方言처럼 입성운미 '-ʔ'가 남아 있으나 다른 방언보다 운미가 약화된 상태를 보이는 것일 수도 있으며, 일부의 吳方言이나 閩方言의 경우처럼 폐쇄음 입성운미는 소실하였으나 입성은 남아 있는 入聲自成調類의 상태를 반영하는 것일 수도 있다. 金周生(1985), 竺家寧(1994) 등에서는 宋代 자료에서의 입성운미의 상황에 대해서 논의하고 있는데, 이 연구들에 따르면 입성운미 '-p', '-t', '-k'는 宋代에 이미 확연하게 구분되지 않았고 성문폐쇄음 '-ʔ'의 상태를 거쳐 음성운으로 변화한 것으로 보인다. 중국어음운사에서의 입성 변화와 현대중국방언에 나타난 입성의 양상도 이러한 입성 변화의 과정이 진행되었음을 추정하게 한다. 주요 중국방언에서 나타나는 입성운미의 상황은 대략 다음과 같다.[41]

(13) 주요 중국방언에서 나타나는 입성운미의 상황

① -p, -t, -k 운미를 모두 보존하고 있는 방언 → 廣州, 梅縣, 陽江

② -p, -t, -k 운미를 보존하면서 -ʔ 운미도 보존하고 있는 방언 → 厦門

③ -t, -k 운미만 보존하고 있으나 일부 경우에는 -ʔ 운미인 방언 → 南昌

④ -p, -k 운미를 보존하면서 -ʔ 운미도 보존하고 있는 방언 → 潮州

⑤ 일부 중노년 세대에 -k 운미가 남아 있으면서 -ʔ 운미를 보존하고 있는 방언 → 福州

⑥ -ʔ 운미만 보존하고 있는 방언 → 杭州, 合肥, 太原, 蘇州, 南京

41 『漢語方音字彙』(第二版)(1989), 『漢語方言概要』(第二版)(1989) 참고.

⑦ 입성은 있으나 폐쇄음 입성운미는 없는 방언 → 邵武, 長沙
⑧ 입성, 입성운미가 소실된 방언 → 北京, 濟南, 西安, 武漢, 成都

潮州方言과 같은 예외가 있으나 현대중국방언의 양상을 정리해 보면 일반적으로 '① -p, -t, -k > ② -t, -k > ③ -k > ④ -ʔ > ⑤ 入聲自成調類[42] > ⑥ 입성 완전 소실'의 순서로 입성이 소실되는 과정이 나타난다고 할 수 있다. 다만 '-p', '-t', '-k'의 소실 순서는 논란의 여지가 있다. 이러한 입성의 일반적인 변화 양상을 볼 때 『飜譯老朴』 우측음의 표기는 입성이 여전히 성조의 형태로 남아 있지만 '-ʔ' 입성운미가 약화된 모종의 상태를 반영하는 것으로 추정된다.

다음으로 『飜譯老朴』의 우측음에서 입성 글자가 두 종류로 표기된 상황에 대한 추가 설명이 필요하다. 이러한 두 종류 입성의 존재는 중국의 전통적인 운서에서는 찾아보기 어려운 것이어서 입성 글자가 두 종류의 방점으로 표기된 이유가 무엇이며 어떠한 언어 현실을 반영하는 것인지에 대한 이해가 선행되어야 할 것이다. 遠藤光曉(1984: 170)에서는 우측음에서 '促急'이라는 기본 성격을 가진 입성의 분화 조건으로 주모음이 高母音인가의 여부에 중점을 두고 있다. 즉 고모음(i, u, iʉ)을 가진 입성 글자는 대체적으로 1점이고 기타 비고모음의 입성 글자는 기본적으로 2점인데, 『飜譯老朴』에 출현하는 290개의 입성 글자 중 82%인 237字가 이 분화 조건에 부합한다고 한다. 고모음인가의 여부로 입성이 분화되는 상황은 중국의 음운사 자료나 중국방언에서 그 예를 찾기 어렵다는 점에서 이러한 분화 조건에 대해서는 더 심도 있는 고찰이 필요하다. 다만 『飜譯老朴』의 음계에 영향을 미쳤을 가능성이 있는 南京方言에서도 고모음 뒤에서 입성운미 '-ʔ'

42 入派三聲과 入聲自成調類는 다른 개념이다. 入派三聲이란 기존의 입성 글자들이 平上去 三聲으로 派入된 상황을 기술할 때 쓰는 용어이다. 이에 반해 入聲自成調類란 폐쇄음 입성운미는 소실하였으나 입성이라는 성조는 남아 있는 상태로 현대의 吳方言이나 閩方言의 일부에서 나타나며 입성 완전 소실의 전단계라고 할 수 있다.

가 더욱 약화된다는 점은 충분히 주목할 만하다.[43] 앞의 '『飜老』에 나타난 입성 글자 목록'에 나타난 글자들의 양상을 볼 때 주모음이 고모음인가의 여부 이외에 추가로 다른 주요 분화 조건을 찾기는 어려운 상황이다.[44] 따라서 『飜譯老朴』에 나타난 입성 표기의 성격에 대한 고려와 함께 이러한 분화가 나타난 원인과 조건을 밝혀내는 작업이 여전히 필요하다. 즉 16세기 당시 북방중국어에서 이미 종료 단계에 이르고 있었던 입성 소실이라는 음운변화의 현실을 『飜譯老朴』에서 어떠한 방식으로 반영하고 있는가와 함께 좌우음 표기의 성격에 대한 면밀한 고찰이 이루어져야 이 문제에 대한 실마리를 풀 수 있다.

『飜譯老朴』에 나타난 중국어음의 전체적인 모습은 北京을 중심으로 하는 북방 지역에서 통용된 官話를 반영한다고 볼 수 있으나 이 문헌에 나타난 성조와 입성의 상황은 현대 北京語와는 큰 차이를 보여서 그 방언 배경에 의심을 품게 한다. 『飜譯老朴』에 나타난 성조와 입성의 상황이 北方方言의 중심인 현대 北京方言과 큰 차이를 보이는 것은 여러 각도에서 해석할 수 있다. 『飜譯老朴』의 성조 및 입성 표기가 15, 16세기경의 중국북방

43 『南京方言詞典』(1995)에 따르면 南京方言의 입성운은 다음과 같은 특징을 보인다. 현대 南京方言의 입성운미 '-ʔ'는 다른 江淮官話나 吳方言의 입성운미 '-ʔ'보다 약화된 상태를 보여 주며 특히 'ɿ, i, u, y' 등 고모음 뒤에서 더욱 약화된 모습을 보인다. 또한 입성의 輕聲에서는 운미 '-ʔ'가 완전히 나타나지 않는다. 江淮官話의 입성운미 '-ʔ'는 일반적으로 고모음 'i, u, y' 뒤에서 직접 출현하지 않는데, 南京方言에서는 고모음 입성운인 'iʔ, uʔ, yʔ'가 나타난다. 따라서 南京方言에서 고모음 입성 글자는 다른 입성 글자에 비해 陰聲韻化가 더욱 진행된 것으로 보인다. 이는 『飜譯老朴』에서 고모음 입성 글자에 일반적으로 1점(거성)을 표기하였는데, 飜譯凡例에서 2점(양평)의 입성 글자와는 달리 1점(거성) 표기에는 '促急'이라는 언급을 하지 않고 있다는 사실과도 부합한다. 현대방언에 나타나는 현상이기는 하지만 이 현상이 『飜譯老朴』 우측음에서 고모음에 따라 입성이 분화되는 상황과 관련이 있는지 살펴볼 필요가 있다.

44 遠藤光曉(1984: 171-172)에 따르면 이 분화 조건에 부합하지 않는 예외에는 다음의 세 가지 종류가 있다고 한다. 첫째, 비고모음의 牙喉音字 중 1점이 있는 것이 상당히 큰 비율을 차지하고 있다. 둘째, 성모의 淸濁이 분화 조건이 되는 경우도 있다. 셋째, 誤刻에 의한 소수의 예외가 있다.

음의 현실을 보여 준다고 볼 수도 있고 당시의 北京方言이 아닌 북방방언의 다른 하위방언을 반영한다고 볼 수도 있다. 따라서 북방방언의 하위방언들에 대한 폭넓은 고찰이 필요하며 『飜譯老朴』의 입성 표기가 당시의 북방중국어 성조를 반영한다면 당시의 언어 현실에 대한 면밀한 고찰이 필요할 것이다. 이 문제에 대해서는 『飜譯老朴』에 나타난 중국어음의 방언 배경을 다루는 Ⅴ장에서 다시 논의하도록 한다.

마지막으로 藥韻의 입성운미 'ㅸ'의 문제에 대하여 살펴보자. 飜譯凡例 ㅱㅸ爲終聲條에는 다음과 같은 기록이 있다.

(14) "蒙古韻內, 蕭爻尤等, 平上去三聲, 各韻及藥韻, 皆用ㅱ爲終聲, 故通攷亦從蒙韻於蕭爻尤等, 平上去三聲, 各韻以ㅱ爲終聲, 而唯藥韻, 則以ㅸ爲終聲. 俗呼藥韻諸字, 槩與蕭爻同韻, 則蒙韻制字, 亦不差謬, 而通攷以ㅸ爲終聲者, 殊不可曉也." (飜譯凡例 ㅱㅸ爲終聲條)
(『蒙古韻』 안에서 蕭·爻·尤韻 등의 平·上·去 三聲의 각 韻과 藥韻은 모두 'ㅱ'을 써서 종성을 삼으므로 『通攷』도 역시 『蒙古韻』을 따라 蕭·爻·尤韻 등의 平·上·去 三聲의 각 韻에서 'ㅱ'을 종성으로 삼았으나, 오직 藥韻만은 'ㅸ'으로 종성을 삼았다. 속음에서 藥韻의 여러 글자가 대개 蕭·爻韻과 같은 韻이니 『蒙古韻』에서 글자를 만듦에도 어긋남이 없는데 『通攷』에서 'ㅸ'으로 종성을 삼은 것은 특수하여 밝힐 수가 없다.)

위의 기록을 통해 江攝의 覺韻과 宕攝의 鐸·藥韻을 포괄하는 『譯訓』 및 『通攷』 藥韻의 속음과 『飜譯老朴』 좌측음의 입성운미 'ㅸ'과 관련된 주요 논점을 알 수 있다. 이 주요 논점 중에서 본 절에서는 藥韻에서만 'ㅸ'으로 종성을 삼은 원인과 관련된 문제, 'ㅸ' 종성이 중국북방음에서 입성 소실의 어떤 단계를 반영하는가의 문제, 좌측음에서의 'ㅸ' 종성 글자가 우측음에서의 운모 표기와 차이를 보이는 원인과 관련된 문제 등에 대하여 고찰한다. 이를 위하여 먼저 『飜譯老朴』에 나타난 'ㅸ' 종성 글자에는 어떤 것들이 있는지 살펴보자.

(15) 『飜譯老朴』에 나타난 'ㅸ' 종성 글자(좌측음)

① 江攝(-aw̲/-iaw̲/-oaw̲)

[좌측음] (-aw̲) 樸$_1$((-uʔ) 樸$_2$), 朴/ (-iaw̲) 角, 學, 樂$_1$/ (-oaw̲) 卓, 捉, 涿

[우측음] (1點) 樸$_1$, 朴/ (2點) (樸$_2$), 角, 學, 樂$_1$, 卓, 捉, 涿

② 宕攝(-aw̲/-iaw̲)

[좌측음] (-aw̲) 各, 閣, 托, (膊), 薄, 莫, 作, 錯, 昨, 索, 惡, 落, 樂$_2$, 絡, 博, 鶴/ (-iaw̲) 脚, (鵲), 嚼, 着, 約, 藥, 若, 雀, 斫, (箬)

[우측음] (1點) 各, 閣, (膊), 錯, 索, 鵲/ (2點) 托, 薄, 莫, 作, 昨, 惡, 落, 樂$_2$, 絡, 博, 鶴, 脚, 嚼, 着, 約, 藥, 若, 雀, 斫, 箬

예 (15)에서 제시된 'ㅸ' 종성 글자의 상황에 근거하여 위에서 제기한 'ㅸ' 종성 관련 세 가지 논점에 대하여 살펴보자.

첫째, 崔世珍이 飜譯凡例에서 "則蒙韻制字, 亦不差謬, 而通攷以ㅸ爲終聲者, 殊不可曉也"라고 불만을 표시한 바와 같이 『蒙古韻』에서는 蕭·爻·尤韻과 藥韻에서 모두 'w(ㅱ)'을 써서 종성을 삼고 『通攷』에서도 이를 따라 蕭·爻·尤韻에서는 'ㅱ'으로 종성을 삼았는데, 『通攷』의 藥韻에서만 유독 'ㅸ'으로 종성을 삼은 이유가 무엇인가의 문제이다. 즉 'ㅱ'과 'ㅸ' 종성 사이의 차이를 밝히는 것이 핵심이 되는 문제일 것이다. 일단 'ㅱ'과 'ㅸ' 종성은 『蒙古韻』의 표음을 『通攷』에서 준용한 것이라는 점에 주목해야 한다. 金武林(1999: 273)에서는 蕭·爻·尤韻의 'ㅱ' 종성과 달리 藥韻의 속음 종성 표음에 'ㅸ' 종성을 사용한 것은 정음에 사용한 입성 운미가 全淸音 계열에 속해서 속음 종성의 표음에서도 全淸音으로 분류되는 'ㅸ'을 사용했기 때문이며, 따라서 'ㅱ' 종성과 'ㅸ' 종성은 음성적 가치에 있어서 차이가 없다고 하였다. 그러면 'ㅱ' 종성과 'ㅸ' 종성은 전혀 차이가 없었던 것일까? 이 문제의 해결에는 다음의 두 가지 사실에 대한 해석이 중요한 것으로 보인다. 첫째, 『蒙古韻』에서 蕭·爻·尤 三韻과 입성의 藥韻을 모두 'w' 운미로 구분 없이 표기하다가 『通攷』에서 굳이 구분한 것은 음의 차이를 나타내기 위한 것인가 아니면 다른 요인에 기인한 것인가에 대해 밝혀야 한다. 『通攷』와 『飜譯老朴』의 좌측음에서 나타나는 입성운 표기는 정밀표기이면서 보수적인 성격을 가진 운서적 표기이기 때문에 기존에 존재했던 전통적인 입성운의 모습을 나타내기 위한 측면이 있다. 즉 'ᄫ' 종성은 'ᄝ' 종성과 사실상 동일한 음을 나타내는 것이나 입성운이라는 전통적 범주를 나타내기 위하여 'ᄫ' 종성으로 분리하여 표기하였다고 볼 수 있는 것이다. 앞에서 제시한 『通攷』 凡例에서도 입성운은 牙舌脣音의 전청이 종성이 된다고 명확히 밝히고 있으므로 'ᄝ' 종성에 대응하는 입성운을 표시하기 위하여 전청음 계열인 'ᄫ'으로 표기했다고 하는 것은 표기 체계를 고려할 때 사실에 부합하는 설명으로 보인다. 둘째, 입성의 운미를 나타내는 일반적인 표기인 'ㆆ' 종성과 'ᄫ' 종성 사이에 어떠한 차이가 존재하는가의 문제이다. 이 문제에는 두 가지의 가능성이 존재하는데 하나는 사실상 동일한 음을 나타내는 'ᄫ' 종성과 'ᄝ' 종성과는 달리 두 입성운미인 'ㆆ'과 'ᄫ'은 표기상 차이가 있으므로 음가에서 실제로 차이가 존재했을 가능성이며 또 다른 하나는 'ㆆ' 종성과 'ᄫ' 종성 모두 전통적인 입성운의 범주만을 나타내는 것으로 실질적인 입성운미를 나타내는 것이 아니었을 가능성이다. 현재 상태에서는 이 문제들에 대한 명확한 해석을 제시할 수는 없으나, 분명히 관찰할 수 있는 사실은 『飜譯老朴』에서 'ᄫ' 입성운미를 가진 글자들은 입성운미의 소실 이후 대부분 '-w' 운미를 가진 음성운으로 변화하게 되는데 이것이 'ㆆ' 종성을 가진 글자들과의 차이이자 'ᄝ' 종성 글자들과의 공통점이라는 것이다.

둘째, 藥韻에서만 'ᄫ'으로 종성을 삼은 것이 당시 중국북방음에서의 입성 소실과 관련하여 어떤 양상을 반영하는가의 문제이다. 문헌 자료에 입성운미 소실의 방향성이 통일성 있게 나타난다고 할 수는 없으나, 중고중국어에 존재했던 입성운미는 일반적으로 '-p → -t → -k'의 순서로 소실되었고 성문폐쇄음 '-ʔ'의 상태를 거쳐 음성운으로 변화하는 과정을 거친 것으로 보인다.[45] 다만 藥韻을 구성하는 '覺・鐸・藥'韻의 글자들은 중고 시기 '-k' 운미를 가졌던 것으로 일단 藥韻의 'ㅸ' 종성이 중고 시기의 '-k' 운미가 약화된 상태를 보여 주는 것은 분명하다. 또한 'ㅸ' 종성을 음성운 단계까지 약화된 상태라고 가정한다면 이는 'ㆆ' 종성의 기타 입성 글자보다 음성운화 과정이 더 진행되었다고 볼 수도 있다. 그러나 宋・元代의 일부 韻圖에서는 宕・江攝의 입성운미가 먼저 탈락하는 예가 나타나기도 하지만, 중고 시기에 '-k' 운미를 가졌던 '覺・鐸・藥韻 글자들의 음성운화가 다른 입성운 글자보다 더 빨랐다고 볼 수 있는 자료들이 거의 존재하고 있지 않아서 이처럼 해석하기에는 여전히 입증해야 할 문제가 많다. 『蒙古韻』과 밀접한 관련이 있는 것으로 보이는 『蒙古字韻』에서도 中古 '覺・鐸・藥'韻에 해당하는 글자들에서 '-w' 운미로 나타내고 있으나, 『蒙古字韻』과 세부적인 부분까지 음계가 유사한 『古今韻會擧要』에서 이 글자들은 명백히 입성운 글자로 나타난다는 점에서 이를 입성운이 음성운화한 것을 반영한 것이라고 결론내리기는 어려운 상황이다.

셋째, 좌측음에서의 'ㅱ' 종성은 우측음에서 'ㅗ, ㅜ'로 종성을 훈민정음 中聲字로 표기한 반면 좌측음에서의 'ㅸ' 종성은 우측음에서 운모 전체를 'ㅗ, ㅛ, ㅓ' 등으로 표기하였는데 이처럼 표기한 이유가 무엇인가의 문제이다. 이 문제에는 文白異讀 현상이 밀접하게 관련된 것으로 보인다. 中村雅之(2006b)에서는 舊入聲韻의 예를 근거로 『飜譯老朴』의 우측음은 南京官話의 영향을 받은 音形이라고 하였고, 崔玲愛(2006: 117) 역시 입성 글자 표기에 대한 고찰을 기초로 『飜老』 좌측음은 전통관념이 씌워진 15세기 중엽의 北部官話 口語音(白讀)이고 우측음은

45 일부 자료에서는 -k 운미가 먼저 소실되는 과정을 보여 주기도 해서 입성운미의 소실 순서에 대해서는 다른 견해가 적지 않게 제기되고 있다(申雅莎 2010). 또한 申雅莎(2010: 285)에서는 현대중국방언에서 극소수의 예를 제외하고는 모음 운미 '-w'가 입성운미 '-k'나 '-ʔ' 앞에 놓이는 경우가 없다는 사실을 지적하고 있는데, 이 현상이 藥韻의 입성운미를 'ㅸ'으로 표기하는 것과 관련이 있는지에 대해서는 좀 더 고려가 필요하다.

〈표 Ⅱ-10〉 차이를 보이는 'ㅸ' 종성 글자의 『飜譯老朴』 좌우음 운모 표기

좌측음	우측음	예
-aw̲	-o	博薄莫托落絡樂作錯昨索(樸)朴
	-ao	膊
	-ə	各閣鶴惡
-iaw̲	-io	嚼着斫若(箬)脚約藥角學樂
	-iao	雀(鵲)
-oaw̲	-o	卓捉涿

南部官話가 北部官話에 흡수되어 형성된 16세기 초엽의 讀書音(文讀)으로 표준음이라 하였다. 『通攷』의 藥韻을 구성하는 中古 宕·江攝 入聲字는 元代에 대체적으로 蕭豪韻(白讀)과 歌戈韻(文讀)에 각각 병입되어 文白異讀 현상이 존재했으며(王力 1985: 384, 忌浮 1991: 39-43), 현대 北京語에서도 宕·江攝 入聲字의 白讀은 中古 效攝과 합병하였고 文讀은 果攝과 합병하여 文白異讀 현상을 보여 주고 있다(高曉虹 2001: 38). 『飜譯老朴』의 입성운 글자도 우측음이 文言音, 좌측음이 白話音의 경향을 보여서 입성운 글자 좌우음의 고찰에서 방언 배경과 文白異讀의 문제에 주의를 기울일 필요가 있다.[46] <표 Ⅱ-10>은 좌측음에서의 'ㅸ' 종성 글자 운모 표기가 우측음에서 달라지는 경우이다.

<표 Ⅱ-10>에서는 'ㅱ' 종성처럼 좌측음의 'ㅸ' 종성을 우측음에서 'ㅗ'로 표기한 소수의 예도 나타나지만, 우측음에서는 종성을 표시하지 않으면서 운모를 'ㅗ, ㅛ, ㅓ' 등으로 표기하고 있다. 『飜譯老朴』 좌우음의 이러한 상황은 북방중국어에서 中古 宕·江攝 入聲字가 蕭豪韻(白讀)과 歌

46 忌浮(1991: 40)에서는 14세기 大都方言의 文白異讀 현상에서 白話音은 大都의 舊音이고 文言音은 12세기경의 中原語인 汴洛方言에서 흡수된 것이어서 文白音이 서로 다른 방언 배경에서 형성된 것으로 보았다. 그러나 『飜譯老朴』에서 나타나는 'ㅸ' 종성 글자의 우측음은 明代官話에 큰 영향을 끼친 南京方言의 音形과도 유사한 경우가 있다(中村雅之 2006b). 따라서 南京方言이 汴洛方言의 영향을 받은 것으로 볼 수도 있지만, 文言音의 경향을 보이는 우측음이 어떤 방언의 영향을 받은 것인지는 현재 단계에서 확정하기 어렵다.

戈韻(文讀)에 각각 병입되어 文白異讀 현상이 나타난다는 사실과 대체로 일치하고 있다. 따라서 『飜譯老朴』에 나타난 'ㅸ' 종성 글자의 좌우음 운모 표기의 차이는 소수의 예를 제외하고는 이러한 文白音의 차이를 반영하고 있는 것으로 보인다.

3. 聲調 표기

3.1. 『飜譯老朴』에 나타난 聲調 표기

3.1.1. 聲調 표기와 관련된 몇 가지 문제

『飜譯老朴』에 표시된 방점과 함께 飜譯凡例에 언급된 당시의 성조 상황에 대한 기록은 많은 관심을 끌어 왔다. 그 이유는 『飜譯老朴』에 표시된 방점이 15, 16세기경의 중국어 성조를 나타낸 것으로 당시의 중국어 성조를 연구하는 데 중요할 뿐 아니라 우측음은 국어한자음의 성조로 표기하였기 때문에 국어한자음의 성조를 이해하는 데도 중요한 자료이기 때문이다. 飜譯凡例에서는 성조 표기에서 좌측음은 通攷所制之字이고 우측음은 중국어 학습을 위한 일반적인 한글 표기방식인 國俗撰字之法에 의해서 만들었음을 언급하고 있다.[47] 따라서 좌우음의 성조 표기가 동일하다고 해도 그 내용은 다른 것인데, 좌측음에서 『通攷』의 성조 표기 체계에 근거하여 전문가적 표기를 한 반면 우측음에서는 한국어의 고저에 의거한 성조 표

47 飜譯凡例의 旁點條에서는 『飜譯老朴』에 나타난 좌우음의 성조 표기에 대하여 다음과 같이 기록하고 있다. "在左字旁之點, 則字用通攷所制之字, 故點亦從通攷所點, 而去聲入聲一點上聲二點平聲無點. 在右字旁之點, 則字從國俗編撰之法而作字, 故點亦從國語平仄之呼而加之." (왼편 글자의 방점은 『通攷』에서 만든 글자를 사용한 것으로 방점도 『通攷』에서 찍은 점을 따랐으니 거성, 입성은 1점, 상성은 2점이고 평성은 점이 없다. 오른편 글자의 방점은 國俗編撰의 방법에 따라 만든 글자로 방점도 역시 국어 平仄의 발음에 따라 점을 붙였다.)

〈표 II-11〉『飜譯老朴』 좌우음의 성조 표기와 관련 飜譯凡例 기록

<table>
<tr><th colspan="2"></th><th colspan="3">좌측음</th><th colspan="2">우측음</th></tr>
<tr><th colspan="2">四聲</th><th>淸濁</th><th>調値 설명(범례)</th><th>방점</th><th>國音 성조와의 비교(범례)</th><th>방점</th></tr>
<tr><td rowspan="2">平聲</td><td>陰</td><td>全淸
次淸</td><td>輕呼而稍擧</td><td>0</td><td>如國音去聲之呼/
其呼與國音去聲相似</td><td>1</td></tr>
<tr><td>陽</td><td>全濁
不淸不濁</td><td>先低而中按
後厲而且緩</td><td>0</td><td>如國音上聲之呼/
其聲勢同國音上聲之呼</td><td>2</td></tr>
<tr><td rowspan="4">仄聲</td><td>上</td><td></td><td>低而安</td><td>2</td><td>如國音平聲之呼/
其呼勢同國音平聲之呼</td><td>0</td></tr>
<tr><td>去</td><td></td><td>直而高</td><td>1</td><td>同國音去聲之呼/
與國音去聲相同</td><td>1</td></tr>
<tr><td rowspan="2">入</td><td rowspan="2"></td><td>直而高</td><td>1</td><td>呼如去聲</td><td>1</td></tr>
<tr><td>先低後厲而促急</td><td>1</td><td>少似平聲濁音之呼</td><td>2</td></tr>
</table>

기를 하여 학습의 편의를 도모하였다. 성조 표기 측면에서 보면 우측음은 한국인의 중국어 학습을 위해 調値가 정확히 일치하지도 않는 한정된 수의 한국어 성조로 중국어 성조를 표시한 것이다.

飜譯凡例의 조항 중 旁點條는 좌우음 성조 표기의 이론적 근거를 제시하고 있을 뿐 아니라 당시 중국어와 한국어의 성조를 비교하여 서술하고 있다는 점에서 漢音條와 함께 16세기경의 중국어와 한국어 성조를 연구하는 데 매우 중요한 기록이다. 성조와 관련된 飜譯凡例의 기록을 참고하고 『飜譯老朴』에 나타난 성조 표기를 고찰하여 좌우음의 성조 표기를 비교하면 <표 II-11>과 같다.

『老乞大』와 『朴通事』의 언해서에서 문헌에 성조 표기인 방점이 표시된 것은 『飜譯老朴』밖에 없고 그 후의 간본에서 문헌 자체에서는 성조 표기가 보이지 않는다.[48] 『飜譯老朴』 우측음의 성조 표기에 나타난 주요한 문

48 일부 司譯院 漢學書에는 『飜譯老朴』에 나타나는 표기 외에 교습자나 학습자가 행한 또 다른 종류의 성조 표기가 존재한다. 이 책들에는 문헌에 성조 표기가 본래 표시된 것이 아니고 朱點이나 墨點으로 성조와 관련된 사항이 표시되어 있다.

제점을 정리하면 다음과 같다. 첫째, 輕聲과 관련된 표기가 부분적으로 나타나기는 하지만, 이를 위해 전문적인 표기나 명시적인 조치를 취하지 않고 있다.[49] 둘째, 陰平과 去聲이 동일한 표기로 되어 있다. 셋째, 현대 北京語의 성조 상황과는 비교적 큰 차이를 보이고 있다. 이 문제들에 대해서 하나씩 살펴보자.

첫째, 경성 표기 문제. 경성을 위해 별도로 마련한 전문적인 방점 표기는 없으나 飜譯凡例 旁點條에 나타난 上聲의 두 종류 變調와 관련된 기록 중 '상성+상성'의 성조 연결에서 아래 글자가 虛字이거나 두 글자가 다 語助字인 경우 아래 글자를 거성으로 표시하는 규칙이 상성 뒤의 경성을 나타내는 것으로 보인다는 점에서 경성을 위한 표기가 없다고 하기는 어렵다. 이는 실제로 경성을 표시하기 위한 것으로 볼 수 있으나 상성 이외의 다른 성조와 관련된 경성에 대한 언급이 제시되지 않은 이유에 대해서는 여전히 논의가 필요하다. Mei(1977: 250-251)에서는 飜譯凡例에서 상성 뒤의 경성 현상만 언급하고 다른 종류의 경성에 대한 언급이 불완전한 이유는 다른 성조 뒤에 경성이 오지 않는다는 것을 의미하는 것이 아니라 성조 체계에서 차지하는 상성의 독특한 위치 때문이라고 주장하고 있다. Mei(1977: 240)에서는 飜譯凡例의 기록에 근거하여 16세기 北京語 상성의 調値를 '22(또는 11)'로 재구하고 있는데, 상성은 현대 北京語처럼 당시의 성조 체계에서 유일한 '低[－high]' 자질의 성조였으며 뒤의 경성이 유일하게 '高[＋high]'의 성격을 가졌다는 점에 주목하고 있다. 따라서 상성

49 飜譯凡例 旁點條에는 다음과 같이 상성과 관련된 두 종류의 변조를 보여 주는 기록이 나타나는데, 이 기록은 경성과 관련이 있는 것으로 보인다. "但連兩字, 皆上聲, 而勢難俱依本聲之呼者, 則呼上字, 如平聲濁音之勢然後呼下字, 可存本音, 故上字二點, 若下字爲虛或兩字皆語助, 則下字呼爲去聲." (다만 이어진 두 글자가 모두 상성이어서 그 본래 성조의 발음을 유지하기 어려운 글자는 위 글자의 발음을 평성 탁음처럼 낸 뒤에 아래 글자를 발음하면 가히 그 本音을 유지할 수 있으므로 위 글자는 2점이다. 만약 아래 글자가 虛字이거나 두 글자가 다 語助字인 경우에는 아래 글자를 거성으로 발음한다.)

뒤의 경성 변조에 대해서는 특이한 경우이기 때문에 언급할 필요가 있었던 것이고 다른 성조에 대해서는 언급하지 않았다는 것이다. 상성이 중국어 성조 체계에서 독특한 위치를 차지하고 있는 것처럼 중세국어의 성조 체계에서도 상성은 다른 성조들과는 구분되는 독특한 위치를 차지하고 있었던 것으로 추정된다. 金完鎭(1973/1989: 6)에서는 상성의 음성적 실현이 평성이나 거성과는 달리 글라이드를 이룬다는 사실, 성조의 결합관계에서 A+B=C 식으로 성립될 수 있는 성조로는 오직 상성이 있을 뿐이라는 사실 등은 그 音長과 관계있다고 하였다.

Mei(1977: 251)에서는 또한 상성 뒤의 경성을 거성으로 표시한 이유에 대해서도 주목할 만한 견해를 내놓고 있는데, 상성 뒤 경성을 거성으로 한다고 하고 방점 하나를 찍은 것은 온전한 거성을 의미하는 것이 아니라 거성의 '高[+high]' 자질을 원용한 것이라고 하였다. 飜譯凡例의 명확하지 않은 기록 때문에 경성 표기의 전모를 파악하기는 어려우나 이러한 관련 표기가 경성을 나타낸다는 것은 분명한 것으로 보인다. 飜譯凡例에서 상성 뒤의 경성만 언급하고 있기 때문에 다른 성조 뒤에서의 경성이 당시에 실제로 존재하고 있었는가의 여부에 대해서는 확언할 수 없으나 상성 뒤 경성의 존재만으로도 16세기경 북방중국어에 경성이 존재했을 가능성은 매우 높다.[50] 다만 위의 환경에서 상성 뒤의 경성을 거성으로 표기하는 것이 현대 北京語의 경성과 완전히 동일한 현상을 나타내는지는 좀 더 심화된 고찰이 필요하다. 遠藤光曉(1984: 179)에서도 이러한 현상이 현대 北京語의 경성과는 성격이 다르며, 아직 경성 현상처럼 본래의 성조를 잃어버리는 단계에 이른 것 같지는 않다고 하고 있다. 18세기 간행의 일부 『老

50 中村雅之(2006c)에서는 『飜譯老朴』 우측음에서 경성으로 추정되는 1점 표기가 상성 이외의 글자 뒤에서 나타나는 경우가 있고(告$_1$了$_1$, 出$_1$了$_1$着$_2$, 好$_上$些$_1$了$_1$), 상성이 아닌 글자가 경성의 환경에서 1점으로 표기된 예도 있다고 한다(小$_上$廝$_1$們$_1$, 漢$_1$兒$_1$人$_2$). 이를 통해 飜譯凡例에서 상성(無點) 뒤의 경성화 표지인 '거성(1점)'은 상성 연속에서 나타나는 것으로 제한되지 않는다는 것을 알 수 있다.

乞大』와 『朴通事』 언해서에 나타난 성조 표기에도 경성을 표시하는 데 별도로 전문적인 표기가 배정되어 있지 않다.

둘째, 음평과 거성의 표기 문제. 『飜譯老朴』에서는 음평과 거성이 방점 1점으로 동일하게 표기되어 있는데 18세기 간본의 상황도 마찬가지이다. 이는 한편으로 북방중국어 음운사의 측면에서는 다소 이해하기 어려운 상황이다. 飜譯凡例에서는 중국어의 음평과 거성을 모두 우리말의 거성과 대응시키고 있고 동일한 표기로 되어 있으나 두 성조와 관련된 서술은 차이가 있다. <표 Ⅱ-11>에서와 같이 음평은 '其呼與國音去聲相似'라고 하고 거성은 '同國音去聲之呼' 및 '與國音去聲相同'이라고 서술하고 있다. 저자인 崔世珍은 16세기경 중국어의 음평과 거성의 차이를 분명히 인지하고 있었으나 우리말 성조로 표기하자니 두 성조와 가장 가까운 調値의 것은 우리말의 거성이므로 모두 방점 하나로 표시한 것이다. 따라서 『飜譯老朴』에서 음평과 거성을 방점 1점인 우리말의 거성으로 동일하게 표기한 것은 그 調値가 완전히 같다는 것을 의미하는 것이 아니라 그 높이 자질인 '高[+high]'에 중점을 둔 것으로 보인다. 이러한 문제는 당시 중국어의 음평과 거성의 調値를 재구하는 데 고려해야 할 것이다.

셋째, 『飜譯老朴』에 나타난 성조의 모습이 현대 北京語와 비교적 큰 차이를 보이고 있는 상황을 어떻게 해석해야 할 것인가의 문제가 있다. 『飜譯老朴』에 나타난 우측음의 모습은 대체적으로 15세기 이후 北京을 중심으로 하는 지역에서 통용된 北方官話를 반영하고 있다고 할 수 있다. 우측음은 中古音의 전체적인 모습과 비교할 때 성모와 운모의 간략화, 입성운미의 변화, 비음운미의 변화(m > n), 탁음청화와 그에 따른 성조 변화 등을 반영하고 있어서 『中原音韻』 이후의 중국북방음의 현실을 보여 주고 있고 이미 현대 북방방언의 모습에도 근접해 있다. 寧繼福(1985)에서는 『中原音韻』의 음계를 성모 21, 운모 46, 성조 4로 귀납하고 있고 이는 『飜譯老朴』 우측음의 음계와 큰 차이가 없다. 『飜譯老朴』 우측음의 이러한 모습은 현대중국방언의 大方言區를 기준으로 할 때 北京을 중심으로 하는 북방방언의 음운사를 반영하는 것으로 보아야 할 것이다. 따라서 『飜譯老朴』에 나타난 성조 상황이 현대 北京語의 성조 상황과 큰 차이를 보이고 있다는 사실은 당시 北方官話의 방언 배경과 관련하여 북방방언의 여러 하위방언들에 대한 고찰이 필요할 뿐만 아니라, 『飜譯老朴』에 나타난 성조 상황이 16세기경의 北京語 성조 체계를 온전하게 반영하는 것이라면 현대 北京語의 성조 체계로 변화하는 과정을 밝혀내야 하는 문제가 남아 있다는 것을 의미한다.

3.1.2. 調值의 추정

『飜譯老朴』에 나타난 성조 표기를 논의함에 있어 그 調值를 추정하는 것은 통시적 측면에서 중국어 성조를 연구하는 데 핵심적인 문제라고 할 수 있다. 이러한 중요성 때문에 『飜譯老朴』에 나타난 성조 표기와 飜譯凡例의 관련 기록을 통해 그 調值를 추정한 주목할 만한 연구들이 있다. 본 절에서는 기존 연구에서의 調值 추정 과정과 근거를 다시 검토해 보고 관련 기록을 통해 『飜譯老朴』에 나타난 성조 표기의 調值를 추정해 보도록 한다.

調值를 추정하는 데는 다음과 같은 문제가 고려되어야 할 것으로 보인다. 첫째, 좌측음과 비교할 때 우측음의 가장 큰 특징 중의 하나는 학습자를 위한 간략표기라는 것인데, 좌측음에서 『通攷』의 표기방식을 사용하여 전문가적 표기를 한 것을 우측음에서 國俗撰字之法에 의한 표기를 하여 학습의 편의를 도모한 것이다. 따라서 한국인의 중국어 학습을 위해 調值가 정확히 일치하지도 않는 한정된 수의 한국어 성조로 중국어 성조를 표시한 고육지책이라는 점을 감안해야 한다. 둘째, 우측음이 한국인의 중국어 학습을 위한 표기이다 보니 편찬자가 성조 표기를 할 때 특정한 중국어의 성조를 한국인이 어떠한 청각 인상으로 들을 것인지 고려했을 가능성도 있다. 그러나 이는 기록을 통해서 명시적으로 확인할 수 있는 사실이 아니기 때문에 지나치게 이러한 가능성에 의존하여 調値를 추정하는 것은 오류를 야기할 수 있다. 셋째, 저자인 崔世珍의 당시 중국어에 대한 식견이나 이해의 깊이에 대하여 과소평가해서는 안 된다. 飜譯凡例의 기록이나 성조 표기에 쉽게 이해가 되지 않는 부분이 있다고 해서 저자의 실수나 이해 부족으로 처리하는 것에는 신중을 기해야 할 것이다. 『飜譯老朴』이 崔世珍의 초기 저작이기는 하나 심혈을 기울여 편찬한 책이고 당대 최고의 한학 전문가인 저자가 기초적인 수준의 실수를 저질렀다고 쉽게 속단하기는 어렵기 때문이다. 넷째, 체계의 문제를 고려해야 하며 아울러 언어 변화의 양상과 원인의 관점에서 『飜譯老朴』에 나타난 성조 상황 및 현대 중국방언과의 관련성을 고찰해야 할 것이다. 다섯째, 調値의 추정에서는 실제 방점 표기보다도 飜譯凡例의 기록에 많은 부분을 의지해야 하기 때문에 飜譯凡例의 사소한 기록도 지나쳐서는 안 된다. 특히 調値에서 중국어 성조와 한국어 성조의 대응 관계가 명확하지 않은 상황에서 중국어 성조를 한국어 성조로 표기하려다 보니 아무래도 정확한 調値를 나타내기는 어려웠던 것으로 보이므로 飜譯凡例에 나오는 '同, 相同, 相似, 少似, 如' 등과 같은 기록을 잘 따져 보아야 할 것이다. 여섯째, 飜譯凡例에서 중국어 성조를 설명하는 데 사용한 용어나 언급을 잘 살펴보는 것과 함께 이전 문헌들에서 사용한 용어와의 차이점에도 주의해야 할 것이다. 다만 중국어 성조를 기술하기 위해 사용한 용어들이 구체적인 것이 아니라 다소 추상적이라는 점에서 그 개념이 나타내는 바에 대하여 잘 파악해야 한다.

調値를 추정한 기존의 연구를 보면 遠藤光曉(1984)와 같이 飜譯凡例의 기록에 전적으로 의존한 경우도 있고 李鍾九(1997)과 같이 중국어 성조에 대한 한국인의 청각 인지 경향을 감안한 경우도 있었으며 Mei(1977)과 같이 체계에 대한 고려가 두드러진 경우도 있었다. 調値를 추정하는 데 어느 부분에 중점을 둘 것인가는 연구자에 따라 차이가 있겠지만 위에서 언급

〈표 Ⅱ-12〉 飜譯凡例에 기록된 중국어 성조와 한국어 성조의 대응 관계

<table>
<tr><th colspan="3">중국어 성조</th><th>대응관계</th><th colspan="3">대응되는 한국어 한자음 성조</th></tr>
<tr><th colspan="2" rowspan="2">調類</th><th rowspan="2">방점</th><th rowspan="2">범례 기록</th><th rowspan="2">調類</th><th>추정 調値[51]</th><th rowspan="2">방점</th></tr>
<tr><th>金完鎭(1973/1989)</th></tr>
<tr><td rowspan="2">平聲</td><td>陰</td><td>無點</td><td>如/相似</td><td>去聲</td><td>高 (短)</td><td>1點</td></tr>
<tr><td>陽</td><td>無點</td><td>如/同</td><td>上聲</td><td>低高 (長)</td><td>2點</td></tr>
<tr><td rowspan="4">仄聲</td><td>上</td><td>2點</td><td>如/同</td><td>平聲</td><td>低 (短)</td><td>無點</td></tr>
<tr><td>去</td><td>1點</td><td>同/相同</td><td>去聲</td><td>高 (短)</td><td>1點</td></tr>
<tr><td rowspan="2">入</td><td>1點</td><td>如</td><td>去聲</td><td>高 (短)</td><td>1點</td></tr>
<tr><td>1點</td><td>少似</td><td>上聲</td><td>低高 (長)</td><td>2點</td></tr>
</table>

한 사항들은 기본적으로 고려해야 한다. 그러나 본 절의 목적이 근대 북방 중국어 성조의 調値를 추정한다기보다는 사실상 『飜譯老朴』에 나타난 調値의 추정이기 때문에 여러 사항들을 고려해야겠지만 현실적으로는 어쩔 수 없이 명시적으로 나타난 飜譯凡例의 기록에 많은 부분 의존하는 수밖에 없다. <표 Ⅱ-12>는 飜譯凡例의 기록에 근거하여 당시 한국어와 중국어의 성조가 어떻게 대응되는가를 정리한 비교표이다.[52]

51 金完鎭(1973/1989: 6-8)에서는 崔世珍이 이해한 한국어 한자음의 성조 체계를 이와 같이 요약할 수 있다고 하였다.

52 許雄(1955: 58)에서는 당시의 학자들이 北京官話의 四聲에 대하여 설명한 것에 근거하여 飜譯凡例에서 당시 한국어와 중국어의 성조를 대응시킨 것을 다음과 같이 설명하고 있다. 중국어의 第1聲은 '高而平'한 소리이니 우리말의 높은 소리인 거성과 맞은 것이고, 第2聲은 '先低後高'하니 우리말의 낮다가 높아 가는 소리인 상성과 일치하는 것이다. 第3聲은 '先低後高하되 低久高暫'한 소리이니 낮은 소리인 평성으로 들리기 쉬웠을 것이고 더구나 현대 北京語의 상성은 句中에 있을 때는 半3聲으로 읽어서 16세기 당시도 그랬다면 우리말의 평성으로 들은 것은 당연한 일이다. 第4聲은 '高久低暫'하거나 급강하하는 소리라면 우리말에는 이러한 音調는 없으므로 이것을 高調로 들은 것은 자연스러운 일이다. 이와 같은 분석에 기초하여 16세기 당시 北京語의 四聲이 現代 官話와 거의 다른 점이 없었음을 재확인할 수 있다고 하였다. 許雄(1955)의 논의는 중세한국어 성조의 상황과 한국인의 청각적인 인지를 고려하였다는 점에서 의미가 있다. 그러나 飜譯凡例가 기록하고 있는 15, 16세기 北方官話의 성조 상황은 14세기의 北京語뿐 아니라 현대 北京語와도 상당히 달랐을 가능성이 있어서 이 문제에 대해서는 좀 더 고려가 필

그러면 飜譯凡例 旁點條에서 언급한 성조의 순서대로 각 중국어 성조의 調値를 추정해 보도록 하자.

去聲. 중국어의 거성은 음평과 함께 飜譯凡例에서 한국어의 거성과 대응하여 기술되고 있다. 거성 調値의 추정에는 다음과 같은 사항이 고려되어야 한다. 첫째, 거성의 調値는 음평과의 관련성을 고려하여 추정이 이루어져야 할 것이다. 이는 『飜譯老朴』에 음평과 거성이 동일한 표기로 되어 있으면서 그 관련 기록은 차이를 보인다는 점에 근거한 것이다. 飜譯凡例에서 음평을 '其呼與國音去聲相似'라고 기록한 것과는 달리 거성은 '同國音去聲之呼' 및 '與國音去聲相同'이라고 서술하고 있기 때문에 거성과 음평이 모두 高調이지만 양자가 구별된다는 것을 알 수 있다. 그리고 대응하는 한국어의 거성이 高調인 것은 확실하나 平調인지도 고려해야 할 것이다. 둘째, 언어가 균형 잡힌 체계를 지향하고 성조 체계에서는 하강 성조가 일반적으로 존재한다는 점에서 거성이 현대 北京方言에서와 같이 하강 성조였을 가능성은 없는지 고려해야 한다. 우리가 재구하려는 『飜譯老朴』의 성조 체계에서 거성이 하강 성조가 아니라면 단 하나의 하강 성조도 없는 다소 이상한 체계가 되기 때문이다.[53] 李鍾九(1997: 38)에서는 飜譯凡例의 거성 관련 기록 중 '直而高'의 '直'을 하강조로 해석하여 거성의 調値를 '52'로 재구하고 있으나 金完鎭(1973/1989), 遠藤光曉(1984) 등 대부분의 관련 연구에서 '直'은 平調의 의미로 해석되고 있다. 저자 崔世珍이 '高-降'調의 성조를 '高-平'調로 인식했을 가능성도 있으나, 수준 있는 한학자가 비록 그의 초기 저작이지만 기초적인 수준의 오류를 범했다고 단정

요하다.

53 普通話 기초방언 중에서 성조 체계에 하강 성조가 하나도 없는 방언이 전혀 존재하지 않는 것은 아니다. 陳章太・李行健 主編(1996)에 제시된 방언 중 湖北省 天門方言에는 하강조가 없는데 각 성조의 調値는 陰平 55, 陽平 13, 上聲 11, 去聲 44, 入聲 324이다. 다만 高平調인 去聲이 약간의 하강성을 가지고 있는 경우가 있다. 그러나 이처럼 하강 성조를 하나도 가지지 않은 성조 체계는 극소수이다.

하기 어렵고 그것도 심혈을 기울인 책의 편찬 과정에서 일관되게 이러한 오류가 반영되었다고 보기도 어렵다. 이는 金完鎭(1973/1989: 15)에서도 언급하고 있는 바와 같이 飜譯凡例에 거성과 관련하여 하강과 관련된 기술이 나타나고 있지 않다는 점으로도 입증된다. 다만 우측음이 國俗選字之法에 의한 표기라는 점에서 중국어 거성에 대한 한국인의 일반적인 청각 인지적 측면을 저자가 감안했을 가능성은 있다. 따라서 거성의 調値 추정에서 핵심적인 것은 어느 정도 높이의 高調이며 또한 平調인가의 여부이다.

본서에서는 거성이 高平調인 것으로 간주하는데 그 근거는 다음과 같다. 첫째, 飜譯凡例에 중국어 거성은 高(平)調인 한국어 거성과 동일하다는 기록이 있다. 둘째, 중국어 거성을 기술한 범례 기록 중 '直而高'의 '直'은 平調를 나타내는 것으로 간주할 수 있는데, 이는 동일한 저자의 저서인 『訓蒙字會』(1527) 凡例에서도 '直'에 대한 언해를 '곧·고'라 하고 있는 상황에서 별다른 근거 없이 '直'을 하강조의 의미로 볼 수 없기 때문이다.[54] 셋째, 『飜譯老朴』의 성조 체계에서 高平調는 존재할 가능성이 충분하며 이후 하강조로의 변화 가능성도 존재한다. 또한 거성이 高平調이지만 환경에 따라 약간의 하강성을 수반했을 가능성도 있다. 체계에 대한 고려나 현대 北京語의 상황 등을 고려할 때 거성이 하강성을 가졌을 수도 있으나 이에 대한 어떠한 명시적인 근거를 찾을 수 없어서 본 절에서는 거성의 調値를 高平調인 '55'로 추정한다.[55]

陰平. 중국어의 음평은 거성과 함께 飜譯凡例에서 한국어의 거성과 대응하여 기술되고 있다. 음평 調値의 추정에는 다음과 같은 사항이 고려되

---

54 『訓蒙字會』 凡例에서 거성은 '淸而遠', 입성은 '直而促'이라 기술하고 있는데 여기에서 '淸'과 '直'은 모두 '곧·고'로 언해하고 있다.

55 본서에서도 기존 연구와의 비교를 위하여 중국언어학에서의 관례에 따라 편의상 추정 調値를 '1~5'의 수치로 표시한다.

어야 한다. 첫째, 거성의 調値 추정에서 이미 언급한 바와 같이 『飜譯老朴』에는 음평과 거성이 동일한 표기로 되어 있다는 점이다. 따라서 음평과 거성의 차이를 어떤 식으로 변별하는가가 가장 핵심적인 문제의 하나이다. 그리고 두 성조가 분명한 차이를 보이는 독립된 성조라면 각각 청각적으로 어느 정도 변별되는 調値를 가져야 할 것이다. 둘째, 飜譯凡例의 기록에는 중국어의 음평과 거성을 모두 高調인 한국어의 거성과 대응시키고 있으나 그 기술 내용은 차이가 있다. 당시 다섯 종류의 중국어 성조를 기술하기 위하여 세 종류의 한국어 성조를 사용하고 있으며 바로 한국어의 거성으로 당시 중국어의 두 성조인 음평과 거성을 기술하고 있다는 점에 주목해야 할 것이다. 셋째, 飜譯凡例에 나타난 '輕呼而稍擧'라는 음평에 대한 기록 내용을 잘 음미해 보아야 할 것이다. 여기에서 '輕'은 '高'의 개념인지 또한 '擧'가 끝이 들린다는 의미인지 판단해야 한다. 따라서 음평의 調値 추정에서 가장 핵심적인 문제는 상승조의 高調로 시점과 종점의 높이가 어느 정도에서 형성되었는가 하는 것이다. 우선 金完鎭(1973/1989: 21-23), Mei(1977: 241), 遠藤光曉(1984: 166) 등에서도 언급하고 있는 바와 같이 '輕'은 '低'보다는 '高'의 개념에 가까운 것으로 보이나, 다만 이는 다른 高調인 거성과 대비하여 음평의 특성을 밝힌 것으로 볼 수 있다. 또한 한국어의 거성과 대응되나 그 관계가 '相似'로 표현되고 있으며 '稍擧'라는 기록으로 미루어 보아 중국어 음평은 상승조였던 것으로 보인다. 다만 그 상승의 정도가 문제인데, '稍擧'와 飜譯凡例 淸濁聲勢之辨條의 '孤直不按'이라는 기록으로 미루어 상승의 정도가 그다지 크지 않았을 것으로 볼 수밖에 없다. 더욱이 金完鎭(1973/1989: 12-13)의 견해처럼 중세한국어 성조의 저점과 고점이 3과 5에서 형성되었다면 음평이 성조의 고저 전 영역에 걸치는 '35'와 같은 상승폭을 가지고 있는데 崔世珍이 '稍擧'라고 기록하기는 어렵다. 따라서 음평의 調値를 '45'로 추정한다.

上聲. 중국어의 상성은 飜譯凡例에서 한국어의 평성과 대응되어 기술하고 있으며, 상성 調値의 추정에는 다음과 같은 사항이 고려되어야 한다. 첫째, 상성의 調値 추정에는 그 모양과 높이가 일차적 고려대상이 되어야 한다. 즉 현대 北京方言과 같은 굴곡 성조인지에 대하여 파악해야 하며 범례에서 한국어의 평성과 대응시키고 있는 바와 같이 低調라면 그 높이의 영역은 어느 정도에서 형성되었는지도 고찰해야 할 것이다. 따라서 상성 調値의 추정에는 한국어 성조와의 관련성이 특히 중요하다. 둘째, 범례에는 상성과 관련된 변조만 언급되고 있는데, 상성의 調値 추정에는 변조와의 관련성을 고려해야 한다. 李鍾九(1997: 39)에서 언급하고 있는 바와 같이 당시의 중국어 상성이 한국어 평성과 같은 低平調였다면 상성 앞에서 양평으로 변조하는 현상은 일어나기 어렵기 때문이다. 셋째, 상성의 경우 '如國音平聲之呼'와 '其呼勢同國音平聲之呼'와 같이 범례의 기술이 일관되지 않다는 점을 고려해야 할 것이다. 이는 중국어 상성과 한국어 평성의 調値를 대응시키는 것에 어려움이 있음을 보여 주는 것일 수 있기 때문이다. 정리하면 상성의 調値 추정에서 핵심적인 점은 어느 정도 높이의 低調이며 그 모양이 어떤가 하는 것이며 여기에는 변조와의 관련성도 고려해야 한다는 것이다. 필자는 중국어 상성이 한국어의 평성과 유사하며 '低而安'이라는 飜譯凡例의 묘사를 미루어 볼 때 低調임은 분명하다고 본다. 글자 자체의 의미로 볼 때 "安"이라는 묘사는 平調를 나타낸다고 볼 수 있는데, 이 언급이 당시 중국어 상성이 실제로 平調였다는 것을 증언하는 것인지는 좀 더 세밀한 고려가 필요하다. 양평이 '13'의 상승조였다면 상성을 양평과 변별하기 위해 실현 비율이 높은 상성의 전반부를 기본형으로 설정한 것이 아닌가 추정하며 단독으로 발음하면 현대 北京方言의 상성처럼 뒷부분이 상승했을 가능성도 있다. 낮은 높이에서는 굴곡 성조라도 低平調인 한국어의 평성과 유사한 성조로 인식되었을 가능성도 충분히 있다. 따라서 상성을 低調이면서 굴곡 성조인 것으로 간주하여 상성의 調値를

'21(3)'으로 추정한다.

陽平. 양평은 기존의 연구에서 그 調値의 추정이 가장 어려운 것으로 간주되었던 성조이다. 중국어의 양평은 飜譯凡例에서 한국어의 상성과 대응되어 기술하고 있으며, 양평 調値의 추정에는 다음과 같은 사항이 고려되어야 한다. 첫째, 상성의 경우와 마찬가지로 하강 후에 상승하는 굴곡 성조인지 아니면 단순히 상승하는 성조인지 그 모양부터 고려해야 할 것으로 보인다. 둘째, 변조와의 관련성의 측면에서 양평의 調値를 추정할 때 그 높이(pitch)가 어떤 상태에 있었는지도 우선적으로 고려해야 한다. Mei (1977: 241-242)에 따르면 상성은 낮은 높이에서 변조를 보이는데 양평도 낮은 높이의 굴곡 성조였다면 변조를 보였을 가능성이 있다고 하였으나, 『飜譯老朴』에서 양평의 연속 변조 현상은 나타나지 않으므로 양평의 높이를 변조의 영역을 벗어난 좀 더 높은 영역으로 설정할 수도 있다.[56] 그러나 Mei(1977: 242-244)에서는 『西儒耳目資』(1626) 등에 나타난 문헌적 증거를 통해 양평의 높이가 높은 영역에 있었을 가능성을 부정하고 있다.[57] 셋째, '先低而中按後厲而且緩'과 같이 양평에 대한 기록이 다른 성조에 비해 난해하게 기술되었다는 점과 한국어의 상성과 대응시킨 飜譯凡例의 기술도 '如'와 '同'으로 일관되지 않다는 점을 고려해야 한다. 따라서 양평의 調値 추정에서 핵심적인 것은 굴곡 성조인가의 여부와 그 상승의 시작과 끝이 어느 높이에서 형성되었는가 하는 것이다.

본서에서는 양평을 低調의 상승조인 것으로 간주하는데 그 근거는 다음과 같다. 첫째, '先低後高'인 한국어의 상성과 대응한다. 둘째, '按'이라는

---

56 遠藤光曉(1984: 169)에서는 Mei(1977)에서 제시한 변조와 관련된 유형학적 측면에서의 설명에 대하여 현대중국방언에서 나타난 예외를 제시하고 있다.

57 Mei(1977: 243)에 따르면 『西儒耳目資』에서는 성조 고저의 순서를 다음과 같이 기술하고 있다고 한다. 음평을 중간 높이로 하여 가장 높은 것은 거성이고 다음으로 높은 것은 입성이며 가장 낮은 것은 양평이고 다음으로 낮은 것은 상성이다. 이와 같은 언급은 飜譯凡例의 기록과 기본적으로 일치하는 것이며 특히 거성, 입성이 높은 성조이고 양평, 상성이 낮은 성조라고 언급하고 있다는 사실은 주목할 만하다.

범례의 기록을 平調 또는 중간 부분이 하강 후 상승하는 굴곡 성조 중 어느 것을 나타내는 것이라고 단정하기 어렵다. '按'은 音高보다는 오히려 音量이나 音强의 증가와 관련된 언급이 아닌가 한다. 셋째, 『西儒耳目資』 등과 같은 자료의 기록에서 볼 수 있는 바와 같이 양평은 가장 낮은 성조로 기술되어 있다. 넷째, 양평이 현대 北京語에서 상승조로 되어 있어 『飜譯老朴』의 중국어음이 현대 北京語와 계승 관계를 보인다면 '降-昇'의 굴곡 성조에서 '昇'調로 변화했다는 과정을 설정하기는 어려움이 있으며, 상성을 低調의 '降-昇'調라고 추정했다는 점을 고려하면 양평은 상승조로 설정하는 것이 합리적인 것으로 보인다. 따라서 양평의 調値를 낮은 높이에서 상승을 보이는 '13'으로 추정한다.

마지막으로 入聲에 대해서 살펴보자. 입성에는 두 종류의 표기가 나타나는데, 거성과 유사한 것에는 1점을 찍고 평성 탁음(한국어의 상성)과 유사한 것에는 2점을 찍고 있다. 입성 調値의 추정에는 다음과 같은 사항이 고려되어야 한다. 첫째, 입성에 대한 기술에 '促急'이나 '短促'이라는 언급이 빠지지 않는 만큼 입성은 '高低'의 개념과는 또 다른 요소가 관련되어 있는 것으로 보아야 한다. 둘째, 遠藤光曉(1984: 169-172)에서도 논의된 바와 같이 『飜譯老朴』에서 입성이 두 종류로 표기된 이유가 무엇인지 또한 이러한 표기가 어떤 언어 현실을 반영하는 것인지에 대한 이해가 선행되어야 할 것이다. 이러한 상황을 반영하듯이 遠藤光曉(1984), 李鍾九(1997)은 입성의 調値를 두 가지로 추정하고 있고 Mei(1977)은 한 가지로만 추정하고 있다. 飜譯凡例에서는 1점인 것은 '直而高'라 하고 2점인 것은 '先低後厲而促急'이라 하여 구분하고 있다. 따라서 입성의 調値 추정에서 우선 입성이 실제로 한 가지 또는 두 가지였는지 판단해야 하는데, "漢音入聲, 有二音, 通攷則皆一點, 而反譯則其聲直而高, 呼如去聲者一點, 先低後厲而促急, 少似平聲濁音之呼者二點"이라는 旁點條의 기록에 근거하여 일단 두 가지 종류가 있는 것으로 간주한다. 이 두 종류 입성의 調値를

〈표 Ⅱ-13〉『飜譯老朴』에 나타난 중국어 성조의 調値 추정

調類	中古音	방점		Mei	遠藤光曉	李鍾九	본서
		左	右	(1977)	(1984)	(1997)	
陰平	淸 平聲	0	1	35	45	55	45
陽平	濁 平聲	0	2	13	214	24	13
上聲	淸/次濁 上聲	2	0	22	11	213	21(3)
去聲	全濁 上聲	2	1	55	55	52	55
	去聲	1	1				
入聲(1點)	入聲	1	1		5	54	5
入聲(2點)		1	2	2	24	23	23

추정하는 경우 각각 대응하는 한국어 성조의 調値를 고려하고 '促急'이라는 입성의 성격을 고려해야 할 것이다. 결론적으로 곧고 높으면서 거성과 유사한 것은 짧은 길이이면서 촉급이라는 입성의 성격이 약화된 '5'로 추정하고, 평성 탁음(한국어의 상성)과 다소 유사한 것은 '先低後厲'와 '促急'이라는 설명이 달려 있는 것을 고려하여 촉급한 상승조인 '23'으로 입성의 調値를 추정한다.

본 절에서 추정한 調値를 정리하면 음평 *45, 양평 *13, 상성 *21(3), 거성 *55, 입성 *5 및 *23이다.[58] 본 절에서 추정한 調値와 기존의 연구 결과를 비교해 표로 제시하면 <표 Ⅱ-13>과 같다.[59]

3.2. 朱點本『重刊老乞大諺解』에 나타난 聲調 표기

『老諺』, 『朴諺』과 그 이후의 간본들에서는 문헌에서 방점이 사라졌지만, 현재 전하는 일부의 『朴新諺』과 규장각 소장본인 도서번호 '奎 4866'『重老』의 한자 좌우에는 성조를 표시하는 것으로 보이는 朱點을 찍어 놓고

58 여기에서 입성 調値에 그은 밑줄은 高低 개념과는 다른 차원에서 촉급함을 나타낸다.

59 기존의 연구에서는 대부분 재구한 調値에 대하여 '*' 표시를 하고 있으나 본 표에서는 일률적으로 이 표시를 사용하지 않는다.

있다.[60] 이들 문헌에는 우측 1점, 우측 2점, 좌측 1점 및 '<'와 '>'의 다섯 종류 표기가 나타나는데,『飜譯老朴』우측음 및 현대 北京音의 각 한자 성조와의 대조를 통해 우측 1점은 음평과 거성, 우측 2점은 양평, 좌측 1점은 상성을 나타내는 것으로 볼 수 있다. 이는 우측음 성조 표기에서 상성에서만『飜譯老朴』無點과『奎 4866』좌측 1점으로 차이를 보이는 것인데, 전체적인 표기 체계는『飜譯老朴』의 성조 표기를 계승했다고 볼 수 있다.[61] 지적해 두고 싶은 점은『飜譯老朴』과 마찬가지로 경성을 표시하기 위한 별도의 전문적인 표기가 없으며 음평과 거성이 동일한 표기로 묶여있다는 사실이다. 문제가 되는 것은 '<'와 '>' 두 표기인데, 새로 나타난 이 두 표기에 대하여 姜信沆(1978c: 99-100)에서는 양평을 :와 <로, 또 >로 표시된 것이 어째서 여러 성조를 표시하는지 아직은 자세히 모르겠다고 하여 이 두 기호에 의문을 표시하고 있다. 金完鎭(1978: 83-87)에서는 두 기호를 일종의 변조(tone-sandhi)를 나타내는 기호로 보아, '>'가 주로 제2성과 제3성 앞에서의 변조인 것에 비하여 '<'는 이른바 擧字(음평, 거성) 앞에서의 변조라는 구별을 보인다고 언급하였다. 鋤田智彦(2010)에서는 3종『重老』판본 간 성조 표기의 차이를 논의하면서『重老』에 나타난 本調와 변조의 유형을 제시하여 보다 진전된 논의를 하고 있다.

아래에 제시한 것은『奎 4866』卷上 제4장 후면 제4행으로부터 제6장 전면 제1행까지의 한 단락에 대하여 원문의 성조 표기를 한자 우측에 표시한 것인데 의문의 대상인 '<'와 '>' 두 표기가 다수 출현하고 있다.『飜譯老朴』성조 표기와의 비교를 위하여 대응하는『飜老』의 부분에 나타난 우측음 성조 표기를 함께 제시한다.[62]

---

60 이 문제와 관련하여 참고한『朴新諺』간본은 서울대학교 一簑文庫本을 영인하여 1985년에 간행한 弘文閣 영인본으로 도서번호 '일사 古 495.1824 G415ba' 등으로 분류된 것이다.

61 '奎 4866'은 규장각 소장의『重刊老乞大諺解』특정 간본의 도서번호이나 여기서는 이 간본을 지칭하는 명칭으로 사용한다.

(16) 你$_3$是$_1$朝$_<$鮮$_>$人$_2$ ○ 學$_<$他$_1$官$_1$話$_1$做$_1$甚$_>$麼$_2$ ○ 你$_3$說$_<$的$_1$話$_1$也$_3$是$_1$ ○ 但$_?$各$_<$自$_>$人$_2$都$_>$有$_3$箇$_1$主$_3$見$_1$ ○ 你$_>$有$_3$甚$_>$麼$_2$主$_3$見$_1$ ○ 你$_3$說$_2$與$_>$我$_3$聽$_?$ ○ 如$_<$今$_1$朝$_<$廷$_?$一$_?$統$_3$天$_1$下$_1$ ○ 到$_1$處$_1$用$_1$的$_1$都$_1$是$_1$官$_1$話$_1$ ○ 我$_3$這$_1$朝$_<$鮮$_1$話$_1$ ○ 只$_>$可$_3$在$_1$朝$_?$鮮$_1$地$_1$方$_?$行$_?$得$_<$去$_1$ ○ 過$_>$了$_3$義$_1$州$_1$ ○ 到$_>$了$_3$中$_>$國$_2$地$_1$方$_1$ ○ 都$_1$是$_1$官$_1$話$_1$ ○ 儻$_>$有$_3$人$_2$問$_1$一$_1$句$_1$話$_1$ ○ 也$_3$說$_<$不$_1$出$_>$來$_2$ ○ 別$_>$人$_2$將$_?$我$_3$們$_1$ ○ 看$_>$作$_?$何$_?$如$_>$人$_2$ ○ 你$_3$這$_1$樣$_1$學$_2$中$_1$國$_>$人$_<$的$_1$書$_1$ ○ 是$_>$你$_3$自$_1$心$_>$裏$_3$要$_?$學$_>$來$_<$啊$_1$ ○ 還$_<$是$_1$你$_3$的$_1$父$_>$母$_3$教$_>$你$_3$去$_1$學$_<$的$_>$麼$_2$ ○ 是$_>$我$_3$父$_>$母$_3$教$_>$我$_3$去$_1$學$_<$的$_1$ ○ 你$_3$學$_<$的$_1$多$_>$少$_3$時$_<$節$_>$了$_3$ ○ 我$_3$學$_>$了$_3$半$_>$年$_?$有$_3$餘$_>$了$_3$ ○ 你$_3$都$_>$能$_2$懂$_3$得$_2$懂$_3$不$_>$得$_2$ ○ 每$_3$日$_1$同$_?$漢$_?$學$_<$生$_1$們$_1$ ○ 一$_1$處$_1$學$_<$習$_>$來$_2$ ○ 所$_>$以$_3$略$_>$略$_<$的$_1$會$_>$得$_2$ (『奎 4866』 卷上 제4장 후면 제4행 ~ 제6장 전면 제1행)

(17) 你$_3$是$_1$高$_1$麗$_2$人$_2$ ○ 學$_2$他$_1$漢$_1$兒$_2$文$_2$書$_1$怎$_3$麼$_2$ ○ 你$_3$說$_2$的$_1$也$_3$是$_1$ ○ 各$_1$自$_1$人$_2$都$_1$有$_3$主$_3$見$_1$ ○ 你$_3$有$_3$甚$_1$麼$_2$主$_3$見$_1$ ○ 你$_3$說$_2$我$_3$聽$_1$着$_2$ ○ 如$_2$今$_1$朝$_2$廷$_?$一$_1$統$_3$天$_1$下$_1$ ○ 世$_1$間$_1$用$_1$着$_2$的$_1$是$_1$漢$_1$兒$_2$言$_2$語$_3$ ○ 我$_3$這$_1$高$_1$麗$_2$言$_2$語$_3$ ○ 只$_1$是$_1$高$_1$麗$_2$地$_1$面$_1$裏$_3$行$_2$的$_1$ ○ 過$_1$的$_1$義$_1$州$_1$ ○ 漢$_1$兒$_2$地$_1$面$_1$來$_2$ ○ 都$_1$是$_1$漢$_1$兒$_2$言$_2$語$_3$ ○ 有$_3$人$_2$問$_1$着$_2$一$_1$句$_1$話$_1$ ○ 也$_3$說$_2$不$_1$得$_2$時$_2$ ○ 別$_2$人$_2$將$_1$咱$_2$們$_1$ ○ 做$_1$甚$_1$麼$_2$人$_2$看$_1$ ○ 你$_3$這$_1$般$_1$學$_2$漢$_1$兒$_2$文$_2$書$_1$時$_2$ ○ 是$_1$你$_3$自$_1$心$_1$裏$_3$學$_2$來$_2$ ○ 你$_3$的$_1$爺$_2$娘$_2$教$_1$你$_3$學$_2$來$_2$ ○ 是$_1$我$_3$爺$_2$娘$_2$教$_1$我$_3$學$_2$來$_2$ ○ 你$_3$學$_2$了$_3$多$_1$少$_3$時$_2$節$_2$ ○ 我$_3$學$_2$了$_3$半$_1$年$_2$有$_3$餘$_2$ ○ 省$_3$的$_1$那$_1$省$_3$不$_1$的$_1$ ○ 每$_3$日$_1$和$_1$漢$_1$兒$_2$學$_2$生$_1$們$_1$ ○ 一$_1$處$_1$學$_2$文$_2$書$_1$來$_2$ ○ 因$_1$此$_3$上$_1$ ○ 些$_1$少$_3$理$_3$會$_1$的$_1$ (『飜老』 卷上 제5장 전면 제1행 ~ 제6장 후면 제2행)

위에 보이는 바와 같이 '<'와 '>' 두 표기가 나타나는 환경에는 어느 정도 규칙성이 있음을 알 수 있다. '>' 다음에는 예외적으로 음평이나 거성이 나타나는 경우가 있으나 주로 양평이나 상성이 나타나고 '<' 다음에는 주로 음평이나 거성이 나타난다. 一簑文庫本 『朴新諺』에 찍힌 성조 표기도

62 『奎 4866』의 경우 각 한자 우측에 음평, 거성은 1, 양평은 2, 상성은 3으로 표시하고 '<'와 '>'는 그대로 표기하며, 『飜老』의 경우 각 한자 우측에 음평, 거성(입성 1점 포함)은 1, 양평(입성 2점 포함)은 2, 상성은 3으로 표시한다. 성조 표기를 명확하게 확인할 수 없는 것은 '?'로 표시한다.

『奎 4866』과 동일한 체계를 가진 것으로 볼 수 있는데, 이 책의 卷一 제1장에 나타난 성조 표기는 다음과 같다.

(18) 當$_1$今$_1$皇$_{<}$上$_1$洪$_{>}$福$_2$齊$_{<}$天$_1$ ○ 風$_{>}$調$_2$雨$_3$順$_1$ ○ 國$_{<}$泰$_1$民$_{<}$安$_1$ ○ 眞$_1$是$_1$好$_3$年$_{>}$景$_3$ ○ 這$_1$春$_1$二$_1$三$_{>}$月$_2$ ○ 又$_1$正$_1$是$_1$好$_3$時$_{>}$節$_2$ ○ 咱$_{<}$們$_1$不$_{>}$可$_3$虛$_2$度$_1$過$_{>}$了$_3$ ○ 人$_{<}$生$_1$一$_1$世$_1$草$_3$生$_1$一$_1$秋$_1$ ○ 咱$_{>}$想$_3$ ○ 不$_{>}$如$_2$約$_2$幾$_3$箇$_1$好$_3$弟$_1$兄$_1$們$_1$ ○ 到$_1$那$_1$有$_3$名$_{<}$的$_1$花$_2$園$_2$裏$_3$去$_1$ ○ 辦$_1$幾$_3$桌$_1$賞$_1$花$_1$筵$_{>}$席$_2$ ○ 大$_1$家$_1$且$_3$消$_{>}$愁$_2$解$_3$悶$_1$如$_{>}$何$_2$ ○ 算$_{>}$來$_2$咱$_{>}$好$_3$弟$_1$兄$_1$們$_1$ ○ 約$_{>}$有$_3$三$_{>}$十$_2$多$_1$箇$_1$ ○ 每$_3$人$_2$出$_{>}$錢$_2$一$_{>}$吊$_3$五$_3$百$_{>}$文$_2$ ○ 共$_1$湊$_{>}$錢$_2$四$_{>}$十$_2$五$_3$六$_{>}$吊$_3$ ○ 儘$_1$勾$_1$使$_3$用$_{>}$了$_3$ ○ 可$_3$教$_1$張$_1$三$_1$去$_1$ ○ 買$_3$一$_1$集$_{>}$羊$_2$要$_{>}$肥$_{<}$的$_1$ (一簑文庫本『朴新諺』 卷一 제1장 전면 제2행 ~ 제1장 후면 제10행)

飜譯凡例의 旁點條에 변조에 대한 별도의 언급이 나오고 『飜譯老朴』에도 상성의 변조가 반영되어 있어서 새로 등장한 성조 표기에도 변조를 나타내는 표기를 기대할 수 있다는 점에서 두 표기가 변조를 나타낼 가능성은 충분히 있다. 飜譯凡例에서는 두 가지 유형의 변조를 언급하고 있는데, 『奎 4866』에서 변조를 나타내는 것으로 추정되는 표기의 정체를 보다 명확하게 밝히기 위하여 『飜老』의 우측음에서 변조가 나타나는 경우와 비교하면 다음과 같다.[63] 먼저 첫 번째 유형의 변조인 '상성+상성 → 양평+상성'의 예를 살펴보자.

(19) 我$_2$往$_3$北$_2$京$_1$去$_1$ (『飜老』上1a-5)
　　我$_{>}$往$_3$北$_{<}$京$_1$去$_1$ (『奎 4866』上1a-4)
(20) 我$_3$不$_1$慣$_1$打$_2$水$_3$ (『飜老』上34b-7)
　　我$_3$不$_1$會$_1$打$_{>}$水$_3$ (『奎 4866』上31a-10)

63 李敦柱(1989a: 95-101)에서는 飜譯凡例에 제시된 두 가지 유형의 변조에서 변조가 적용되지 않는 예를 제시하고 있다. 예를 들어 두 상성 글자 사이에 휴지(pause)가 수반될 때는 변조되지 않고(你$_3$肯$_3$時$_2$我$_2$買$_3$(『飜老』下28a-2)), 濁上變去 현상이 먼저 적용되었거나(以$_2$顯$_3$父$_1$母$_3$(『飜朴』上50b-8)), 상성이 아닌 글자가 선행하였을 때에 변조(輕聲化)가 적용되지 않고 있다(酒$_3$也$_1$醉$_1$了$_3$(『飜朴』上7a-8)).

(21) 這$_{1}$們$_{1}$時$_{2}$也$_{2}$好$_{3}$ (『飜老』下21a-8)
這$_{>}$麽$_{2}$也$_{>}$好$_{3}$ (『奎 4866』下20a-6)

위에서 보이는 바와 같이 '>'는 예상한 대로『飜譯老朴』에 나타난 첫 번째 유형의 변조와 일정 부분 관련이 있다는 것을 알 수 있다. 그러나『飜譯老朴』의 우측음에서 첫 번째 유형의 변조가 나타나지 않는 경우에도『奎 4866』에는 '>'가 나타나는 경우가 있어서 '>' 표기가 더 폭넓은 환경에서 나타난다고 할 수 있다. 다음의 예를 보자.

(22) 我$_{3}$母$_{3}$親$_{1}$是$_{1}$姐$_{3}$姐$_{3}$ (『飜老』上16b-3)
我$_{3}$母$_{3}$親$_{1}$是$_{1}$姐$_{>}$姐$_{3}$ (『奎 4866』上14b-10)
(23) 拔$_{2}$上$_{1}$兩$_{2}$洒$_{3}$子$_{1}$水$_{3}$也$_{3}$ (『飜老』上35a-3)
打$_{3}$兩$_{3}$洒$_{>}$子$_{3}$水$_{3}$ (『奎 4866』上31b-4)
(24) 別$_{2}$箇$_{1}$店$_{1}$裏$_{3}$試$_{1}$商$_{1}$量$_{1}$去$_{1}$ (『飜老』上18b-6)
到$_{1}$別$_{<}$箇$_{1}$店$_{>}$裏$_{3}$問$_{1}$問$_{1}$去$_{1}$ (『奎 4866』上16b-7)
(25) 大$_{1}$哥$_{1}$你$_{3}$與$_{2}$我$_{3}$擺$_{3}$布$_{1}$着$_{2}$ (『飜老』下66a-8)
大$_{1}$哥$_{1}$你$_{3}$與$_{>}$我$_{3}$擺$_{3}$佈$_{>}$着$_{2}$ (『奎 4866』下62a-1)
(26) 咱$_{1}$們$_{1}$便$_{1}$是$_{1}$自$_{1}$家$_{1}$裏$_{3}$一$_{1}$般$_{1}$ (『飜老』上18b-3)
咱$_{<}$們$_{1}$與$_{>}$你$_{3}$便$_{1}$是$_{1}$自$_{1}$家$_{>}$人$_{2}$一$_{1}$般$_{1}$ (『奎 4866』上16b-4)

예 (22)는『飜老』에서 표시하지 않은 상성 변조를『奎 4866』에서 표시한 경우이고, 예 (23)은『飜老』에서 첫 번째와 두 번째 유형의 변조를 표시하였으나『奎 4866』에서 변조가 일어날 부분을 본래의 성조인 상성으로 표시하고 하나의 상성 변조 표기만을 한 경우이다. 예 (24)는 상성 변조가 일어날 환경이 아니나 '>' 표기를 해 놓은 경우이다. 예 (25)는 상성이 3개 이상 이어지는 경우의 예이며, 예 (26)에서와 같이 '>' 표기는 양평 앞에서도 출현하고 있다. 따라서 출현 환경에 근거하면 대체적으로 '>' 표기는 상성 앞에서의 변조 현상을 나타내는 일차적 기능과 함께 양평 앞에서의 모종의 변조 현상과도 관련이 있는 것으로 보인다.

다음으로 경성과 관련된 두 번째 유형의 변조인 ‘상성+상성 → 상성+거성’과 ‘<’ 표기의 관련성을 살펴보자.

(27) 如$_{2}$今$_{1}$那$_{3}$裏$_{1}$去$_{1}$ (『飜老』上1a-4)
如$_{<}$今$_{1}$那$_{3}$裏$_{1}$去$_{1}$ (『奎 4866』上1a-4)

(28) 誰$_{2}$是$_{1}$舅$_{1}$舅$_{1}$上$_{1}$孩$_{2}$兒$_{2}$ 誰$_{2}$是$_{1}$姑$_{1}$姑$_{1}$上$_{1}$孩$_{2}$兒$_{2}$ (『飜老』上16a-4)
誰$_{<}$是$_{1}$舅$_{>}$舅$_{3}$的$_{1}$兒$_{>}$子$_{3}$ 誰$_{<}$是$_{1}$姑$_{1}$姑$_{1}$上$_{1}$兒$_{>}$子$_{3}$ (『奎 4866』上14b-3)

(29) 這$_{1}$果$_{3}$子$_{1}$ (『飜老』下38b-1)
這$_{1}$果$_{>}$子$_{3}$是$_{1}$ (『奎 4866』下37a-8)

예 (16)과 위의 예들을 통해 볼 때 ‘<’ 표기는 두 번째 유형의 변조와는 별다른 관련이 없다는 것을 알 수 있다. ‘<’ 표기는 일반적으로 음평과 거성 앞에서 나타나고 있는데 이를 변조 현상을 나타내는 표기라고 확정하기에는 의심스러운 점이 아직 남아 있으며, 환경보다는 오히려 ‘<’ 표기가 나타나는 해당 글자가 대부분 양평이라는 점에 주목해야 할 것으로 보인다. 따라서 ‘<’ 표기는 양평이 직후 성조의 영향이나 경성 현상 등과 관련하여 본래의 調値와는 다르게 나타나는 상황을 표시했을 가능성이 있다. 鋤田智彦(2010)에서도 ‘<’와 ‘>’ 표기를 변조와 관련된 것으로 분석하면서 『重老』에 나타난 변조의 유형을 제시하고 있다. 이에 따르면 『飜老』와 비교하여 『重老』에 나타난 변조는 다음과 같은 두 가지 특징이 있다고 한다. 첫째, 상성이 문말에 연속으로 올 때 앞의 상성 글자가 그 앞 글자와 긴밀한 관계가 있고 뒤의 상성 글자와의 관계가 긴밀하지 않다면 앞의 상성 글자는 本調를 유지하고 뒤의 상성 글자에서 변조가 발생한다. 둘째, 『飜老』에서는 ‘상성+상성’의 성조 연결에서 뒤의 글자가 虛字인 경우 뒤의 글자가 거성이 되는 변조가 발생하는데, 『重老』에서는 이러한 변조는 거의 출현하지 않고 앞의 글자에서 변조가 발생한다.

지금까지의 고찰에 따르면 ‘>’ 표기는 주로 양평과 상성 앞에서 나타나는 것으로 飜譯凡例에서 언급한 첫 번째 유형의 변조 현상과 관련이 있는 것으로 보이며, 이 표기가 나타나는 해당 글자의 성조는 일정하지 않다. ‘<’ 표기는 주로 음평과 거성 앞에서 나타나는 것으로 飜譯凡例에서 언급한 두 번째 유형의 변조 현상과는 관련이 없는 것으로 보이며, 해당 글자의 성조는 대부분 양평이다. 뒤에 오는 환경에 어느 정도 규칙성이 있다는 점에서 두 성조 표기가 변조를 나타낼 가능성은 일단 크다고 볼 수 있는데, ‘<’는 해당 글자의 성조도 양평으로 비교적 일정하다는 점에서 직후 성조의 영향과 관련되었을 가능성이 있다. 『奎 4866』에서의 성조 표기 상황을 고려할 때 문법 구조에 대한 세밀한 고려나 정밀한 규칙성에 기초하여 표시되지 않은 부분도 있어 당시 교습자나 학습자가 성조 학습을 위해 어느 정도의 규범하에서 『飜譯老朴』의 성조 표기를 계승한 표기를 행한 것으로 추정할 수 있다. 이처럼 『飜譯老朴』을 비롯하여 일부 『朴新諺』과 『重老』 간본에서 체계적인 성조 표기를 보이고 있다는 사실은 16세기에서 19세기에 이르는 시기 동안 중국어를 학습하고 교육하는 역학자나 역관 등과 같은 계층에서는 그들 나름의 중국어 성조 표기를 사용하고 있었다는 것을 보여 주는 것이다.[64]

3.3. 『老乞大』와 『朴通事』 언해서에 나타난 聲調 표기의 성격

본 절에서는 『老乞大』와 『朴通事』의 언해서에 나타난 성조 표기의 성격과 관련된 주요한 논점들이 무엇인지 다시 한 번 정리해 보도록 한다.

성조 표기는 좌우음의 성격을 규명하는 데 중요한 부분이기 때문에 중국어음 표기의 성격 문제를 고찰할 때 반드시 고려해야 한다. 『飜譯老朴』에서 좌측음은 通攷所制之字로 『通攷』의 표기방식을 따른 것이고 우측음

64 菅野裕臣(1977: 405-407)에 따르면, 司譯院 漢學書에는 『飜老』와 『奎 4866』에 나타나는 표기 외에 또 다른 종류의 성조 표기가 존재하는 경우가 있다.

은 일반적으로 사용하는 표기방식인 國俗撰字之法에 의해서 만든 것인데 이러한 기본원칙은 성조 표기에서도 잘 지켜지고 있다. 따라서 좌우음에 동일한 성조 표기가 찍혀 있더라도 그 내용은 다른 것인데, 좌측음에서 『通攷』의 방점을 사용하여 전문가적 표기를 한 것을 우측음에서 국어의 고저에 의거한 성조 표기를 하여 학습의 편의를 도모한 것이다. 이처럼 『飜譯老朴』의 우측음 성조 표기는 한국인의 중국어 학습을 위해 調値가 정확히 일치하지 않는 한정된 수의 한국어 성조로 중국어 성조를 표시하였다는 점에서 國俗撰字之法의 좋은 예이다. 『飜譯老朴』에서 좌측음과 우측음의 차이는 일차적으로 표기방식에 있다고 할 수 있는데, 이는 중국어음에 대한 전통적인 표기법과 편찬자의 현실음에 대한 표기법이 공존하고 있는 것으로 『飜譯老朴』에 나타난 좌우 성조 표기의 성격 역시 이러한 관점에서 이해할 수 있을 것이다. 『飜譯老朴』의 좌우 성조 표기에는 濁上變去 현상의 예처럼 음운변화 반영의 차이도 나타난다.

특히 『老乞大』와 『朴通事』 언해서에 나타난 입성 표기를 고찰할 때 좌우음 표기의 성격 문제를 잘 고려해야 한다. 즉 이 입성 표기는 표기상의 차이와 함께 음운변화 반영의 차이를 나타내는 것이다. 탁음청화나 입성변화는 중국어음운사에서 매우 중요하게 간주되는 현상으로 중국어 음운체계에서 전반적인 변화를 야기하였다. 따라서 입성 소실이라는 현상이 명시적으로 일어났다고 할지라도 음운변화가 종료되기 전까지는 규범음의 성격을 가지고 있는 좌측음에서 기존의 체계를 흔드는 이러한 변화를 완전히 수용하기는 어려웠을 것이다. 그러나 전탁음이나 입성 표기에서의 좌우음 차이가 음운변화 반영의 차이만을 나타내는 것은 아니다. 전탁음과 입성운미 표기는 우측음에서 새로이 마련한 國俗撰字之法을 적용한 대표적인 예로 飜譯凡例에서 언급하고 있어서 여기에는 표기방식의 문제도 관여되었음을 보여 준다. 좌측음에서는 'ㆆ'이나 'ㅸ(藥韻)'을 입성운미로 사용하고 있으나 우측음에서는 입성운미가 없는데, 이를 우측음에서 입성이 완전히 소실된 것을 반영한다고 간주하기 어려운 측면이 있다. 즉 우측음에서는 입성운미가 표시되어 있지 않지만 입성을 표시하기 위한 두 종류의 방점 표기가 배정되어 있는 것이다. 입성 표기 문제는 16세기 당시 북방중국어에서 이미 종료 단계에 이르고 있었던 입성 소실이라는 음운변화의 현실을 『飜譯老朴』에서 어떠한 방식으로 반영하고 있는가와 함께 좌우음 표기의 성격에 대한 면밀한 고찰이 이루어져야 온전한 해명을 할 수 있다.

『老乞大』와 『朴通事』의 언해서에 나타난 성조 표기를 통해서는 그 중국어음이 기초하고 있는 방언 배경을 확언하기 어렵다고 위에서 언급하였는데, 성조 표기의 성격과 관련하여 이 문제에 대해 살펴볼 필요가 있다.[65] 『老乞大』와 『朴通事』의 언해서에 반영된 중국어음의 전체적인 모습은 北京을 중심으로 하는 북방 지역에서 통용된 官話를 반영하고 있다고 볼 수 있는데, 『老乞大』와 『朴通事』의 언해서에 나타난 성조 표기는 현대 北京語의 성조 상황과는 상당한 차이를 보이고 있다. 따라서 『老乞大』와 『朴通事』의 언해서에 나타난 성조 표기의 모습은 이 책들의 방언 배경을 밝히는 데 혼선을 줄 여지가 있다. 『老乞大』와 『朴通事』의 언해서에 나타난 중국어 성조의 상황이 북방방언의 중심인 현대 北京方言의 성조 상황과 많은 차이를 보인다면 두 가지 측면에서 이러한 현실을 해석할 수 있다. 한 가지는 이 책의 간본들이 간행되던 16세기 초에서 18세기 말에 이

65 『老乞大』와 『朴通事』의 언해서에 나타난 중국어음 특히 현실음인 우측음을 살펴볼 때 모든 간본이 북방방언을 반영하고 있다고 보아도 무리는 없을 것으로 보인다. 그러나 이들 문헌이 북방방언 중에서 어느 하위방언을 반영하는 것인가에 대해서는 여전히 확언하기 어렵다. 다만 18세기 간행 『老乞大』와 『朴通事』의 언해서에 나타난 음운현상 중에서 구개음화의 혼재 양상, 일부 日母字가 零聲母로 나타나는 현상 등은 북방방언의 특정 하위방언에서 나타나는 현상이어서 주목을 끈다. 이러한 현상은 『老乞大』와 『朴通事』의 언해서가 기초하고 있는 방언 배경을 밝히는 데 중요한 단서가 되지만 특정 문헌의 방언 배경은 간단하게 결론을 내리기 어려운 문제여서 보다 면밀한 고찰이 필요하다.

르는 시기의 중국어 성조가 일정한 변화를 거쳐 현재의 北京方言의 상태에 이르렀다고 보는 것이다. 또 다른 한 가지는 당시의 北方官話가 北京方言 이외에 또 다른 방언의 영향을 받았다고 보는 것이다. 따라서 당시 북방방언의 하위방언들에 대한 세밀한 검토가 필요하며, 『飜譯老朴』의 성조 표기가 北京方言의 성조를 반영한다면 성조 변화에 대한 고려와 함께 당시 北方官話와 北京方言의 현실에 대한 면밀한 고찰이 필요할 것이다.

『老乞大』와 『朴通事』의 언해서에 나타난 성조의 상황이 북방방언의 어떤 하위방언을 반영하는 것인지 현재의 단계에서 결론을 내리기는 어렵다. 그러나 『老乞大』와 『朴通事』의 언해서가 당시 北京을 중심으로 하는 북방 지역에서 사용된 官話를 반영하였고, 이 官話의 성조 체계가 明初의 首都語인 南京方言과 같은 다른 방언의 영향으로 당시 北京方言의 성조 체계와 일정한 차이를 보였으며, 이러한 언어 현실이 『老乞大』와 『朴通事』의 언해서와 현대 北京方言의 성조 상황 사이에 차이를 보이게 된 요인으로 작용하였을 가능성은 있다.[66] 이처럼 『老乞大』와 『朴通事』의 언해서에 나타난 성조의 상황을 정확하게 이해하기 위해서는 표기의 성격과 함께 당시 北方官話의 상황에 대한 이해가 필요하다고 할 수 있다.

66 이 부분에서 논의하지 않았지만 李在敦(1990: 107-121)에서 언급한 바와 같이 성조 문제 특히 입성 문제를 고찰할 때 讀書音과 口語音의 문제도 고려해야 한다. 이러한 측면들도 모두 고려해야 문제 해결의 실마리를 찾을 수 있다.

III

左右音의 성격

본 장에서는 『老乞大』와 『朴通事』 언해서의 각 한자 밑에 한글로 좌우에 표기한 중국어음 표기의 성격에 대하여 논의하고자 한다. 이를 위해 좌우음을 정음과 속음의 관점에서 살펴보며, 좌우음 표기의 언어학적 가치를 정확히 이해하고 언어사 자료로 적절하게 이용할 수 있도록 하기 위하여 좌우음 표기의 성격 차이를 여러 측면에서 고찰한다. 『老乞大』와 『朴通事』의 언해서에 나타난 중국어음 표기 문제를 논의한 기존의 많은 연구에서는 그 표기의 성격에 대한 면밀한 검토가 부족한 상태에서 표면적인 고찰에 그친 결과 그 자료적 가치를 제대로 밝혀내지 못한 경우가 많았다. 본 장에서는 다양한 측면에서 『老乞大』와 『朴通事』의 언해서에 나타난 좌우음 표기가 가지고 있는 성격에 대하여 집중적으로 논의하고자 하며, 이러한 논의는 좌우음 표기가 가진 중국어음운사와 한국어음운사 자료로서의 가치와 의미를 밝히는 데 기여할 수 있을 것이다.

1. 『飜譯老朴』에 나타난 正音과 俗音의 개념

『老乞大』와 『朴通事』의 언해서에서 각 한자 밑에 한글로 좌측과 우측에 제시한 중국어음 표기는 각각 정음과 속음이라고도 한다. 이 정음과 속음의 개념은 이전의 여러 연구에서 언급하고 있지만 의외로 큰 견해 차이를 보이고 있고 심지어는 정반대의 관점을 가진 연구들도 공존하고 있다. 이는 飜譯凡例에 나타난 正俗音條의 기록이 『飜譯老朴』의 실제 표기와 차이를 보이는 점이 주된 원인이지만 정속음에 대하여 다각적인 측면에서 심도 있는 고찰을 하지 못한 것도 이러한 논란을 유발한 중요한 원인이 되었다.

본 절에서는 『飜譯老朴』에 나타난 정속음에 대한 관련 기록과 기존의 논의를 세밀하게 살펴보고 각각의 논의에서 보이는 문제점을 종합적으로 검토하여 이 토대 위에서 정음과 속음의 개념을 규명하고자 한다. 현재 전해지는 자료 중에서는 『飜譯老朴』에서 처음으로 한글로 좌우에 표기한 중국어음의 표기 양상에 대한 고찰을 통해 조선시대의 한학자들이 중국어음을 어떤 원칙에 근거하여 한글로 표기하려 노력하였는지 살펴보고, 기존의 연구에서 논란을 유발해 온 정음과 속음의 개념을 명확히 밝히고자 한다.

1.1. 『飜譯老朴』의 正俗音 개념에 대한 견해에 나타난 문제점

『飜譯老朴』에 나타난 좌우음의 성격과 정속음의 개념에 대해서는 다양한 견해가 존재하는데, 이 견해들에는 여러 문제점이 나타나고 있다. 이러한 각 견해에 나타난 문제점에 대하여 고찰함으로써 『飜譯老朴』에 나타난 정속음의 개념을 밝히는 데 쟁점이 되는 문제에 대하여 살펴보자.

『飜譯老朴』의 정속음과 관련하여 기존의 연구에서 가장 일반적인 견해

〈표 Ⅲ-1〉『飜譯老朴』의 좌우음과 『譯訓』의 속음, 정음

例字	좌측음	우측음	속음	정음	例字	좌측음	우측음	속음	정음
弓	궁	·궁	궁	귱	干	간	·간	간	건
縱	·중	·중	·중	·즁	般	번	·번	번	붠
知	지ᇫ	·지	지ᇫ	지	鹽	연	:연	연	염
皆	계	·계	계	걔	牙	야	:야	야	야
界	·계	·계	·계	·걔	我	:어	오	:어	:어
背	·븨	·븨	·븨	·뷔	能	능	:능	능	닝
妹	·믜	·믜	·믜	·뮈	永	:융	융	:융	:윙
問	·ᄝᅳᆫ	·ᄝᅳᆫ	·ᄝᅳᆫ	·ᄝᅮᆫ	吟	인	:인	인	임

는 좌측음을 정음, 우측음을 속음을 나타내는 것으로 보고, 이 중 좌측음은 『譯訓』 및 『通攷』 편찬자들이 청취하고 기록한 15세기의 중국북방음인 속음을 옮겨 적은 것이고 우측음은 16세기 당시 저자 崔世珍이 청취한 중국 북방의 현실음을 기록하였다고 간주한 것이다.[1] 『飜譯老朴』의 좌측음이 『譯訓』 및 『通攷』의 정음이 아니라 속음에 가깝다는 사실은 『譯訓』의 정음, 속음과의 비교를 통해 쉽게 알 수 있다.

『飜譯老朴』의 좌측음은 <표 Ⅲ-1>에 보이는 바와 같이 『譯訓』의 정음보다 속음과 일치하는 경향을 보인다. 그러나 『飜譯老朴』의 좌측음은 기본적으로 『譯訓』 및 『通攷』의 속음 체계에 기반을 두고 있으나 둘 사이가 반드시 일치하는 것도 아니다.[2] 따라서 『飜譯老朴』의 좌측음이 구현하는

---

1 이 견해를 대표하는 연구로는 姜信沆(1973, 1974)와 康寔鎭(1985) 등이 있다. 다만 姜信沆(1974)에서는 좌측음에 『通攷』의 속음이 아닌 今俗音을 일부 기록한 사실도 지적하고 있고 『飜譯老朴』의 字音 표기 방식이 『通解』보다 훨씬 현실적인 寫音 방법을 취했다는 사실도 언급하고 있어서 이후의 연구에서 이 연구의 좌우음 차이에 대한 견해를 15세기와 16세기 중국북방음의 음계 차이로 받아들인 것보다 훨씬 다양한 측면에서 좌우음의 성격에 대하여 논의하고 있다.

2 鄭光(1974b: 19-21)에서는 『譯訓』의 音과 『老乞大』·『朴通事』의 飜譯音과의 중국어음 寫音上 齟齬는 다음의 세 가지 이유에 의하여 야기되었다고 하고 있다. 첫째, 『譯訓』에 종사한 집현전학자들이 韻學에 대한 지식이 지나쳐서 中國韻書의 一聲一韻을 모두 훈민정음 초중종성으로 대역함으로써 실제 국어로는 발음 불가능한 문자를 만들어 내어 中宗朝 譯官들이 그 문자를 정확히 발음할 수 없었다는 점이 있다. 둘째, 『譯訓』이 대상으로 한 중국어 방언음과 『老乞大』, 『朴通事』 飜譯 당시

정음이란 『譯訓』 및 『通攷』의 정음 체계와 같은 전통적인 중국어 규범음을 나타낸다고 보기 어렵다.

좌측음과 우측음이 시기에 따른 중국북방음의 음계 차이를 반영하며 각각 정음과 속음에 대응시키는 견해는 많은 연구자들에게 받아들여졌다. 『飜譯老朴』의 좌우음이 15세기와 16세기의 중국북방음을 각각 반영한다는 견해에는 기본적으로 동의하지만, 좌우음의 가장 주요한 차이를 시기에 따른 음계 차이로 볼 수 있는가의 문제와 함께 飜譯凡例의 기록이 『飜譯老朴』의 실제 표기와 일치하지 않는 상황에 대해서는 보다 명확한 해명이 필요하다. 또한 당시 중국 북방의 정치 사회적 상황에 기인하여 형성된 北方官話의 성격에 대해서도 면밀한 고찰이 필요할 것으로 보인다.

위의 견해와는 달리 飜譯凡例 正俗音條의 "書正音於右, 書俗音於左"라는 기록을 기정사실로 하여 좌측음은 속음, 우측음은 정음을 나타내는 것으로 보는 견해도 있다. 다만 기존의 어떤 연구도 『飜譯老朴』의 좌측음이 순수한 『譯訓』 및 『通攷』의 정음을 반영한다고 보고 있지는 않다.[3] 리득

得聞한 중국어 방언음이 서로 달랐기 때문에 차이를 가져왔을 경우가 있다. 셋째, 중국어음을 전사한 훈민정음의 음가가 시대적으로 달랐던 것과 관계가 있다.

3 凡例 正俗音條에 나타난 '左'와 '右'의 顚倒 문제를 제기한 金完鎭(1976: 18)에서도 "여기서 말하는 정음은 반드시 四聲通攷의 체계에서의 정음을 말하지는 않는다. 금속음이 속음의 자리에 오르고 속음이 정음의 자리에 오른 것들이 많다. 이러한 상황은 범례의 기술이 飜譯에 임하면서 崔世珍이 세운 漢音 표기의 기준이었는데, 실제 저술의 과정에서 그것이 너무 번잡하여 지금 우리가 보는 양상으로 전환시켰을 것을 생각케 한다."라고 언급하고 있다. 鄭光(1974b: 10-11)에서는 "飜譯老朴의 在左音은 四聲通解正音과 같고, 이것은 결국 洪武正韻譯訓音과 동일하게 된다. 老乞大 朴通事가 飜譯될 당시는 四聲通解가 아직 이루어지지 않는 시대라고 본다면 飜譯老朴은 洪武正韻譯訓音을 기초로 하였을 것이나, 이 譯訓音은 四聲通攷에 의해서 계승되었음으로 飜譯老朴의 在左音은 四聲通攷의 음을 토대로 한 것이었다."라고 언급하여 오해의 소지가 있다. 그러나 이 논문의 15쪽에서는 "위에서 四聲通解의 정음은 洪武正韻譯訓音과 일치하지만 飜譯老朴의 在左音과는 相異하며 通解의 속음 금속음과 같음을 알 수 있다."라고 하고 있다. 언뜻 보기에는 일관되지 않아 보이는 鄭光(1974b)의 견해는 결론 부분에서 "대체로 在左音은 洪武正韻譯訓音을 기본으로 하였고 때로는 四聲通解에서 속음으로 수정됐던 것을 받아들이기는 하였지만, 결코 老朴을 飜譯者가 새로운 寫音 방법을 사용하지 않았으며 다소간

춘(1994)에서는 『飜朴』 좌측음은 『譯訓』의 속음과 일치하여 범례의 규정과 일치하나 우측음은 『譯訓』의 정음과 일치한 것도 있고 일치하지 않은 것도 있는데, 이것은 당시의 사정과 관련이 있다고 하였다. 그리고 결론적으로는 『譯訓』의 정음과 『飜朴』의 우측음을 꼭 같다고 등호를 칠 수 없다는 견해를 제시하였다. 飜譯凡例의 기록을 충실하게 해석하여 좌측음을 속음, 우측음을 정음으로 보는 견해는 의외로 적지 않게 나타난다. 遠藤光曉(1984, 2006)에서는 우측음을 정음, 좌측음을 속음으로 보고 논의를 진행하면서 飜譯凡例의 문제가 되는 부분을 잘못된 것으로 보지 않고 기록 그대로 『飜譯老朴』의 표기 상황을 설명하려는 시도를 하고 있다. 유재원(2002: 153)에서는 정음을 비현실음으로 간주하거나 정음과 속음을 각각 좌측음과 우측음에 대응시켜 오던 기존의 견해는 중국어학계에서 설정해 놓은 北京語 중심의 구도에 사로잡힌 데서 비롯된 것으로 조선의 譯音書에 대해 이러한 선입견에 얽매일 아무런 이유도 없다고 주장하고 있다. 朱星一(2008a: 77)에서도 國俗撰字之法의 방식에 의해 만들어진 약식 주음을 『通攷』의 속음인 좌측음의 우측에 배열하고 이를 정음이라고 하였다는 언급을 하고 있다. 그러나 飜譯凡例 正俗音條의 기록처럼 좌측음을 속음, 우측음을 정음으로 보기 위해서는 일관되지 않은 범례의 여러 기록에 대한 명확한 설명과 함께 國俗撰字之法에 근거하여 만들어진 우측음을 정음의 개념에 부합하다고 볼 수 있는가의 문제에 대하여 보다 합리적인 설명을 제시해야 할 것이다.

좌우음의 차이를 음계의 차이보다는 표기방식의 차이라는 관점에서 보는 연구도 존재한다. 飜譯凡例에서 『飜譯老朴』의 좌측음은 '通攷所制之字'이고 우측음은 '國俗撰字之法'에 의해서 만든 것이라고 언급하고 있어서, 좌측음과 우측음이 기본적으로 다른 표기방식에 의거하고 있음을 알 수

蒙古韻의 영향에 의한 변화가 보일 뿐이다."라고 하여 필자가 좌측음에 대해 가지고 있는 견해를 보여 주고 있다.

있다.[4] 이는 좌우음의 성격을 규명할 수 있는 중요한 단서이지만, 좌우음의 차이가 전적으로 표기방식에 있다고 보는 것에는 무리가 따른다. 예를 들면 전탁음과 입성 표기 및 歌戈韻에서 보여 주는 좌우음의 표기는 표기방식의 차이만으로는 온전하게 설명하기 어려워서 이에 대한 심화된 논의가 필요하다.

또 하나의 주목할 만한 견해는 『飜譯老朴』의 우측음을 15, 16세기 당시 중국 표준음의 기반이 된 南京官話의 영향을 받은 音形으로 보는 것이다.[5] 中村雅之(2006b)에서는 舊入聲韻字에서 보이는 바와 같이 『飜譯老朴』

---

4 鄭光(1974b: 26)에서는 飜譯凡例의 중국어음 표기에 대한 장황스런 설명은 좌측음인 譯訓音과 崔世珍의 得聞之音을 國俗撰字之法에 의해 寫音한 우측음과의 차이를 규칙화한 것이라고 주장하였다. 張馨實(1994), 朱星一(2000b), 柳在元(2003a), 愼鏞權(2004), 신용권(2012a) 등에서도 『飜譯老朴』의 좌우음을 주로 표기방식의 차이라는 관점에서 보고 있다.

5 『飜譯老朴』의 좌측음이 南方音의 성격을 가지는 것으로 보는 견해도 있다. 安奇燮(1988a: 97)에서는 좌측음은 남방음의 반영이고 우측음은 순전한 北方語音의 기록이라고 하고 있다. 그 근거는 다음과 같다. 첫째, 당시 朝廷에서 중국어교육의 목적이 주로 외교업무 수행에 있었으며, 明朝가 北京으로 遷都한 것이 곧바로 남방어음과의 단절을 의미하지는 않으므로, 적어도 당시에는 남방과 북방의 현실어음을 함께 익히지 않을 수 없었을 것이다. 둘째, 속유 또는 금속음의 표기를 귀납한 어음체계 내에 『中原音韻』이나 『韻略易通』류의 동시기 어음 자료가 보이는 부분적 어음현상 주로 운모 중심의 대체적인 공통점의 존재를 확인할 수 있다고 해서 근본적으로 북방어음의 반영이라 여기고 다수의 비북방음적 요소에 대해서는 남방음의 혼입이라는 예외현상으로 처리하는 것은 주객을 전도시킨 이해방법이기 때문이다. 셋째, 『譯訓』의 속음과 대체로 부합되는 『飜譯老朴』의 좌측음은 불과 60여 년 뒤의 현실음인 우측음과 현격한 차이를 보이고 있는데, 『譯訓』의 속음이 북방음을 대상으로 한 것이었다면 60여 년 사이에 이같이 현격한 변화가 있었다고 보아야 하는 모순이 생기기 때문이다. 많은 연구들에서 『譯訓』이 근거하고 있는 『洪武正韻』에 남방음적인 요소가 있다는 점을 지적하고 있고, 南方通話를 반영하는 것으로 보이는 『古今韻會擧要』와 북방음을 반영하는 것으로 보이는 『蒙古字韻』이 전체 음계에서 대체적으로 일치하는 사례가 있는 것으로 보아 필자도 『洪武正韻』이 비록 官話를 반영하지만 비교적 방언의 영향을 받기 쉬운 성모 방면에서는 남방음적인 요소가 존재할 가능성이 있으며 당시 南方官話와 北方官話의 차이가 그다지 크지 않았을 것이라는 점에 동의한다. 그러나 『飜譯老朴』의 좌측음이 남방음을 반영한다고 보는 견해에는 동의할 수 없는데 그 근거는 다음과 같다. 첫째, 『飜譯老朴』의 좌측음은 31 성모 체계의 『譯訓』이나 『通攷』의 속음을 반영하

의 좌측음은 전통적인 北京音이고, 우측음은 南京官話의 영향을 받은 音形이라고 주장하고 있다. 崔玲愛(2006: 117) 역시 좌측음(정음)은 전통관념이 씌워진 15세기 중엽의 北部官話 口語音(白讀)이고 우측음(속음)은 南部官話가 北部官話에 흡수되어 형성된 16세기 초엽의 讀書音(文讀)으로 표준음이라 하였다.[6] 『飜譯老朴』 좌우음의 입성 글자 표기만을 기준으로

고 있고 이것이 좌측음이 남방음을 반영한다고 하는 핵심적인 근거이지만 이는 북방중국어의 현실을 반영하나 진행 중인 음운변화는 수용하지 않는 규범음의 성격에 기인했을 가능성이 크기 때문에 『洪武正韻』의 음과는 다른 성격을 가진다고 보아야 한다는 점이다. 또한 『洪武正韻』이 底本인 이상 『譯訓』이나 『通攷』의 편찬자가 속음에서도 『洪武正韻』 음계의 권위에 이끌렸을 가능성도 있다. 그러나 姜信沆(1978a)에서 언급한 바와 같이 조선 초기의 역학자들이나 『譯訓』, 『通攷』의 편찬자들이 주로 왕래한 곳이 북방 지역이었고 근거로 삼고 있는 31 성모 체계나 입성의 보존이라는 현상만을 놓고 볼 때도 남방음의 영향인지 또는 변화를 입기 전의 북방음의 상황을 나타내는 것인지 판단하기 어렵다. 따라서 『飜譯老朴』의 좌측음이 남방음을 반영한다고 볼 수 있는 어떤 확실한 근거도 없으며 15세기의 현실음을 표기한 『譯訓』, 『通攷』의 속음은 북방음을 반영할 가능성이 크다. 더욱이 『飜譯老朴』의 좌측음은 『譯訓』, 『通攷』의 속음을 그대로 답습한 것이 아니라 필자의 改正音도 들어 있는데, 이는 북방음의 현실을 반영하는 모습을 보여 준다. 둘째, 본서에서는 『飜譯老朴』 좌측음과 우측음 사이의 본질적인 차이가 '남방음 : 북방음' 사이의 대립에 있는 것이 아니라 '通攷所制之字 : 國俗撰字之法'이라는 표기방식에 있다고 보며 이는 飜譯凡例에서도 언급되고 있는 사실이다. 그리고 『飜譯老朴』의 좌측음이 불과 60여 년 뒤의 현실음인 우측음과 현격한 차이를 보이는 이유는 이러한 표기방식에서의 차이와 함께 현실적 규범음인 좌측음과 당시의 현실음인 우측음 사이의 성격 차이에서 기인한 것이다. 비록 시간상의 차이는 60여 년이나 당시 북방중국어에서 음운변화가 활발하게 일어났음을 고려해 볼 때 진행 중인 음운변화를 잘 반영하지 않는 좌측음과 음운변화의 과정을 생생하게 반영하고 있는 우측음 사이에는 당연히 큰 차이를 보일 수밖에 없는 것이다. 安奇燮(1988a)의 견해가 기존의 논의에서 주의를 기울이지 못한 남방음 영향의 가능성을 제시했다는 점에서 의미가 있으나 좌측음에 남방음의 요소가 있다는 사실을 논증하기 위해서는 다음과 같은 점이 전제가 되어야 한다. 첫째, 『譯訓』, 『通攷』 편찬 당시의 남방음 및 南方官話와 함께 당시 중국북방음의 현실에 대한 정확한 기술이 전제되어야 하고 이에 근거하여 좌측음과의 세밀한 비교가 이루어져야 한다. 둘째, 『譯訓』, 『通攷』 편찬자들이 남방에서 음운을 조사한 기록이나 남방인과의 접촉 사실이 보다 분명하게 확인되어야 한다.

6 崔玲愛(2006: 116)에서는 申叔舟의 속음이 『飜老』에서 랑그의 체계로 자리 잡은 것이 정음이고 16세기 초에 南部官話에서 온 讀書音 체계가 北音에서 표준음이 된 것을 적은 것으로 실제 발화음 즉 빠롤의 체계로 자리 잡은 것이 속음이라고 정의

하면 우측음이 南京音, 좌측음이 北京音의 경향을 보이는 것은 인정할 수 있는 사실이어서 좌우음의 음계 기초가 다르다는 이러한 견해에 일단 주의를 기울일 필요가 있다. 그러나 明初인 1421년 南京에서 北京으로 천도한 후 얼마 되지 않아서 南京官話의 영향이 컸던 15세기 중반의 북방음을 반영하고 있는 좌측음보다 16세기 초반의 우측음에 南京官話의 영향이 더 강하게 반영되어 있다는 사실은 설명을 필요로 한다. 또한 이 견해에서 제시한 예가 주로 입성 글자 표기에 국한되어 있다는 점도 한계로 지적할 수 있다. 다만 입성 글자와 관련된 文白異讀과 같은 일부 음운현상에서 우측음이 南京官話의 영향을 직접적으로 받아 좌측음과 일부 다른 방언적 층위를 가지고 있었을 가능성은 있다.

지금까지 살펴본 바와 같이 좌우음과 정속음에 관련된 쟁점은 좌우음과 정속음을 어떻게 연결시키는가의 문제, 좌우음의 차이를 표기방식이나 음계의 차이 및 방언 배경의 차이 중에서 어느 부분에 중점을 두는가의 문제, 정음과 속음의 개념을 어떻게 규정할 것인가의 문제 등이다.

『飜譯老朴』의 좌측음은 『譯訓』을 간략화하여 편찬한 『通攷』의 속음에 편찬자의 改正音을 더한 것이고, 우측음은 일반적인 표기방식인 國俗撰字之法에 의해서 만들어진 현실음 표기이다. 따라서 좌측음이 속음이고 우측음이 정음이라는 견해에는 동의하기 어렵다. 전통적인 의미에서 정음은 중국인이 사용하는 음 중 『洪武正韻』처럼 당시의 표준음을 반영하는 韻圖와 韻書에 부합하는 것이다. 明代의 欽定韻書인 『洪武正韻』은 우리나라에서 『譯訓』으로 번역되었고 『譯訓』과 『通攷』, 『通解』는 음계나 표기에서 기본적으로 일치하고 있어 결국 韻圖와 韻書에 부합하는 음은 『譯訓』, 『通攷』, 『通解』의 정음이라고 할 수 있다. 이는 일반적인 한글 표기방식을 사용해 학습의 편의를 도모한 우측음보다는 『通攷』 속음을 기록하고

할 수 있다고 하였다.

있는 좌측음과 맥을 같이한다. 그러나 『飜譯老朴』의 좌측음은 『通攷』의 정음도 아니고 『通攷』의 속음 체계에 기반을 두고 있지만 속음과 완전히 일치하는 것도 아니다. 따라서 『飜譯老朴』의 좌측음이 구현하는 정음은 『通攷』의 정음 체계와 같은 규범음을 나타낸다고 보기 어렵고 굳이 좌측음을 정음이라 칭한다면 다른 함의를 갖는 것으로 보아야 할 것이다. 결국 이러한 문제에 대한 합리적인 설명이 있어야 『飜譯老朴』에 나타난 좌우음의 성격과 정속음의 개념에 대하여 명확히 밝힐 수 있을 것이다.

1.2. 『飜譯老朴』의 正俗音에 대한 관련 자료의 기록

본 절에서는 『飜譯老朴』에 나타난 정속음의 개념이 관련 자료에서 어떻게 나타나는지 살펴보도록 한다. 이를 통하여 정속음에 대한 저자의 인식을 알 수 있을 것이다. 먼저 『飜譯老朴』 정속음의 개념에 대하여 가장 직접적인 언급을 하고 있는 飜譯凡例 正俗音條의 기록을 살펴보자.

(1) "凡字有正音, 而又有俗音者, 故通攷先著正音於上, 次著俗音於下. 今見漢人之呼, 以一字而或從俗音或從正音, 或一字之呼, 有兩三俗音, 而通攷所不錄者多焉. 今之反譯, 書正音於右, 書俗音於左,[7] 俗音之有兩三呼者, 則或書一音於前, 又書一音於後, 而兩存之. 大抵天地生人, 自有聲音, 五方殊習, 人人不同, 鮮有能一之者. 故切韻指南云, 吳楚傷於輕浮, 燕薊失於重濁, 秦隴去聲爲入, 梁益平聲似去, 江東河北, 取韻尤遠, 欲知何者爲正聲, 五方之人, 皆能通解者, 斯爲正音也. 今按本國通攷(*원문은 考), 槩以正音爲本, 而俗音之或著或否者, 蓋多有之, 學者毋爲拘泥焉." (飜譯凡例 正俗音條)
(무릇 漢字에는 정음이 있고 또한 속음이 있어서, 『通攷』에서는 먼저 정음을 위에 쓰고 다음에 속음을 아래에 썼다. 지금 중국인의 발음을 들어보니 한 글자로써 속음을 따르거나 정음을 따르고, 혹은 한 글자의 발음에

7 『飜譯老朴』의 실제 내용과 비교할 때, '書正音於右'에서 '右'는 '左'의 잘못으로 보이고 '書俗音於左'에서 '左'는 '右'의 잘못으로 보인다.

도 두세 속음이 있는데 『通攷』에는 수록되지 않은 것이 많다. 이번의 反譯에서는 정음을 오른쪽에 쓰고 속음을 왼쪽에 쓰되, 속음으로서 두세 음으로 발음되는 것은 한 음을 앞에 쓰고 또 한 음을 뒤에 써서 둘을 표기하였다. 대저 천지간에 사람이 생겨나고 스스로 聲音이 있으나 五方의 습속이 다르고 사람마다 같지 않으니 능히 하나의 聲音만이 존재하는 일이 드물다. 그러므로 『切韻指南』에서도 말하기를 吳楚는 (聲音이) 가벼운 점에 상함이 있고, 燕薊는 무겁고 탁한 점에 흠이 있으며, 秦隴은 거성이 입성으로 되었고, 梁益은 평성이 거성과 비슷하다. 江東·河北은 取韻이 더욱 머니 어떤 것이 표준음(正聲)인지 알고자 한다면 五方의 사람들이 다 능히 통하여 알 수 있는 것이 곧 정음이다. 이제 우리나라의 『通攷』를 살펴보면 대개 정음으로 기본을 삼았으므로 속음이 나타난 것이 있는가 하면 그렇지 않은 것도 많다. 그러므로 배우는 사람은 구애받지 말 것이다.)

위의 기록에 따르면 五方의 사람들이 다 능히 통하여 이해할 수 있는 것을 정음이라 하고 조선 초기의 韻書인 『通攷』에서는 정음을 기본으로 삼고 속음을 표시하기도 하였다. 이처럼 飜譯凡例의 기록은 五方人이 능히 통하여 이해할 수 있는 것을 정음으로 삼은 『洪武正韻』의 정신을 그대로 계승하고 있다. 똑같은 내용은 崔世珍의 또 다른 저서인 『四聲通解』의 범례에도 아래와 같이 나타나는데, 『飜譯老朴』과 『通解』는 동일인의 저작이므로 두 책에 나타난 정속음의 개념은 상통한다고 볼 수 있다.

(2) "正韻凡例云, 人居異區, 五方殊習, 而聲之所發乃有剽疾重遲之別, 故字音之呼, 萬有不同也. 欲知何者爲正聲, 五方之人, 皆能通解者, 斯爲正音也." (『通解』 凡例)
(『洪武正韻』 凡例에서 이르기를, 사람이 서로 다른 곳에 살면서 五方의 습속이 다르게 되었으며, 소리를 내는 바도 빠르고 급하고 무겁고 느려지는 차이가 생겨서 字音의 발음도 상당히 다르다. 어떤 것이 표준음(正聲)인지 알고자 한다면 五方의 사람들이 능히 통할 수 있는 것이 바로 정음이다.)

위의 기록은 정음과 직접적으로 관련된 것이다. 정속음과 관련된 『通解』 범례와 서문의 또 다른 기록을 살펴보면 다음과 같다.

(3) "四聲通攷所著俗音或同蒙韻之音者多矣. 故今撰通解必參以蒙音以證其正俗音之同異." (『通解』 凡例)
(『通攷』에서 기록한 속음은 『蒙韻』의 음과 같은 것이 많다. 따라서 지금 『通解』를 편찬하는 데 반드시 蒙音을 참고하여 정속음의 같고 다름을 밝혔다.)

(4) "字之取捨, 音之正俗, 專以洪武正韻爲準." (『通解』 凡例)
(글자를 취하고 버림과 음의 正俗은 전적으로 『洪武正韻』을 기준으로 하였다.)

(5) "註內只曰俗音者, 卽通攷元著俗音也. 曰今俗音者, 臣今所著俗音也." (『通解』 凡例)
(註 안에서 속음이라고만 한 것은 『通攷』에서 원래 속음으로 기록한 것이다. 금속음이라고 한 것은 臣(崔世珍)이 지금 기록한 속음이다.)

(6) "洪武韻及通攷, 其收字取音, 與古韻書及今俗之呼, 有大錯異者多矣. 其可辨出而分之者, 則移入該攝之母, 其或疑之者, 則仍舊存之. 而只著辨論, 以竢知者之去取焉." (『通解』 凡例)
(『洪武正韻』과 『通攷』는 글자를 수록함과 음을 취함이 옛 운서 및 현재 俗間의 발음과 크게 어긋나고 다른 점이 많다. 그중 구별해 내어 나눌 수 있는 것은 해당되는 성모나 운모로 옮겨 넣고 혹시 의심스러운 것은 그대로 둔다. 다만 구분해야 할 이유만 적어서 識者가 버리고 취하기를 기다린다.)

(7) "夫始肄華語者, 先讀老乞大朴通事二書, 以爲學語之階梯, 初學二書者, 必觀四聲通攷以識漢音之正俗." (『通解』 序)
(무릇 중국어를 처음 익히는 사람은 먼저 『老乞大』, 『朴通事』 두 책을 읽는 것으로 말을 배우는 순서를 삼아야 하고, 이 두 책을 처음 배우는 사람은 반드시 『通攷』를 살핌으로써 漢音의 正俗을 식별해야 한다.)

위에서 제시한『通解』의 기록을 통해 崔世珍의 정속음에 대한 인식은 다음과 같이 정리할 수 있다. 첫째,『通攷』의 속음은『蒙古韻略』등 蒙古韻書에서 기록한 현실음과 같은 것이 많아서『通解』정속음의 차이를 밝히는 데 이 운서의 음을 참고했음을 알 수 있다. 둘째, 글자의 취사선택과 음의 正俗은 전적으로『洪武正韻』을 기준으로 했음을 밝힘으로써 정음의 기반이『洪武正韻』에 있음을 분명히 하고 있다.[8] 그러나『洪武正韻』과『通攷』에서 현실음에 부합하지 않는 음이 있는 경우에는 그대로 수용하지 않고 일부 조정하였음도 밝히고 있다. 셋째,『通解』의 속음은『通攷』에서 기록한 속음이며, 今俗音은 저자 崔世珍이『通解』편찬 당시 기록한 속음이다. 또한 중국어음에서 正俗의 구별은『通攷』,『通解』에서 동일한 기준이 적용되었으며『老乞大』,『朴通事』의 언해서에도 이어진다.『通攷』에는 모든 글자에 속음이 표시된 것이 아니므로,『飜譯老朴』의 좌측음에『通攷』의 속음을 기록하여 다수 글자들의 속음을 일일이 제시한 것은『老乞大』,『朴通事』라는 중국어 학습서의 효용성을 더욱 높인 것이라고 볼 수 있다.

『通攷』凡例에는 짧기는 하지만 정음과 속음의 개념이 보다 구체적으로 제시되어 있다. 즉 중국인이 사용하는 음 중에서 韻圖와 韻書에 부합하는 것으로 그 字音 즉 정음을 정하고 부합하지 않는 것을 속음으로써 反切의 아래에 附記한다고 하였다. 다음은『通攷』凡例에 나타난 관련 기록이다.

8 李崇寧(1971: 553-554)에서는『洪武正韻』이 世宗朝에 중시되고 또 운서 편찬의 모델로 높이 평가된 이유를 다음과 같은 세 가지로 들고 있다. 첫째, 이 책이 동시대 중국 왕조인 明의 권위를 상징하는 문헌이기 때문이다. 둘째, 世宗이 韻學에 대한 조예가 깊은 터로 당시 한국한자음의 현실을 잘 인식하고 있었고 派俗된 字音을 改新하려는 世宗의 의도와 明 太祖의 의도가 부합됨에서『洪武正韻』은 世宗을 크게 자극하였기 때문이다. 셋째,『洪武正韻』이 明初의 국가사업으로 출판되었다는 점이 아마도 조선 초의 지식층에게 신뢰와 권위를 느끼게 한 것이 아닌가 하며 이것이『洪武正韻』에의 관심을 더욱 북돋게 한 것으로 보인다.

(8) "以圖韻諸書及今中國人所用, 定其字音. 又以中國時音所廣用, 而不合圖韻者, 逐字書俗音於反切之下." (『通攷』 凡例)
(여러 韻圖와 韻書 및 지금 중국인이 사용하는 바로써 그 字音을 정하고, 또한 중국의 時音으로 널리 사용되지만 韻圖와 韻書에 부합하지 않는 것은 글자마다 속음으로써 反切의 아래에 쓴다.)

다음은 훈민정음을 사용하여 중국어의 정음과 속음을 최초로 기록한 자료인 『譯訓』의 서문에 나타난 정속음 관련 기록이다. (9)는 속음과 주석을 붙이는 경우에 대하여 설명하고 있고, (10)은 정속음의 같고 다름을 살피기 위하여 접한 대상과 노력을 기술하고 있다.

(9) "分入字母於諸韻各字之首, 用訓民正音以代反切. 其俗音及兩用之音, 又不可以不知, 則分注本字之下, 若又有難通者, 則略加注釋以示其例." (『譯訓』 序)
(字母를 여러 韻의 각 글자 첫머리에 나누어 넣고, 훈민정음으로 反切을 대신하였다. 그 속음 및 두 가지로 사용되는 음 역시 몰라서는 안 되기 때문에, 本字의 아래에 나누어 기록하고 만약 또 이해하기 어려운 것이 있으면 간략하게 주석을 붙여서 그 예를 보였다.)

(10) "燕都爲萬國會同之地, 而其往返道途之遠, 所嘗與周旋講明者, 又爲不少, 以至殊方異域之使, 釋老卒伍之微, 莫不與之相接, 以盡正俗異同之變." (『譯訓』 序)
(燕都는 萬國이 한데 모이는 땅으로 그 오가는 길이 멀어 일찍이 뒤쫓아 물어서 분명히 밝히고자 한 사람 또한 적지 않았고, 변방이나 이역에서 온 사신들과 중, 도사, 군졸 등과 같은 미천한 사람들까지 서로 접하지 않은 바가 없었으며, 이렇게 함으로써 正俗의 같고 다름을 다 살피려 하였다.)

이러한 관련 기록들을 통하여 『飜譯老朴』에 나타난 정음과 속음의 개념을 어느 정도 파악할 수 있다. 전통적인 의미에서의 정음이란 중국인이 사용하는 현실음 중 五方의 사람들이 통할 수 있도록 운도와 운서에 부합하는 음을 정한 것이라고 일단 개념을 규정할 수 있다.[9] 조선 초기에 중국어 음의 표준으로 간주된 운서는 『洪武正韻』으로 이 책의 反切音은 『譯訓』, 『通攷』, 『通解』 등의 운서를 통해 꾸준히 정음으로 정리되었다. 따라서 조선의 한학자들이 생각한 운도와 운서에 부합하는 정음이란 『譯訓』, 『通攷』, 『通解』 등에 제시된 정음이라는 잠정적인 결론을 내릴 수 있고, 『飜譯老朴』에 나타난 정음도 이와 상통하는 개념임을 알 수 있다. 반면 속음은 蒙古韻書에 기록된 음과 많은 부분이 일치하며 『洪武正韻』의 反切音 즉 정음에서 벗어나 당시 광범위하게 통용되던 현실음이고, 『譯訓』, 『通攷』에 정음과는 별도로 反切의 아래에 附記되었다. 또한 하나의 한자에 여러 개의 속음이 동시에 존재할 수 있으며, 금속음이란 필자가 기록한 당시의 속음이다. 따라서 속음이 현실음 표기인 것은 분명하며, 정음 역시 표준적인 운서에 기록된 중국인이 사용하는 현실음이라고 볼 수 있다.

그러나 『飜譯老朴』에 나타난 정음과 속음에 대해서는 여전히 다른 시각 심지어는 상반된 시각이 존재하고 있다. 이는 주로 飜譯凡例 正俗音條의 문세가 되는 기록에서 기인한 것이지만, 관련 기록이나 『飜譯老朴』에 나타난 표기를 통해서 정음과 속음의 명확한 개념을 규정하기 쉽지 않다는 점도 어려움으로 작용한다. 이 문제의 해결을 위해 『飜譯老朴』의 정음과 속음에 대한 관련 기록을 면밀히 분석하고 정속음의 개념에 대한 기존의 논의에서 나타난 문제점을 검토하여 관련된 쟁점들에 대하여 집중적으로 살펴볼 필요가 있다.

---

9 정경일(2006: 157)에서는 『譯訓』과 『通攷』에서 정음과 속음을 나누는 것은 그 음이 운도나 운서에 맞는지 그렇지 않은지에 따를 뿐으로, 결국 이들 문헌에서 나타난 정음과 속음은 중국 韻書音을 기준으로 삼고 있다고 하였다. 또한 姜信沆(2007)에 따르면 朝鮮朝의 정음은 다음과 같은 의미를 포괄하고 있었다고 한다. 첫째, 우리말의 소리와 글자를 뜻하는 정음. 둘째, 중국본토한자음(漢音)을 뜻하는 정음과 『洪武正韻』의 정음(즉 『譯訓』의 정음). 셋째, 음악의 정음. 넷째, 『東國正韻』식의 한자음.

1.3. 『飜譯老朴』 正俗音의 개념에 대한 검토

지금까지 논의한 사항을 기초로 『飜譯老朴』에 나타난 정속음의 개념과 관련된 핵심적인 문제들을 검토하고 정속음의 개념 및 정속음과 좌우음의 관계에 대해 살펴보자. 이를 위하여 본 절에서는 다음의 세 가지 문제에 대하여 집중적으로 논의하게 될 것이다. 첫째, 『飜譯老朴』의 좌측음이 그 표기가 기초하고 있는 『譯訓』, 『通攷』, 『通解』 등의 운서와 관련 기록에 제시된 정음의 개념에 부합하는가의 문제. 둘째, 좌측음을 전통적인 의미에서의 정음으로 볼 수 없다면 우측음을 정음으로 볼 수 있는가의 문제. 셋째, 좌우음 모두 정음의 개념에 부합하지 않는다면, 좌우음의 성격은 무엇이며 飜譯凡例의 정속음에 대한 기록과 『飜譯老朴』의 실제 중국어음 표기가 일치하지 않는 이유는 무엇인가의 문제.

먼저 『飜譯老朴』의 좌측음이 『譯訓』, 『通攷』, 『通解』, 『飜譯老朴』 등의 관련 기록에 제시된 정음의 개념에 부합하는가의 문제에 대하여 살펴보자.

『飜譯老朴』의 좌측음이 『譯訓』, 『通攷』의 정음 체계를 반영하는 것이 아니라는 사실은 이미 언급한 바 있다. 이는 현재 전하지 않는 『通攷』 대신에 이와 중국어음 표기가 기본적으로 일치하는 『譯訓』의 정음, 속음과의 비교를 통해 쉽게 확인할 수 있다. 즉 『飜譯老朴』의 좌측음은 『譯訓』의 정음보다는 속음과 일치하는 경향을 보인다.[10] 그러나 『譯訓』의 속음과 일치한다는 것은 경향일 뿐이고 『飜譯老朴』 좌측음과 『譯訓』 속음 사이에는 일치하지 않는 경우도 존재하고 있다. 朱星一(2000b: 75)에 의하면 『飜譯老朴』에 출현하는 1,807字 중에서 좌측음이 『譯訓』의 속음과 일치하지 않는 경우는 82字라고 하였다. 필자가 조사한 바에 따르면 『飜譯

10 본 장의 <표 Ⅲ-1>에서는 이와 관련된 예를 제시하였다.

老朴』의 좌측음과 『譯訓』의 속음이 일치하지 않는 경우가 72字 이상 나타난다. 이 글자들의 목록과 함께 차이를 유발한 원인에 대해서는 본 장의 2.2절에서 논의한다.

이처럼 『飜譯老朴』의 좌측음은 『譯訓』 및 『通攷』의 속음 체계를 기반으로 하고 있으나, 어떤 글자의 『通攷』 속음 표기를 그대로 옮겨 적는 것이 적합하지 않다고 생각하는 경우에는 저자의 개정음을 제시하고 있다. 『飜譯老朴』을 편찬할 당시에 저자 崔世珍이 관심을 가지고 있던 주요한 문제 중의 하나가 『通攷』의 음과 현실음 사이의 괴리를 극복하는 것이었기 때문에 좌측음이 아무리 通攷所制之字라 할지라도 수용할 수 없는 것은 필자의 개정음으로 바꾼 것이라고 할 수 있다. 결국 엄격한 의미에서 『飜譯老朴』 좌측음은 『譯訓』, 『通攷』, 『通解』, 『飜譯老朴』 등의 관련 기록에 제시된 정음의 전통적인 개념에 부합한다고 보기 어렵다.

다음으로 좌측음을 전통적인 의미에서의 정음으로 볼 수 없다면 우측음을 정음으로 볼 수 있는 가능성이 있는가의 문제에 대하여 살펴보자. 첫 번째 가능성은 우측음을 明代 당시에 중국어 표준음의 기반이 되었던 南京官話의 영향을 받은 音形으로 보는 것이다. 즉 우측음을 정음이라고 간주하는 견해 중 일부에서는 우측음이 15~16세기 당시 표준음의 기반이 되었던 南京官話의 영향을 받은 것으로 보고, 南京官話를 반영하는 우측음을 정음이라고 보고 있다. 中村雅之(2006b)에서는 舊入聲韻字의 예에서 보이는 바와 같이 『飜譯老朴』의 우측음은 南京官話의 영향을 받은 音形으로 崔世珍이 『飜譯老朴』에서 정음이라 간주하였다고 주장하였다. <표 Ⅲ-2>는 中村雅之(2006b)에서 제시한 入聲韻字 좌우음을 南京音과 비교한 것이다.[11]

11 中村雅之(2006b)에서 제시된 음 표기에 일관성이 없는 부분이 있어서 본 표에서는 국제음성문자에 가깝게 일부 표기를 조정하였다. 19세기 南京官話音에서 표시된 음절말의 '-h'는 성문 폐쇄를 의미한다.

〈표 Ⅲ-2〉『飜譯老朴』의 入聲韻字 좌우음과 南京音 비교

	學	角	北	黑	色	白
좌측음	ɣiaw̱	kiaw̱	pïiʔ	xïiʔ	ʃïiʔ	bïiʔ
우측음	xio	kio	pə	xə	sə	pə
현대 南京音	ɕio	tɕio	pəʔ	xəʔ	səʔ	pəʔ
19세기 南京官話	hioh	kioh	peh	heh	shèh	peh

위의 예와 같이 우측음이 南京官話의 音形과 유사한 것은 특히 入聲韻字에서 두드러진데, 과연 이러한 현상을 근거로 우측음을 정음이라고 간주할 수 있을까? 이에 대하여 다음과 같은 이유로 부정적인 견해를 가지고 있다.

첫째, 우측음이 南京官話의 영향을 받은 것으로 보이는 부분은 舊入聲韻字와 성조에서 나타나는데, 성조는 좌측음에도 해당하는 사항이어서 우측음이 좌측음에 비해 南京官話의 특징을 반영한 것은 舊入聲韻字에 국한되어 있다는 점이다. 반면 좌측음은 전탁음 표기를 비롯한 성모 표기나 입성운미 표기 등 다양한 부분에서 南京官話 및 이에 인접한 吳方言의 특성을 보이고 있다.12 따라서 표기의 성격을 고려해야 하겠지만 전체적인 중국어음 표기상으로는 좌측음이 전통적인 北京音이고 우측음이 南京官話의 영향을 받은 音形이라고 보는 것이 근거가 미약하다. 좌측음과 우측음이 각각 어떤 방언의 영향을 받았는가의 문제는 文白異讀 현상 등을 중심으로 보다 면밀한 고찰이 필요하나, 『飜譯老朴』의 좌우음 모두 南京官話의 영향이 있었을 것으로 보며 시기적으로 볼 때 그 영향은 좌측음에 더 강하게 미쳤고 그것이 당시 중국북방음의 상황이라고 본다.

---

12 南京은 본래 吳方言 지역에 위치해 있었으나 많은 왕조가 수도를 이곳으로 정하는 과정에서 인구의 구성이나 언어에서 북방의 영향을 받았기 때문에 明代 이전에 이미 점차 북방방언으로 변하였다.

둘째, 『飜譯老朴』의 우측음이 南京官話의 특성을 일부 보인다고 해서 이를 정음이라고 볼 수 있는가에 대해서는 회의적이라는 점이다. 정음에 대한 개념은 『譯訓』, 『通攷』 및 崔世珍의 또 다른 저서인 『通解』에서 지속적으로 언급되어 왔다. 따라서 南京官話가 적어도 明代 中期에 이르기까지 표준음의 기초가 되었고 『洪武正韻』과도 어느 정도 관련성이 있으나, 우측음에 반영된 南京官話의 특징은 제한적이며 설령 우측음을 南京官話音이라 규정한다고 하더라도 崔世珍이 『飜譯老朴』에서 南京官話音을 정음으로 규정했다고 볼 수 있는 어떠한 근거도 없다.

우측음을 정음으로 부를 수 있는 또 하나의 가능성은 訓民正音을 지칭하는 것이다.[13] 그러나 정음은 『譯訓』, 『通攷』, 『通解』의 서문과 범례 등 관련 기록 및 飜譯凡例에서 漢音의 속음에 대응하는 개념으로 사용하고 있다는 점에서 훈민정음을 지칭 또는 약칭할 가능성은 희박하다. 또한 좌측음이 『通攷』의 속음에 기반하였다는 이유로 정음이라고 볼 수 없다면, 좌측음보다 더 현실적이며 『譯訓』, 『通攷』의 표기방식에서 벗어난 우측음을 정음이라고 하기는 더욱 어렵다고 할 수 있다.

<표 Ⅲ-3>에서 보이는 바와 같이 우측음은 좌측음보다 더 현실적이며 『譯訓』 및 『通攷』의 정음과 차이가 더 크다. 또한 좌측음이 대체로 『譯訓』, 『通攷』의 속음과 일치하는 경향을 보이는데, 우측음 역시 속음과 가까운 표기가 많이 나타난다. 우측음은 중국어 학습서에 적합하게 國俗撰字之法에 근거하여 만들어져 이전의 운서에서는 볼 수 없었던 새로운 표

13 朱星一(2008a: 78)에서는 『飜譯老朴』 우측음의 표기방식인 國俗撰字之法이 기본적으로 당시 국어음운체계 내에서 통용되던 훈민정음 字母들로만 구성되어 있는 이유로 우측음에서의 注音에 사용된 字母들을 가리켜 정음이라는 명칭을 사용한 것으로 판단하였다. 우측음이 중국어를 처음 배우는 사람들의 학습을 위하여 일반적으로 사용하는 훈민정음 표기방식을 사용한 것은 사실이다. 그러나 우측음에서도 'ㅾ, ㅿ, ㅜ, ㅜ' 운모 표기 등 훈민정음의 合字例에 부합하지 않는 표기가 나타나며 결국 좌측음이나 우측음 모두 고유어 표기와는 차원이 다른 외국어 표기라는 점에서 이 문제는 좀 더 고려를 필요로 한다.

〈표 Ⅲ-3〉『譯訓』의 정속음과 『飜譯老朴』의 좌우음

例字	譯訓 정음	譯訓 속음14	飜譯老朴 좌측음	飜譯老朴 우측음
來	래	(래)	래	:레
別	·뼌	·뼝	·뼝	:벼
若	·샥	·샹	·샹	:쇼
那	:너	:나	:나	나
霧	·무	(·무)	·무	·우
烏	후	(후)	후	·우
五	:우	(:우)	:우	우
胡	후	(후)	후	:후
和	훠	(훠)	훠	:호
火	:훠	(:훠)	:훠	호
我	:어	:어	:어	오
多	더	(더)	더	·도
知	지	징	징	·지
弓	궁	궁	궁	·궁

기방식이기 때문에 사실상 우측음을 전통적인 의미에서의 정속음의 차원에서 다루기는 어렵다. 따라서 어떤 측면에서 보더라도 『飜譯老朴』의 우측음은 전통적인 의미에서의 정음의 개념과는 부합하지 않는다는 결론을 내릴 수 있다.

마지막으로 『飜譯老朴』에 나타난 정속음의 개념에 대하여 논란을 유발한 원인과 직접적으로 관련된 것으로, 飜譯凡例의 정속음 관련 기록과 『飜譯老朴』의 중국어음 표기가 일치하지 않는 상황이 나타나게 된 원인에 대하여 논의해 보자. 또한 이와 관련하여 좌우음의 성격 문제도 함께 살펴

14 『譯訓』 속음 표기 중에서 괄호를 한 것은 속음 표기가 없고 정음 표기만 있는 것이다. 즉 『譯訓』에서 해당되는 한자에 정음 표기만 존재하므로 이 경우에는 정음과 속음이 같다고 할 수 있다.

보도록 하겠다. 飜譯凡例의 내용 중에는 『飜譯老朴』의 실제 중국어음 표기 상황과 일치하지 않는 부분이 正俗音條에 나타나고 있어 기존의 연구에서도 논란이 되어 왔다. 밑줄 친 부분이 문제가 되는 부분이다.

(11) "凡字有正音, 而又有俗音者, 故通攷先著正音於上, 次著俗音於下. 今見漢人之呼, 以一字而或從俗音或從正音, 或一字之呼, 有兩三俗音, 而通攷所不錄者多焉. 今之反譯, 書正音於右, 書俗音於左, 俗音之有兩三呼者, 則或書一音於前, 又書一音於後, 而兩存之." (飜譯凡例 正俗音條)
(무릇 漢字에는 정음이 있고 또한 속음이 있어서, 『通攷』에서는 먼저 정음을 위에 쓰고 다음에 속음을 아래에 썼다. 지금 중국인의 발음을 들어보니 한 글자로서 속음을 따르거나 정음을 따르고, 혹은 한 글자의 발음에도 두세 속음이 있는데 『通攷』에는 수록되지 않은 것이 많다. 이번의 反譯에서는 정음을 오른쪽에 쓰고 속음을 왼쪽에 쓰되, 속음으로서 두세 음으로 발음되는 것은 한 음을 앞에 쓰고 또 한 음을 뒤에 써서 둘을 표기하였다.)

위의 기록에 대하여 金完鎭(1973/1989, 1976) 등에서는 誤記에 의한 것으로 보인다고 하였지만 박태권(1976, 2002), 安秉禧(1996) 등에서는 위의 기록을 단순한 誤記로 처리하는 견해에 대한 문제점을 지적하였다. 또한 속음이 두 개 또는 세 개 있는 경우도 『飜譯老朴』의 중국어음 표기에 나타나지 않는다.

飜譯凡例에는 正俗音條의 문제가 되는 내용 이외에 國音條, 支紙寘三韻內齒音諸字條에서도 『飜譯老朴』의 실제 표기 상황과는 다른 내용이 나타난다.

(12) "今之反譯, 漢字下在左, 諺音並依國語高低而加點焉." (飜譯凡例 國音條)
(이번 反譯은 한자 아래의 왼쪽에 있고, 諺音은 국어의 고저에 따라 점을 더하였다.)

(13) "今按齒音諸字, 若從通攷(*원문은 考)加△爲字, 則恐初學難於作音. 故今之反譯, 皆去△聲, 而又恐其直從去△之聲, 則必不合於時音, 今書正音, 加△之字於右, 庶使學者必從正音, 用△作聲然後, 可合於時音矣." (飜譯凡例 支紙寘三韻內齒音諸字條)

(이제 치음의 여러 글자를 살펴보건대 만약 『通攷』에 따라 '△'을 더하여 글자를 삼는다면 아마도 初學者가 그 음을 발음하기 어려울까 두렵다. 따라서 이번의 反譯에서는 '△' 소리를 모두 없앴으나 '△'을 없앤 소리를 바로 따른다면 반드시 時音에 맞지 않을까 저어하여 이제 정음을 쓰고 '△'을 더한 글자를 오른쪽에 붙여 배우는 사람들이 반드시 정음을 따라 '△'을 이용하여 소리를 낸 다음에 時音에 맞도록 하였다.)

밑줄 친 부분의 "今之反譯, 漢字下在左, 諺音並依國語高低而加點焉"이나 "今書正音, 加△之字於右"라는 기록도 『飜譯老朴』의 실제 표기 상황과 비교하여 '右'가 '左' 또는 '左'가 '右'로 잘못 쓰인 경우인데, 길지도 않고 공을 들여 교정했음에 분명한 범례에서 誤記가 이처럼 여러 곳에서 나타난다는 것이 언뜻 이해가 되지 않는다. 飜譯凡例의 기록에 의하면 좌측음은 '正音, 漢音' 등으로 불리고 우측음은 '俗音, 諺音, 反譯音' 등으로 불리고 있는데, 여기서 '反譯'이란 중국어를 처음 배우는 사람의 학습상 어려움을 덜어 주기 위해 國俗撰字之法에 의거하여 중국어음을 표기한 것이다.[15]

그런데 더 문제가 되는 것은 誤記인 것으로 추정되는 기록이 나타날 뿐만 아니라 飜譯凡例의 내용 사이에도 일관성이 없는 경우가 있다는 것이다. 위의 (12), (13)의 기록과 함께 飜譯凡例의 부분 중 내용에서 일관성이 없는 부분들을 다시 비교하여 검토해 보자.

---

15 여기에서 좌측음이 정음, 우측음이 속음으로 불린다고 하는 것은 飜譯凡例에서의 문제가 되는 기록들이 誤記에 근거한 것이라는 기존의 견해를 잠정적으로 따른 것이다. 여기에서 언급된 좌측음과 우측음의 명칭은 飜譯凡例에 나타난 기록에 근거한 것이다.

(14) "在左者, 卽通攷所制之字, 在右者, 今以漢音, 依國俗撰字之法, 而作字者也. 通攷字體, 多與國俗撰字之法不同, 其用雙字爲初聲, 及ᅙ ᄛ爲終聲者, 初學雖資師授, 率多疑碍, 故今依俗撰字體, 而作字如左云." (諺音條)

(15) "在左字旁之點, 則字用通攷所制之字, 故點亦從通攷所點, 而去聲入聲一點上聲二點平聲無點. 在右字旁之點, 則字從國俗編撰之法而作字, 故點亦從國語平仄之呼而加之." (旁點條)

(16) "凡字有正音, 而又有俗音者, 故通攷先著正音於上, 次著俗音於下. 今見漢人之呼, 以一字而或從俗音或從正音, 或一字之呼, 有兩三俗音, 而通攷所不錄者多焉. 今之反譯, 書正音於右, 書俗音於左, 俗音之有兩三呼者, 則或書一音於前, 又書一音於後, 而兩存之." (正俗音條)

(14)와 (15)의 기록은 『飜譯老朴』의 실제 표기 상황과 일치한다. 좌측음은 通攷所制之字로 『通攷』의 표기법에 의거한 것이고 우측음은 일반적으로 사용하는 한글 글자체로 反譯한 표기라는 것을 실제 표기 상황에 대한 검토를 통해 어렵지 않게 알 수 있고, 성조 표기 역시 旁點條에서 언급한 바와 같다. 그러나 (16)의 기록은 『飜譯老朴』의 실제 표기 상황과 큰 차이를 보인다. (14), (15), (16)을 종합해 보면 '좌측음=通攷所制之字=속음', '우측음=國俗撰字之法=정음'이라는 공식이 성립되는데 정음과 속음에 대한 일반적인 기준에서 볼 때 이 공식은 선뜻 받아들이기 어렵다. 또한 18세기에 간행된 『老乞大』, 『朴通事』의 언해서에서 좌측음에 『譯訓』, 『通攷』의 정음을 기록하였다는 사실은 좌측음이 본래 정음을 기록하기 위한 자리였음을 시사해 준다.[16] 결국 『洪武正韻』의 정음 관념은 조선의 한학자들이 포기할 수 없는 것이었기 때문에 飜譯凡例에는 정음에 대

16 『飜譯老朴』과 『老諺』, 『朴諺』의 좌측음이 『譯訓』 및 『通攷』의 속음 위주로 되어 있고 편찬자의 개정음도 일부 들어가 있는 반면, 18세기에 간행된 『平老』, 『老新諺』, 『朴新諺』, 『重老』의 좌측음은 입성운미와 支紙寘 三韻의 종성 표기에서만 차이를 보일 뿐 기본적으로 『譯訓』의 정음을 반영하고 있다.

한 관념을 제시하면서 실제 실용적인 중국어 학습서인 『飜譯老朴』의 중국어음 표기에서는 중국어 학습을 효과적으로 하기 위하여 정음 자리인 좌측음에 정음의 성격을 일부 가지고 있는 현실적인 표기를 기록한 것이라고 볼 수 있다.

飜譯凡例에서는 정음과 속음에 대해 개념 규정을 명확히 해 주지 않아서 『飜譯老朴』에서 이들이 어떤 개념으로 쓰였는지 확언하기 어려우나 주변 기록을 통해 대체적인 모습은 파악할 수 있다. 일반적으로 정음이란 중국인이 사용하는 음 중 운도와 운서에 부합하는 것으로 그 字音을 정한 것이다. 운도와 운서에 부합하는 정음이란 조선 초기에 중국어음의 표준으로 간주된 운서인 『洪武正韻』의 反切音에 기반을 둔 『譯訓』, 『通攷』 및 『通解』의 정음인 것이다. 이러한 상황을 미루어 볼 때 通攷所制之字인 『飜譯老朴』의 좌측음은 당연히 國俗撰字之法인 우측음보다 정음의 성격이 강하다고 단언할 수 있다. 따라서 正俗音條, 國音條, 支紙寘三韻內齒音諸字條 등에 나타난 정음과 속음의 위치에 대한 언급은 분명히 『飜譯老朴』의 실제 표기 상황과는 다른 것이다. 그러면 왜 이런 상황이 나타나게 된 것일까? 이 문제에 대해서는 몇 가지 가능성을 생각해 볼 수 있다.

첫 번째는 문제가 되는 부분이 誤記에 기인하였을 가능성이다. 공을 들여 교정했음에 분명한 범례에서 誤記가 여러 차례 나타난다는 것이 이해가 되지 않는 측면이 있다. 그러나 正俗音條의 기록처럼 『飜譯老朴』의 실제 표기 상황과 차이를 보이거나 심지어는 정반대의 양상을 보이는 경우가 있을 뿐만 아니라 飜譯凡例의 항목 사이에도 일관성을 보이지 않는다는 사실은 이 항목들 중 어떤 항목이 잘못되었다고 인정하지 않을 수 없게 한다. 그러나 正俗音條에서 좌우음이 뒤바뀌었다는 것은 誤記에 기인한 것으로 돌릴 수 있어도 복수의 속음 표기가 나타난다고 구체적으로 서술하고 있는 부분은 誤記라고 보기 어렵다. 飜譯凡例의 기록과는 달리 복수의 속음 표기는 이 책의 어디에도 나타나지 않기 때문에 이와 관련된 의문은 여전히 풀리지 않는 채 남아 있다.[17]

두 번째는 飜譯老乞大朴通事凡例가 崔世珍이 언해하여 현재 통용되고 있는 『飜老』와 『飜朴』의 범례가 아니라 지금은 전하지 않으나 한자의 한글 注音만을 표시한 『飜譯老乞大』와 『飜譯朴通事』의 범례였을 가능성이다. 그리고 이 책의 한글 주음 가운데서 『通攷』의 속음 중 하나와 함께 國俗撰字의 방법으로 표기한 주음 두 가지만 언해서인 『飜老』와 『飜朴』에 옮겨 적는 과정에서 현재 통용되는 『飜老』와 『飜朴』의 중국어음 표기가 飜譯凡例의 기록과 차이를 보이게 되었다는 것이다. 이 가능성은 飜譯凡例의 기록에서 복수의 속음 표기에 대한 내용이 나오고 飜譯凡例의 내용이 언해에 대한 언급 없이 오로지 한자의 중국어음을 한글로 표기한 주음에 대해서만 언급하고 있는 상황을 비교적 논리적으로 설명해 줄 수 있다. 그러나 한글 주음만을 달아 놓은 『飜譯老乞大』와 『飜譯朴通事』의 존재가 확인되지 않는 상황에서 위의 주장은 아무리 논리적이라고 해도 추측에 그칠 수밖에 없다는 점에서 근본적인 한계를 가지고 있다. 또한 이 관점으로는 飜譯凡例 항목 사이에 일관성이 없는 상황도 여전히 설명하기 어렵다.

---

17 李敦柱(2003: 381)에서는 이 문제에 대해 다음과 같은 두 가지 가능성을 제기하고 있다. 첫째, 『飜老』와 『飜朴』의 중국어음을 애당초 한글로 反譯한 初稿(또는 原案)에서는 두세 속음을 전후에 병기하였다가 언해를 완성한 다음 각 문구에 해당하는 음만을 취하여 마치 一字一音처럼 표기했을 가능성이 있다. 둘째, 한자의 특성이라고 할 수 있는 同字異音, 異義同字나 또는 文語, 白話 異讀의 경우를 생각해 볼 수 있다. 遠藤光曉(2006)에서는 飜譯凡例 正俗音條에서 속음이 두 개 또는 세 개 있는 경우를 언급한 것에 대하여 이 언급이 한 글자 아래 동시에 복수의 속음을 기록한다는 것이 아니라 '閣, 各, 索, 卓, 脉, 活' 등의 예에서 보이는 바와 같이 책 전체를 통하여 속음의 여러 주음이 나타난다는 것을 의미한다고 하였다. 관련 기록을 이처럼 해석할 수 있는가의 문제에 대해서는 좀 더 세밀한 고려가 필요하나, 이러한 시도를 통하여 飜譯凡例의 기록을 문면 그대로 두고 이해할 수 있는 가능성도 엿볼 수 있다.

세 번째는 내용을 잘 알지 못하는 사람이 교정을 행하였거나 편찬자인 崔世珍이 反譯에 임하면서 세웠던 중국어음 표기의 원칙이 실제 『飜譯老朴』의 편찬 과정에서는 지켜지지 않았을 가능성이다. 金完鎭(1973/1989: 7)에서는 飜譯凡例가 내용을 잘 알지 못하는 사람의 손에 교정의 명목 아래 훼손되었던 것으로 생각된다고 하였고, 李敦柱(2003: 333)에서도 원문에 누락된 곳이나 誤記가 나타나는 것으로 보아 飜譯凡例 중에 이러한 상황이 벌어졌을 것으로 의구심이 나는 예가 있다는 사실을 인정하고 있다.[18] 세 번째 가능성은 구체적인 증거를 제시할 수는 없지만 오히려 첫 번째, 두 번째 가능성보다 飜譯凡例에 나타나는 일관되지 못한 부분에 대해 보다 논리적으로 잘 설명할 수 있다는 이점이 있다. 범례가 내용을 잘 알지 못하는 사람의 손에 교정의 명목 아래 훼손되었다면 여러 차례 범례에 출현하는 문제의 기록들이 나타나게 된 원인은 쉽게 설명될 수 있기 때문이다. 그러나 이러한 가능성 역시 추측에 그칠 뿐 내용을 잘 알지 못하는 사람이 왜 교정을 행하였는지 그리고 본래의 중국어음 표기 원칙이 실제 『飜譯老朴』의 편찬 과정에서는 왜 지켜지지 않았는지 설명하기 어렵다. 또한 飜譯凡例에 언급된 복수의 속음 표기에 대한 문제도 해명하기 어렵다.

본서에서는 『飜譯老朴』에 나타난 중국어 주음과 飜譯凡例의 내용이 일치하지 않으며 범례 조항 사이에도 일관성이 없는 이유가 反譯에 임하면서 편찬자가 세웠던 중국어음 표기의 원칙이 너무 번잡하여 실제 『飜譯老朴』의 편찬 과정에서는 일부 지켜지지 않았던 데서 기인했을 가능성이 크다고 생각한다. 이 과정에서 중국어음에 대한 反譯만을 행한 『飜譯老乞大』와 『飜譯朴通事』가 정식으로 간행되지는 않았다고 하더라도 어떤 형태로건 존재했던 것으로 보인다. 그 근거로는 '反譯'과 '諺解'라는 용어가 관련 기록에서 명확하게 구분되는 의미로 쓰이고 있고 飜譯老乞大朴通事

18 이들 연구에서는 飜譯凡例 중 國音條와 正俗音條의 기록을 문제 삼고 있다.

凡例가 『飜老』와 『飜朴』의 범례라고 확정하기에는 무리가 따르기 때문이다. 그러나 正俗音條, 國音條, 支紙寘三韻內齒音諸字條 등에 나타난 좌우가 뒤바뀐 언급은 여전히 의문으로 남는다. 이는 이 범례가 애초에 정식 출판을 위한 것이라기보다는 중국어 주음에 대한 표기원칙을 습작 형식으로 쓴 것이기 때문이 아닌가 한다. 또한 '飜譯老乞大朴通事'와 『飜老』, 『飜朴』은 崔世珍 한 사람에 의해 이루어지지 않았을 가능성도 있다. 다만 현재 전하는 '飜譯老乞大朴通事凡例'에 기술된 중국어음 표기의 원칙이 『飜譯老朴』에도 적용되는 것이라는 점은 분명히 지적해 둘 필요가 있다. 어떤 경로를 거쳐 『通解』에 실리게 되었는지는 모르지만 중국어의 주음 문제만을 다룬 이 범례가 언해서인 『飜老』와 『飜朴』보다는 중국어음 표기의 제시를 주목적으로 한 『通解』에 실리는 것이 어떤 측면에서는 더 합당한 것으로 보이기도 한다.

위에 제시한 세 가지 가능성뿐만 아니라 본서의 견해도 이 문제에 대해 완전한 설명을 하기에는 여전히 미흡하다. 이 문제는 결론을 도출해 내기 위해서 상당한 부분을 추측에 의지해야 하는 근본적인 한계점을 가지고 있기 때문이다. 결국 飜譯凡例에 대한 상세한 검토와 함께 『飜譯老朴』에 나타난 중국어음 표기의 성격에 대한 면밀한 분석이 이루어져야 이 문제에 대한 보다 합리적인 결론에 도달할 수 있을 것이다.

이와 관련하여 『飜譯老朴』의 좌측음과 우측음의 본질적인 차이가 어디에 있는가에 대하여 다시 한 번 생각해 보자. 飜譯凡例 諺音條에서는 좌측음과 우측음의 성격에 대하여 다음과 같이 기록하고 있다.

(17) "在左者, 卽通攷所制之字, 在右者, 今以漢音, 依國俗撰字之法, 而作字者也. 通攷字體, 多與國俗撰字之法不同, 其用雙字爲初聲, 及ㅱ ㅸ爲終聲者, 初學雖資師授, 率多疑碍, 故今依俗撰字體, 而作字如左云." (飜譯凡例 諺音條)

(왼편의 것은 즉 『通攷』에서 만들어 쓴 글자이고, 오른편의 것은 지금의

漢音으로서 國俗撰字之法에 의거하여 글자를 만든 것이다. 『通攷』의 글자체는 國俗撰字之法과 많이 다르니 雙字를 사용하여 초성을 삼고 'ㅱ, ㅸ'을 종성에 쓴 것은 처음 배우는 사람이 비록 훌륭한 스승에게 배울지라도 많은 의문과 막힘이 따른다. 그러므로 이제 俗間에서 만든 글자체에 의거하여 글자를 다음과 같이 만들었다.)

즉 좌측음은 通攷所制之字이고 이는 일반적으로 사용하는 글자체가 아니어서 중국어를 처음 배우는 사람들이 학습하는 데 문제가 있으므로 우측음을 國俗撰字之法에 의해서 만들었음을 설명하고 있다.[19] 이는 좌측음과 우측음의 표기방식이 다르다는 점을 명확히 밝히고 있는 것이며, 좌우음의 성격을 밝히는 데 중요한 근거가 된다.

『飜譯老朴』에 나타난 좌우음은 크게 두 가지 측면에서 상이한 성격을 가지고 있다. 먼저 가장 중요한 것은 표기방식의 차이로 좌측음은 정밀표기의 성격을 가지는 『通攷』의 표기방식에 근거한 것이고 우측음은 중국어 학습상의 편의를 위하여 일반적으로 사용하는 표기방식으로 만든 간략표기이다.[20] 다음으로 좌우음은 음운변화의 반영 정도에도 차이를 보이는데, 좌측음은 음운변화 과정 중의 음을 잘 반영하지 않는 규범음의 성격을 가진 반면 우측음은 일면 보수적 측면을 가지고 있으나 좌측음에 비해서는 음운변화 과정을 비교적 생생하게 반영하는 양상을 보여 주고 있다.[21] 이외에 入聲韻字에서는 文白音의 차이도 나타난다. 이러한 좌우음의 성격 차이 때문에 18세기 간본 『老乞大』와 『朴通事』의 언해서에서는 좌측음이

---

19 飜譯凡例 旁點條에서도 성조 표기를 하는 데 이와 같은 기준을 적용했음을 언급하고 있다.

20 정밀표기와 간략표기의 차이로 간주할 수 있는 것은 支紙寘三韻內齒音諸字 표기와 齒音系 글자의 성모 표기, 'ㅱ' 종성 표기 등이다. 좌우음의 성조 표기 역시 표기방식의 차이로 볼 수 있다.

21 음운변화 반영의 차이와 함께 표기상의 차이를 반영해 주는 것으로 전탁음이나 입성 표기와 함께 疑母, 影母, 微母 등의 성모 표기를 예로 들 수 있다. 또한 운모에서의 차이 중 歌戈韻에서 보여 주는 좌우음의 표기 차이나 성조의 濁上變去 현상 등은 주로 음운변화의 차이를 보여 준다고 할 수 있다.

오히려 운서적 정음에 가깝게 회귀하고 우측음은 생생한 음운변화를 반영함으로써 좌우음의 음계 차이가 더욱 확연하게 벌어지는 결과를 보게 되는 것이다.

『飜譯老朴』에서는 좌우음에 표기방식과 음운변화의 차이를 적절하게 나타내기 위하여 저자가 『通攷』 속음의 표기방식에 기초한 좌측음과 일반적으로 사용하는 표기방식에 기초한 우측음을 함께 기록하였다고 할 수 있다. 이는 飜譯凡例의 기록과 『飜譯老朴』의 중국어음 표기 상황이 일치하지 않는 상황에 이르게 된 요인으로 작용하였다. 즉 『飜譯老朴』에 나타난 중국어음 표기 상황과 飜譯凡例의 내용이 일치하지 않으며 범례 조항 사이에도 일관성이 없는 이유는 反譯에 임하면서 당초에 편찬자가 세웠던 중국어음 표기의 원칙이 너무 복잡하고 현실성이 없어서 『飜譯老朴』의 편찬 과정에서는 일부 지켜지지 않았으며, 정속음에 대한 전통적인 정신을 유지하면서 중국어 학습서에서 교육과 학습에 합리적인 방안으로 절충한 데서 기인했을 가능성이 크다.

우측음은 어떤 측면에서도 전통적인 의미에서의 정음의 개념과 부합하지 않는다. 좌측음도 『譯訓』, 『通攷』, 『通解』, 『飜譯老朴』 등의 기록에 제시된 정음의 개념에 부합하는 것은 아니지만 운서적 표기방식에 기초한 것으로 우측음보다는 정음의 개념에 근접한다고 할 수 있다. 따라서 좌측음이 중국어 학습서에서 정음을 구현하는 것으로 간주한다면 이제 좌측음을 어떠한 성격의 정음으로 보아야 할 것인가의 문제에 대하여 해명해야 한다. 이러한 관점에서 『飜譯老朴』에 나타나는 정음의 성격에 대하여 朴炳采(1983), 張馨實(1994), 李敦柱(2003) 등에서 사용하고 있는 '口語的正音'이라는 용어가 주목을 끄는데, 이는 『譯訓』, 『通攷』, 『通解』의 속음을 전통적인 정음과 대비되는 의미에서 현실적인 정음이라는 의미로 사용하고 있다. 용어 자체가 '口語'와 '正音'이라는 다소 어울리지 않는 두 측면을 연결시키고 있어서 용어의 적합성에는 의문이 있지만, 필자도 『飜譯老

朴』에 나타나는 정음(좌측음)이 현실적인 규범음의 성격을 갖는다는 점에는 기본적으로 동의하며 이러한 성격의 정음을 좌측음에 기록한 것은 다음과 같은 원인에서 비롯된 것으로 보인다.

첫째, 좌측음에서 『通攷』의 표기방식(정밀표기)을 사용하여 본래의 음을 정확히 표기함으로써, 우측음에서 행한 國俗撰字之法(간략표기)에 의한 표기로는 중국어음을 정확하게 이해하기 어렵다는 문제점을 해결할 수 있도록 조치한 것이다. 또한 이와 함께 음계 사이의 차이도 반영하도록 하였다. 이는 마치 현대의 초급 중국어교재에서 漢語拼音方案과 한글을 나란히 표기하는 예가 있음을 상기하게 한다. 또한 崔世珍이 좌측음에서 『通攷』의 표기방식으로 현실음을 표기한 이유를 다시 한 번 생각하게 한다. 결국 편찬자인 崔世珍은 『飜譯老朴』의 좌측음에 운서의 규범음에는 부합하지 않지만 당시 북방에서 널리 쓰인 현실적인 성격을 가진 정음을 행함으로써 『通攷』의 정음이나 자신이 편찬한 운서인 『通解』의 정음과는 다른 새로운 성격의 정음을 제시하였고 이를 통해 당시의 중국어 학습서에 부합하는 새로운 주음 방식을 보여 준 것이다.

둘째, 중국어 학습서에서 좌측음에 『洪武正韻』의 反切音을 기록할 경우 실용적인 면에서 많이 떨어진다는 점을 들 수 있다. 『洪武正韻』의 反切音 즉 『譯訓』의 정음도 『洪武正韻』의 편찬 당시에는 표준음이면서 현실음이었다고 할 수 있다. 그러나 좌측음에는 『洪武正韻』에 기반을 둔 규범음이 수록되어야 하지만, 당시 중국어음에서 시간에 따른 많은 변화가 있었기 때문에 『飜譯老朴』보다 140년 정도 전에 편찬되어 당시의 時音과는 거리가 먼 『洪武正韻』의 反切音을 그대로 싣기는 어려웠을 것이다. 대신에 『洪武正韻』의 反切音에는 벗어나 있지만 당시에 현실적 규범음의 자리를 차지하여 널리 통용되던 중국북방음인 『譯訓』의 속음을 등재한 것이라고 볼 수 있다.

『飜譯老朴』의 편찬 시기 『譯訓』의 속음은 口語에서 이미 표준음의 자리를 차지한 것으로 보인다. 따라서 『飜譯老朴』의 편찬 당시 崔世珍에게 『譯訓』 및 『通攷』의 속음은 넓은 의미에서 정음의 범주에 충분히 수용할 만한 성격을 가지고 있었으며 國俗撰字之法에 기초한 우측음과는 그 성격이 확연히 다른 것이라고 할 수 있다. 즉 중국어 학습서인 『飜譯老朴』에서는 규범적인 정음을 제시하지 않고 현실적인 정음을 제시하였으며 이는 정음의 개념이 확장되어 적용된 것으로 볼 수 있다.

우측음은 『譯訓』, 『通攷』, 『通解』에 나타난 속음 즉 운서적 표기의 속음과는 성격이 다르며, 『飜譯老朴』에서 崔世珍이 만든 표기방식에 기반을 둔 것이다. 따라서 우측음은 표기방식의 측면에서는 전통적인 의미에서의 정음의 개념은 물론 속음의 개념에도 부합하지 않는 것이나, 중국어 학습서에 부합한 표기방식으로 학습자를 위해 만든 표기이며 현실적 정음인 좌측음에 대응하는 현실적 속음의 기능을 가지고 있는 것으로 볼 수 있다.

결론적으로 말하면, 저자 崔世珍은 『飜譯老朴』의 좌측음에 운서의 규범음에는 부합하지 않지만 당시 북방에서 널리 쓰인 현실적인 성격을 가진 정음을 행함으로써 당시의 중국어 학습서에 부합하는 실용적인 주음방식을 보여 주었나. 또한 일반적인 한글 표기방식을 사용하여 학습의 편의를 도모한 우측음이 어떤 측면에서 보더라도 전통적인 의미에서의 정음의 개념과 부합하지 않음은 인정해야 하며, 운서적 표기방식과는 성격이 다른 중국어 학습서의 표기방식이라고 할 수 있다.

1.4. 소실된 문헌의 중국어음 표기

일부 연구에서는 飜譯凡例 기록과 『飜譯老朴』 중국어음의 실제 표기 상황이 차이가 나고 飜譯凡例의 내용이 오로지 한자의 중국어음을 한글로 표기한 주음에 대한 것임을 근거 삼아 『飜譯老朴』 이전에 언해 없이 중국어음만을 주음한 다른 문헌이 존재했으며 '飜譯老乞大朴通事凡例'는 이 문헌의 범례라고 주장하고 있다. 그 근거로 삼고 있는 것 중의 하나가 『老朴集覽』 범례에 나오는 다음의 기록이다.

(18) "諺音及字旁之點, 皆從鄕語鄕音, 祥見反譯凡例." (『老朴集覽』 凡例)
(諺音 및 글자 옆에 있는 점은 모두 鄕語 鄕音을 따랐는데, 상세한 사항은 反譯 凡例를 보라.)

(19) "兩書諺解, 簡帙重大. 故朴通事分爲上中下, 老乞大分爲上下, 以便繙閱." (『老朴集覽』 凡例)
(두 책의 諺解는 簡帙이 중대하기 때문에, 『朴通事』는 上·中·下로 나누고 『老乞大』는 上·下로 나누어 繙閱하기 편리하게 하였다.)

위의 기록에는 '反譯'과 '諺解'라는 언급이 나오는데 일부 연구자들은 이를 각각의 書名으로 보기도 한다.[22] 이 두 명칭을 書名으로 보아야 할 것인가는 더 연구해야 할 여지가 있지만 둘은 분명 의미가 다른 것으로 보인다. 박태권(2002: 46)에서는 이 두 명칭에 대하여 다음과 같이 설명하고 있다.[23]

(20) 이것은 '반역범례'에서 '반역'이란 어떤 책을 의미하는 것이며, '양서언해'의 '언해'는 무엇을 지칭하는 것인가 하는 것이다. 이 '양서언해'는 말할 것도 없이 『노걸대』, 『박통사』 언해를 가리키는 것이다. '반역'이란 한글로 음만을 적은 것을 말한 것 같으며, 그것은 곧 한문의 뜻을 우리말로 옮긴 언해가 아니고, 『노걸대』, 『박통사』의 한음(漢音)을 한글로 표기한 것이다. 그것은, 『사성통해』 말미에 붙어 있는 '번역노걸대박통사 범례'

22 李敦柱(2003: 329)에서는 '反譯凡例'란 곧 '飜譯老乞大朴通事凡例'를 가리키는 것으로 보고 있다. 그 이유는 '反譯'이란 『老乞大』와 『朴通事』의 중국어음을 崔世珍이 당시의 時音에 맞도록 한글로 표음한 것인데 '飜譯'이란 이를 가리킨 뜻으로 보기 때문이다. 安秉禧(1996: 9)에서도 『四聲通解』 凡例에 反切을 '飜切之式'이라 한 바와 같이 당시에 '飜譯'과 '反譯'은 음과 뜻이 똑같은 말로 사용되었다고 하고 있다.

23 박태권(2002)는 박태권(1976)을 보완하여 출판한 저서이므로 이러한 설명은 이미 박태권(1976)에서 나타나고 있다.

가 언해를 위한 범례가 아니고, 어디까지나 그것은 그와 다른 책의 범례이고 보면 이것은 자명한 사실이다. 『번역 노걸대・박통사』와 『언해 노걸대・박통사』는 한자만으로 쓰여진 원전(原典) 『노걸대・박통사』에다가 한음(漢音)을 한글로 한 것을 '번역'이라 하고 그 한어(漢語)의 뜻을 우리말로 풀이한 것을 '언해'라 볼 수 있으니, 이는 자구나 문장의 풀이한 것을 말한 것이다. 그러니 『번역 노걸대・박통사』, 『언해 노걸대・박통사』는 별개의 독립된 서적이 따로 있었을 것이다.—이 두 책들이 모두 최세진 혼자의 손에 의하여 이루어진 것인지 의심스럽기는 하다.

위의 주장은 기존의 견해와 차이를 보이며 '反譯(飜譯)'과 '諺解'의 과정에 대해 직접적인 언급을 한 것이어서 다소 장황하게 인용을 하였다. 이에 따르면 『老乞大』와 『朴通事』의 언해서가 성립된 과정에 대해 먼저 중국어음에 대한 한글 표기만을 단 『飜譯老乞大・朴通事』를 내고 그 뜻을 이해하기 위해 다시 『諺解老乞大・朴通事』를 저술하였으며 『老朴集覽』 凡例에 나오는 기록대로 그 簡秩이 重大한 언해의 繙閱에 불편함을 덜기 위해 『老朴集覽』 간행 이후에 지금 전하는 崔世珍의 『老乞大諺解』와 『朴通事諺解』가 분해 편찬되었다는 것이다. 南廣祐(1972)에서는 新發掘 老乞大에 '飜譯'이나 '諺解' 같은 언급은 어디에도 나와 있지 않으나 다른 책과의 구별을 위하여 이 책을 '飜譯老乞大'라고 부르는 것이 좋을 듯하다고 하였다. 결국 현재 전하는 崔世珍의 노걸대언해서 명칭이 '飜譯老乞大'라고 정해진 경위는 위와 같으며 범례에 나오는 '飜譯老乞大朴通事'라는 명칭이 崔世珍의 노걸대언해서와 박통사언해서를 가리킨다는 어떤 직접적인 증거도 없다.

安秉禧(1996: 8-10)에서는 飜譯凡例와 『飜譯老朴』의 중국어음 표기에 대한 세밀한 고찰에 근거하여 '飜譯老乞大朴通事凡例'는 『老乞大』와 『朴通事』를 崔世珍이 언해한 책으로 학계에서 통용되는 『飜老』와 『飜朴』의 범례일 수 없으며 지금은 전하지 않으나 한자의 한글 주음을 갖는 『飜譯老乞大』와 『飜譯朴通事』의 범례라고 단정하고 있다.[24] 그리고 더 나아가 언해 없이 한글 주음만을 달아 놓은 두 책의 주음 가운데서 四聲通攷音과 이른바 國俗撰字의 방법으로 표기한 주음의 두 가지만 언해서인 『飜老』와 『飜朴』에 옮겨 적은 것이라 추정하였다. 결과적으로 현재 통용되는 『飜老』와 『飜朴』의 중국어음 표기가 飜譯凡例의 기록과 차이를 보이게 된 것이 위와 같은 원인에 기인하였다는 것이다. 다만 安秉禧(1996)은 관련 서적들의 편찬 과정에 대해서는 박태권(2002)와 다른 견해를 제시하고 있다. 安秉禧(1996: 9)에서는 한글 주음만을 단 '飜譯老乞大朴通事'의 편찬이 앞선 것은 인정되나 언해서 두 종류가 『老朴集覽』의 앞뒤에 있었다고 하는 주장은 수긍하기 어렵다고 하면서 한글 주음만을 단 '飜譯老乞大朴通事'가 편찬된 뒤에 언해서인 『飜老』와 『飜朴』이 『老朴集覽』과 동시에 편찬, 간행된 것이라고 하였다. 李敦柱(2003: 329)에서도 崔世珍의 『老乞大』와 『朴通事』에 대한 작업 순서가 먼저 反譯을 완성한 다음 『老朴集覽』을 저술함과 거의 동시에 전체를 언해한 것이 아닌가 하는 견해를 보이고 있고 '反譯(飜譯)'과 '諺解'는 분명히 그 의미를 다르게 보아야 할 것이라고 하였다.

위의 주장은 관련 기록과 실제 표기 상황에 근거하고 있고 『飜譯老朴』의 중국어음 표기가 飜譯凡例와 차이를 보이게 된 원인에 대하여 논리적으로 설명하고 있다는 점에서 주목할 만하다. 그러나 문제는 한글 주음만

24 『飜老』가 간행된 지 150여 년 후에 『老乞大諺解』(1670)가 간행되는데 『飜老』에 지나치게 이끌린 결과인지 우측음에서 소수의 글자를 제외하고는 중국어 주음에서 큰 차이를 보이고 있지 않다. 金完鎭(1976: 17-19)에서는 『老諺』의 편찬자들이 『飜老』를 보면서 언해에 임했을 것이 분명한 이유로 飜譯凡例 正俗音條에 나타난 기록을 중요한 근거로 삼고 있다. 한자 밑에 정음과 속음을 좌우로 병기하는 방식은 『飜老』를 가지고 있지 않았을 때에는 그와 같은 방식이 『老諺』에 재현될 수 있는 길은 飜譯凡例를 통한 것밖에는 생각할 수 없는데, 『飜老』 없이 飜譯凡例 正俗音條의 기록에 의지하여 顯宗朝의 『老諺』 편찬자들이 『飜老』의 체재와 일치하는 중국어 주음 양식을 재현한다는 것은 거의 불가능하기 때문이다. 이 역시 飜譯凡例의 기록과 『飜老』의 실제 표기 상황이 일치하지 않는다는 사실을 보여주는 것이다.

을 달아 놓은 '飜譯老乞大朴通事'가 현재 전하고 있지 않아서 과연 이 책들이 실제로 존재하였는지에 대한 결정적인 단서가 부족하다는 점이다. 이 책들의 존재가 확인되지 않는 상황에서 위의 주장은 설득력이 있다고 해도 추측에 불과한 것이며 더 많은 방증을 찾아야 하는 부담을 안게 된다. 다만 『通解』에 있는 '飜譯老乞大朴通事凡例'가 崔世珍이 저술한 『飜譯老朴』의 중국어음 표기 원칙을 설명하고 있기는 하지만 이 책의 범례는 아니며, 언해 없이 한자의 주음만을 단 또 다른 책이 존재했을 가능성에 대하여 언급한 점은 주목해야 한다.

2. 좌측음의 성격

『老乞大』와 『朴通事』의 언해서에 나타난 중국어음에 대한 기존의 연구에서 주로 주목을 끌어온 것은 우측음이다. 우측음은 『老乞大』와 『朴通事』의 언해서가 편찬되던 당시 중국북방음의 현실을 보여 주는 것으로 간주되어 왔다. 따라서 연구자들의 관심은 간본에 따라 중국어음의 변화가 나타나지 않는 좌측음보다는 변화를 비교적 잘 반영하고 있는 우측음에 모아졌던 것이다. 다만 『譯訓』, 『通攷』의 정음 또는 속음을 반영하는 것으로 간주되어 온 좌측음은 훈민정음을 사용한 초기의 외국어 표기라는 점에서 훈민정음 표기 및 그 음가를 연구하는 데 보조적인 자료로 이용되어 왔다.

본 절에서는 『老乞大』와 『朴通事』의 언해서에 나타난 좌측음에 대한 논의에서 보이는 주목할 점과 문제점을 검토하여 이 토대 위에서 좌측음의 성격을 규명하고자 한다. 이를 통해 현재 전해지는 자료 중에서는 『飜譯老朴』에서 처음 보이는 좌우로 병기한 중국어음의 표기 양상이 어떤 의미를 가지는지 여러 측면에서 살펴보고, 기존의 연구에서 정당한 평가를 받지 못한 좌측음의 성격을 상세히 파악하여 중국어음운사 자료로서 가지는 가치에 대하여 집중적으로 조명하고자 한다.

2.1. 『飜譯老朴』 좌측음의 성격

최초의 역학서 언해인 『飜譯老朴』에 나타난 좌측음 표기의 언어학적 가치를 정확히 이해하고 언어사 자료로 적절하게 이용할 수 있도록 하기 위하여 현대 언어학적인 시각에서 좌측음 표기의 성격을 살펴볼 필요가 있다. 『飜譯老朴』의 좌측음 문제를 논의한 기존의 많은 연구에서는 대부분 그 표기의 성격에 대한 면밀한 검토가 부족한 상태에서 표기에 대하여 표면적인 고찰에 그친 결과로 그 자료적 가치를 제대로 밝혀내지 못한 경우가 많았다. 본 절에서는 네 가지 측면에서 『飜譯老朴』의 좌측음 표기가 가지고 있는 성격에 대하여 집중적으로 논의하여 이 표기의 자료적 성격과 가치를 밝히고자 한다.

2.1.1. 정밀표기

『飜譯老朴』의 좌측음이 가지고 있는 성격 중에서 가장 주목할 점은 정밀전사표기(narrow transcription)라는 것이다. 世宗 당시 韻學에 정통한 학자들은 『洪武正韻』의 反切이 표시하는 음계를 정밀히 분석하여 『譯訓』에서 정음으로 제시하였고, 당시의 중국북방음인 속음을 훈민정음의 초성, 중성, 종성으로 일일이 대역하여 정음 밑에 제시하였다. 따라서 『譯訓』의 정음과 속음은 현대 음성학적인 관점에서 정밀표기라고 할 수 있고, 『譯訓』 속음의 표기방식에 기반을 둔 『飜譯老朴』의 좌측음도 정밀표기라고 할 수 있다. 다음의 기록을 살펴보자.

(21) 齒音 표기와 관련된 기록

ㄱ. "凡齒音, 齒頭則擧舌點齒, 故其聲淺, 整齒則卷舌點腭, 故其聲深. 我國齒聲

ㅅㅈㅊ在齒頭整齒之間, 於訓民正音, 無齒頭整齒之別. 今以齒頭爲ᄼᅎᅔ, 以整齒爲ᄾᅐᅕ, 以別之." (『通攷』 凡例)

(무릇 치음에서 치두음은 혀를 들어 이에 대므로 그 소리가 얕고, 정치음은 혀를 말아서 잇몸에 대므로 그 소리가 깊다. 우리나라의 치음 'ㅅ, ㅈ, ㅊ'은 치두음과 정치음 사이에 있는 것으로 훈민정음에서는 치두음과 정치음의 구별이 없다. 이제 치두음을 'ᄼ, ᅎ, ᅔ'로, 정치음을 'ᄾ, ᅐ, ᅕ'로 구별한다.')

ㄴ. "通攷貲字音ᅎᅳ, 註云俗音ᅎᅳᇫ. 韻內齒音諸字, 口舌不變, 故以△爲終聲然後, 可盡其妙. 今按齒音諸字, 若從通攷(*원문은 考)加△爲字, 則恐初學難於作音." (飜譯凡例)

(『通攷』에서 '貲'의 字音은 'ᅎᅳ'인데 註에 속음은 'ᅎᅳᇫ'이라 하였다. 韻內 치음의 여러 글자들은 입과 혀가 변하지 않으므로 '△'으로 종성을 삼은 후에 가히 그 묘함을 다하였다. 이제 치음의 여러 글자를 살펴보니 만약 『通攷』에 따라 '△'을 더하여 글자를 삼는다면 初學者가 그 음을 발음하기 어려울까 두렵다.)

위의 기록에서 설명하고 있는 치음 표기는 『飜譯老朴』 좌측음의 정밀 표기적인 성격을 가장 잘 보여 주는 예라고 할 수 있다. (21ㄱ)에서 보이는 바와 같이 『譯訓』 및 『通攷』의 편찬자는 중국어의 치두음과 정치음의 발음 위치와 방법뿐만 아니라 청각적 인상까지도 정확하게 서술하고 있으며, 당시 한국어의 치음인 'ㅅ, ㅈ, ㅊ'과의 차이점에 대해서도 파악하고 있다. 따라서 『譯訓』 및 『通攷』에서 치두음(s, ts, tsʰ)을 'ᄼ, ᅎ, ᅔ'로, 정치음(ʃ, ʧ, ʧʰ)을 'ᄾ, ᅐ, ᅕ'로 세밀하게 나누어 표기한 것은 편찬자의 언어학적 수준을 고려할 때 충분히 가능한 일이었다. (21ㄴ)에서는 『通攷』의 속음과 『飜譯老朴』의 좌측음에서 支(平)・紙(上)・寘(去) 三韻의 치음 글자에 '△'을 종성 표기로 쓴 점을 언급하고 있다. 즉 支紙寘韻의 치음 글자에서 『通攷』의 정음에는 '△' 종성이 없고 속음에 '△' 종성을 붙였는데, 이 '△' 종성은 동일한 음에 대한 정음과 속음의 표기방식이 다른 것을 보여 준다. '△' 종성은 새로 출현한 치음 뒤의 모음인 'ㅣ,

ᆛ'를 표기하기 위한 것으로, 'ㅿ' 종성 표기를 더하여 'ㅡ'나 'ㅣ'로 표기되는 다른 韻의 모음과 구별하고자 했던 것으로 보인다. 이러한 중국어 모음(ᆜ, ᆛ)은 한국어의 'ㅡ, ㅣ' 모음으로는 발음을 정확히 표기할 수 없는 것으로 『通攷』 속음에 'ㅿ'을 종성에 붙여 구분하였지만, 전문적인 표기여서 初學者가 배우기 어려울 것을 우려한 것이다. 'ㅿ' 종성 표기는 속음 표기를 통해 당시 중국어음의 발음을 가능한 한 정밀하게 표기하려 했던 편찬자의 의도를 보여 주는 것으로, 『譯訓』과 『通攷』의 정음보다 한층 정밀화된 속음과 『飜譯老朴』 좌측음 표기의 성격을 잘 드러내 주고 있다.

『飜譯老朴』 좌측음의 종성 표기 'ᄝ, ᄫ'이나 전탁음 표기도 정밀표기의 성격을 가진 것으로 볼 수 있다. (22)의 기록은 『譯訓』 및 『通攷』 속음과 『飜譯老朴』 좌측음에서 사용한 표기인 通攷所制之字가 일반적인 훈민정음 글자체와 차이가 많고 특수한 전문가적 표기방식을 사용한 반면, 『飜譯老朴』의 우측음은 일반적으로 사용하는 표기방식인 國俗撰字之法으로 표기하였음을 언급하고 있다.

(22) "在左者, 卽通攷所制之字, 在右者, 今以漢音, 依國俗撰字之法, 而作字者也. 通攷字體, 多與國俗撰字之法不同, 其用雙字爲初聲, 及ᄝᄫ爲終聲者, 初學雖資師授, 率多疑碍, 故今依俗撰字體, 而作字如左云." (飜譯凡例)
(왼편의 것은 즉 『通攷』에서 만들어 쓴 글자이고 오른편의 것은 지금의 漢音으로서 國俗撰字之法에 의거하여 글자를 만든 것이다. 『通攷』의 글자체는 國俗撰字之法과 많이 다르니 雙字를 사용하여 초성을 삼고 'ᄝ, ᄫ'을 종성에 쓴 것은 처음 배우는 사람이 비록 훌륭한 스승에게 배울지라도 많은 의문과 막힘이 따른다. 그러므로 이제 俗間에서 만든 글자체에 의거하여 글자를 다음과 같이 만들었다.)

위의 기록에서는 『通攷』의 속음과 『飜譯老朴』의 좌측음에서 사용한 특수한 중국어음 표기를 『飜譯老朴』의 우측음에서 國俗撰字之法으로 바꾼 예로 전탁음 표기인 각자병서와 종성 표기 'ᄝ, ᄫ'을 들고 있다. 중국어

初學者의 학습상 편의를 위하여 일반적으로 사용하는 한글 글자체의 방법으로 중국어음을 표기한 國俗撰字之法은 일반인이 이해하기 쉬운 간략전사표기(broad transcription)의 성격을 가지고 있다. 이는 중국어음을 최대한 정밀하게 표기하기 위하여 고안된 『譯訓』 및 『通攷』의 속음 표기가 중국어 학습을 위하여 만들어진 『飜譯老朴』의 우측음에서 중국어 학습상의 편의라는 현실적인 목적 때문에 간략한 표기로 조정되었음을 의미한다.

宋代의 자료에서 이미 나타나기 시작하는 유성장애음의 무성음화(濁音淸化)가 『洪武正韻』에는 나타나지 않아서 『洪武正韻』에 기초한 『譯訓』의 정음에도 유성장애음인 전탁음 표기가 남아 있다. 또한 탁음청화가 완료에 가까운 단계에 이른 것으로 보이는 15세기 중반의 중국북방음을 기록한 『譯訓』 속음과 『飜譯老朴』의 좌측음에서도 'ㄲ, ㄸ, ㅃ, ㅹ, ᄶ, ᅑ, ᄽ, ᄿ, ㆅ' 9가지가 전탁음 표기로 나타나고 있다. 반면 『飜譯老朴』의 우측음에서는 전탁음 표기가 나타나지 않는다. 『飜譯老朴』의 좌측음에서 전탁음을 표기하는 데 사용한 각자병서는 15세기 중반에 이르면 이미 국어에서 폐기된 표기여서 중국어를 처음 배우는 사람이 이해하기 어려우며 國俗撰字之法에 부합하지 않는다. 『飜譯老朴』의 좌측음에서 전탁음을 표기한 것은 당시 전탁음은 소실되는 과정에 있었으나 여전히 전탁음이 잔존해 있는 현실과 그 발음 표기의 기원을 표시하기 위한 것으로 보인다. 실제로 『譯訓』의 서문에는 당시 이미 전탁의 글자가 무성음인 전청과 차청에 가깝게 변화하였다고 하면서 이에 대한 처리를 고민한 부분이 있다.[25]

'ㆆ, ㅸ' 표기는 입성운미가 소실되어 가는 변화 과정을 반영하는 측면

25 "四聲爲平上去入, 而全濁之字, 平聲近於次淸, 上去入近於全淸, 世之所用如此, 然亦不知其所以至此也." (『譯訓』 序) (四聲은 평·상·거·입성인데, 전탁의 글자에서 평성은 차청에 가깝고, 상·거·입성은 전청에 가깝다. 세상에서 사용하는 바가 이와 같지만, 이에 이르게 된 이유를 알지 못한다.)

이 크지만, 전탁음과 마찬가지로 15세기 당시 소실 단계로 접어든 입성운미 '-p(ㅂ), -t(ㄷ), -k(ㄱ)'의 소실 과정을 字音으로 정밀하게 표기한 측면이 있다.[26] 입성운미는 전탁음과 함께 그 변화의 결과가 당시의 중국어 음운체계에 근본적인 영향을 줄 수 있는 중요한 사항이었으므로 소실 단계에 있었던 입성운과 전탁음의 범주를 『譯訓』 속음에서 남겨 놓는 방향으로 처리한 것으로 보인다. 이처럼 『譯訓』 속음과 『飜譯老朴』 좌측음에 나타나는 전탁음 성모나 입성운미는 전통적인 음운 범주를 보여 주기 위한 형식적인 표기의 성격도 가지고 있는 것으로 보인다. 그러나 『譯訓』 서문 및 『通攷』 凡例 등의 기록을 보면 『譯訓』 속음과 『飜譯老朴』 좌측음이 반영하는 15세기 중반의 북방음에는 전탁음이나 입성운미가 口語의 잔존형이나 讀書音과 같은 부분에서 남아 있었을 가능성이 충분히 있다.

'ㅱ'은 『飜譯老朴』의 좌측음에서 『蒙古韻』의 표음을 준용하여 陰聲韻인 蕭·爻·尤 三韻의 운미 'w'를 나타낸 것이고, 'ㅸ'은 이에 대응하는 입성운미로 藥韻에서만 나타난다. 종성 'ㅱ'은 『飜譯老朴』의 우측음에서 종성에 'ㅗ, ㅜ'로 표기하여 학습자들이 이해하기 편하도록 바꾸었으나 중국어의 실제 음절구조를 정확하게 나타냈다고 보기 어렵다. 字音에서 주모음이 아닌 음절 말의 모음을 나타내는 것이라면 'ㅗ, ㅜ'를 종성에 표기하는 것보다는 'ㅱ'을 종성에 표기하는 것이 중국어 음절구조에서의 모음 말음의 성격을 훨씬 잘 반영하는 것이기 때문이다.

이외에 *疑母*, *影母*, *微母* 등의 표기는 음운변화를 반영하는 측면이 크지만 정밀표기적인 특성도 일부 가지고 있다. 『飜譯老朴』의 좌측음에서

26 『譯訓』 서문에서는 "且有始有終, 以成一字之音, 理之必然, 而獨於入聲, 世俗率不用終聲, 甚無謂也. 蒙古韻與黃公紹韻會, 入聲亦不用終聲, 何耶. 如是者不一, 此又可疑者也."라고 하여 세속에서 대체로 입성에 종성을 쓰지 않지만 이렇게 되어야 할 이유가 없다고 하고 있다. 이처럼 입성운미가 사라진 언어 현실에 대한 의문과 입성운미의 처리에 대한 고민 때문에 『譯訓』 속음에서 입성운미로 종성에 'ㆆ, ㅸ'을 표기한 것으로 보인다.

〈표 Ⅲ-4〉 정밀전사를 반영하는 『飜譯老朴』 좌측음의 표기 항목

표기항목	例字	『飜譯老朴』 좌측음	『飜譯老朴』 우측음	『譯訓』 정음
치음 성모	些	셔	·셔	셔
支紙寘韻 齒音字 종성	紙	:즈ᇫ	ᄌᆞ	:지
전탁음 성모	何	ᅘᅥ	:허	ᅘᅥ
疑母	語	:ᅌᅲ	유	:ᅌᅲ
影母	意	·ᅙᅵ	·이	·ᅙᅵ
微母	未	·ᄝᅵ	·위	·ᄝᅵ
입성운미 'ㆆ'	不	·부ᇹ	·부	·불ᇹ
입성운미 'ᄫ'	脚	·갸ᇦ	:교	·갹
음성운미 'ᄝ'	到	·다ᇢ	·단	·다ᇢ
성조	馬	:마	마	:마

疑母 표기는 일부를 제외하고 대부분 없어졌고 影母 표기와 微母 표기는 온전히 남아 있다. 『飜譯老朴』의 우측음에서 疑母와 影母 표기는 없어졌고 微母 표기는 소수 글자들에서만 남아 있는 것을 볼 때, 『飜譯老朴』 좌측음에 나타난 세 성모의 표기 상황은 각 성모의 기원을 표시하면서도 당시의 음운 현실을 충실하게 반영하려는 의도를 보여 주고 있다.

지금까지 논의한 정밀표기의 성격을 가지고 있는 『飜譯老朴』 좌측음의 표기 항목을 종합하여 제시하면 <표 Ⅲ-4>와 같다.

<표 Ⅲ-4>에서 보이는 바와 같이 『譯訓』의 표기나 『飜譯老朴』의 좌측음은 일반적인 훈민정음 표기방식을 사용한 『飜譯老朴』의 우측음에 비해서 정밀한 표기를 보여 주고 있다. 표음문자인 훈민정음이 反切과 같은 중국의 전통적인 음 표기 수단보다 중국어음을 정확히 표기할 수 있다는 사실은 의심의 여지가 없다. 그러나 훈민정음은 우리말을 표기하는 것을 주요한 목적으로 하기 때문에 일반적인 훈민정음 표기방식으로 음운체계가 다른 중국어음을 완벽하게 표기한다는 것은 한편에서 보면 불가능한 일이라고 할 수 있다. 이 때문에 『譯訓』의 편찬자들은 일반적인 훈민정음 표기뿐만 아니라 중국어음을 전문적으로 표기하기 위한 특수한 방식의 표기까

지 사용하여 가능한 한 중국어음을 정확하게 표기하고자 노력하였다. 특히 支紙寘韻 齒音字의 종성에 '△'을 사용하여 당시의 북방음을 표기한 사례는 『譯訓』의 정음에는 적용되지 않은 것으로 『譯訓』의 속음과 이에 기초한 『飜譯老朴』 좌측음에서 정밀하게 중국어음을 나타내려는 노력을 더욱 충실하게 하고 있음을 보여 준다.

<표 Ⅲ-4>에 제시된 항목 중 『飜譯老朴』 좌측음의 성조 표기는 당시 중국어의 성조를 직접적으로 나타내기 위한 것이다. 『飜譯老朴』 좌측음의 성조 표기가 가지고 있는 성격은 『飜譯老朴』의 우측음과 비교하면 확연히 드러난다. 『飜譯老朴』 좌측음에서는 당시의 중국어 성조를 정확하게 표시하는 데 중점을 두고 있는 반면, 『飜譯老朴』의 우측음에서는 調値가 정확히 일치하지도 않는 한정된 수의 한국어 성조로 중국어 성조를 표시하여 중국어를 학습하는 사람들이 발음 표기를 이해하기 쉽도록 하는 데 중점을 두고 있다. 이처럼 『飜譯老朴』의 좌측음에서는 당시 중국어의 성조와 직접적으로 대응하는 성조 표기를 제시하여 정확한 발음을 제시해야 하는 규범음의 요구에 부합하고 있다. 이러한 점에서 『飜譯老朴』 좌측음의 성조 표기는 역학서에서 제시된 國俗撰字之法의 표기보다는 중국어 성조를 정확하게 나타내는 표기의 성격을 가지고 있다.

본 논의에서 『譯訓』 속음에 기초한 『飜譯老朴』의 좌측음이 정밀표기의 성격을 가지고 있다고 규정한 것은 중국어음을 표기하기 위해 기존에 중국에서 사용하던 방식이나 한글로 중국어음을 표기한 조선시대 역학 자료에 나타난 현실음 표기와 비교하여 전사의 정밀도가 상대적으로 높다는 의미이다. 현대 음성학에서 국제음성문자로 자음과 모음을 표기하고 구별표지(diacritic mark)로 보다 정밀하게 소리를 표시한다거나 성조를 구체적인 수치로 표시하는 정도에는 미치지 못하지만, 『飜譯老朴』의 좌측음은 중국어 字音의 각 요소와 대응하는 표기를 모두 제시하고 있어서 편찬 당시의 상황에서 이루어 내기 어려운 정밀도를 보여 주고 있다는 사실은 분

명하다.

『飜譯老朴』의 좌측음이 보여 주는 정밀표기적인 성격은 조선 초기 운서와 역학서의 편찬자들의 언어학적 수준과 당시 中國音韻學에 대한 이해의 깊이를 여실히 보여 주고 있다는 점에서 주목할 만하다. 치음 관련 표기와 같이 정밀표기의 성격을 직접적으로 반영하는 예도 있고, 전탁음이나 입성운미 등과 같이 음운변화를 반영하지만 그 기원과 음운범주를 정확하게 나타내기 위한 목적을 함께 가지고 있는 표기의 예도 있다. 이러한 예들은 이 책의 저자가 고유어를 표기하기 위해 사용한 일반적인 표기방식을 잘 활용하였을 뿐만 아니라 특수한 방식의 표기를 추가로 사용하여 한국어 음운과는 다른 당시의 중국어음을 정확하게 나타내기 위하여 고심하고 노력하였음을 잘 보여 준다.

2.1.2. 15세기 현실음

기존의 연구에서는 일반적으로 『飜譯老朴』의 좌측음이 15세기 중국 북방의 현실음을 반영하는 것으로 간주하였다. 그러나 『譯訓』의 정음 및 속음이나 『洪武正韻』과 마찬가지로 31개의 성모와 복잡한 운모 체계를 가지고 있다. 이러한 상황은 『飜譯老朴』의 좌측음이 과연 15세기 중국 북방의 현실음을 반영하고 있는 것인가의 문제에 대하여 의문을 제기할 수 있는 근거를 제공하고 있다. 이러한 의문을 해결하기 위하여 14~16세기의 중국 북방 현실음을 반영하는 자료인 『中原音韻』 및 『飜譯老朴』의 우측음과 비교하여 이 문제에 대하여 논의해 보자.

<표 Ⅲ-5>에 보이는 바와 같이 『飜譯老朴』의 좌측음은 표면적으로는 『中原音韻』이 보여 주는 성모 체계와 상당한 차이를 보이고 있다. 둘 사이의 차이는 전탁음 성모의 유무, 정치음의 음가, 影母의 소실 유무 등에 있다. 그러나 『飜譯老朴』 좌측음의 성모 체계가 『中原音韻』과 표면적으로 상당한 차이를 보이는 이유에 대해서는 좀 더 면밀히 분석해 볼 필요가

〈표 Ⅲ-5〉『飜譯老朴』 좌측음의 성모[27]

音種	『飜譯老朴』 좌측음	중국어음	한글 음가	『飜譯老朴』 우측음	『中原音韻』 추정음
牙音	ㄱ	k	k	ㄱ	k
	ㅋ	kʰ	kʰ	ㅋ	kʰ
	ㄲ	g	k'		
	ㆁ	ŋ	ŋ		ŋ
舌音	ㄷ	t	t	ㄷ	t
	ㅌ	tʰ	tʰ	ㅌ	tʰ
	ㄸ	d	t'		
	ㄴ	n	n	ㄴ	n
重唇音	ㅂ	p	p	ㅂ	p
	ㅍ	pʰ	pʰ	ㅍ	pʰ
	ㅃ	b	p'		
	ㅁ	m	m	ㅁ	m
輕唇音	ㅸ	f	β	ㅸ	f
	ㅹ	v			
	ㅱ	w	(w)	ㅱ	ʋ
齒頭音 正齒音	ᅎ	ts	ts	ㅈ	ts
	ᅐ	ʧ, tʂ			tʂ
	ᅔ	tsʰ	tsʰ	ㅊ	tsʰ
	ᅕ	ʧʰ, tʂʰ			tʂʰ
	ᄼ	s	s	ㅅ	s
	ᄾ	ʃ, ʂ			ʂ
	ᅏ	dz	ts'		
	ᅑ	ʤ			
	ᄽ	z	s'		
	ᄿ	ʒ			
喉音	ㆆ	ʔ	ʔ		
	ㅎ	x	h	ㅎ	x
	ㆅ	ɣ	ç'		
	ㅇ	零	零	ㅇ	零
半舌音	ㄹ	l	l	ㄹ	l
半齒音	ㅿ	ʒ, ʑ	z	ㅿ	ɽ

27 해당 한글 초성 표기에 대응하는 중국어음은 姜信沆(1973: 163), 한글 음가는 허웅(1985: 390), 『中原音韻』의 추정음은 寧繼福(1985: 8)을 각각 참고하였다.

있다. 이러한 차이는 많은 부분이 표기상의 요인과 관련된 것으로 『飜譯老朴』 좌측음은 당시의 음운 현실을 그대로 반영하기보다는 그 글자가 속해 있었던 주요한 음운범주를 보여 주기 위한 형식적인 표기의 성격도 가지고 있다. 결국 『飜譯老朴』 좌측음의 성모 체계는 『中原音韻』의 성모 체계와 큰 차이가 없다고 할 수 있다.

『飜譯老朴』의 좌측음과 『中原音韻』의 성모 체계에서 보이는 가장 큰 차이는 전탁음 성모의 존재 여부이다.[28] 『中原音韻』에서는 전탁음이 무성음화하여 이미 사라진 상황을 보여 주고 있으나, 이후 15세기 중국북방음을 반영하는 『譯訓』 속음과 『飜譯老朴』 좌측음에서 전탁음 표기를 보존하고 있는 이유에 대해서는 그 표기의 배경을 고려해야 한다. 『飜譯老朴』의 좌측음에 전탁음 표기가 남아 있는 이유는 당시의 중국북방음에서 전탁음의 무성음화는 일어났지만 전탁음이 일부 口語 또는 讀書音에서 잔존하고 있었던 언어 현실을 반영하는 것이며 그 기원이 전탁음이라는 것을 보여 줄 필요가 있었기 때문이다. 또한 『譯訓』이 기초하고 있는 규범적인 운서인 『洪武正韻』의 영향에서 벗어나기 어려웠다는 점도 지적할 수 있다. 16세기 초반의 운서인 『四聲通解』의 금속음에도 여전히 전탁음 표기가 남아 있다는 점은 전탁음의 문제를 단순히 음운변화의 관점에서 바라보기 어려우며 전탁음 표기가 규범음의 특성을 가진 운서적 표기라는 측면을 고려해야 한다는 사실을 보여 준다.

이외에 『飜譯老朴』의 좌측음과 『中原音韻』의 성모 체계에서 차이를 보이는 정치음의 음가 문제와 影母의 소실 유무 문제는 관련 연구에서 그

28 『中原音韻』의 음계가 어떤 언어나 방언에 기초하고 있는가의 문제에 대해서는 일반적으로 다음의 네 가지 견해가 있다. 첫째, 元代 大都話를 반영한다는 견해, 둘째, 中原 지역에서 폭넓게 통용되던 공동어를 반영한다는 견해, 셋째, 洛陽을 중심으로 하는 河南話를 반영한다는 견해, 넷째, 膠遼方言을 반영한다는 견해 등이 있다. 이처럼 기존의 연구에서는 『中原音韻』이 南方音을 반영한다는 견해를 찾아보기 어렵다. 『飜譯老朴』 역시 좌우음의 전체적인 모습은 15~16세기 北京을 중심으로 하는 지역에서 통용된 北方官話를 반영하고 있다고 할 수 있다.

〈표 Ⅲ-6〉『飜譯老朴』 좌측음의 운모 표기 목록

韻頭 / 韻尾		ㅣ[i]	ㅗ[o] / ㅜ[u]	ㅠ[iʉ]
	a, ə	i, ia, iə	(o), u, oa, uə	iʉ, iʉiə
ㅣ[i]	ai, ïi	(iai), iəi	ui, oai	
ㅱ[w]	aw, ïw	iw, iaw		
ㄴ[n]	an, ən, ïn	in, (ian), iən	un, oan, uən	iʉn, iʉiən
ㆁ[ŋ]	aŋ, ïŋ	iŋ, iaŋ	uŋ, oaŋ	iʉŋ
ㅁ[m]	(ïm)	(im), (iam)		
ㆆ[ʔ]	aʔ, (aiʔ), əʔ, (ïʔ), ïiʔ	iʔ, iaʔ, iəʔ	uʔ, oaʔ, oaiʔ, uəʔ, (uiʔ)	iʉʔ, iʉiəʔ
ㅸ[w̲]	aw̲	iaw̲	oaw̲	
ㅿ[z]	ïz	iz		

견해가 다르므로 상세히 논의하지 않는다.[29] 또한 『飜譯老朴』의 우측음에서 소실된 疑母와 일부 남아 있는 微母가 『飜譯老朴』 좌측음에 남아 있다는 점을 지적할 수 있으나, 이는 음운변화의 측면에서 설명이 가능하다. 이처럼 전탁음의 문제를 해명할 수 있다면 『飜譯老朴』 좌측음의 성모 체계는 『中原音韻』 및 『飜譯老朴』 우측음의 성모 체계와 별 차이가 없다는 것을 알 수 있다.

다음으로 운모 부분을 살펴보자. 『飜譯老朴』 좌측음의 운모를 표시하는 데 사용한 표기의 목록은 Ⅱ장의 <표 Ⅱ-4>에서 제시한 바 있다. 좌측음의 운모 상황을 살피기 위하여 다시 제시하면 <표 Ⅲ-6>과 같다. 이 표기 목록에서 보이는 바와 같이 『飜譯老朴』 좌측음의 운모는 입성운미의 소실 과정과 비음운미의 간략화를 반영해 주고 있을 뿐 아니라 『中原音韻』

29 『中原音韻』에 나타난 성모의 수는 학자에 따라 20~25개로 다르다. 그 차이는 微母의 변화 정도(v>w), 권설음화의 발생 여부, 구개음화의 발생 여부, 疑母의 소실 여부 등에 있다. 이 중에서 권설음화의 발생 여부가 가장 논란이 되는데, 분석의 차이는 『中原音韻』에 나타나는 知組・莊組(照二)・章組(照三)의 합류 현상 및 知二等・莊組와 知三等・章組의 대립 현상을 어떻게 해석할 것인가에서 나온다.

의 운모 체계나 현대 北京語의 운모 체계와도 근접한 양상을 보여 주고 있다.

『飜譯老朴』 좌측음과 『中原音韻』의 운모 체계 사이의 비교에서 가장 문제가 되는 부분은 운미와 관련된 것이다. 이 중에서 비음운미 -m이 -n으로 합류하는 현상은 『飜譯老朴』 좌측음 및 『譯訓』 속음에서도 명확히 반영되어 있고, 'ᄝ(w)'은 음성운인 蕭 · 爻 · 尤 三韻에서 종성을 삼은 것이며, 支(平) · 紙(上) · 寘(去) 三韻의 齒音字에서 나타난 △ 종성은 『飜譯老朴』 좌측음의 정밀전사적인 특성을 반영하는 것이므로 모두 『中原音韻』과 다른 것으로 보기 어렵다. 결국 문제가 되는 것은 『中原音韻』에서는 사라진 것으로 보이는 입성운미가 『飜譯老朴』 좌측음에서 나타난다는 점이다.[30] 『飜譯老朴』 좌측음 및 『譯訓』 속음에서는 'ㆆ'과 'ᄫ(藥韻)'을 입성운미로 사용하고 있지만, 이는 『譯訓』 정음에서 나타나는 입성운미 'ㅂ, ㄷ, ㄱ'의 합류 및 약화 과정을 보여 주는 것으로 북방중국어의 당시 음운 상황과 음운변화의 측면에서 설명이 가능한 것이다. 王力(1980: 134-135)에서는 14세기의 北京語에서 이미 입성운미 '-p, -t, -k'가 소실되었고, 짧은 기간 동안 '-ʔ'의 단계를 거친 후 開口 음절로 변화한 것으로 보았다. 『飜譯老朴』의 좌측음에는 이러한 입성운미의 변화 과정이 잘 반영되어 있으며, 『通攷』 凡例에도 이에 대한 저자의 인식이 잘 드러나 있다.[31] 한편으로는 전탁음 표기의 유지와 마찬가지로 입성운미 표기를 유

---

30 일부 학자들은 『中原音韻』에서 入派三聲으로 처리한 것은 작곡의 편리를 위한 것이고, 당시 구어에서 여전히 입성과 입성운이 존재하고 있었음을 보여 주는 여러 자료들이 있다고 주장하기도 한다(李啓文 1996: 51).

31 "入聲諸韻終聲, 今南音傷於太白, 北音流於緩弛.………本韻之作併同析異, 而入聲諸韻牙舌脣終聲, 皆別而不雜. 今以ㄱㄷㅂ爲終聲, 然直呼以ㄱㄷㅂ則又似所謂南音, 但微用而急終之不至太白可也. 且今俗音雖不用終聲, 而不至如平上去之緩弛, 故俗音終聲, 於諸韻用喉音全淸ㆆ, 藥韻用脣輕全淸ᄫ以別之." (『通攷』 凡例) (입성 여러 韻의 종성은 현재 南音은 너무 분명함에 치우치고 北音은 너무 느슨하다. ……本韻을 지음에도 같은 것을 아우르고 다른 것을 가르니 입성의 여러 韻에서도 牙舌脣音의 종성은 모두 구별하여 섞지 않았다. 이제 'ㄱ · ㄷ · ㅂ'을 종성으로 삼음에 있

〈표 Ⅲ-7〉『飜譯老朴』 좌측음의 성조 표기와 調値 관련 기록

		『飜譯老朴』 좌측음		
四聲		淸濁	調値 설명(飜譯凡例)	방점
平聲	陰	全淸·次淸	輕呼而稍擧	0
	陽	全濁·不淸不濁	先低而中按後厲而且緩	0
仄聲	上		低而安	2(:)
	去		直而高	1(·)
	入		直而高	1(·)
			先低後厲而促急	1(·)

지하고 있는 것도 『飜譯老朴』의 좌측음이 가지는 규범음의 성격을 반영한 것으로 볼 수 있다.

<표 Ⅲ-7>은 『飜譯老朴』의 좌측음에 찍힌 방점과 飜譯凡例에 기록된 『飜譯老朴』 좌측음 즉 漢音의 調値 관련 기록을 정리한 것이다.

『飜譯老朴』 좌측음의 성조 체계는 평성(음, 양), 상성, 거성, 입성으로 이루어져 있는데, 이는 현대 北京語의 상황과는 어느 정도 차이가 있다. 특히 거성과 입성이 동일한 표기로 묶여 있으며 현대 北京語의 성조 상황 및 調値와 비교적 큰 차이를 보이고 있다는 점이 주목을 끈다. 그러나 이러한 차이 역시 15세기 당시 중국북방음의 상황과 음운변화의 흐름을 고려한다면 상당 부분 설명이 가능하다.[32]

어 곧바로 'ㄱ·ㄷ·ㅂ'을 발음하면 소위 南音에 가깝게 되니 다만 미미하게 소리를 내어 급히 마치되 지나치게 명백함에 이르지 않아야 할 것이다. 또한 지금의 속음에서는 비록 종성을 사용하지 않으나 평·상·거성에서 소리가 늘어지는 정도에는 아직 이르지 않았으므로 속음의 종성에서는 여러 韻에 喉音의 전청인 'ㆆ'을 사용하고 藥韻에서는 脣輕音의 전청인 'ㅸ'을 사용하여 구별하였다.)

32 15, 16세기 북방중국어의 성조 상황은 14세기 이전과 차이를 보일 뿐 아니라 현대 北京語와도 상당히 달랐던 것으로 보인다. 飜譯凡例가 기록하고 있는 15, 16세기 성조의 調類와 調値는 오히려 현대 南京方言과 유사하다. 南京方言 성조 체계에서 하강조인 음평을 제외하고, 양평이 低昇調, 상성이 低平調, 거성이 高平調라는 점은 飜譯凡例의 기록과 기본적으로 일치하며 입성의 상황도 양자가 유사하다. 1421년에 明朝는 吳方言 지역에 근접한 南京에서 北京으로 천도하였다. 수도가 이전하면 지배층이 대거 이주를 하기 때문에 천도한 수도의 언어는 이전 수도 언어의 영

위에서 살펴본 바와 같이 『飜譯老朴』 좌측음의 음운체계는 14세기 초반의 현실음을 반영하는 『中原音韻』이나 16세기 초반의 현실음을 반영하는 『飜譯老朴』 우측음과 사실상 큰 차이가 없으며, 표면적으로 나타난 차이도 표기의 성격이나 음운변화의 관점에서 설명이 가능함을 확인할 수 있다. 『譯訓』 정음이 당시 북방의 현실음과 거리가 있었던 상황을 고려하여 저자는 『譯訓』의 속음을 『飜譯老朴』의 좌측음으로 등재하였고, 이에 따라 『飜譯老朴』의 좌측음도 15세기의 중국북방음을 반영하는 것으로 볼 수 있다.

2.1.3. 중국북방음

『飜譯老朴』 좌측음의 음운체계가 14~16세기 당시 북방중국어의 현실음을 반영하는 자료에 나타난 음운체계와 실제적으로 별 차이가 없다는 것을 지적하면서 『飜譯老朴』 좌측음이 15세기 중국북방음의 현실을 반영한다는 점을 위에서 밝혔다. 2.1.2절에서는 15세기의 현실음이라는 점에 중점을 두고 논의하였는데, 본 절에서는 『飜譯老朴』 좌측음의 방언적 기초가 중국 북방방언에 있다는 점을 밝히기 위하여 한 가지 중요한 근거를 제시하고자 한다.[33] 즉 『譯訓』의 정음과 속음 사이의 차이가 대부분 중국

향을 크게 받는 것이 일반적인 사례라는 점에서 飜譯凡例가 기록하고 있는 15~16세기는 北京을 중심으로 하는 지역에서 통용된 北方官話에 南京官話의 영향이 강하게 반영된 시기였다. 따라서 15, 16세기의 北京語音은 현대와는 성격이 좀 달랐다고 할 수 있고, 이후 이러한 南京官話의 영향은 北京語에서 점차 약화되는 과정을 거친 것으로 추측할 수 있다. 다만 왜 성조에서 이처럼 南京官話의 영향이 두드러지게 나타나는지에 대해서는 좀 더 연구가 필요하다. 『譯訓』 속음과 『飜譯老朴』 좌측음에 전탁음이나 입성운미가 남아 있는 상황도 南京官話의 영향에서 기인했을 가능성이 있으나, 이 문제는 규범음이라는 표기 성격의 측면에서 설명하는 것이 현재 단계에서는 더 설득력 있는 것으로 보인다.

33 『譯訓』 序에서는 "燕都爲萬國會同之地, 而其往返道途之遠, 所嘗與周旋講明者, 又爲不少, 以至殊方異域之使, 釋老卒伍之微, 莫不與之相接, 以盡正俗異同之變."이라고 하여 『譯訓』의 質正 과정에서 중심이 된 지역이 燕都(燕京)라는 점을 밝히고 있다. 質正의 대상이 된 사람도 변방이나 이역에서 온 사신들로부터 중, 도사, 군졸

〈표 Ⅲ-8〉『譯訓』의 정음과 속음 표기에 반영된 음운변화

연번	표기에 반영된 음운변화	『譯訓』의 예		
		例字	정음 표기	속음 표기
1	疑母의 소실	垠	은	은
2	전탁음의 무성음화	挺	:띵	:팅
3	전탁음의 기타 변화	踝	:ᅘᅪ	:꽈
4	唇音字 운모의 이화	門	문	믄
5	唇音字 운모 변화 (-i＞-ei)	卑	:비	:븨
6	입성운미 'ㆆ'으로의 변화	屋	·훅	·후ᇹ
7	입성운미 'ㅸ'으로의 변화	藥	·약	·야ᇦ
8	비음운미의 변화 (-m＞-n)	侵	침	친
9	비음운미의 변화 (-ŋ＞-n)	仍	싱	신
10	운모 표기의 간략화	縱	·즁	·중
11	기타 운모 표기의 변화	況	·황	·향
12	支紙寘韻의 운모 변화	侍	·씨	·쓰ᇫ

북방음에서 나타난 음운변화를 반영하고 있다는 점을 보여 주고자 하며, 이는『飜譯老朴』좌측음의 기반이 된『譯訓』속음이 중국북방음을 반영하거나 당시 수도인 北京을 중심으로 하는 지역에서 행해진 공동어를 반영한다는 중요한 근거가 될 것이다.『譯訓』의 정음과 속음 표기의 차이 중에서 음운변화를 반영할 가능성이 있는 것은 <표 Ⅲ-8>에 제시하였다.

<표 Ⅲ-8>에 제시한 음운변화는 대부분 근대 시기에 북방중국어에서 나타난 것이다.[34] 疑母의 소실은『譯訓』의 속음에 나타난 가장 두드러진 성모 변화 현상으로 북방중국어의 음운변화 과정을 반영하고 있다. 다만『譯訓』의 정음에 남아 있는 疑母 표기가 속음에서 대부분 없어졌으나, 그

등과 같은 미천한 사람들까지 광범위했음을 알 수 있다. 또한 이를 통하여 正俗의 같고 다름을 모두 살피려 했다는 언급에서『譯訓』속음의 質正 과정이 北京을 중심으로 하는 북방 지역에서 긴 시간과 많은 노력을 기울여 행해졌음을 알 수 있다.

34 <표 Ⅲ-8>에 제시된 것 이외에『譯訓』정음과 속음의 표기에 차이가 있는 것으로는 支紙寘韻 齒音字의 종성 표기와 '夥, 揣, 瀋, 沈, 叡, 睿, 容, 銳, 兌, 棿' 등 일부 글자의 표기가 있다. 支紙寘韻 齒音字의 종성 표기는 동일한 음에 대한 표기의 차이를 나타내는 것이고, 기타 일부 글자의 정속음 표기 차이는 北方音 변화의 측면에서는 설명하기 어려운 것이다.

소실 과정이 완료된 것은 아니어서 속음에서 여전히 疑母가 남아 있는 경우도 있다.[35]

『譯訓』의 속음에 전탁음의 무성음화가 전면적으로 반영되어 있다면 북방중국어를 반영한다는 중요한 근거가 될 것이나, 여전히 속음에는 전탁음 표기인 각자병서가 그대로 있고 연번 2와 같이 전탁음의 무성음화를 반영하는 표기는 소수에 불과하다. 이러한 표기의 변화는 한 글자의 두 종류 讀音을 보여 주는 경우도 있지만, 당시 중국북방음에서 나타난 전탁음 무성음화의 일면을 보여 주는 것일 수 있다는 점에서 의미가 있다. 이러한 『譯訓』 속음 표기의 상황이 15세기 당시 중국북방음에서 온전히 전탁음이 남아 있었다는 것을 보여 주는 것인지 또는 운서에 제시된 속음이기 때문에 해당 글자 성모의 근원이 전탁음이었다는 전통적 음운 범주를 표시하려는 편찬자의 의도를 반영하는 것인지 고려할 필요가 있다는 점은 위에서 이미 언급하였다.

唇音字에서 나타난 운모의 이화 현상(연번 4)이나 운모의 변화(연번 5) 역시 중국북방음에서 나타난 음 변화 과정을 반영한다. 다만 이 변화는 『譯訓』의 속음에서 이 부류에 속한 모든 글자들에 적용되지는 않는다. 운모의 간략화는 중고 시기에서 근대 시기를 거치며 북방중국어에서 전반적으로 나타난 음운변화 과정이다. 일반적으로 韻頭나 韻尾가 소실되고 주모음이 변화를 입는 방식으로 나타난다. 그러나 운모 표기의 간략화(연번 10)와 기타 운모 표기의 변화(연번 11)의 상당 부분은 음운변화를 반영하는 것이 아니라 대역 과정에서 생긴 차이일 수 있다. 이 문제에 대해서는 이후 세밀한 고찰이 필요하다.

『譯訓』 속음에서 支紙寘韻 정치음의 莊組, 章組는 주모음이 'ㅡ(ï)(章組 일부는 ㅣ(i))'로, 知組는 주모음이 'ㅣ(i)'로 되어 있는데, 이는 북방중국어

---

35 疑母의 소실과 반대로 『譯訓』 卷第十六의 陌韻에는 정음의 일부 喻母(ㅇ)가 속음에서 오히려 疑母(ㆁ)로 나타나는 경우도 있다. 이는 古音을 반영한 것이다.

권설음화 과정에서의 속도 차이를 반영하고 있다. 支紙寘韻에서 치두음은 표기상으로는 'ㅡ(ï)'로 변화가 완성되었음을 보여 준다. 정치음은 주로 知組가 여전히 주모음 표기 'ㅣ(i)'를 가지고 있어서 이들 글자는 권설음화가 완전히 이루어진 상태로 볼 수 없다. 이러한 양상은 북방중국어의 권설음화 과정과 대체로 일치한다.

『譯訓』의 속음이 북방중국어의 음운변화를 반영한다는 것을 보여 주는 또 다른 중요한 예는 입성운미와 비음운미의 표기 변화이다. 『譯訓』 속음과 『飜譯老朴』 좌측음에서 나타나는 입성운미 'ㆆ'과 'ㅸ(藥韻)'은 『譯訓』 정음에서 나타나는 입성운미 'ㅂ, ㄷ, ㄱ'의 합류 및 약화 과정을 보여 주는 것이다. 또한 『譯訓』 속음과 『飜譯老朴』 좌측음에서 나타난 비음운미 '-m'이 '-n'으로 합류하는 현상은 북방중국어의 당시 음운 상황과 음운변화를 반영하는 것이다.

다만 <표 Ⅲ-8>에서 연번 3, 9, 11과 관련된 例字의 일부는 당시 중국 북방음의 상황이나 음운변화의 측면에서 설명하기 어렵다. 이러한 예는 『譯訓』의 속음이 기반을 두고 있었던 15세기의 북방중국어가 明初의 수도인 南京에서 통용되던 언어의 영향을 강하게 받고 있었던 당시의 상황을 반영하는 것이라고 할 수도 있고, 제보자의 방언 배경이나 대역 과정에서의 문제 등 여러 요인에서 기인했을 가능성이 있지만 현재의 단계에서는 이처럼 표기된 이유를 명확히 해명하기 어렵다.

해명해야 할 부분이 여전히 남아 있으나 『譯訓』 정음과 속음의 차이가 상당 부분 중국북방음에서의 변화를 반영한다는 사실은 『譯訓』의 속음과 이에 기초한 『飜譯老朴』의 좌측음이 북방중국어를 기반으로 한다는 것을 입증해 주는 중요한 근거이다. 또한 『譯訓』 정음과 속음 표기의 차이가 음운변화의 양상을 반영한다는 사실은 『譯訓』 속음 및 『飜譯老朴』 좌측음이 변화를 반영하는 현실음을 나타낸다는 것을 보여 주는 또 다른 근거라고도 할 수 있다.

2.1.4. 규범음

『飜譯老朴』의 좌측음은 15세기 당시의 현실음을 반영한다고 할 수 있다. 그런데 또 한편에서 보면 『飜譯老朴』의 좌측음은 규범음의 성격도 함께 가지고 있다. 모순적으로 보이는 이러한 『飜譯老朴』 좌측음의 성격은 이의 기반인 『譯訓』의 속음이 규범적인 운서에 수록된 속음이라는 사실에서 나오는 것이다.

『譯訓』의 속음이 반영하고 있는 것은 15세기 중국 북방의 현실음이지만, 현실음이라고 해도 규범운서인 『洪武正韻』을 譯訓한 운서에 수록된 음이기 때문에 여전히 『洪武正韻』과 같이 31 성모 체계와 다소 복잡한 운모 체계를 가지고 있다. 이는 『譯訓』의 속음이 주로 당시 중국북방음의 현실을 보여 주기 위한 목적으로 수록한 것이지만, 또 한편에서 보면 『譯訓』 정음의 영향에서 완전히 벗어날 수 없었기 때문에 이처럼 전통적이고 보수적인 음운체계를 표면적으로는 유지하고 있는 것이다. 이러한 『譯訓』 속음의 성격에 대하여 朴炳采(1983: 173)에서는 현실적 정음이자 구어적 정음이라고 규정하였으며, 『譯訓』의 정음은 전통적인 정음이자 문어적 정음이라고 규정하였다. 즉 『譯訓』의 속음은 당시의 현실적인 정음이라는 성격을 가지고 있는 것으로 규범음의 범주에 있었기 때문에 『譯訓』과 같은 규범운서에 등재될 자격을 갖추었던 것이다. 『洪武正韻』의 反切을 분석하여 훈민정음으로 제시한 『譯訓』의 정음은 『洪武正韻』 편찬 당시에는 현실에서 사용하는 음이면서 규범음이었다고 할 수 있다. 그러나 80년이 지난 『譯訓』의 편찬 시기에 洪武正韻音은 규범음이지만 이미 현실에서 사용하지 않는 음이 많게 되었고 『譯訓』 속음이 당시 북방중국어의 현실음이지만 규범음의 성격을 가진 음으로 등재된 것이다.[36]

36 張衛東(2000: 213)에서는 당시 북방의 현실음에 속음이라는 하나의 측면만 있었던 것이 아니라 정음과 속음이라는 두 가지 측면이 존재하고 있었다고 하였다. 그리고 당시의 정음은 사람들의 전통적 관념에서의 정음이고, 속음은 실제적으로는 발음

이처럼 속음은 규범음의 성격을 가지고 있으나, 결국은 정음에서 이탈한 음을 가리키는 것으로 보인다. 『譯訓』 序에서는 字母를 여러 韻의 각 글자 첫머리에 나누어 넣고 훈민정음으로 反切을 대신하여 정음으로 제시하고 속음 및 又音을 本字의 아래에 나누어 기록하였으며 이해하기 어려운 것이 있으면 간략하게 주석을 붙여 그 예를 보였다고 하였다.[37] 이는 정음과 속음이 차이가 나는 경우나 다른 음이 있는 경우, 별도로 제시하였음을 설명하는 것이다. 즉 『譯訓』에서 당시의 언어 현실에 완전히 부합하지 않는 음이 있거나 체계적인 측면에서 정음만으로 충분하게 제시하기 어려운 음이 있는 경우에는 속음이라는 수단을 사용하여 보완한 것이다.[38]

『通攷』 凡例에는 짧기는 하지만 정음과 속음의 개념에 대한 비교적 명확한 정의가 나타나는데, 중국인이 사용하는 음 중에서 운도와 운서에 부합하는 것으로 그 字音 즉 정음을 정하고, 中國 時音으로 널리 쓰이지만 운도와 운서에 부합하지 않는 것을 속음으로써 反切 아래에 쓴다고 하였다.[39] 조선 초기에 표준적인 중국어음을 제시한 것으로 간주된 중국운서

상 이미 주류가 되었으나 표면적으로는 아직 정음을 대체하지 못한 음이라고 하였다.

37 "分入字母於諸韻各字之首, 用訓民正音以代反切. 其俗音及兩用之音, 又不可以不知, 則分注本字之下, 若又有難通者, 則略加注釋以示其例." (『譯訓』 序)

38 金武林(1999: 246-248)에서는 운서의 성격상 변별적인 分韻에 의해 체계적인 통일성을 이루어야 하므로 정음을 정함에 있어서는 『洪武正韻』의 체계성을 존중하고, 『洪武正韻』의 체계에 맞지 않는 字音으로서 버릴 수 없는 것은 속음으로 표음한 것이라고 하였다. 또한 속음의 유형별 예를 통하여 속음의 네 가지 성격을 제시하고 있다. 첫째, 정음에 상대되는 通俗音으로서의 속음. 둘째, 정음의 위치를 잃은 古音으로서의 속음. 셋째, 一字多音을 표시하기 위한 수단으로서의 속음. 넷째, 체계적 대역에서 놓친 음성적 대역으로서의 속음.

39 "以圖韻諸書及今中國人所用, 定其字音. 又以中國時音所廣用, 而不合圖韻者, 逐字書俗音於反切之下." (『通攷』 凡例) 朴炳采(1983: 174-178)에서는 『譯訓』 序에 '以盡正俗異同之變'이라 하여 中國 時音을 가리는 데 장구한 시일과 온갖 정성을 기울인 것은 결국 편찬자들의 聲韻觀의 차이에서 연유한 것으로 볼 수 있다고 하였다. 『譯訓』 편찬자들이 가지고 있는 정음 관념은 방언 차이나 개인 차이가 혼합되어 실현

는 『洪武正韻』인데, 이 책의 反切音은 훈민정음 창제 직후 『譯訓』과 『通攷』에서 정음으로 정리되었다. 이는 『譯訓』의 序에서 明 太祖의 명으로 中原雅音을 기반으로 편찬한 『洪武正韻』을 天下萬國이 받드는 기준이라고 언급한 것을 통해서도 알 수 있다.[40] 반면 속음은 『洪武正韻』의 反切音인 정음에서 벗어나 당시 광범위하게 통용되던 현실음이고, 『譯訓』과 『通攷』에 정음과는 별도로 反切의 아래에 附記된 것으로 몽고운서에 기록된 음과 많은 부분이 일치한다.

『飜譯老朴』의 좌측음과 『譯訓』의 속음이 규범음의 성격을 가지고 있다는 또 다른 근거는 이들이 표기되어 있는 양상이나 이후 역학서에서 활용된 양상에서 찾을 수 있다.

첫째, 『譯訓』의 속음은 정음에서 이탈한 당시의 현실음이지만, 음운변화는 제한적으로 반영하고 있다. 이는 『譯訓』 속음과 『飜譯老朴』 좌측음이 규범음의 성격을 가지고 있기 때문에 그 음이 본래 속했던 음운범주를 명시하는 것을 주요한 목적의 하나로 삼고 있음을 보여 준다. 따라서 음운변화가 종료되기 전까지는 그 과정을 제한적으로 반영할 수밖에 없는 것이다. 이 때문에 『飜譯老朴』의 좌측음에는 당시 북방중국어에서 이미 소실 과정에 있었던 전탁음, 입성운미, 影母, 微母 등이 보존되어 있으며, 疑母와 같이 소실의 종반 단계에 있는 음은 기존의 체계에 영향을 크게 끼치지 않는 범위 내에서 제한적으로 그 변화를 반영하고 있다.

둘째, 『譯訓』 속음은 정음과 속음 표기를 같이 제시한 초기의 역학서

된 공통음을 정음으로 간주하는 『洪武正韻』과는 다르고, 『東國正韻』 등에서 말한 국어한자음의 정·속 관념과 상통한다는 것이다. 따라서 『譯訓』에서는 中國 時音이 운도와 운서에 맞지 않는 경우 속음으로 처리하여 附記하였는데, 이는 譯訓 과정의 산물이며 중국음의 方音이자 현실적 정음이기도 한 中原의 時音을 수용하는 방편으로 속음을 사용하였다는 것이다.

40 "洪惟皇明太祖高皇帝, 愍其乖舛失倫, 命儒臣一以中原雅音, 定爲洪武正韻, 實是天下萬國所宗." (『譯訓』 序)

에서 國俗撰字之法에 기초한 우측음과 함께 규범음인 좌측음으로 수록되게 된다. 崔世珍이 최초의 역학서 언해인 『飜譯老朴』을 편찬하면서 각 한자의 아래에 두 개의 중국어 발음을 표시하여 정음과 속음이라고 불렀으며, 정음의 위치인 좌측에 『譯訓』 속음에 기초한 음을 수록하였다. 이후의 『老乞大』와 『朴通事』의 언해서에서도 각 한자 아래의 좌측에는 규범음인 정음을 수록하였고, 우측에는 현실음인 속음을 수록하였다.[41] 이처럼 규범음의 자리인 좌측에 『譯訓』의 속음을 수록하였다는 사실은 역학서의 편찬자들이 『譯訓』의 정음에서는 벗어나 있지만 『譯訓』의 속음을 규범음의 범주에 있는 것으로 인식하였음을 보여 준다.

셋째, 『譯訓』 속음은 『譯訓』 정음에 비하면 북방중국어에서 나타난 음운변화의 과정을 잘 반영하는 것이 사실이지만, 음운변화의 반영도 제한적이고 『老乞大』와 『朴通事』의 언해서에 좌측음으로 수록된 이후에는 전혀 변화가 없거나 후기의 간본에서는 『譯訓』 정음에 가깝게 바뀌기도 하였다. 『飜譯老朴』과 그다음의 간본인 『老諺』, 『朴諺』에는 좌측음에 대부분 『譯訓』의 속음을 수록하여 차이가 없다. 심지어 18세기 간본 『老乞大』와 『朴通事』의 언해서에 이르게 되면 좌측음이 『譯訓』 정음에 가까운 표기로 대체되는 양상이 나타난다.[42] 『老乞大』와 『朴通事』 언해서의 우측음

41 좌우음 중 어느 것을 정음 또는 속음으로 볼 것인지에 대해서는 관련 연구들에서 의견의 차이가 있다. 본 장의 1.3절에서 자세히 논의한 바와 같이 우측음은 어떤 측면에서 보아도 전통적인 의미에서의 정음의 개념과 부합하지 않으며, 좌측음은 운서적 표기 방식에 기초한 것으로 우측음보다는 정음의 개념에 가깝다는 점은 분명하다.

42 『飜譯老朴』, 『老諺』, 『朴諺』의 좌측음에는 대부분 『譯訓』의 속음이 수록되었지만 『譯訓』 속음과 일부 차이가 있다. 또한 18세기 간본 『老乞大』와 『朴通事』의 언해서에서 나타나는 좌측음 표기는 『譯訓』 정음과 거의 일치하고 있으나 종성에서 차이를 보인다. 즉 이들 언해서에서 나타나는 좌측음의 입성운미 표기와 支·紙·寘韻의 종성은 오히려 『譯訓』 속음 표기와 가깝다. 따라서 18세기 간본에서의 좌측음 표기는 『譯訓』 정음의 표기를 근간으로 속음 표기의 특성이 일부 결합된 것이라고 할 수 있다.

에서 변화 과정에 있는 음의 상황이 비교적 생생하게 제시된 것에 반해, 『譯訓』의 속음이나 정음에 기초한 음을 수록한 좌측음에서는 이처럼 변화가 전혀 없거나 洪武正韻音에 더 가깝게 회귀하는 양상을 보여 주고 있는 것이다. 이 역시 『飜譯老朴』의 좌측음이 정음과 같은 규범음의 성격을 가지고 있다고 할 수 있는 근거이다.

결론적으로 말해 『譯訓』의 속음은 현실음이고 『譯訓』의 정음에서 벗어난 음이기는 하지만 넓은 의미에서 정음의 범주에 충분히 수용할 만한 성격을 가지고 있었다. 이 때문에 이후 역학서에서 규범음인 좌측음에 오를 수 있었던 것이다. 이는 『譯訓』 속음이 현실음의 성격을 가진 규범음으로 정음의 개념이 확장되어 적용되었다는 것을 보여 준다. 이러한 이유 때문에 『譯訓』 속음에 기초하고 있는 『飜譯老朴』의 좌측음도 규범음의 성격을 가지고 있는 것으로 볼 수 있다.

2.2. 『飜譯老朴』 좌측음과 『譯訓』 俗音의 차이

『飜譯老朴』을 대상으로 한 기존의 주요 연구에서는 『飜譯老朴』의 좌측음이 『譯訓』의 속음을 그대로 수록한 것으로 간주하였다.[43] 그러나 『譯訓』 속음과 『飜譯老朴』의 좌측음은 동일한 표기방식에 기초하고 있고 동일한 성격을 가지고 있지만, 그 표기가 완전히 일치하는 것은 아니다.[44] 아래의 <표 Ⅲ-9>는 『譯訓』의 속음과 『飜譯老朴』의 좌측음이 일치하지 않는 경

43 姜信沆(1973, 1974), 遠藤光曉(1984), 金武林(1999) 등.

44 張馨實(1994: 49-50)에서는 『飜譯老朴』의 좌측음이 가지는 의미와 관련지어 두 가지로 정확하게 정리하고 있다. 첫째, 좌측음에서는 『通攷』의 글자체를 이용하여 본래의 음에 대한 정확한 발음을 표기하려 한 것이다. 즉 우측음이 國俗撰字之法에 의한 표기를 하게 됨에 따라 생기는 중국어음에 대한 오해를 막기 위해 사용되었다는 것이다. 둘째, 이미 현실음에서 음운변화를 마친 음은 구어적 정음이 되나 음운변화의 과정에 있었던 음은 변화를 입기 전의 음을 정음으로 간주하였다는 것이다.

〈표 Ⅲ-9〉『飜譯老朴』의 좌측음과 『譯訓』 속음이 일치하지 않는 예

例字	譯訓 속음	飜譯老朴 좌측음	飜譯老朴 우측음	例字	譯訓 속음	飜譯老朴 좌측음	飜譯老朴 우측음
大$_1$	(·떠)	·따	·다	閒	(갼)	견	·견
那	나	너	:노	眼	(:얀)	:연	연
垜	(:터)	:떠	·도	鐧	(·갼)	·견	·견
者	(:져)	:져	져	顏	얀	연	:연
踝	:꽈	:ᅘᅯ	고	鴈	·얀	·연	·연
紵	(:쥬, :츄)	:쮸	·쥬	濺	(·젼)	·쪈	·젼
哺	(·뿌)	·부	·부	盤	뻔	뻔, (뻔)	:펀
所	(:수)	:소	소	關	(관)	권	·권
(愚)	(유)	유	:유	綰	(:ᄝᅪᆫ)	:ᄝᅪᆫ	:완
大$_2$	·따	·때	·대	榛	(즌, 쯘)	즌	·즌
(咳)	(ᅘᅢ)	캐, (ᅘᅢ)	·해	疹	(:진)	:친	·친
敗	(·빼, ·배)	·배	·배	辰	(씬)	찐	:친
(頦)	(개)	ᅘᅢ	:해	鶉	(쓘)	쭌	:츈
痞	(:피)	:픠	픠	仰	:양	:양	:양
只	:지ᇫ, :즈ᇫ	·즈ᇫ, (:즈ᇫ)	·ᄌᆞ	響	(:향)	:향	향
至	·지ᇫ	·즈ᇫ	·ᄌᆞ	硬	(·잉)	·잉, ·잉	·잉
(宜)	(이)	이, (이)	:이	迎	(잉, ·잉)	잉	:잉
(疑)	(이)	이, (:이)	:이	錠	(·딩, ·띵)	·띵	·딩
瑞	(·쒸)	·쉬	·쉬	橫	(·ᅘᅬᆼ)	·ᅘᅮᆼ	·훙
消	(샤ᇦ)	샤ᇦ	·샨	朧	(·눙)	·눙	·눙
標	:뺘ᇦ	:뱌ᇦ	뱌	奉	(:ᄫᅮᆼ, ·ᄬᅮᆼ)	:ᄬᅮᆼ	·ᄫᅮᆼ
椒	쟈ᇦ	쟈ᇦ	·쟌	俸	(·ᄫᅮᆼ)	·ᄬᅮᆼ	·ᄫᅮᆼ
某	(:무, :므ᇢ)	:무	무	院	(·원)	·원, (·원)	·원
母	(:무, :므ᇢ)	:무	무	緣	(연, 원)	원	:원
富	(·ᄫᅮ, ·ᄫᅳᇢ)	·ᄫᅮ	·ᄫᅮ	磕	·캉	·컹	·커
薙	·ᅘᅨ	·혜	·혜	鴿	·강	·겅	·거
謎	·믜	·미	·미	迭	·뗭	·뗭	:뎌
切	·치	·치	·치	截	·쪙	·찡	:져
外	(·왜)	·왜	·왜	豁	·훵	훵	:호
副	(·ᄫᅮ, ·ᄫᅳᇢ)	·ᄫᅮ	·ᄫᅮ	斡	·웡	·왕	:와
牛	(ᅌᅵᇢ)	니ᇢ	:누ᇢ	雀	·쟈ᇦ	·챠ᇦ, (·쟈ᇦ)	:챠ᇦ, (:쵸)
臉	:견	:련	련	箬	·샤ᇦ	·시ᇦ	:쇼
簪	즌	즌	·즌	樸	·파ᇦ	·바ᇦ, ·ᄫᅮᆼ	·보, :보
鹹	ᅘᅣᆫ	ᅘᅧᆫ	:현	極	·낑, ·깅	·낑	·기
減	:갼	:견	견	喫	·킹	·칭	·치
鑑	·갼	·견	·견	局	·뀽	·귱	·규

우이다.[45]

이처럼 『飜譯老朴』의 좌측음과 『譯訓』 속음 사이에 일치하지 않는 예는 불확실한 것을 제외하고 72字 이상 나타난다. 이는 『飜譯老朴』에 출현하는 글자 중 4% 정도의 비율을 차지하는 것이다. 둘 사이에 차이가 나타난 원인과 그 예는 다음과 같이 정리할 수 있다.[46]

첫째, 음운변화를 반영한 것으로 이 글자들에서 『飜譯老朴』의 좌측음은 표기상 『譯訓』 속음보다 16세기 초의 중국북방음에 더 가까운 양상을 보여 준다. 다만 이 부류에 속하는 글자들은 예상보다 많지 않아서 『飜譯老朴』의 좌측음에서 『譯訓』 속음의 표기를 바꾼 주요한 목적이 16세기 초의 현실음을 더 잘 보여 주려는 것은 아니었음을 시사해 준다. 먼저 유성장애음인 전탁음 표기를 무성음인 청음 표기로 바꾼 경우가 있다. 예를 들면 '哺, 瑞, 摽, 局' 등이 있다. 이외에 다른 성모에서의 변화를 반영한 경우도 있다. 疑母의 소실을 반영한 표기로 '愚, 外, 仰, 阮'이 있다. '牛'의

45 『譯訓』의 속음과 『飜譯老朴』의 좌측음 사이에 일치하지 않는 경우가 존재한다는 사실은 張馨實(1994), 朱星一(2000b) 등에서 이미 언급되었다. 朱星一(2000b: 75)에 따르면 『飜譯老朴』에 출현하는 1,807字 중 좌측음이 『譯訓』 속음과 일치하지 않는 경우는 82字라고 하였다. 필자가 조사한 바에 따르면 명확하지 않은 부분을 제외하고 72字 이상이다. 72字 이상이라고 언급한 것은 필자가 현재까지 찾아낸 예가 72字이고 山攝·咸攝 소속 글자에서 판단하기 어려운 부분이 있어 대표 글자만 제시하였으며 일치하지 않는 예를 찾아내는 것이 쉽지 않은 작업이기는 하지만 이후 예를 추가할 가능성이 있기 때문이다. 본 절에서는 朱星一(2000b: 73-75)에서 제시된 조사 결과를 기초로 『譯訓』 속음과 『飜譯老朴』 좌측음 사이에 차이가 나는 경우를 확인한 후 교정하고 보완하여 <표 Ⅲ-9>를 작성하였다. <표 Ⅲ-9>에 제시한 『譯訓』의 속음 표기 중에서 괄호를 한 것은 해당되는 한자에 정음 표기만이 존재하므로 이 한자는 정음과 속음이 같은 경우이다. 또한 例字에 괄호를 한 것은 현존하는 『譯訓』에서 전하지 않는 卷 1, 2에 수록된 글자로 영인본에서 복원한 부분이다.

46 朱星一(2000b: 75-78)에서는 『飜譯老朴』의 좌측음, 『譯訓』 속음, 『四聲通解』 속음이 차이를 보이는 이유에 대하여 다음과 같은 네 가지 요인을 제시하였다. 첫째, 당시 兩讀 현상이 존재했다. 둘째, 상이한 시기의 어음의 영향을 받았기 때문이다. 셋째, 방언의 영향을 받았다. 넷째, 편찬자의 誤記나 판각상의 잘못에 기인한 것이다.

경우는 『譯訓』에서는 喩母 표기인 'ㅇ'이었다가 『飜譯老朴』 좌측음에서는 泥母 표기인 'ㄴ'으로 나타난다. 운모에서의 변화를 반영한 것으로 보이는 표기도 있는데, 예를 들면 '痞, 只, 至, 橫, 齈, 磕, 鴿' 등이다.

둘째, 음운변화의 흐름과 반대로 표기된 경우도 있다. 먼저 『譯訓』 속음에 나타난 청음 표기를 『飜譯老朴』 좌측음에서 전탁음 표기로 되돌린 경우가 있다. 예를 들면 '埰, 紵, 濺, 俸' 등이다. 喩母 표기(ㅇ)를 疑母 표기(ㆁ)로 되돌린 경우도 있는데, 예를 들면 '宜, 疑'이다. 이러한 예들은 북방중국어의 관점에서 보면 음운변화의 흐름과 반대로 표기를 수정한 것이나, 규범음 성격의 강화와 같은 다른 요인이 관여한 것인지에 대해서도 고려할 필요가 있다.

셋째, 두 문헌 편찬자 사이의 해당 글자의 음에 대한 분석의 차이나 대역 과정상의 차이를 반영한다. 이러한 차이는 상이한 방언의 영향에서 기인했을 가능성도 있다. 예를 들면 '那, 踝, 所, 盤, 斡'을 들 수 있다. '大$_1$, 大$_2$, 者, 弰, 椒, 謎, 綰, 榛, 辰, 鶉, 雀, 樸' 등의 글자에서 차이가 나타나는 원인은 분명하지 않은데, 방언 영향의 차이 등과 같은 요인 등에서 기인했을 가능성이 있다. 山攝과 咸攝 소속 글자 중 『譯訓』의 정음과 속음에서는 중성이 모두 'ia(ㅑ)'로 나타나지만 『飜譯老朴』의 좌측음에서는 'iə(ㅕ)'로 나타나는 경우가 있다. 양쪽 자료에 모두 나타나는 이 부류의 例字로는 '姦, 間, 艱, 顔, 慳, 閑, 限, 眼, 鐧, 鴈, 醎, 監, 鑑, 減' 등이 있다. 이는 운모 '-iɛn'을 전사하는 과정에서 나타난 표기상의 차이로 보이지만 일단 표기상 차이가 나타나므로 '顔, 鴈' 이외에 각 성조에서 한 글자씩 총 6字만 例字로 제시한다. 주모음 표기에서 'oa(ㅘ)'와 'uə(ㅝ)'의 차이를 보여주는 山攝字도 있는데, '關'이 이에 속한다.

넷째, 중국북방음을 기준으로 하면 『飜譯老朴』의 좌측음에서 잘못 수록된 경우가 있다. 이는 주로 『飜譯老朴』 편찬자의 誤記나 板刻에서의 잘못에 기인한 것으로 보인다. 예를 들면 '薤, 切, 響, 硬, 迎, 奉, 迭, 截, 豁,

箬' 등이 이에 속한다.

다섯째, 『譯訓』 속음에서는 두 가지의 표기로 나타나는데, 『飜譯老朴』의 좌측음에서 하나의 표기로만 나타나는 경우이다.[47] 예를 들면 '敗, 某, 母, 富, 副, 錠, 緣, 極'이 이에 속한다.[48]

여섯째, 한 글자가 가지고 있는 두 종류의 성모 讀音을 두 문헌에서 다르게 기록한 경우가 있는데, '咳, 頦, 臉, 簪, 疹, 喫' 등이 이에 속한다. 이 부류에 속한 글자들은 14~16세기의 음운 자료들에서 兩讀의 양상을 찾아볼 수 있다(朱星一 2000b: 75-76).

『飜譯老朴』의 좌측음과 『譯訓』 속음 사이에 이처럼 일치하지 않는 예가 존재한다는 사실은 기존의 견해와는 달리 역학서에 제시된 규범음인 『飜譯老朴』의 좌측음이 『譯訓』 및 『通攷』의 속음을 그대로 옮겨 온 것이 아니라 『譯訓』에서 만들어진 표기방식을 기초로 하여 일부 조정을 거친 후 수록되었다는 것을 보여 준다. 따라서 『飜譯老朴』을 비롯하여 16~17세기에 간행된 『老乞大』와 『朴通事』 언해서의 좌측음은 곧 『譯訓』 및 『通攷』의 속음이 아니라 飜譯凡例의 기록처럼 『通攷』의 방식으로 만들어진 글자(通攷所制之字)임을 알 수 있다. 이처럼 『譯訓』 속음의 표기방식은 조선시대의 역학서에서 제시된 규범음 표기방식의 기반이 되어 중국어 학습에 유용하게 이용되었다.

본 절에서는 『譯訓』의 속음과 『飜譯老朴』의 좌측음 사이에 차이가 나타난 원인을 각 부류로 나누어 개략적으로 살펴보았다. 그러나 이는 간단하게 정리할 수 있는 문제가 아니어서 다양한 관련 자료들을 근거로 하여 분석을 해야 보다 정확한 원인을 알 수 있을 것으로 보인다. 또한 편찬자

47 한 글자가 여러 성조에 속해 있거나 정상적인 多音字의 경우에는 예에서 제외하였다.

48 '某, 母, 富' 등의 글자는 『飜譯老朴』의 좌측음에서 '··무, ·무, 부' 등의 표기로도 나타나지만, 誤記 또는 板刻에서의 잘못으로 보인다.

의 誤記나 板刻에서의 잘못에 기인한 예를 제외하고는 그 차이가 의미 있는 언어 현실을 반영하는 것으로 보이기 때문에 많지 않은 예이기는 하지만 주목할 필요가 있다.

2.3. 이후의 간본에 나타난 좌측음의 표기 양상

『飜譯老朴』은 『老乞大』와 『朴通事』의 언해서 중에서 가장 이른 시기에 간행된 간본일 뿐만 아니라 최초의 역학서 언해이다. 따라서 『飜譯老朴』은 중국어 주음 방식 등을 포함한 체재적인 면에서 이후 중국어 역학서 언해의 典範이 되었다. 이제 『飜譯老朴』 이후에 간행된 『老乞大』와 『朴通事』의 언해서에서 중국어음 표기 특히 좌측음이 어떠한 표기 양상을 보이는지 살펴보자.

좌측음의 표기 양상을 살펴보면 『飜譯老朴』과 『老諺』, 『朴諺』의 좌측음은 『譯訓』 및 『通攷』의 속음 위주로 되어 있고 편찬자의 개정음도 일부 들어 있다. 이에 반해 18세기에 간행된 『平老』, 『老新諺』, 『朴新諺』, 『重老』의 좌측음은 입성운미와 支紙寘 三韻의 종성 표기가 『譯訓』 및 『通攷』의 속음과 같은 점을 제외하고 기본적으로 『譯訓』 및 『通攷』의 정음을 반영하고 있다.

<표 Ⅲ-10>에 제시한 예에서 특히 흥미를 끄는 것은 『平老』의 좌측음 표기인데 『平老』는 『老諺』의 復刊本이라 해도 과언이라 하지 않을 정도로 전체적인 모습에서 대부분 일치하는 양상을 보여 주고 있으나 유독 좌측음만 『老諺』과 큰 차이를 보여 주고 있다. 『老乞大』와 『朴通事』의 언해서가 이전의 간본을 수정 편찬하여 간행하는 가장 큰 이유는 이전 간본이 반영하는 중국어가 학습하기 적합하지 않아서 당시의 상황에 맞게 時用性을 확보하는 데 있다고 할 수 있다. 그런데 『平老』의 경우에는 중국어 원문에 별다른 수정도 가해지지 않았고 언해 부분이나 우측음에서도 『老諺』

〈표 Ⅲ-10〉 5종 『老乞大』와 『朴通事』 언해서에서의 좌측음 표기

例字	飜老	老諺	平老	朴新諺	重老	譯訓 정음
弓	궁	궁	구ᇰ	구ᇰ	구ᇰ	구ᇰ
恐	:쿵	쿵	쿠ᇰ	쿠ᇰ	쿠ᇰ	:쿠ᇰ
只	·즈ᇫ, (:즈ᇫ)	즈ᇫ	지ᇫ	지ᇫ	지ᇫ	:지
時	쓰ᇫ	쓰ᇫ	씨ᇫ	씨ᇫ	씨ᇫ	씨
支	즈ᇫ	즈ᇫ	지ᇫ	지ᇫ	(찌ᇫ)	지
計	·기	기	계	계	계	·계
器	·키	키	켸	켸	켸	·켸
體	:티	티	톄	뗴, (톄)	톄	:톄
迷	미	미	몌	몌	몌	몌
解	:계	계	걔	걔	걔	:걔
皆	계	계	걔	걔	걔	걔
案	·한	한	헌	헌	헌	·헌
間	견	견	갼	갼	갼	갼
閑	ᅘᅧᆫ	ᅘᅧᆫ	ᅘᅣᆫ	ᅘᅣᆫ, (ᅘᅧᆫ)	ᅘᅣᆫ	ᅘᅣᆫ
滿	:먼	먼	뭔	뭔	뭔	:뭔
般	번	번	붠	붠	붠	붠
伴	:뻔	뻔	뿬	뿬49	뿬	:뿬
貪	탄	탄	탐	탐	탐	탐
謙	견	견	겸	겸	겸	겸
今	긴	긴	김	김	김	김

과 별다른 차이를 보이지 않으면서 時用性과 거리가 멀다고 볼 수 있는 좌측음에서만 큰 차이를 보이고 있다. 이는 이 문헌의 간행에 時用性 확보가 아닌 다른 목적이 관여되었음을 추측하게 한다. 『飜老』와 『老諺』에서는 좌측에 대부분 『通攷』의 속음을 표기하였는데, 飜譯凡例에 규정된 정음 자리에 속음을 표기함으로써 표기방식 이외에 큰 차이가 없는 이전 시대의 현실음과 편찬 당시의 현실음을 한자 밑의 좌우에 병기하게 되었다. 이 결과 18세기 간행 『老乞大』와 『朴通事』 언해서 편찬자의 관점에서는 각 한자 밑에 좌우 두 음 표기를 붙여 놓은 이유를 납득하기 어렵게 되었

49 '伴'은 『朴新諺』에 나타나지 않는 글자이므로 『老新諺』에 나타난 표기를 제시하였다.

다고 할 수 있다. 좌우음을 나란히 표기한 것은 중국어 규범음과 현실음을 함께 보여 주려는 목적도 있다고 할 수 있다. 『洪武正韻』에 기반을 둔 중국어 규범음은 『譯訓』, 『通攷』, 『通解』 및 그 맥을 잇는다고 볼 수 있는 『奎章全韻』을 통하여 꾸준히 정리되었을 만큼 운서 편찬자들이 중시했던 존재였고, 이러한 상황이 실용적인 중국어 학습서인 『老乞大』와 『朴通事』의 언해서에서 각 한자 밑에 정음과 속음을 나란히 표기하는 결과를 낳은 것이다. 그러나 이처럼 중시된 정음이 『飜譯老朴』과 『老諺』, 『朴諺』에서 제대로 표기되지 않았고 그 이유도 18세기 간행 『老乞大』와 『朴通事』 언해서 편찬자의 관점에서는 타당하지 않은 것이었기 때문에 『飜譯老朴』을 답습하여 좌측음을 『飜譯老朴』과 동일하게 표기한 『老諺』, 『朴諺』의 시행착오를 『平老』에서 바로잡은 것이라고 볼 수 있다. 『老新諺』, 『朴新諺』과 『重老』의 좌측음이 정음 체계로 되어 있다는 사실도 주목할 만하다.

우측음의 경우 『飜譯老朴』과 『老諺』, 『朴諺』은 간행 시기에서 150여 년의 간격이 있으나 微母의 완전한 소실, 일부 日母字의 兒化, 일부 전사 표기에서의 차이를 제외하고는 별다른 차이가 없어서 『飜譯老朴』의 영향을 짐작하게 한다. 우측음에서의 이러한 양상은 『平老』에서도 그대로 이어져 18세기 간본임에도 『老諺』과 차이를 보이고 있지 않다. 이러한 면에서 볼 때 『老新諺』, 『朴新諺』에서 보이는 우측음의 개정은 편찬자들이 중국북방음의 현실을 더 이상 외면할 수 없었음을 보여 준다. 『老新諺』, 『朴新諺』에서는 見組의 구개음화뿐만 아니라 日母의 변화, 撮口呼로의 변화와 기타 운모의 변화 등 음운변화의 과정을 생생하게 보여 주고 있다. 『老新諺』이 時俗에 맞춰 중국어음이나 중국어 원문을 개정하려 했다는 기록을 찾을 수 있다는 것이 이러한 상황을 뒷받침해 준다. 『老新諺』의 우측음은 『老乞大』의 언해서로는 최종본인 『重老』의 우측음과 기본적으로 일치하고 있다. 이는 金完鎭(1992: 20)의 언급과 같이 『重老』의 편찬이 時用性 확보라는 의도보다는 『奎章全韻』의 편찬과 함께 正祖의 문화 사업 특히

韻學~譯學의 정비 작업이라는 배경에서 이루어졌기 때문일 것이다. 이러한 배경은 현실음을 나타내는 우측음에서 『重老』가 『老新諺』의 편찬 시 조사한 음을 그대로 답습하게 하는 결과를 가져왔다고 볼 수 있다.

흥미로운 사실은 『老乞大』와 『朴通事』의 언해서에 나타난 중국어 현실음인 우측음 역시 보수적인 성격을 가지고 있다는 것이다. 그 이유는 이들 언해서가 典據로 삼고 있는 것이 이전에 간행된 언해서이기 때문이며 특히 『飜譯老朴』의 영향은 매우 큰 것이었다. 따라서 편찬자들은 음운변화를 수용하는 태도에 있어서 소극적이었고 이전의 언해서를 답습하는 경향을 보여 주는 것이다. 이는 정음인 좌측음에서까지 현실음을 반영하였던 崔世珍의 태도와 한편으로는 대비되는 점이 있다.

5종의 노걸대언해서에 나타난 중국어 원문과 중국어음 표기를 비교해 보면, 중국어 원문은 『飜老』, 『老諺』, 『平老』가 한 계열을 이루고 『老新諺』, 『重老』가 한 계열을 이루고 있다. 중국어음 표기에서 좌측음은 『飜老』, 『老諺』이 『譯訓』의 속음 위주로 되어 있는 반면에 『平老』, 『老新諺』, 『重老』는 『譯訓』의 정음 위주로 되어 있다. 우측음은 『飜老』, 『老諺』, 『平老』가 한 계열을 이루고 『老新諺』, 『重老』가 한 계열을 이루고 있다.

그러나 한 계열 안에서도 중국어 원문의 경우에는 『老新諺』과 『重老』 사이에 차이가 있고, 우측음에서도 『飜老』와 『老諺』, 『平老』 사이에 약간의 차이가 있다. 이를 표로 정리하면 다음과 같은데 아래 표에서 M은 明代 중국어, Q는 淸代 중국어의 반영임을 나타내는 것이다.[50]

---

50 <표 Ⅲ-11>, <표 Ⅲ-12>에서는 『飜老』, 『飜朴』, 『老諺』, 『朴諺』 및 『平老』가 明代 중국어, 『老新諺』, 『朴新諺』, 『重老』가 淸代 중국어를 주로 반영하는 것으로 제시하고 있으나, 실제로는 이처럼 명확하게 어느 시기를 반영한다고 단언하기 어려운 측면이 있다. 그 이유는 먼저 각 시기마다 『老乞大』와 『朴通事』 언해서와 같은 수준의 생생한 구어를 반영하면서 각 간본과 대응하는 중국 자료를 찾기가 어렵다는 점을 들 수 있다. 明, 淸 등 각 시기 중국어를 반영하는 여러 자료를 종합하여 그 대체적인 특징을 『老乞大』와 『朴通事』 언해서의 각 간본과 비교할 수 있으나, 이를 기초로 각 간본들이 어떤 시기의 중국어를 반영한다고 확정한다는 것은 현실적

〈표 Ⅲ-11〉 노걸대언해서 간본 사이의 비교

		飜老	老諺	平老	老新諺	重老
중국어 원문		M	M'	M'	Q	Q'
중국어음	좌측음	俗(正)	俗(正)	正(俗)	正(俗)	正(俗)
	우측음	M	M'	M'	Q	Q

〈표 Ⅲ-12〉 박통사언해서 간본 사이의 비교

		飜朴	朴諺	朴新諺
중국어 원문		M	M'	Q
중국어음	좌측음	俗(正)	俗(正)	正(俗)
	우측음	M	M'	Q

3종의 박통사언해서에 나타난 중국어 원문과 중국어음 표기를 비교해 보면, 『飜朴』과 『朴諺』의 중국어 원문은 큰 차이가 없으나 『朴新諺』은 이전의 두 언해서와 중국어 원문에서 상당한 차이를 보이고 있어 많은 改修가 이루어졌음을 알 수 있다. 중국어음 표기에서 좌측음은 짝이 되는 노걸대언해서와 마찬가지로 『飜朴』, 『朴諺』이 『譯訓』의 속음 위주로 되어 있고 『朴新諺』이 『譯訓』의 정음 위주로 되어 있다. 우측음은 『飜朴』과 『朴

으로 어려운 일이다. 오히려 『老乞大』와 『朴通事』 언해서의 각 간본에 반영된 중국어에 대한 분석을 통하여 간행 시기 중국어의 현실을 이해하는 데 도움이 될 수 있다. 다음으로 『老乞大』와 『朴通事』 언해서의 각 간본들에는 간행 시기의 중국어만 나타나는 것이 아니라 이전 시기 중국어의 흔적도 나타나고 있다는 점이다. 『老乞大』와 『朴通事』 언해서는 구어를 반영하는 실용적인 중국어 학습서이기는 하지만, 어떤 측면에서는 언어변화를 수용하는 데 소극적이었고 이전의 간본을 답습하는 경향을 보여 주는데, 그 이유는 이후의 간본이 이전에 간행된 간본을 기초로 改修를 한 것이기 때문이다. 따라서 明代에 간행된 『飜譯老朴』에도 元代 중국어의 특징이 일부 반영되어 있고 淸代에 간행된 『老新諺』, 『朴新諺』, 『重老』에도 明代 중국어의 특징이 반영되어 있다. 특히 『平老』는 18세기에 간행되었으나 16세기에 간행된 『飜老』와 중국어 원문 및 우측음에서 거의 차이를 보이지 않는다. 따라서 각 간본에 나타나는 중국어가 어떤 시기의 것을 반영하는가를 검토할 때는 각 간본의 문헌적 배경도 고려해야 함을 알 수 있다. 표에서는 이러한 상황을 고려하여 『老乞大』와 『朴通事』 언해서의 각 간본이 반영하는 중국어를 각 시기별로 개략적으로나마 구분해 본 것이다.

諺』이 대동소이하지만 『朴新諺』은 이전의 두 언해서와 상당한 차이를 보이고 있다. 이를 정리하면 <표 Ⅲ-12>와 같다.

2.4. 좌측음의 언어학적 가치

『老乞大』와 『朴通事』 언해서의 좌측음이 언어학적인 측면에서 어떤 가치를 가지고 있는가의 문제에 대하여 논의하기 위해서는 먼저 최초의 간본인 『飜譯老朴』에서 정음과 속음을 좌우로 나란히 표기한 이유가 무엇인가에 대하여 다시 생각해 보아야 할 것이다.

『飜譯老朴』 좌측음은 『通攷』의 표기방식에 입각한 것이다. 이러한 표기방식은 中國音韻學에 정통한 世宗朝의 학자들이 중국어음의 聲韻을 훈민정음의 字母로 하나하나 대응시킨 『譯訓』에서 시작된다. 우측음은 저자인 崔世珍이 得聞하여 교정한 당시의 중국북방음으로 알려져 있다. 따라서 여전히 논의되어야 할 여러 문제점이 있지만 대체적으로 좌측음은 『通攷』의 정음 또는 속음, 우측음은 속음 또는 금속음으로 볼 수 있다. 『通解』 凡例에서는 속음과 금속음에 대해 다음과 같이 설명하고 있다.

(23) "註內只曰俗音者, 即通攷元著俗音也. 曰今俗音者, 臣今所著俗音也." (『通解』 凡例)
(註 안에서 속음이라고만 한 것은 바로 『通攷』에서 원래 속음으로 기록한 것이다. 금속음이라고 한 것은 臣(崔世珍)이 지금 기록한 속음이다.)

우측음은 당시의 時音을 반영한 것으로 운서와는 달리 時用性이 확보되어야 하는 역관의 학습서에서 당시의 중국어음을 적는 것은 당연한 일이다. 그러면 좌측음은 왜 우측음과 나란히 기록하였을까? 기존의 일부 연구에서는 『飜譯老朴』의 편찬자인 崔世珍의 주요한 관심이 『通攷』에 기록된 중국어음과 당시 실제음과의 차이를 어떻게 극복하느냐에 있었고 이러한 과정 속에서 새로운 표음체계를 만들려는 노력이 있었는데, 이러한 노력은 전통을 고수하려는 司譯院의 보수성과 맞물려 좌우음 표기의 병기라는 결과를 낳았다고 보고 있다. 이러한 관점을 제시한 鄭光(1974b: 4)의 언급을 살펴보자.

(24) 中國語音에 관하여 崔世珍의 重要한 關心은 四聲通攷에 表音된 中國語音과 當時 實際音과의 差異에 있었으며, 이것은 四聲通攷를 편찬했던 申叔舟가 洪武正韻의 音과 當時 實際 中國語音과의 差異에 注目했던 사실과 類似한 경향이다. 崔世珍은 世宗代 集賢殿 學者들이 이룩해 놓은 傳統的 中國語 發音 表記體制를 踏襲했으나, 위와 같은 傳統的 表記體制와 實際 當時 中國語音과의 差異에 着眼하여 새로운 表音體制를 이룩하려고 努力하였다. 그러나 傳統的인 方法을 遵守하려는 司譯院의 保守性 때문에 이 두 가지 方法을 절충한 漢語 一字 左右에 寫音하는 方法을 택하게 된 것이다.

위의 견해에 근거한다면 崔世珍의 이러한 노력은 좌측음에서는 『通攷』의 표기방식을 그대로 따라 전통을 무시하지 않으면서 우측음에서는 國俗撰字之法으로 나타나게 된 것이다. 이러한 과정을 거쳐 최초의 역학서 언해인 『飜譯老朴』에 등재된 좌측음은 『通攷』의 음으로 쉽게 손대기 어려운 것으로 보이나, 뜻밖에도 『飜譯老朴』과 『老諺』, 『朴諺』에서는 『通攷』 속음 위주의 표기로 나타나고, 18세기 간본 『老乞大』와 『朴通事』 언해서에서 비로소 운서적 정음에 가까운 표기로 나타나게 된다. 위에서 논의된 내용을 기초로 『老乞大』와 『朴通事』 언해서에 나타난 좌측음의 성격과 가치에 대하여 다음과 같이 정리할 수 있다.

첫째, 『飜譯老朴』에서 좌측음은 通攷所制之字로 『通攷』의 표기방식을 따른 것이고 우측음은 이를 일반적으로 사용하는 표기방식인 國俗撰字之法에 의해서 만든 것이라는 점에 가장 주목해야 한다. 우측음과 비교할 때 좌측음의 가장 주요한 성격은 정밀표기라는 점이다. 따라서 좌측음의 일차적인 가치는 당시의 중국어음을 정밀한 방식의 표기로 보여 준다는 점에 있다. 즉 좌측음에서는 『通攷』의 표기방식을 사용하여 본래의 음을 정확히 표기함으로써 우측음에서 國俗撰字之法에 의한 표기를 하게 됨에 따라 생기는 중국어음에 대한 오해를 막도록 조치하였다고 볼 수 있다. 그러나 정밀표기와 간략표기의 측면만으로는 『飜譯老朴』에 나타난 좌우음의 차이를 설명하기 어렵다. 좌우음의 차이는 크게 세 가지 유형으로 나누어 볼 수 있다. 첫 번째는 정밀전사와 간략전사의 차이를 반영한 것으로 支紙寘三韻內齒音諸字와 齒音系 글자의 성모 표기 등이 이에 속한다. 두 번째는 음운변화 반영의 차이와 함께 표기상의 차이를 반영하는 것으로 전탁음이나 입성 표기 등이 이에 속한다. 이들은 중국어음운사에서 매우 중요한 위치를 차지하는 것으로 탁음청화나 입성 소실이라는 현상이 명시적으로 일어났다고 할지라도 음운변화가 종료되기 전까지는 규범음의 성격을 가지고 있는 좌측음에서 이를 완전히 수용하기는 어려웠기 때문에 좌우음에 차이가 반영되어 있다. 세 번째는 주로 음운변화 진행의 차이를 반영하는 것으로 歌戈韻에서의 운모 변화나 濁上變去 현상 등이 이에 속한다. 이외에 입성 글자에서는 좌우음에 文白音의 차이도 나타난다. 이러한 다양한 유형의 좌우음의 차이를 통해 당시의 언어 현실과 훈민정음을 사용한 중국어음 표기의 특성을 파악할 수 있다.

둘째, 『老乞大』와 『朴通事』 언해서의 좌측음은 『通攷』의 순수한 정음 또는 순수한 속음을 반영하고 있지는 않으며, 『譯訓』 및 『通攷』에 나타난 중국어음에 대한 개정을 통해 중국어 학습서에 적합한 중국어 발음을 제시하고 있다. 『飜譯老朴』의 좌측음은 『譯訓』 및 『通攷』의 표기방식을 기초로 한 속음 체계에 기반하고 있으나 어떤 글자의 표기가 적합하지 않다고 생각하는 경우 필자의 개정음을 싣고 있다. 『飜譯老朴』을 편찬할 당시 저자 崔世珍의 주요한 관심사가 『通攷』의 음과 실제음과의 괴리를 극복하는 것이었기 때문에 좌측음이 아무리 通攷所制之字라 할지라도 수용할 수 없는 것은 개정한 것이다. 『飜譯老朴』의 좌측음이 『通攷』 속음과도 차이를 보이며 일부 개정하였다는 것은 좌측음을 등재한 목적이 중국어 규범음을 보여 주겠다는 것과는 또 다른 어떤 목적이 있음을 시사한다. 좌측음과 우측음이 표기의 성격과 음운변화 반영의 측면에서 그 주요한 차이를 보이고 있다는 점에서 좌우음을 병기한 목적은 이러한 측면에서의 차이를 적절히 보여 주려고 했던 것으로 보인다. 이처럼 정밀표기의 성격을 가지는 『譯訓』, 『通攷』 속음의 표기방식에 기초한 『飜譯老朴』의 좌측음은 간략표기의 성격을 가지는 우측음과 함께 『飜譯老朴』에 등재되어 중국어 학습서에서 가장 문제가 되는 중국어 발음 제시 문제를 효과적으로 해결하였다고 할 수 있다. 즉 『飜譯老朴』에서는 『譯訓』 및 『通攷』 속음의 표기방식에 기초한 전문적인 표기인 좌측음과 학습자를 위한 일반적인 표기인 우측음을 함께 기록하였고, 이를 통해 그 표기의 정밀도의 차이와 표기의 기원을 적절하게 나타냄으로써 중국어 학습에 유용하게 사용할 수 있도록 한 것이다. 결국 저자는 『飜譯老朴』의 좌측음에 현실음의 성격을 가진 주음을 행함으로써 운서에 나타난 정음과는 다른 새로운 성격의 정음을 제시하였고 이를 통해 당시의 중국어 학습서에 부합하는 새로운 주음 방식을 보여 주었다는 점에서 의미가 있다.

셋째, 『飜譯老朴』, 『老諺』, 『朴諺』에서 『通攷』 속음 위주로 되어 있던 좌측음은 18세기 간본 『老乞大』와 『朴通事』 언해서에서는 정음 위주의 표기로 바뀌게 된다. 이후의 간본에서 이처럼 변화가 일어났다는 것은 편찬자의 입장에서 무엇인가 문제가 있던 부분을 수정하였다는 것을 의미한다. 편찬자가 수정해야 한다고 생각하는 이유가 없었다면 改修할 때 정음으로 바꾸지 않았을 것이기 때문이다. 『洪武正韻』에 기반을 둔 중국어 규범음은 『譯訓』, 『通攷』, 『通解』 등을 통하여 꾸준히 정리되었을 만큼 중시되었고, 이러한 상황이 실용적인 중국어 학습서인 『老乞大』와 『朴通事』 언해서에서 각 한자 밑에 정음과 속음을 병기하는 표기를 낳게 한 것이라고 볼 수 있다. 그러나 정음이 『飜譯老朴』, 『老諺』, 『朴諺』을 통하여 제대로 표기되지 않았고 그 이유도 18세기 간행 『老乞大』와 『朴通事』 언해서 편찬자의 관점에서는 납득하기 어려운 것이었기 때문에 『飜譯老朴』을 답습해 좌측음을 표기한 『老諺』, 『朴諺』의 양상을 18세기 간행 『老乞大』와 『朴通事』 언해서에서 바로잡은 것이라고 볼 수 있다. 이를 통해 좌측음이 규범음을 구현하는 성격을 가지고 있음을 다시 한 번 확인할 수 있다. 또한 간본에 따른 좌측음 표기의 변경을 통하여 『老乞大』와 『朴通事』 언해서의 편찬자들이 가지고 있었던 중국어 규범음에 대한 관념도 엿볼 수 있다. 좌측음의 표기 상황을 통하여 조선시대에 한학자들이 중국어음을 표기할 때 어떤 원칙을 가지고 있었는지와 중국어음에 대한 正音觀이 무엇이었는지 엿볼 수 있다는 데 큰 의미가 있다.

넷째, 『飜譯老朴』의 좌측음은 중국어음운사 자료로 일정한 가치가 있다. 물론 좌측음이 자료적 가치가 있다고 할지라도 이것이 通攷所制之字인 이상 그 가치의 많은 부분이 『通攷』로 돌려져야 할 것이다. 좌측음만이 가진 중국어음운사 자료로서의 독립적인 가치는 『飜譯老朴』 좌측음과 『通攷』 속음의 차이에서 찾을 수 있을 것이고 이는 편찬자인 崔世珍이 개정한 것이다. 좌측음과 우측음의 차이를 통해서도 중국어음운사적 관점에서 중요한 사실들을 관찰할 수 있다. 전탁음이나 입성과 같은 경우가 그것인데, 이 현상들은 정밀표기로서의 측면과 음운변화가 완료되기 전의 상태를 반영하는 측면을 함께 가지고 있어서 북방중국어에서 전탁음과 입성이 완전히 소실한 시기를 밝히는 데 자료로 쓰일 수 있다. 중국어음운사의 측면에서는 우측음이 좌측음보다 독자적인 가치가 더 크다고 할 수 있으나, 『飜譯老朴』의 경우에는 우측음과 함께 좌측음의 표기 특성을 종합적으로 검토해야만 이 책이 반영하고 있는 중국어음의 전체적인 모습에 대하여 정확한 이해에 이를 수 있을 것이다.

본 절에서는 飜譯凡例의 내용과 관련 기록을 세밀히 검토하고 좌우음의 실제 표기 상황을 면밀히 분석하여 『飜譯老朴』과 이후의 간본들에 나타난 좌측음의 성격에 대하여 고찰하였다. 이러한 고찰은 飜譯凡例에 나타난 문제가 되는 기록에서 논의가 비롯되었고, 기존 연구의 기초 위에서 이루어진 것이다. 『飜譯老朴』에 나타난 좌측음의 성격이나 좌우음을 병기하는 방식에 대한 연구는 그 수량에 있어서는 많다고 볼 수 없으나 주목할 만한 논의들이 있다. 그러나 이러한 논의들은 대부분 이 문제에 대한 부분적인 측면만을 다루고 있을 뿐 전체적으로 조망하지 못하고 있다. 본 절에서는 개별적으로 이루어지고 있는 이러한 기존의 논의들을 종합적으로 검토하고 이 기초 위에서 문제 해결을 위한 보다 합리적인 방안을 찾아보고자 하였다. 『老乞大』와 『朴通事』의 언해서에 나타난 좌측음은 중국어음운사 자료로서 일정한 가치가 있을 뿐만 아니라 조선시대에 한학자들이 중국어음을 표기할 때 어떤 원칙을 가지고 있었는지 엿볼 수 있다는 데 자료로서의 의미가 있다. 좌측음은 그간 관련 연구에서 우측음에 비하여 상대적으로 주목받지 못했고 연구도 많지 않았기 때문에 본 절에서 집중적으로 논의하였는데, 해명해야 할 부분이 여전히 남아 있기 때문에 이후 이에 대한 논의가 이어져야 할 것으로 보인다.

3. 우측음의 성격

우측음의 성격은 주로 표기방식과 음운변화의 반영 상황을 통하여 드러난다. 본 절에서는 『老乞大』와 『朴通事』 언해서에 나타난 우측음의 표기방식과 간본들을 통해 나타난 음운변화의 양상에 대한 고찰을 통하여 우측음이 어떠한 성격을 가지고 있는지 살펴보고자 한다.

3.1. 표기방식과 音系에 나타난 우측음의 성격

3.1.1. 國俗撰字之法

표기방식의 측면에서 보면 우측음은 國俗撰字之法에 기초하고 있다. 飜譯凡例 諺音條에서는 "在左者, 即通攷所制之字, 在右者, 今以漢音, 依國俗撰字之法, 而作字者也."라 하여 『飜譯老朴』의 좌측음은 通攷所制之字이고 우측음은 國俗撰字之法에 의해서 만든 것이라는 점을 분명히 밝히고 있다. 좌우음의 표기방식이 다르다는 점에 대해서는 이전의 연구에서도 여러 학자들이 주목하였다. 鄭光(1974b: 26)에서는 飜譯凡例의 중국어음 표기에 대한 장황스런 설명은 오로지 좌측음인 『譯訓』의 중국어음과 우측음인 崔世珍의 得聞之音을 國俗撰字之法에 의해 寫音한 것과의 차이를 규칙화한 것이라고 주장하였다. 朱星一(2000b: 71)에서도 좌우음 사이의 차이는 審音 및 표기방식에 있는 것이고 좌우음이 반영하는 실제 음계에는 큰 차이가 존재하지 않는다고 하였다. 좌측음과 우측음의 음계가 차이가 없다고 하는 것은 다소 과도한 언급이나 좌우음에서 동일한 음을 다른 표기방식에 의하여 표기하고 있다는 것은 분명히 관찰할 수 있는 경향이다. 또한 비슷한 시기에 동일한 저자에 의해 기록된 『通解』 금속음과 『飜譯老朴』 우측음도 차이를 보이고 있는데 이 둘 사이의 차이를 검토해도 음계 사이의 차이라기보다는 표기방식의 차이라고 보는 것이 설득력이 있기 때문에 좌우음의 경우에도 표기방식에서 차이가 존재한다고 하는 것은 부정할 수 없는 사실이다.

『飜譯老朴』에서는 『譯訓』 및 『通攷』 속음의 표기방식에 기초한 전문적인 정밀표기인 좌측음과 학습자가 이해하기 쉬운 일반적인 글자체의 표기인 우측음을 함께 기록하였고, 중국어음 표기의 정밀도 차이와 표기의 기원을 좌우음을 통해 적절하게 제시하여 중국어 발음 학습에 효과적으로 사용하였다.

『老乞大』와 『朴通事』의 언해서에서 좌우음의 표기 차이가 나타나게 된 원인은 여러 가지가 있으나 정밀표기와 간략표기의 차이가 가장 중요한 요인 중의 하나라는 것은 분명한 사실이다. 우측음에서 사용한 國俗撰字之法은 일반적인 표기방식에 의거하고 있어서 학습자가 이해하기는 쉬우나 정밀한 표기가 아니므로 실제 중국어 발음을 오해할 수 있는데, 좌측음에서 『通攷』의 표기방식을 사용한 정밀한 표기를 행하여 우측음과 나란히 제시함으로써 이러한 문제를 해결한 것이다. 崔世珍이 중국어 학습서인 『飜譯老朴』의 좌측음에서 운서인 『通攷』에 사용한 표기방식으로 현실음을 표기한 상황은 이와 같은 저자의 면밀한 고려에서 온 것이라고 할 수 있다. 『飜譯老朴』 다음에 간행된 『老乞大』와 『朴通事』 언해서의 우측음도 國俗撰字之法의 방식을 충실히 따르고 있다. 이뿐만 아니라 조선시대에 간행된 역학서 언해의 현실음 표기는 기본적으로 國俗撰字之法의 방식에 기초하고 있다.

3.1.2. 북방중국어 현실음

『老乞大』와 『朴通事』 언해서의 우측음에 나타난 음운변화의 반영 상황을 보면 우측음은 북방중국어의 현실음이라는 성격을 가지고 있다는 것을 알 수 있다. 이처럼 우측음은 『老乞大』와 『朴通事』의 언해서가 편찬되던 당시 북방중국어의 현실을 보여 주는 것으로 간주되어 왔기 때문에 연구자들의 관심은 변화가 없는 규범음인 좌측음보다는 중국어음의 변화를 비교적 잘 반영하고 있는 우측음에 모아졌다.

16세기 초 간행된 『飜譯老朴』에서는 우측음을 통해 중국북방음에서 일어난 성모, 운모의 변화와 이에 따른 음절구조와 음운체계의 간략화, 탁음청화와 그에 따른 성조 변화, 입성운미의 소실과 비음운미의 합류 등과 같은 변화를 보여 주었다. 17세기 간본인 『老諺』, 『朴諺』에서는 微母字의 완전한 소실, 日母字의 兒化 및 일부 전사 표기에서 『飜譯老朴』의 우측음과 차이를 보이고 있다. 18세기 중반 이후에 간행된 『老乞大』와 『朴通事』 언해서부터는 다양한 음운변화의 양상을 보여 주고 있어서 이를 통해 18세기 북방중국어의 현실을 살펴볼 수 있다. 『老乞大』와 『朴通事』의 언해서는 동일한 내용을 대상으로 여러 차례 改修되어 간행된 중국어 학습서이므로 생생한 구어를 반영하는 매우 가치 있는 언어사 자료라는 점이 지적되고 있는데, 중국어음운사의 측면에서는 우측음이 이러한 가치와 바로 연결된다.

우측음이 이러한 가치를 가지는 것은 편찬 당시에 실제로 조사되고 質正된 음이기 때문이다. 『飜譯老朴』은 처음으로 편찬된 간본이기 때문에 현실음인 우측음은 편찬 당시에 조사한 음이라고 할 수 있다. 17세기에 간행된 『老諺』, 『朴諺』도 質正을 행하였을 것이나 『飜譯老朴』에게서 큰 영향을 받은 것으로 보인다. 이후 18세기에 간행된 『老乞大』와 『朴通事』의 언해서는 간본들을 상호 비교하면 우측음이 편찬 당시에 조사된 금속음인지 아니면 전 시대의 현실음인 속음인지를 판단할 수 있다.[51]

『老諺』, 『朴諺』과 『平老』(1745序) 사이의 우측음은 기본적으로 일치하

51 우측음이 금속음인지 아니면 속음인지 정확히 판단하는 데 중국측 자료와 비교하는 대신에 『老乞大』와 『朴通事』 언해서의 간본들을 비교하는 것은 다음과 같은 이유에서 적절하다. 첫째, 18세기 간행 『老乞大』와 『朴通事』의 언해서는 그 간행 간격이 20~30년 정도로 되어 있는데, 이처럼 빈번하게 간행된 자료들을 중국 자료와 비교하여 편찬 당시 조사된 음인지를 판단한다는 것은 거의 불가능하다는 점이다. 아무리 통속적이고 중국북방음을 잘 반영하고 있는 중국 간행 자료들이라고 해도 자료에 나타난 중국어음이 근거하고 있는 지역의 방언적인 특성이나 제보자적 특성은 『老乞大』와 『朴通事』 언해서와 일치한다고 볼 수 없는 것이어서 20~30년 단위로 간행된 문헌들의 현실음 파악에는 어려움이 있는 것이다. 둘째, 18세기 간행 『老乞大』와 『朴通事』 언해서 중 시기에서 중간에 끼어 있는 『老新諺』, 『朴新諺』에는 이전까지 보이지 않던 음운변화들이 상당수 나타나 있고, 『朴通事新釋』과 함께 質正된 것으로 추정되는 『老乞大新釋』의 序에도 직접 燕館에 가서 質正한 것으로 기록되어 있어 『老新諺』, 『朴新諺』의 우측음은 금속음이라고 할 수 있다. 따라서 『老新諺』, 『朴新諺』의 우측음에서 음운변화 환경에 있는 글자들을 기준으로 『老乞大』와 『朴通事』 언해서의 우측음을 비교함으로써 편찬 당시의 현실음인가의 여부를 파악할 수 있는 것이다.

고 있다. 이들 문헌 사이에 나타나는 우측음의 일치는 『老諺』과 『平老』의 간행 시기 사이에 음운변화가 전혀 일어나지 않았음을 보여 주는 것일 수는 없다. 이러한 분석을 함에 있어서 『平老』에서 불과 20년 후의 문헌인 『老新諺』(1763)과 『朴新諺』(1765)에서 나타나는 상당한 수의 성모와 운모의 음운변화가 『平老』에서 전혀 일어나고 있지 않다는 점을 주요한 근거로 들 수 있다. 구개음화뿐만 아니라 새롭게 나타난 여러 음운변화들이 모두 20년 사이에 발생했다고 보는 것은 거의 불가능하기 때문이다. 『平老』 우측음이 『老諺』 우측음과 일치를 보이고 있다는 사실도 중요한 근거이다. 『老諺』, 『朴諺』은 『飜譯老朴』의 중국어음 표기를 준수하려는 경향이 있는데, 『老諺』, 『朴諺』에서 보이는 우측음의 이러한 보수성은 『平老』에서도 그대로 이어지고 있다. 이러한 결과 『飜譯老朴』, 『老諺』, 『朴諺』, 『平老』의 우측음은 일부를 제외하고 대부분 일치하는 양상이 나타난다.

『平老』와 『老新諺』, 『朴新諺』의 우측음을 비교하면 20년 간격으로 간행된 문헌들이 맞는지 의심스러울 정도로 많은 차이를 보여 준다. 이는 『平老』의 우측음은 『飜老』 편찬 당시의 중국어음으로 소급될 만큼 보수적인데 반해, 『老新諺』과 『朴新諺』의 중국어음은 편찬 당시 조사된 음이기 때문이다. 즉 『老諺』과 『平老』는 『飜老』의 우측음을 답습하고 있는 보수 지향적인 간본인 반면에, 『老新諺』, 『朴新諺』의 우측음은 중국어 현실음에서의 변화를 적극적으로 수용하고 있는 현실적인 간본의 성격을 가지고 있는 것이다.

『老新諺』, 『朴新諺』과 『重老』(1795년경)의 우측음은 일치하고 있다. 이 간본들에 나타난 우측음을 파악하는 데 음운변화의 환경에 있는 글자들을 비교하는 것이 핵심이라고 할 수 있는데, 微母와 日母는 변화의 말기에 와 있기 때문에 논외로 하더라도 見組의 구개음화와 운모 변화의 비교는 상당히 유용하다. 특히 구개음화는 많은 글자들이 관여하고 있으면서 18세기를 통해 비교적 급속히 일어난 음운변화이기 때문에 구개음화 환경에 있는 글자들 사이의 비교는 중요한 단서가 된다. 세 문헌에서 구개음화 환경에 있는 글자들은 구개음화의 발생 유무에서 일치를 보여 주고 있으며, 이는 『重老』의 우측음이 편찬 당시 실제 조사된 것이라고 보기는 어렵다는 주장에 강력한 근거를 제공한다. 운모 변화의 양상과 文白音 표기가 일치하는 것 역시 『重老』가 『老新諺』과 『朴新諺』의 우측음을 답습하고 있다는 것을 보여 주는 것이다. 음운변화가 한창 진행 중인 대상 글자들이 30년 차이로 간행된 문헌들의 현실음 사이에서 완전한 일치를 보여 주는 양상은 다른 이유로는 설명하기 어렵기 때문이다. 이러한 상황은 『重老』의 간행이 『老新諺』이 간행되고 30년 정도 후에 바로 이루어졌고 韻學과 譯學의 정비 사업 차원에서 이루어졌다는 점을 고려한다면 설명될 수 있다. 이러한 결과 현실음을 나타내는 우측음에서 30여 년 전에 조사한 음을 그대로 답습하게 되었다.

속음이 전 시기의 현실음이고 금속음이 편찬 당시의 현실음이라 정의한다면, 『老諺』, 『朴諺』, 『平老』, 『重老』의 우측음은 속음이 많이 반영되어 있고, 『飜老』, 『飜朴』, 『老新諺』, 『朴新諺』의 우측음은 금속음 위주로 표기되어 있다고 할 수 있다. 이처럼 이전에 간행된 간본의 영향 등 여러 원인 때문에 각 간본의 우측음이 이전 시기의 음을 반영하기도 하고 편찬 당시에 조사된 음을 반영하기도 하지만, 편찬 당시 중국북방음의 상황을 비교적 생생하게 반영하고 있다는 점에서 『老乞大』와 『朴通事』 언해서의 우측음을 북방중국어의 현실음이라고 정의하는 것은 문제가 없다. 이는 『譯訓』과 『通攷』의 속음 또는 정음에 기초한 좌측음이 시대에 따른 간본들에서 변화가 전혀 없거나 후기의 간본에서 洪武正韻音인 정음에 더 가깝게 회귀하는 양상을 보여 주는 것과 분명한 차이가 있다.

3.2.『飜譯老朴』 우측음과『通解』 今俗音의 차이

『四聲通解』(1517)는『飜譯老朴』의 저자인 崔世珍이 편찬한 운서이다.『通解』에는 여러 종류의 중국어음이 기록되어 있는데, 이 중 정음은『譯訓』 및『通攷』의 정음이고 속음은『譯訓』 및『通攷』에 기록된 15세기의 중국 북방음이며 금속음은 저자가 관찰한 16세기의 북방음이다. 본 절에서는『通解』에 나타난 중국어음 표기 중 금속음 표기를『飜譯老朴』의 우측음과 비교하여 그 차이점에 대하여 논의하고자 한다.『通解』에 나타난 금속음에 대해서는『通解』 凡例의 제8조에서 다음과 같이 언급하고 있다.

(25) "註內只曰俗音者, 卽通攷元著俗音也. 曰今俗音者, 臣今所著俗音也. 今俗音或著或否者, 非謂此存而彼無也. 隨所得聞之音而著之也. 入聲諸字取通攷所著俗音, 則依通攷作字加影母於下, 若著今俗音及古韻之音, 則只取初中聲作字不加影母. 或以入聲而讀如平上去三聲者, 必加平上去一字爲標."(『通解』 凡例)
(註 안에서 속음이라고만 한 것은 바로『通攷』에서 원래 속음으로 기록한 것이다. 금속음이라고 한 것은 臣(崔世珍)이 지금 기록한 속음이다. 금속음을 기록하기도 하고 기록하지 않기도 한 것은 이것은 있고 저것은 없다는 것을 말하는 것이 아니다. 들은 바의 음대로 기록하였을 뿐이다. 입성 글자들은『通攷』에서 기록한 속음을 취하여『通攷』를 따라 글자를 만들어서 影母(ㆆ)를 아래에 붙였으며, 만약 금속음과 古韻의 음을 기록할 때에는 다만 초성과 중성으로 글자를 만들고 影母(ㆆ)는 붙이지 않았다. 혹시 입성으로서 평・상・거 세 성조와 같이 읽는 글자들은 반드시 평・상・거성 중의 한 글자를 더해서 표시하였다.)

위의『通解』 凡例의 기록은 저자 崔世珍이 금속음을 어떤 개념으로 사용했는지 살펴볼 수 있는 가장 직접적인 기록이다. 위의 기록을 통하여 적어도 두 가지 사실은 알 수 있다. 첫째,『通解』의 금속음은 저자 崔世珍이 일부 글자를 대상으로 기록한 편찬 당시의 속음으로『通攷』의 속음과는 구분되는 것이다. 둘째, 『通解』의 금속음은 편찬 시에 들은 바에 따라 당시 중국어음을 기록한 것인데, 금속음이 기록되어 있지 않다고 해서 없는 것은 아니라는 것이다.[52] 『譯訓』에서는 정음과 속음이 일치하는 경우에 속음을 기록하지 않았고 일치하지 않는 경우에는 反切의 아래에 附記하여 비교적 체계적으로 당시의 현실음을 기록하고자 하였다. 이와 같이 『通解』의 금속음도 정음 및 속음과 일치하지 않는 경우에만 기록하였을 가능성이 있다.[53] 그러나 현재 단계에서는 『通解』 금속음의 주음 방법이 『譯訓』의 속음과 같은 체계성을 가졌다고 확언하기는 어려운 상황이어서 이 문제에 대한 판단은 유보한다.

『通解』 凡例와 序의 기록에 근거할 때 『通解』 금속음의 개념은 다음과 같이 정리할 수 있다. 『通解』에 나타난 중국어음의 正俗은 전적으로 『洪武正韻』을 기준으로 하였고, 『通解』의 속음은 『通攷』에서 원래 기록한 속음이며, 금속음은 저자가 편찬 당시 일부 글자를 대상으로 기록한 16세기 초의 현실음이다.[54]

52 李英月(2004: 129)에서는 『通解』 금속음이 속음의 연장선에서 15세기에서 16세기조 북방음의 변화현상을 반영한 산발적인 기록인데, 정음과 속음은 단순한 시대적 차이라기보다 讀書音과 口語音의 차이이고, 속음과 금속음은 같은 북방음계의 시대적 차이로 볼 수 있다고 하였다.

53 이와 관련된 논의에서 『通解』 금속음이 정음 및 속음과 일치하는 점에 대해서는 주를 달지 않고 일치하지 않는 점에만 주를 다는 '就同注異'의 방식을 채용하였다는 견해는 주목을 끈다(孫建元 2010: 22-23). 다만 『通解』에서 금속음이 기록된 경우가 소수여서 기록되지 않은 대다수의 경우 금속음이 정음 및 속음과 일치하는 것으로 일률적으로 처리하였다고 보기에는 상당한 의문이 있다. 또한 (25)번에서 제시한 『通解』 凡例의 기록은 저자가 들은 바를 산발적으로 기록한 것이 금속음이라는 의미이거나 또는 금속음이 기록되어 있지 않다고 해서 없는 것이 아니라는 의미로 모두 해석될 여지가 있다. 따라서 본 절에서는 이 문제에 대한 최종 판단을 유보하고 금속음이 실제로 기록된 경우만 논의의 대상으로 한다.

54 孫建元(2010: 39)에서는 『通解』 금속음의 음운 체계가 『飜譯老朴』 우측음과 기본적으로 일치하고 『中原音韻』과 비교하여 현대 北京音에 더 근접한 것으로 볼 때, 『通解』의 금속음이 현대 北京音의 전신인 16세기 초의 遼陽音系인 것으로 간주하였다. 孫建元(2010)은 『通解』 금속음을 전문적으로 논의한 저서로 의미가 크지만, 중세 한국어의 음운 상황과 조선 한학서의 외국어 표기에 대한 깊이 있는 이해가

조선시대의 한학서에는 두 종류의 중국어음 표기방식이 존재하였는데, 하나는 『譯訓』, 『通攷』, 『通解』 등 조선 초기의 운서에 나타난 표기에 의해 대표되는 운서적 표기였고 또 다른 하나는 최초의 역학서 언해인 『飜譯老朴』의 우측음 표기에 의해 대표되는 역학서적 표기였다. 이러한 이원적인 표기의 성격을 정확하게 이해해야만 『老乞大』와 『朴通事』 언해서에 나타난 중국어음 표기의 성격을 밝힐 수 있다. 따라서 본 절에서는 이러한 이원적인 중국어음 표기방식에 대한 이해의 기초 위에서 『通解』에 나타난 금속음 표기를 『飜譯老朴』의 우측음과 비교하여 양자의 성격이 어떤 차이를 보이는지 밝히게 될 것이다.

3.2.1. 全濁音과 入聲韻尾 표기

전탁음 표기인 각자병서는 『飜譯老朴』의 우측음 표기에서 완전히 사라졌지만 동일한 저자에 의해 비슷한 시기에 편찬된 『通解』의 금속음에는 여전히 남아 있다. 전탁음 표기는 운서와 역학서에서 그 표기의 양상이 상이하게 나타나기 때문에 입성운미 표기와 함께 『飜譯老朴』 우측음과 『通解』 금속음의 차이를 잘 보여 줄 수 있는 핵심적인 단서라고 할 수 있다. <표 Ⅲ-13>은 『通解』의 금속음에 나타난 전탁음 관련 글자의 표기를 『飜譯老朴』의 좌우음과 비교하여 제시한 것이다. 3.2절에 제시된 표에서의 例字는 『通解』에서의 출현 순서를 기준으로 하여 『通解』 금속음과 『飜譯老朴』에서 모두 훈민정음으로 중국어음 표기가 나타난 글자들을 중심으로 제시한다. <표 Ⅲ-13>에 제시한 例字는 정음을 기준으로 『通解』 금속음이 전탁음 성모인 '群(ㄲ), 定(ㄸ), 並(ㅃ), 奉(ㅹ), 從(ᅏ), 牀(ᅑ), 邪(ᄽ), 禪(ᄿ), 匣(ㆅ)' 부류에 속해 있는 것이다.[55]

부족하고 경우에 따라 『通解』 금속음 표기보다는 관련 자료의 범례에 의존한 경우가 많아서 그 논의 과정과 결과에 여러 문제점이 발견된다. 또한 제5장에 제시된 '≪四聲通解≫漢字音字表'에는 誤字가 많아서 이용하는 데 주의가 필요하다.

〈표 Ⅲ-13〉『通解』금속음과『飜譯老朴』좌우음의 전탁음 표기

例字	通解 금속음[56]	飜譯老朴 좌측음	飜譯老朴 우측음	例字	通解 금속음	飜譯老朴 좌측음	飜譯老朴 우측음
篷並	뿡平			菔奉	붕入, 빙入		
熟禪	수入, 싱入	·쑹	:수	蚛牀	충去		
柚牀	칭入			軸牀	징入	·쭝	·주
妯牀	징入			被並	삐上		
被並	삐去	·삐	·븨	鞁並	삐去	·삐	·븨
肥奉	뼤平	뼤	:뵈	匙禪	쯔平	쓰	:ᄎᆞ
是禪	씽上	:쓰	·ᄉᆞ	貯牀	쮸上		
墩定	두上			肚定	두上	:뚜	·두
頦見[57]	해上	해	:해	蟹匣	해上		
饋群	긔去	:긔	긔	隨邪	쮜平	쒸	:취
辰禪	찐平	찐	:친	晨禪	찐平	씬	:친
愼禪	친去	·씬	·신	棍匣	군去	군	·군
純禪	쭌平			鶉禪	쭌平	쭌	:츈
術禪	츙入			饌牀	쮠上, 쮠去		
閑匣	현平	현	:현	限匣	현上	:현	·현
鰾滂[58]	뺼上			韶禪	쎵平		
皛影[59]	혛上			惰透[60]	뙤上	(·떠)	(·도)
大定	따去	·따	·다	莝從	첯去		
伽群	꺄平			蝦匣	혀平	햐	:햐
踝匣	궈上	:홰	고	膀並	방平		
飑並	퐌入			鶴匣	헝入	·햫	:허
强群	캿去	꺙	:캻	衡匣	흥平		
葍並	빙入, 붕入	·삥	·부	宅牀	쨍入	·찡	:재
橫匣	훵平, 훵去	·훵	·훙	瓊群	귱平		
迥匣	훵上			滎喩[61]	훵平		
諶禪	찐平			甚禪	씀去	:씸, (·씸)	·슴

55 각 전탁음 성모에 금속음 표기가 달려 있는 글자가 다수인 경우에는 대표 글자와 『飜譯老朴』에서도 중국어음 표기가 나타나는 글자만 제시한다. 이 때문에 『通解』에서 정음을 기준으로 전탁음 성모에 금속음 표기가 달려 있는 글자는 총 166字이지만 <표 Ⅲ-13>에서는 52字의 例字를 제시하였다. 3.2절에서 제시된 다른 표에서도 마찬가지이다. 例字 옆에 아래첨자로 제시한 글자는 해당 글자가 속한 전탁음 성모의 명칭이다.

56 『通解』 금속음에는 성조 표기인 방점이 불명확하게 찍혀 있으므로 방점 대신 금속음이 달려 있는 글자가 속해 있는 성조 부류의 명칭을 해당 글자 옆에 약칭으로

『通解』 금속음과 『飜譯老朴』 좌우음에 나타난 전탁음 관련 글자의 표기를 비교하면 다음의 두 가지 상황이 가장 주목할 만하다. 첫째, 『飜譯老朴』의 우측음에는 전탁음을 나타내는 각자병서 표기가 모두 사라진 반면 『通解』의 금속음에는 각자병서가 남아 있다. 둘째, 『飜譯老朴』 좌측음에는 전탁음 표기가 비교적 온전히 남아 있는 반면 『通解』 금속음은 이 중 '熟, 軸, 肚, 慎, 踝, 强, 蔔' 등 일부 글자에서 전탁음이 사라진 모습을 보이고 있다. 이 글자들 이외에 '菔, 蚛, 柚, 妯, 塿, 蟹, 饋, 棍, 術, 堊, 膀, 爬' 등의 글자도 정음을 기준으로 전탁음 성모의 부류에 속해 있으나 『通解』 금속음에서 청음 표기로 나타난다. 주로 이 두 가지 상황이 나타난 원인에 대하여 논의해 보자.

먼저 『飜譯老朴』 우측음에서 모두 사라진 전탁음 표기인 각자병서가 『通解』 금속음에 남아 있는 원인은 두 자료에 나타난 중국어음 표기의 성격 차이에서 찾아야 할 것으로 보인다.

濁音淸化 현상은 『洪武正韻』에 기초한 『譯訓』의 정음에 반영되어 있지 않아서 각자병서 'ㄲ, ㄸ, ㅃ, ㅹ, ᅏ, ᅑ, ᄽ, ᄿ, ㆅ'이 정음에서 전탁음 표기로 나타나고 있다. 또한 탁음청화 현상이 종반 단계에 이른 15세기 중반의 중국북방음을 기록한 『譯訓』 속음에 기초하고 있는 『飜譯老朴』 좌측음에도 각자병서가 전탁음 표기로 나타나고 있다. 반면 『飜譯老朴』의 우측음에서는 이러한 전탁음 표기가 나타나지 않는다. 문제가 되는 것은 『飜譯老朴』 이후에 간행되어 16세기 초반의 현실음을 기록한 『通解』 금

표시한다. 약칭은 다음과 같다. 平聲→平, 上聲→上, 去聲→去, 入聲→入.

57 '頍'는 『通解』에서 見母 平聲에 속해 있으나 '今俗音從上聲或從혜'라는 주석이 달려 있다.

58 '鰾'는 『通解』에서 滂母 上聲에 속해 있다.

59 '鼂'는 『通解』에서 影母 上聲에 속해 있다.

60 '惰'는 『通解』에서 透母 上聲에 속해 있다.

61 '棨'은 『通解』에서 喩母 平聲에 속해 있다.

속음에서 전탁음 표기가 남아 있다는 점이다. 이러한 상황은『通解』금속음이 탁음청화라는 음운변화의 진행 과정을 제대로 반영하는가에 대하여 의문을 가지게 한다. 이러한 상황이 나타난 것에 대하여 우리는 논리적으로 두 가지 가능성을 생각해 볼 수 있다. 첫째,『通解』의 금속음이 편찬 당시 북방중국어의 현실음을 반영하는 것이 아니었을 가능성이고, 둘째,『飜譯老朴』우측음과『通解』금속음의 표기방식이 서로 달랐을 가능성이다. 그런데 저자 崔世珍은『通解』凡例에서 금속음이 편찬 당시의 속음이라고 명시적으로 언급하고 있고『通解』금속음의 전체적인 모습을 고려할 때 중국북방음을 반영하는 것이 분명하므로 일단 첫 번째 가능성은 부정할 수 있다. 그렇다면 우리는 표기방식의 차이에서 그 원인을 찾아야 할 것으로 보인다.

이러한 점에서 전탁음을 표기하는 데 사용한 각자병서가 15세기 중반에 이르면 이미 한국어에서 폐기되어 사용되지 않던 표기라는 사실에 주목해야 한다. 각자병서는『飜譯老朴』이 간행된 16세기 초에는 한국어를 표기하는 데 사용하지 않아서 중국어를 처음 배우는 사람이 이해하기 어렵기 때문에『飜譯老朴』우측음의 표기방식인 國俗撰字之法에 부합하지 않는 표기이다. 즉 각자병서는 중국어음을 적는 데 쓸 수 있는 표기이지만, 李基文(1972/1987: 48-49)에서 언급한 바와 같이『圓覺經諺解』(1465)부터 한국어에서 전폐되었기 때문에 15세기 후반 이후 중국어음 표기에서 사용한다면 중국어를 처음 학습하는 사람들에게 혼란을 줄 수 있다는 것이다. 반면『飜譯老朴』좌측음과『通解』금속음의 표기방식은『譯訓』과『通攷』라는 규범적인 운서에 기록된 속음의 표기방식에 기초하고 있다. 이 표기방식은 전문가를 대상으로 한 것으로 고유어에서 사용하지 않는 특수한 외국어 표기까지도 적절히 사용하였다. 결국 중국어 학습상의 편의를 중시하는 중국어 학습서의 표기방식에 기초한『飜譯老朴』우측음에서는 당시 한국어 고유어 표기에서 폐기된 각자병서를 일괄적으로 사용하지 않은 것이고, 음운의 기원과 범주를 명시하는 것을 중시하는 운서의 표기방식에 기초한 『飜譯老朴』 좌측음과 『通解』 금속음에서는 특수한 표기인 전탁음 표기를 여전히 남겨 놓고 있었던 것이다.[62] 따라서 각자병서를 일괄적으로 사용하지 않은 『飜譯老朴』 우측음의 표기 상황은 편찬 당시 전탁음이 완전히 소실되었다는 사실을 보여 주는 것이 아니다.

다음으로 『譯訓』의 속음에 기초한 『飜譯老朴』 좌측음에 남아 있는 전탁음 표기가 『通解』 금속음에서 일부 사라진 상황은 주로 음운변화의 측면에서 그 원인을 찾아야 할 것으로 보인다.[63] 『譯訓』 속음에서 전탁음을 표기한 것은 15세기 당시 전탁음은 소실되는 과정에 있었으나 여전히 전탁음이 잔존해 있는 현실과 그 발음의 기원을 표시하기 위한 것이라고 할 수 있다. 『通攷』에서는 아래의 기록에 보이는 바와 같이 『通攷』 편찬 시기 탁음청화가 일어난 것을 인정하고 있으나 '而亦各有淸濁之別'이라는 기록을 통하여 청음과 탁음의 구별이 여전히 존재하고 있었음도 아울러 언급하고 있다.[64]

62 이전의 연구에서도 조선 한학서에 나타난 중국어음 표기를 두 가지 방식으로 구분한 바가 있다. 柳在元(2003a)에서는 조선시대 譯音書는 대체로 이원적 표음체계를 취하여 한자 아래의 좌우에 중국어음을 표기하였는데, 좌음은 중국어의 모든 음소를 있는 그대로 표기하고자 한 정밀표음체계이고 우음은 초학자들의 중국어음 학습상의 편의를 고려하여 가능한 한 훈민정음의 서사방식에 맞추어 표기한 약식표음체계라고 하였다. 朱星一(2011)에서는 조선 초기 대부분의 韓中 譯音은 일대일 음소 대응 방식인 '通攷所制字' 방식이 사용되었지만 중국어 초학자들에게 발음의 편의를 제공하기 위해 한국어 어음체계 내에서 통용되는 자모체계로 간략하게 중국어음을 전사한 '國俗撰字' 방식도 있었다고 하고 있다.

63 李得春(1988: 34)에서는 『通解』가 『通攷』보다 불과 60여 년 뒤늦게 세상에 나왔지만 『通解』 금속음이 『譯訓』, 『通攷』의 정음・속음과 다른 일면을 보여 주는 원인은 각 문헌의 저자인 申叔舟와 崔世珍이 각각 '들은 바의 음(所得聞之音)'이 다를 수도 있고 『通解』 금속음이 『通攷』 시기에 아직 변화하지 않았던 음들을 기록하고 있기 때문이라고 하였다.

64 朱星一(2011: 307-308)에서는 『通攷』의 저자 申叔舟가 당시에 발생한 전탁음의 청음화를 인정하면서도 청음화한 전탁음이 원래의 청음과는 여전한 차이가 있다고 지적한 것에 대하여 두 가지 가능성을 제시하고 있다. 하나는 전탁음의 음가가 변화하는 과정에서 원래의 청음과 의미상의 변별을 주지 못하는 단계에 진입했다고

(26) "全濁上去入三聲之字, 今漢人所用, 初聲與淸聲相近, 而亦各有淸濁之別, 獨平聲之字, 初聲與次淸相近. 然次淸則其聲淸, 故音終直伭, 濁聲則其聲濁, 故音終稍厲." (『通攷』 凡例)
(전탁의 상성, 거성, 입성 세 성조의 글자는 지금 漢人이 사용하는 바로는 초성은 청음과 서로 가깝지만 또한 각각 淸濁의 구별이 있으며, 오직 평성의 글자는 초성이 차청과 서로 가깝다. 그러나 차청은 그 소리가 맑아서 음이 결국은 곧고 낮으며, 탁성은 그 소리가 탁해서 그 음이 결국 조금 거세다.)

위의 기록을 통하여 『譯訓』 및 『通攷』 편찬자가 관찰한 15세기 중반의 북방중국어에서는 탁음청화가 완료되지 않았으며 청음과 탁음의 구분이 여전히 존재하고 있는 상황이었음을 알 수 있다. 한편 동일한 표기방식에 기초하고 있음에도 『通解』 금속음의 전탁음 표기 상황은 『譯訓』 속음 및 『飜譯老朴』 좌측음과 차이를 보인다. 『通解』 편찬 시기인 16세기 초반에 탁음청화가 어떤 단계에 있었는가의 문제에 대한 해명을 위하여 먼저 전탁음과 직접적으로 관련된 『通解』 凡例의 기록을 살펴보면 다음과 같다.

(27) "上聲全濁諸字, 時音必如全淸去聲呼之也. 但金輔太監到本國, 呼其名輔字爲上聲, 則似乎淸音. 又見漢人時呼愼字音爲친, 是則全用平聲濁字作音之例而呼之也. 然書言故事云, 陞上之上音賞, 睚眦之眦音蔡, 切韻指南云, 時忍切腎字, 時賞切上字, 同是濁音, 皆當呼如去聲, 而却將上字呼如淸音賞字. …… 則濁音上聲諸字之音, 或如去聲, 或如淸音, 或如次淸, 其音之難定, 如此. 指南又云葵稱貴菊稱韭字之類, 乃方言之不可憑者, 則不得已而姑從其俗云爾, 則俗音隨謬之呼, 亦不可不從也, 如此." (『通解』 凡例)

하더라도 여전히 음성 간에 다소의 물리적인 차이가 존재할 수 있는데 申叔舟가 이를 '有淸濁之別'로 기록했을 가능성이다. 또 하나는 청탁의 차이라는 성모의 문제를 당시 평성의 분화로 인한 음평성과 양평성의 차이라는 성조의 문제와 혼동했을 가능성이다. 이 두 가지는 충분히 가능한 추론이기는 하지만 확실한 근거가 있다고 하기 어렵기 때문에 현재 단계에서는 '而亦各有淸濁之別'이라는 기록 그대로 申叔舟가 청음과 탁음의 구별을 인정하고 있었다는 수준에서 이해하는 것이 합리적으로 보인다.

(전탁 상성의 여러 글자들은 時音에서 반드시 전청 거성과 같이 발음한다. 그러나 太監 金輔가 본국에 와서 그 이름의 '輔'字를 상성으로 발음한 것은 청음에 가까웠으며, 또한 漢人을 만났을 때 '愼'字를 '친'으로 발음한 것은 모두 평성 탁음 글자로 소리를 낸 예이다. 그러나『書言故事』에서 이르기를 '陛上'의 '上'은 '賞'으로 음을 내고, '睚眦'의 '眦'는 '蔡'로 음을 낸다고 하였다.『切韻指南』에 이르기를 時忍切인 '腎'字와 時賞切인 '上'字는 동일하게 탁음으로 모두 마땅히 거성과 같이 발음된다고 하였는데, 오히려 '上'字는 청음인 '賞'字와 같이 발음된다. …… 즉 탁음 상성인 글자들의 음은 혹은 거성과 같고 혹은 청음과 같으며 혹은 차청과 같으니 그 음을 정하기 어려운 것이 이와 같다.『切韻指南』에서 또한 이르기를 '葵'를 '貴'로 읽고 '菊'을 '韭'로 읽는 것과 같은 類는 곧 방언이라 믿을 수 없는 것인데, 부득이하게 잠시 그 속음을 따르는 것일 뿐이라 하였으니, 속음이 잘못된 발음을 역시 따를 수밖에 없는 것이 이와 같다.)

위의 기록은 전탁 상성의 글자들이 청음의 거성으로 변화되었다는 사실과 함께 일부 글자들은 이처럼 변화가 일어나지 않는 경우도 있었음을 보여 준다. 이는 북방중국어에서 탁음청화 현상이 일어났음을 구체적인 예들을 통하여 설명하였지만 탁음청화의 과정이 아직 완료되지 않아 혼재된 상태였음도 언급한 것이다. 아울러『切韻指南』에서 언급된 일부 탁음청화의 예는 방언에서 나타난 현상이어서 믿을 수 없는 것이라고 하고 있다.『通解』에서는 정음뿐 아니라 속음과 금속음에서도 전탁음 표기를 보유하고 있다. 이에 대하여 李得春(1988: 34)에서는 官方韻書인『洪武正韻』을 崔世珍이 뒤엎거나 건드릴 수 없는 현실에서 구습을 따른 데 불과하다고 하였다. 李在敦(1993: 293)에서도『通解』가 官韻書인『洪武正韻』에 濁聲母가 존재하고 있는 것을 근거로 하였기 때문에 그 영향에서 완전히 벗어나지 못했기 때문으로 보았다. 또한 朱星一(2009: 229)에서는 의식적으로 중국의 欽定 韻書에 기록된 어음의 정통성을 계승하려는 편찬자의 의도일 수 있고, 崔世珍의 正音觀에 따른 실질적인 묘사일 수 있다는 두 가지로 해석될 수 있다고 하였다. 이처럼 기존의 연구에서는 『通解』의 속음과 금속음에 남아 있는 전탁음 표기가 『洪武正韻』의 영향에서 온 것임을 지적한 경우가 많다.

동일한 표기방식에 기초한 『譯訓』의 속음에 나타나는 전탁음 표기가 『通解』 금속음에서 일부 청음 표기로 나타난다는 사실은 탁음청화의 과정이 『通解』에서 진전되었음을 보여 준다. 다만 위에서 살펴본 『譯訓』 序 및 『通攷』 凡例, 『通解』 凡例 등의 기록과 『通解』 금속음의 표기 상황을 종합적으로 분석하면 『通解』 금속음이 반영하는 16세기 초반의 중국북방음에는 전탁음이 일부 잔존하고 있었던 것으로 보인다. 특히 당시 讀書音과 口語音에서 각각 전탁음이 어떤 상황을 보이고 있었고, 이러한 상황이 조선 초・중기의 관련 자료들의 기록과 어떤 관련을 맺고 있는가에 대해서 파악되어야 『通解』 금속음의 전탁음 상황도 정확하게 해명할 수 있을 것으로 보인다. 飜譯凡例에서는 탁음청화의 상황을 다음과 같이 좀 더 진전된 상태로 나타내고 있다. (28)의 기록에서는 전탁 초성의 발음이 차청의 음과 같게 되었기 때문에 反譯에서 전탁 초성에 대응하는 차청을 써서 초성을 삼고 방점을 통하여 그 기원이 전탁의 소리임을 밝힌 사실을 언급하고 있다.

(28) "ㅋㅌㅍㅊㅎ, 乃通攷所用次淸之音, 而全濁初聲之呼, 亦似之. 故今之反譯, 全濁初聲, 皆用次淸爲初聲, 旁加二點, 以存濁音之呼勢, 而明其爲全濁之聲." (飜譯凡例 諺音條)
('ㅋ・ㅌ・ㅍ・ㅊ・ㅎ'은 곧 『通攷』에서 사용한 차청의 음인데, 전탁 초성의 발음도 역시 이와 같다. 그러므로 지금의 反譯에서 전탁 초성은 모두 차청으로 초성을 삼고 옆에 두 점을 더해 탁음의 呼勢를 보존하게 하여 그것이 전탁의 소리임을 밝혔다.)

전탁음 표기의 상황과 관련 기록을 통해 전탁음이 완전한 청음의 상태에 이르기까지 과도기적 단계가 있었으며, 여러 자료에 나타난 전탁음 관련 표기에 음운변화의 차이가 반영되어 있음을 알 수 있다. 다만 무엇보다 『通解』 금속음의 표기는 『譯訓』, 『通攷』 등 조선 초기의 규범적인 운서에서 사용한 표기방식에 기초하고 있다는 점에 주목해야 한다. 이들 규범적인 운서에서 사용한 표기방식은 전문가를 위한 표기로 한자의 각 부분을 일일이 전사한 정밀표기이고 음운의 기원과 범주를 중시하는 표기방식이다. 이러한 성격 때문에 『通解』 금속음은 16세기 초의 현실음임에도 불구하고 전탁음 표기를 보존하고 있는 것이다. 이러한 표기방식은 일반적인 글자체로 간략표기한 『飜譯老朴』 우측음과는 구분된다. 또한 『通解』 금속음은 진행 중인 음운변화의 과정을 잘 반영하지 않는 운서적 표기방식에 기초하고 있지만 『譯訓』과 『通攷』의 속음에 비해서는 전탁음의 청화가 진전된 모습을 보이고 있다. 이는 『通解』 금속음이 규범음의 표기방식에 기초하고 있으나 금속음이라는 성격상 당시의 언어 현실을 반영하는 측면도 아울러 가지고 있음을 보여 준다.

『譯訓』 속음 및 『飜譯老朴』 좌측음에 나타나는 입성운미 표기 'ㆆ, ㅸ'은 다른 방식이기는 하지만 『通解』 금속음에서 대부분 소실되지 않은 상태로 나타난다. 다만 이 표기가 사라진 글자도 일부 있다. 『飜譯老朴』 우측음에서는 입성운미 표기가 나타나지 않는다. <표 Ⅲ-14>에 제시된 例字는 『通解』의 정음이 입성에 속해 있는 글자를 기준으로 이 글자에 금속음 표기가 기록되어 있는 것이다.

<표 Ⅲ-14>에서 제시된 바와 같이 관련 자료에 나타난 입성 글자의 표기를 비교하면 다음의 세 가지 상황이 주목을 끈다. 첫째, 『通解』 금속음과 『飜譯老朴』 좌측음에 나타나는 입성운미 표기가 『飜譯老朴』 우측음에는 나타나지 않는다. 둘째, 『飜譯老朴』 좌측음에는 입성운미 'ㆆ, ㅸ'이 온전히 남아 있는 반면 『通解』 금속음에서는 일부 글자가 陰聲韻化하였다. 셋째, 『通解』 정음과 『飜譯老朴』 좌측음에서는 藥韻의 입성운미가 'ㅸ'으

〈표 Ⅲ-14〉『通解』 금속음과 『飜譯老朴』 좌우음의 입성 글자 표기

例字	通解 금속음65	飜譯老朴 좌측음	飜譯老朴 우측음	例字	通解 금속음	飜譯老朴 좌측음	飜譯老朴 우측음
菔	붕, 빙			熟	수, 시ᇦ	·쑹	:수
肉	ᅀᅵᇦ	·ᅀᅮᇰ	·ᅀᅮ	柚	치ᇦ		
軸	지ᇦ	·쭝	·주	妯	지ᇦ		
捽	쇙			術	츙		
抹	망	·뭥	:모	斡	왕	·왕	:와
襪	ᄫᅪ	·ᄫᅡᇰ	:와	血	혛	·훵	·훠
各	경	·가ᇦ	·거	閣	경	·가ᇦ	·거
颮	퐈			惡	헝	·하ᇦ	:어
鶴	헝	·햫	:허	角	경, 갸	·걍	:교
雀	쵸	·쨩	:쟈	喫	치	·칭	·치
績	칭			客	켱	·킹	:켜
珀	팽	·픵	:퍼	蔔	빙, 붕	·삉	·부
陌	멍			脉	멍	·밍	:머
宅	쨍	·찡	:재	色	생	·싱	:서
索	생	·싱	·새	赫	헝, 형		
額	엉, 영			劃	횅		
役	잉			洫	흉		
入	ᅀᅵᇰ	·ᅀᅲᇰ	·ᅀᅲ	榼	컹		
匌	헝			凹	화	·황	·화
業	녕						

로 나타나는데, 『通解』 금속음에서는 'ᇦ' 운미가 나타나지 않는다.66

먼저 『通解』 금속음과 『飜譯老朴』 좌측음에 나타나는 입성운미가 『飜譯老朴』 우측음에 나타나지 않는 원인은 표기방식의 차이에서 설명할 수 있다. 『飜譯老朴』의 우측음은 고유어의 표기방식을 최대한 활용한 외국어 표기방식인 國俗撰字之法에 기초하고 있는데, 이 방식에 따라 입성운미를

65 본 표에서는 입성운미 표시가 중요하고 『通解』 금속음에 성조 표기인 방점이 불명확하게 찍혀 있으므로 『通解』의 금속음 표기에는 성조 표시를 하지 않는다.

66 『通解』 藥韻(입성)에 속한 각 한자의 정음 표기(入聲韻 小韻字 표기)에서 입성운미는 'ᇦ(일부는 ᇢ)'으로 나타난다. 다만 下卷 33b에 제시된 韻의 명칭에는 '陽平聲養上聲漾去聲ㅇ藥入聲ㄱ'이라고 하여 본 韻의 입성운미를 'ㄱ'으로 제시하고 있고, 그 밑에 '今依通攷取ᇦ爲字詳見凡例'라는 주석을 붙여 정음 표기에서 입성운미를 'ᇦ'으로 표기한 것이 『通攷』에 따른 것임을 밝히고 있다.

표기할 경우 다음의 두 가지 문제를 고려해야 한다.

첫째, 종성에 입성운미 'ㆆ, ㅸ'을 표기하는 것은 國俗撰字之法에 적합하지 않다는 점이다. 『飜譯老朴』 우측음에서는 입성운미 'ㆆ, ㅸ'뿐만 아니라 음성운 종성 'ㅱ'이나 支紙寘韻의 齒音字 종성 'ㅿ'도 사용하지 않는데, 이들은 종성 표기에 사용한다면 중국어 학습자가 이해하기 어려운 표기이다. 朱星一(2008b: 381)에서는 같은 저자에 의해 『飜譯老朴』보다 몇 년 뒤에 편찬된 『通解』 금속음에서 『飜譯老朴』 우측음에서는 사용하지 않은 종성 'ㅿ, ㆆ' 등을 다시 사용하고 있는 것도 譯音書의 편찬 목적에 따른 서로 다른 주음 방식이 채택되고 있음을 보여 주는 것이라고 하였다. 다만 종성 'ㆆ, ㅸ'이 입성 글자에서 사라진 원인은 표기방식의 문제와 관련이 크기는 하지만 음운변화도 일정 부분 관련되어 있는 것으로 보인다.

둘째, 『飜譯老朴』 우측음에서 입성운미 표기 'ㆆ, ㅸ'은 사라졌지만 여전히 방점 표기로 입성 글자를 표시하고 있다는 점이다. 이와 관련하여 飜譯凡例에서는 다음과 같이 기록하고 있다.

(29) "漢音入聲有二音, 通攷則皆一點, 而反譯則其聲直而高, 呼如去聲者一點, 先低後厲而促急, 少似平聲濁音之呼者二點." (飜譯凡例 旁點條)
(漢音의 입성에는 두 종류의 음이 있는데, 『通攷』에서는 모두 1점이다. 그러나 反譯에서 그 소리가 곧고 높아서 거성과 같이 발음되는 것은 1점이고, 처음에는 낮다가 나중에는 거세고 촉급하여 평성 탁음의 발음과 다소 비슷한 것은 2점이다.)

즉 『飜譯老朴』 우측음에서 입성운미 'ㆆ, ㅸ'을 표기하지 않은 것은 입성운미의 소실과 관련이 있지만 방점 표기로 입성 글자를 표시하고 있다는 점에서 종성에 'ㆆ, ㅸ'을 표기하는 것이 우측음에서 수용하기 어려운 표기방식이라는 사실과 더 관련성이 있다고 할 수 있다.

다음으로 『通解』 금속음에서 일부 入聲韻字가 음성운으로 나타나는 상황에 대해서는 당시 입성운미의 소실이 어떤 단계에 있었는가의 문제와 관련하여 살펴보아야 한다. 예를 들어 '熟, 肉, 柚, 軸, 妯, 襪, 颮, (角), 雀, 喫, 凹' 등의 글자는『通解』정음을 기준으로 입성에 속해 있지만 금속음에서는 입성운미 'ㆆ, ㅸ'이 나타나지 않고 음성운화된 모습으로 나타나고 있다. 이 중 '熟, 肉, 軸, 襪, (角), 雀, 喫, 凹' 등의 글자들은『飜譯老朴』에서도 출현하는데, 좌측음에서 입성운미가 'ㆆ, ㅸ'으로 나타나고 있다.

『通解』凡例 제13조에서는 당시 입성운미가 남방음에서는 구분이 분명한 반면 북방음에서는 구분이 없어졌음을 언급하고 있다.

(30) "入聲ㄹㄱㅂ三音, 漢俗及韻會蒙韻皆不用之. 唯南音之呼多有用者. 盖韻學起於江左而入聲亦用終聲, 故從其所呼類聚爲門, 此入聲之所以分從各類也. 古韻亦皆沿襲舊法各收同韻而已. 然今俗所呼穀與骨質與職同音, 而無ㄹㄱ之辨也. 故今撰通解亦不加終聲. 通攷於諸韻入聲則皆加影母爲字. 唯藥韻則其呼似乎効韻之音, 故蒙韻加ㅱ爲字, 通攷加ㅸ爲字. 今亦從通攷加ㅸ爲字."(『通解』凡例)
(입성 'ㄹ·ㄱ·ㅂ' 세 운미는 중국의 俗間 및『韻會』,『蒙韻』에서 모두 사용하지 않는데, 오로지 南音에서만 사용하는 사람이 많다. 韻學이 江左에서 일어나서 입성 역시 종성을 사용하고 있으므로 그 발음하는 바를 따라 몇 부류로 분류하였으니, 이것이 입성이 각 類로 나뉜 이유이다. 옛 운서에서도 역시 舊法을 따라 각각 같은 韻으로 하였을 뿐이다. 그러나 지금 俗間에서는 '穀'과 '骨', '質'과 '職'을 각각 같은 음으로 발음하니, 'ㄹ'과 'ㄱ'의 구분이 없어진 것이다. 따라서 이제『通解』를 편찬함에도 종성을 더하지 않는다.『通攷』는 여러 韻의 입성에서 影母(ㆆ)를 더하여 글자를 삼았는데, 오직 藥韻은 그 발음이 効韻의 음과 비슷하여『蒙韻』에서는 'ㅱ'을 더하여 글자를 삼았으며『通攷』에서는 'ㅸ'을 더하여 글자를 삼았다. 이제 또한『通攷』를 따라 'ㅸ'을 더하여 글자를 삼았다.)

위에 제시한『通解』의 범례 기록을 통해 볼 때, 15세기 중반에는 이미 북방음에서 '-p, -t, -k' 운미가 사라졌으나 평·상·거성의 음성운과 같은

〈표 Ⅲ-15〉『通解』 금속음에 음성운 운미 'ㅱ(w)'이 표기된 입성 글자

例字	中古音[67]	近代音	通解 금속음	飜譯老朴 좌측음	飜譯老朴 우측음
熟	ʑĭuk入	ʂiu陽平, ʂiəu陽平	수, 시ᇢ	·쓩	:수
肉	ɽĭuk入	ɽiəu去	시ᇢ	·슝	·수
柚	ȡĭuk入		치ᇢ		
軸	ȡĭuk入	tʂiu陽平, tʂiəu陽平	지ᇢ	·쯍	·주
妯	ȡĭuk入		지ᇢ		

단계에는 이르지 않았으며, 세 운미의 구분이 없어진 상황을 『通解』에서는 『通攷』를 따라 입성운미 'ㆆ, ㅸ'으로 표기하기는 했으나 그 소실의 정도가 심화되고 있었음을 알 수 있다.[68] 운서적 표기방식에 기초한 『通解』 금속음에서 일부 入聲韻字가 음성운으로 나타나는 상황은 입성운미 소실의 심화 과정을 반영하는 것으로 보인다. 이러한 측면에서 '熟, 肉, 柚, 軸, 妯'의 금속음 종성을 'ㆆ, ㅸ'과 같은 자음 종성인 음성운 운미 'ㅱ(w)'으로 표기한 예는 주목할 만하다. 종성 'ㅱ'은 본래 『譯訓』 속음에서 음성운인 蕭·爻·尤韻의 운미를 나타낸 것이고, 『通解』 금속음에서도 이처럼 사용되었다. 『通解』 금속음에서 일부 入聲韻字가 음성운화한 경우 종성이 표시되지 않거나(襪 와, 雀 쵸, 喫 치, 凹 와) 모음으로 운미가 표시되는 방식(爬 퐈)으로 나타나는 것 이외에도 <표 Ⅲ-15>와 같이 자음인 'ㅱ(w)'으로 표시되기도 하는데, 이는 완전한 음성운화의 과도 단계를 반영하는 것으로 보인다.

---

67 본 표에서 中古音과 近代音은 李珍華·周長楫(1999)에 제시된 해당 글자의 추정음이며, 본 절의 이하 표에서도 동일하다.

68 『通解』 凡例 제7조에는 "今俗呼入聲諸字, 或如全濁平聲, 或如全淸上聲, 或如去聲." 이라고 하여 당시에 입성 글자들이 다른 성조의 글자와 같이 발음되고 있다고 하였다. 또한 飜譯凡例 漢音條에서는 "入聲之音, 如平聲濁音之呼, 而促急, 其間亦有數音隨其呼勢而字音亦變焉. 如入聲軸聲, 本音:쥐, 呼如平聲濁音, 而或呼如去聲爲·쥐, 角字呼如平聲濁音爲교而或갸, 如去聲爲갸, 或呼如上聲爲갸, 又從本韻거之類." 라고 하여 國俗撰字之法에 따라 『飜譯老朴』 우측음에서 입성 표기를 양평과 거성으로 표기했음을 설명하고 있으며, 입성의 소실에 따라 평·상·거성으로 分入된 상황도 반영하고 있다.

〈표 Ⅲ-16〉『通解』藥韻 소속 입성 글자의 금속음 및 관련 표기

例字	中古音	譯訓 정음	譯訓 속음	通解 정음	通解 속음	通解 금속음	飜譯老朴 좌측음	飜譯老朴 우측음
各	kɑk入	·각	·ᄀᆞᇦ	ᄀᆞᇦ	ᄀᆞᇦ	ᄀᆞᇰ	·ᄀᆞᇦ	·거
閣	kɑk入	·각	·ᄀᆞᇦ	ᄀᆞᇦ	ᄀᆞᇦ	ᄀᆞᇰ	·ᄀᆞᇦ	·거
爮		·빡	·빠ᇦ	빠ᇦ		퐈ᇰ		
惡	ɑk入	·학	·하ᇦ	하ᇦ		허ᇰ	·하ᇦ	:어
鶴	ɣɑk入	·ᅘᅡᆨ	·ᅘᅡᇦ	ᅘᅡᇦ		ᅘᅥᇰ	·ᅘᅡᇦ	:허
角	kɔk入	·갹	·갸ᇦ	갸ᇦ		거ᇰ, 갸	·갸ᇦ	:교
雀	ʦĭak入	·쟉	·쟈ᇦ	쟈ᇦ	차ᇦ69	쵸	·챠ᇦ	:챠, (:쵸)

마지막으로『通解』정음 표기와『飜譯老朴』좌측음에서 藥韻의 입성운미가 'ㅸ'으로 나타나는 반면『通解』금속음에서는 'ㅸ' 운미가 나타나지 않는 상황과 관련된 문제이다. <표 Ⅲ-16>은『通解』의 '陽(平)·養(上)·漾(去)·藥(入)'韻에 속해 있는 입성 글자가 관련 자료에서 표기된 상황이다.

<표 Ⅲ-16>에 보이는 바와 같이『通解』藥韻의 글자들은 조선 초기와 중기의 자료들에서 다음과 같은 운미 표기의 양상을 보여 주고 있다. 첫째,『譯訓』정음에서 'ㄱ(k)' 운미로 표시되었던 藥韻의 글자들은『譯訓』의 속음에서부터 'ㅸ' 운미로 표시되기 시작하여『通解』의 정음과 속음에서도 나타난다. 둘째, 藥韻의 글자들은『通解』정음에서 'ㅸ' 운미를 표시하였는데, 정음에서 'ㅂ(p), ㄷ(t), ㄱ(k)' 입성운미를 일괄적으로 표시하지 않고 범례에서도 '今撰通解亦不加終聲'이라 하여 입성운미를 더하지 않겠다고 명시한『通解』에서 정음에 'ㅸ' 운미를 표시한 것은 주목을 끈다. 셋째,『通解』의 정음과 속음에서 'ㅸ' 운미로 표기되던 글자들은 금속음에서 'ㅸ' 운미가 표기되지 않았고 오히려 금속음에 다른 韻에서 입성운미로 사용한 'ㆆ'이 표기된 경우가 많다.

『通解』의 藥韻을 구성하는 中古 覺·鐸·藥韻의 글자들은 중고 시기 '-k' 운미를 가졌던 것으로 藥韻의 'ㅸ' 종성은 중고 -k 운미가 약화된 상태

69 『通解』원문에는 '차ᇦ'로 속음 표기가 기록되어 있으나, 이는 '챠ᇦ'의 잘못으로 보인다.

를 반영하는 것이다. 또한 藥韻의 'ᄫ' 종성이 음성운인 '蕭·爻·尤' 三韻의 'ᄝ' 종성과 대응되는 입성운 표기라는 점에서 'ㆆ' 종성이 표기된 기타 入聲韻字보다 음성운화의 과정이 더 진행되었다고 볼 수도 있다. 이러한 점에서 『通解』의 정음·속음과 금속음의 藥韻 운미 차이는 음운변화의 측면에서 해명하기 어렵다. 이 문제의 해결을 위하여 『通解』의 금속음 표기에서 'ㆆ' 종성을 가진 藥韻字 '各, 閣, 惡, 鶴' 등이 주모음에서 『飜譯老朴』의 우측음과 동일하며, 『通解』 정음·속음 표기의 주모음은 『飜譯老朴』의 좌측음과 동일하다는 사실에 주목해야 한다. 藥韻 소속의 일부 글자에서 『飜譯老朴』 좌우음의 운모 표기 차이는 북방중국어에서 中古 宕·江攝의 입성 글자가 '蕭豪韻'(白讀)과 '歌戈韻'(文讀)에 각각 병입되어 나타난 文白異讀 현상을 반영한다고 볼 수 있다.[70] 따라서 '各, 閣, 惡, 鶴' 등 일부 藥韻字에서 나타난 『通解』의 정음·속음과 금속음의 표기 차이는 文白異讀의 관점에서 설명하는 것이 합당한 것으로 보인다.

3.2.2. 聲母 관련 표기

『通解』의 금속음은 疑母에서 논란의 여지가 있으나 『譯訓』의 정음·속음 및 『通解』의 정음·속음과 같은 성모체계를 유지하고 있다. 본 절에서는 전탁음 표기 이외에 『通解』 금속음에 나타난 성모 관련 표기 중 주목할 만한 문제에 대하여 논의한다. 『飜譯老朴』 좌우음 표기에서 차이를 보이는 影母, 微母, 疑母 세 가지 성모를 대상으로 하며, 본 절의 표에서 제시된 例字는 『通解』의 정음을 기준으로 금속음이 影母, 微母, 疑母에 속해 있는 것이다.

王力(1980: 130)에서는 14세기에 北方話에서 影母와 喩母가 평성에서만 성조상의 차이가 있었고, 상성·거성에서는 완전히 서로 혼동되었다고

70 『飜譯老朴』에 나타난 입성 글자의 文白異讀 문제에 대해서는 Ⅱ장의 2절에서 논의한 바 있다.

〈표 Ⅲ-17〉『通解』 금속음과 『飜譯老朴』 좌우음의 影母 표기

例字	通解 금속음	飜譯老朴 좌측음	飜譯老朴 우측음	例字	通解 금속음	飜譯老朴 좌측음	飜譯老朴 우측음
噫	ᅙᅢ去			斡	ᅙᅪᇰ入	·ᅙᅪᇰ	:와
皛[71]	ᅘᅧᇰ上			惡	ᅙᅥᇰ入	·ᅙᅡᇦ	:어
泓	ᅙᅩᇰ平			匼	ᅙᅥᇰ入		
凹	ᅙᅪ上	·ᅙᅪᇰ	·ᅙᅪ				

하였다. 『通解』 금속음과 『飜譯老朴』 좌측음에서 影母 표기(ㆆ)가 나타나지만, 이러한 표기의 상황이 影母가 남아 있는 상태를 반영한다고 확언할 수 없는 측면이 있다.[72] 『飜譯老朴』의 우측음에서는 기본적으로 影母 표기가 사라진 상태이다. 『飜譯朴通事』 上卷 68b-3에서 '凹'의 우측음이 '·ᅙᅪ'로 표기된 경우가 있지만 이 예만 나타나고 있어서 이를 影母가 보존된 의미 있는 예로 인정하기는 어렵다.

『通解』 금속음과 『飜譯老朴』 좌측음에는 微母 표기(ㅱ)가 비교적 온전히 남아 있는 반면 『飜譯老朴』의 우측음에서는 대부분 이 표기가 사라졌고 '文, 無, 問, 物, 務' 등 일부 글자에서만 微母 표기가 나타난다.[73] 微母는 中古 明母(m)의 일부로 발음되던 것이 輕唇音(v)을 거쳐 반모음(w)이 되었다가 최종적으로 현대 北京音과 같은 合口(u)의 상태에 이른 것으로 추정되는데, 微母 표기 'ㅱ'은 반모음(w)의 단계를 반영하는 것으로 보인

---

71 '皛'는 『通解』에서 정음은 影母(ㆆ)로, 금속음은 匣母(ㆅ)로 표기되어 있다.

72 張曉曼(2003: 66)에서는 『通解』에서 影母(ㆆ)가 喻母(ㅇ)와 합류한 것을 반영하는 예로 『通解』 속음에서 影母(ㆆ)가 소실된 글자를 제시하고 있다. 朱星一(2011: 312)에서는 『通解』에서 影母(ㆆ)를 喻母(ㅇ)에 분류시킨 예는 어음 변천의 측면에서 자연스러운 귀결이지만, 中古 喻母를 影母로 표기한 예도 적지 않다고 하였다. 이는 당시 影母가 喻母와 구분이 모호해졌음을 방증하는 일면이라고 해석할 수 있다는 것이다.

73 飜譯凡例에서는 "微母則作聲近似於喻母, …… 今之呼뮈亦歸於위, 此微母近喻之驗也. 今之呼微或從喻母亦通."이라 기록하고 있어서 16세기 초에 이르면 微母가 喻母에 가깝게 변화하였음을 알 수 있다. 다만 이 기록은 微母(ㅱ)와 喻母(ㅇ)가 완전히 합류한 상황보다는 일부 글자에서 합류가 일어나고 있음을 언급한 것이라고 볼 수 있다.

〈표 Ⅲ-18〉『通解』 금속음과 『飜譯老朴』 좌우음의 微母 표기

例字	通解 금속음	飜譯老朴 좌측음	飜譯老朴 우측음	例字	通解 금속음	飜譯老朴 좌측음	飜譯老朴 우측음
微	ᄝᅱ平	ᄝᅵ	:위	尾	ᄝᅱ上	:ᄝᅵ	이
未	ᄝᅱ去	·ᄝᅵ	·위	襪	ᄝᅪ入	·ᄝᅪᇢ	:와
芒	ᄝᅡᆼ平						

〈표 Ⅲ-19〉『通解』 금속음과 『飜譯老朴』 좌우음의 疑母 표기

例字	通解 금속음	飜譯老朴 좌측음	飜譯老朴 우측음	例字	通解 금속음	飜譯老朴 좌측음	飜譯老朴 우측음
顔	ᅌᅧᆫ平	ᅌᅧᆫ	:ᅌᅧᆫ	眼	ᅌᅧᆫ上	:ᅌᅧᆫ	ᅌᅧᆫ
鴈	ᅌᅧᆫ去	·ᅌᅧᆫ	·ᅌᅧᆫ	釀	ᅌᅣᆼ去		
額[74]	ᅌᅥᆼ入, ᅌᅧᆼ入			役	ᅌᅵᆼ入		
業	녕入						

다. 微母 표기 'ᄝ'은 17세기에 간행된 『老乞大諺解』, 『朴通事諺解』에 이르게 되면 우측음에서 완전히 사라지게 된다.

疑母 표기(ㆁ)의 유무는 『譯訓』의 정음과 속음 사이에 나타난 가장 두드러진 성모 표기의 차이인데, 이는 북방중국어에서 나타난 疑母의 소실을 반영한다.[75] 다만 『譯訓』 정음에 온전히 남아 있는 疑母 표기가 속음에서 대부분 없어졌으나, 그 소실 과정이 완료된 것은 아니어서 속음에서 여전히 疑母 표기가 남아 있는 경우도 있다.[76] 이러한 상황을 고려해서인지 『通解』 금속음에서도 '額, 頟, 詻' 세 글자에 疑母 표기가 남아 있는 것

74 '額'은 『通解』에서 정음이 喩母로 분류되어 있다.

75 『通攷』 凡例에는 "本韻疑喩母諸字多相雜, 今於逐字下從古韻, 喩則只書ㅇ母, 疑則只書ㆁ母, 以別之."라는 기록이 있다. 이 기록을 통하여 古韻을 따라서 疑母(ㆁ)와 喩母(ㅇ)를 구별하였지만 당시 두 성모의 글자들이 서로 뒤섞인 경우가 많았다는 사실을 알 수 있다.

76 疑母 소실의 방향과는 반대로 『譯訓』 卷第十六의 陌韻에는 정음에서 喩母(ㅇ)인 일부 글자가 속음에서 疑母(ㆁ)로 나타나는 경우가 있다. 『譯訓』과 『通解』의 陌韻에서는 '役, 疫, 域, 減, 罭, 棫, 蜮, 緎, 閾' 등의 글자들이 정음에서 疑母로 분류되어 있다.

이외에 疑母 표기는 나타나지 않으며, 『飜譯老朴』 우측음에서도 나타나지 않는다.[77] 姜信沆(1973: 68-73)에서는 『通解』 속음과 금속음의 성모 가운데 정음의 성모와 차이가 있는 것은 대부분 疑母와 喻母의 혼동뿐이라고 하였다. 소실의 종반 단계에 있었던 전탁음과 입성운미의 범주를 『譯訓』 속음과 『通解』 금속음에서 남겨 놓는 방향으로 처리한 반면 疑母 표기는 남겨 놓지 않은 이유에 대해서는 해명이 필요하다. 이는 전탁음과 입성운미의 경우 그 변화의 결과가 당시의 중국어 음운체계에 근본적인 영향을 줄 수 있는 중요한 사항이지만 疑母는 상대적으로 중요성이 떨어진다는 점과 관련된 것으로 보인다.

影母, 微母, 疑母 세 성모의 표기가 조선 초기의 관련 자료들에서 나타나는 상황은 음운변화를 반영하는 측면이 크지만 전탁음 표기의 문제와 마찬가지로 표기방식의 측면에서 살펴볼 필요가 있다. 이 세 성모는 전탁음보다 성모 체계에서 차지하는 위상이 떨어져서 변화의 종반 단계에 이르게 되면 음운변화의 상황을 반영할 가능성이 상대적으로 크다는 점을 고려해야 한다. 『譯訓』 정음에서는 세 성모의 표기가 온전히 남아 있는 반면 『譯訓』 속음과 『通解』 금속음에서는 疑母 표기가 대부분 소실되었고 影母 표기와 微母 표기는 상대적으로 온전히 남아 있다. 그러나 표기 상황을 세밀하게 분석하고 관련 범례 등의 기록을 살펴보면 이 책들의 편찬 당시 이 세 성모 모두 喻母와 합류하고 있었음을 알 수 있다. 역학서적 표기방식에 기초한 『飜譯老朴』의 우측음에서 疑母와 影母 표기는 없어졌고 微母 표기는 소수 글자들에서만 남아 있는 것과 비교할 때, 『通解』 금속음의 이러한 표기 상황은 각 성모의 기원을 표시하는 것을 중시하면서 한편으로 당시의 음운 현실을 부분적으로 반영하는 운서적 표기방식의 특

77 『飜譯老朴』 우측음에도 '疑 :이'(『飜老』上28b-3), '迎 :잉'(『飜老』下72a-6) 등과 같이 疑母 표기(ㆁ)가 나타나는 예가 있으나, 이를 근거로 『飜譯老朴』 우측음에 疑母가 잔존한다고 보기는 어렵다.

성을 보여 준다고 할 수 있다.

3.2.3. 韻母 관련 표기

본 절에서는 『飜譯老朴』의 좌우음 운모 표기에서 차이가 있는 支紙寘韻 齒音字의 종성 표기, ㅱ 종성 표기, 止·蟹攝 唇音字 표기, 歌·戈韻 표기, -m 운미 등의 문제에 대하여 살펴본다.

치음 글자는 운서에 제시된 중국어음 표기의 정밀전사적인 특성을 잘 보여 주는 예이다. 『譯訓』의 정음과 속음뿐만 아니라 『通解』 금속음에서도 치음 글자의 성모는 치두음(s, ts, tsʰ)을 'ᄼ, ᅎ, ᅔ'로, 정치음(ʃ, ʧ, ʧʰ)을 'ᄾ, ᅐ, ᅕ'로 세밀하게 나누어 표기하고 있다. 반면 『飜譯老朴』의 우측음에는 이러한 구분이 없다. 특히 支紙寘韻 치음 글자의 종성 표기는 『譯訓』 속음의 정밀전사표기적인 성격을 잘 보여 주는 예이다. 이 표기는 『通解』 금속음에도 그대로 나타나고 있다.

支紙寘韻 치음 글자의 종성 표기는 『譯訓』 속음의 표기에 기초한 『飜譯老朴』 좌측음에는 나타나지만, 國俗撰字之法에 기초한 『飜譯老朴』 우측음에는 나타나지 않는다. 『通解』 속음과 금속음에서 支紙寘韻 치음 글자의 종성에 '△'을 표기한 것에 대하여 『通解』 支·紙·寘韻의 韻 표시 아래에 飜譯凡例의 기록과 유사한 다음과 같은 주석이 달려 있다.

> (31) "三韻內齒音諸字, 初呼口舌不變, 而以△爲終聲然後, 可盡其妙. 如貲즈字呼爲즈ᇫ, 知지字呼爲지ᇫ, 餘倣此, 牙音唇音則否."
> (三韻 내의 치음 글자들은 당초 발음함에 입과 혀가 변하지 않으나, '△'으로써 종성을 삼은 후에 가히 그 묘함을 다하였다. 예를 들어 '貲 즈'字는 '즈ᇫ'으로, '知 지'字는 '지ᇫ'으로 발음하는데, 나머지 글자들도 이를 따르지만 牙音과 唇音은 그렇지 않다.)

위의 기록은 支紙寘韻 치음 글자의 종성에서 '△' 표기가 나타나는가의

〈표 Ⅲ-20〉『通解』 금속음과 『飜譯老朴』 좌우음의 支紙寘韻 치음 글자 종성 표기

例字	通解 금속음	飜譯老朴 좌측음	飜譯老朴 우측음	例字	通解 금속음	飜譯老朴 좌측음	飜譯老朴 우측음
伺	츠ᇫ去	·스ᇫ	·츠	廁	스ᇫ去	·츠ᇫ	·츠
紙	지ᇫ上	:즈ᇫ	즈	翅	츠ᇫ去	·츠ᇫ	·츠
匙	쯔ᇫ平	쓰ᇫ	:츠	是	씨ᇫ上	:쓰ᇫ	·스

여부가 동일한 음에 대한 『通解』 금속음과 『飜譯老朴』 우측음의 표기방식이 다른 점에서 기인하였다는 사실을 보여 준다. ‘△’ 종성은 치음 뒤에 새로 출현한 모음인 ‘ɿ, ʅ’의 특성을 표기하기 위한 것으로 보이는데, 이러한 중국어 모음은 한국어의 ‘ㅡ, ㅣ’ 모음으로는 발음을 정확히 표기할 수 없는 것으로 『譯訓』 속음과 『飜譯老朴』 좌측음에서 ‘△’을 종성에 붙여 ‘ㅡ’나 ‘ㅣ’로 표기되는 다른 韻의 모음과 구분하였다. ‘△’ 종성 표기는 『譯訓』과 『通解』의 정음에서는 나타나지 않고 속음에서만 나타나고 있는데, 이는 당시 북방중국어의 현실음에 나타난 발음을 가능한 한 정밀하게 표기하려 했던 편찬자의 의도를 보여 주는 것이다. 『通解』 금속음도 이러한 속음의 정밀표기적인 성격을 그대로 이어받아 ‘△’ 종성을 표기하고 있다. 반면 ‘△’을 종성에 표기하는 것이 國俗撰字之法에 적합하지 않으므로 『飜譯老朴』의 우측음에서는 해당 글자의 종성에 ‘△’을 표기하지 않았다.

운서나 역학서에 나타난 중국어음 표기에서 ‘ㅣ(i)’와 결합하고 있는 권설음화 대상 글자는 권설음화가 일어나지 않은 상태를 나타내는 것으로 간주해 왔다. 『通解』의 금속음에는 ‘(熟), 肉, 柚, 軸, 妯, 紙, 是, 樞, 貯, 辰, 晨, 慎, 純, 術, 饌, 韶, 諶, 人’ 등의 글자에서 여전히 ‘ㅣ(i)’와 결합하고 있다.[78] 특히 <표 Ⅲ-20>에 제시된 例字 중 ‘紙, 是’가 『譯訓』 속음과 『飜

78 이 글자들은 『通解』 금속음이 표기된 권설음화 대상 글자 중 앞에 제시된 대표 글자이다. 李在敦(1993: 295)에서는 『通解』 금속음이 표기된 글자 중 ‘ㅣ(i)’와 결합하고 있는 三等字로 ‘軸, 妯, 柚, 純, 醇, 諶, 慎, 熟(싛), 樞’를 들고 있고 ‘ㅣ(i)’와 결합하지 않는 三等字로 ‘熟(수), 舂, 翅, 蚛’ 등을 들고 있다. 이를 통하여 照二系

譯老朴』 좌측음에서 ':즈, :쓰'으로 표기되어 있지만 『通解』 금속음에서는 주모음이 'ㅣ(i)'로 나타난다는 점이 주목을 끈다. 이 例字는 『飜譯老朴』 우측음에서 주요 모음이 'ㆍ(ʌ)'로 나타나며, 『老諺』, 『朴諺』에서는 'ㅡ(ï)'로 나타난다. 『通解』 금속음에 나타난 '紙, 是'의 표기 상황은 'ㅣ(i)'와의 결합을 기준으로 권설음화의 진전 과정을 판단하는 기존의 분석에 대하여 의문을 제기할 수 있는 또 다른 근거를 제공해 준다.[79] 또한 『通解』 금속음에서는 '肉'字가 'ㅣ(i)'와 결합하고 있는 반면 『飜譯老朴』의 좌우음에서는 'ㅣ(i)'와 결합하지 않는다. 이는 『飜譯老朴』 이후에 나온 『老乞大』와 『朴通事』의 언해서에서 시대에 따른 간본 사이에 권설음화 대상 글자의 운모 표기에서 기본적으로 변화가 없는 상황과 18세기 간본 『老乞大』와 『朴通事』의 언해서를 이전 시기의 간본과 비교할 때 '枝, 是, 詩, 施, 市, 使' 등의 글자에서 오히려 'ㅡ(ï) → ㅣ(i)'로 운모 표기의 변화가 나타나는 상황과 연결시킬 수 있다. 결국 『通解』 금속음에 나타난 '紙, 是, 肉'의 표기 상황도 조선 한학서에서 운모 표기의 변화를 통해 권설음화를 나타내려 했다고 확언할 수 없다는 사실을 보여 준다.

<표 Ⅲ-21>에 제시된 종성의 'ㅱ'은 『譯訓』과 『通攷』에서 음성운인 蕭·爻·尤韻의 운미 'w'를 표기한 것인데, 『通解』 금속음에서도 음성운 운미로 나타나고 있다. 다만 '堡, 抓, 凹' 등의 글자는 정음에서 'ㅱ' 종성을 취하고 있으나, 금속음에서는 종성이 나타나지 않는다. 종성 'ㅱ'은 『飜譯老朴』 우측음에서 학습자들이 이해하기 편하도록 종성에 'ㅗ, ㅜ'로 표기

와 照三系의 합류현상이 진행되고 있는 중임을 알 수 있다고 하였다.

79 張曉曼(2003: 62)에서는 捲舌聲母가 발음부위상 모음 'i'와 결합하기 어려운 것은 사실이나, 일부 客家方言에서는 결합하는 사례도 있어서 捲舌聲母와 'i'의 결합이 불가능한 것은 아니라고 하고 있다. 『飜譯老朴』 이후 『老乞大』와 『朴通事』의 언해서에서 捲舌音字의 운모 표기에 거의 변화가 없고 18세기의 조선 한학서에서 여전히 권설음이 'ㅣ(i)'와 결합하는 예가 많이 나타나는 상황을 이러한 측면에서 온전하게 설명하기는 어렵다. 다만 방언에서 이러한 결합 사례가 나타난다는 것은 이 문제에 대한 설명에 도움이 될 여지가 있다.

〈표 Ⅲ-21〉『通解』금속음과『飜譯老朴』좌우음의 ㅱ 종성(음성운) 표기

例字	通解 금속음	飜譯老朴 좌측음	飜譯老朴 우측음	例字	通解 금속음	飜譯老朴 좌측음	飜譯老朴 우측음
膘	뱌ㅱ上			鰾	뺘ㅱ上		
韶	쎠ㅱ平			皛	혀ㅱ上		
堡	부ㅱ上			抓	좌ㅱ去		
凹	화ㅱ平			蔻	크ㅱ去		
舀	야ㅱ平			右	이ㅱ去[80]	:잉	·우

하였으나 중국어의 음절구조를 정확하게 나타냈다고 보기 어렵다.[81] 字音에서 주모음이 아닌 음절 말의 모음을 나타내는 것이라면 'ㅗ, ㅜ'를 종성에 표기하는 것보다는 'ㅱ'을 종성에 표기하는 것이 중국어 음절구조에서의 모음 말음의 성격을 훨씬 잘 반영하는 것이므로 종성 'ㅱ'은『通解』금속음의 정밀표기적 성격을 보여 주는 예이다.

『通解』금속음에 나타난 止·蟹攝 唇音字 운모 표기는 微母字 등을 제외하고『飜譯老朴』우측음 표기와 동일하다. 中古 止攝과 蟹攝 소속의 일부 唇音字 운모는 '-ei'로 변화하는데, <표 Ⅲ-22>에서 나타난 일부 止·蟹攝 글자의 '-i → -ïi'의 표기 변화는 근대 시기에 나타난 이러한 운모 변화를 반영한다.

『通解』금속음에 나타난 歌韻과 戈韻의 상황은 금속음 관련 기록을 통하여 확인할 수 있다.『飜譯老朴』에서 歌韻과 戈韻은 開口音에서 'ㅏ'로 표기된 것을 제외하고는 좌측음은 'ㅓ, ㅝ', 우측음은 'ㅓ, ㅗ'로 표기되어 있다. 王力(1980: 146-157)에 따르면 歌韻은 'ɑ > ɔ > uo (喉牙音 일부

80 '右'는 금속음 관련 기록에 훈민정음 표기가 제시되어 있지 않고 '今俗音去聲'이라고만 되어 있는데,『飜譯老朴』에 이 글자의 표기가 있다는 점에서 例字로 제시하였다.

81 飜譯凡例 ㅱㅸ爲終聲條에서는 "ㅱ本非ㅜㅗ, ㅸ本非ㅗㅛ之聲, 而蕭爻韻之ㅱ呼如ㅜ, 尤韻之ㅱ呼如ㅜ."(ㅱ은 본래 'ㅜ·ㅗ'가 아니고 ㅸ은 본래 'ㅗ·ㅛ' 소리가 아니지만, 蕭·爻韻의 ㅱ은 'ㅜ(*ㅗ의 잘못으로 보임)'와 같이 발음되고, 尤韻의 ㅱ은 'ㅜ'와 같이 발음된다.)라고 하여 'ㅱ'이 'ㅗ, ㅜ'와 동일한 음은 아니지만 유사하게 발음된다고 밝히고 있다.

〈표 Ⅲ-22〉『通解』 금속음과 『飜譯老朴』 좌우음의 止·蟹攝 唇音字 표기

例字	通解 금속음	飜譯老朴 좌측음	飜譯老朴 우측음	例字	通解 금속음	飜譯老朴 좌측음	飜譯老朴 우측음
譬	피去	·비	·피	被	쁴去	·쁴	·븨
鞁	쁴去	·삐	·븨	非	ᄫᅴ平	ᄫᅵ	·ᄫᅴ
肥	ᄬᅴ平	ᄬᅵ	:ᄫᅴ	微	ᄝᅱ平	ᄝᅵ	:위
尾	ᄝᅱ上	:ᄝᅵ	이	未	ᄝᅱ去	·ᄝᅵ	·위
謎	믜去	·미	·미				

ə)', 戈韻은 'uɑ > uɔ, ɔ > uo, o (喉牙音 일부 ə)'의 변화 과정을 거친 것으로 보인다. 歌·戈韻에서 나타난 『飜譯老朴』 좌우음 표기의 차이는 소속 글자에서 나타난 주모음의 변화를 반영하고 있는 것이다. 『通解』에서도 歌·哿·箇韻에서 '今俗音從ㅓ下至去聲同'이나 '今俗音從ㅗ下至去聲同'이라는 기록이 곳곳에 달려 있어 금속음에 이러한 변화가 반영되어 있다.

마지막으로 -m 운미 표기의 상황에 대하여 살펴보자. 王力(1980: 135-136)에서는 중고 -m 운미가 -n 운미로 변화하는 현상이 『中原音韻』(1324)의 唇音字에서 이미 나타나고 있고 『西儒耳目資』(1626)에서 완료된 것으로 보아 북방음에서는 16세기 이전에 -m 운미가 소실된 것으로 보았다. 『譯訓』의 정음에는 -m 운미 표기가 남아 있으나 속음에서는 '-m > -n'의 변화를 전면적으로 반영하고 있다. 『通解』에서도 정음에는 '侵, 寑, 沁, 覃, 感, 勘, 鹽, 琰, 艶'의 9韻에서 -m 운미 표기가 남아 있으나 속음과 금속음에서 -m 운미가 -n 운미로 변화한 상황을 반영하고 있다.[82] 다만 '甚'字의

82 『通解』 凡例에서는 다음과 같은 기록을 통하여 -m 운미가 -n 운미와 합류한 사실을 언급하고 있다. "諸韻終聲ㄴㆁㅁ之呼初不相混, 而直以侵覃塩合口終聲, 漢俗皆呼爲ㄴ, 故眞與侵刪與覃先與塩之音多相混矣."(여러 韻에서 종성 'ㄴ·ㆁ·ㅁ'의 발음은 처음에는 서로 섞이지 않았으나 '侵·覃·塩'의 合口 종성에서는 중국의 俗間에서 모두 ㄴ으로 발음한다. 따라서 '眞'(ㄴ)과 '侵'(ㅁ), '刪'(ㄴ)과 '覃'(ㅁ), '先'(ㄴ)과 '塩'(ㅁ) 등의 음은 대부분 서로 뒤섞였다.) 또한 『通解』 '侵·寑·沁'韻 표시 아래(下卷 71b)에 "今俗皆呼爲ㄴ, 而間有用ㅁ呼之者亦多, 故不著俗音如通攷也."(금속음에서는 모두 ㄴ으로 발음하는데, ㅁ으로 발음하는 것 또한 많으므로

경우 금속음에서 '甚麽'의 환경에서는 -m 운미로 발음한다는 注가 달려 있다. '怎麽'와 '甚麽'는 『飜譯老朴』의 우측음에서도 '즘:마', '·슴:마'로 나타나고 있어서 이러한 어휘의 일부 환경에서만 -m 운미로 발음했음을 알 수 있다. 『譯訓』의 속음, 『通解』의 속음과 금속음 및 『飜譯老朴』의 우측음 등의 상황을 종합해 볼 때 15세기 중반 이후에는 기본적으로 중국북방음에 -m 운미가 존재하지 않았으나, 일부 -m 운미로 발음하는 경우도 남아 있었음을 알 수 있다.

『通攷』와 같은 속음을 기록하지 않는다.)라는 주석이 있어서 -m 운미의 -n 운미화를 인정하지만 -m 운미로 발음하는 경우도 있음을 언급하고 있다. 『通解』 '侵·寢·沁'韻에 이러한 주석이 달려 있다는 사실에 대해서는 『譯訓』에서 -m 운미 글자로 구성된 韻 중에서 沁韻에서만 대표 글자의 속음 표기에 -m 운미(ㅁ)를 -n 운미(ㄴ)로 표기하거나 '韻中諸字終聲同' 또는 '韻內諸字終聲同'이라고 기록하지 않았다는 점에서 필자의 의도가 반영된 것인지 살펴볼 필요가 있다.

IV

음운변화

我어오這뎌저月웡웨初추추一

○네언제王京의셔ᄯᅥ난다

○내王京으로향ᄒᆞ여가노라

哥거거伱니니從쭝충那나나裏리리來래레

到닾단今긴긴半번번箇거거月웡웨

○이믜이ᄃᆞᆯ초ᄒᆞᄅᆞᆫ날王京의셔

日시離리리了랴王왕京

『老乞大』와 『朴通事』 언해서의 우측음이 가지고 있는 가장 큰 언어학적 가치는 시대에 따른 간본에서 나타나는 표기의 변화를 통하여 근대중국어의 음운변화 양상을 생생히 보여 주는 점이라고 할 수 있다. 다만 『老乞大』와 『朴通事』 언해서의 우측음에는 이전의 간본을 답습하는 경향도 분명히 나타나고 있기 때문에 표기를 통한 음운변화의 파악에서 이러한 측면도 고려해야 한다. 『飜譯老朴』(1515년경)이 『中原音韻』 이후 15~16세기 중국북방음의 현실을 보여 준 이후, 『老諺』(1670), 『朴諺』(1677)과 『平老』(1745序)에서는 일부를 제외하고는 별다른 변화의 모습을 보여 주지 못하고 있다. 그러나 18세기 중반 이후 간행된 『老新諺』(1763), 『朴新諺』(1765), 『重老』(1795년경)에서는 다양한 음운변화를 반영하고 있어서 18세기 중국북방음의 모습을 잘 보여 주고 있다. 『老乞大』와 『朴通事』 언해서의 간본들은 16세기 초에서 18세기 말 사이에 중국북방음에서 나타난 음운변화의 상황을 우측음을 통해 비교적 생생하게 보여 준다는 점에서 이 시기 중국어음운사 연구에 큰 가치를 가지고 있을 뿐만 아니라 각 글자별로 음운변화의 진전 상황을 파악할 수 있어 근대중국어 음운변화 연구에 유용하게 이용할 수 있다. 본 장에서는 『老乞大』와 『朴通事』 언해서의 첫 간본인 『飜譯老朴』에서 마지막 간본인 『重老』 사이에 반영된 음운변화의 문제에 대하여 살펴보도록 하겠다.

1. 聲母의 변화

『飜譯老朴』이 편찬된 16세기 초반 이후 중국어음운사를 통해 확인할 수 있는 성모의 주요한 변화는 疑母, 影母, 微母의 零聲母化, 권설음화, 見組와 精組 성모의 구개음화(尖團不分), 일부 日母字의 관련 변화 등이 있다(董同龢 1968/1998: 213-216). 『老乞大』와 『朴通事』의 언해서에서는 이러한 성모의 변화가 잘 반영되어 있는데, 이와 관련된 문제에 대하여 살펴보고자 한다.

1.1. 微母의 소실

疑母, 影母, 微母 세 성모는 『譯訓』의 정음과 속음에서 모두 출현하고 있어서 이를 기반으로 한 『老乞大』와 『朴通事』 언해서의 좌측음에서도 나타나고 있다. 그러나 우측음에서는 疑母(ㆁ)와 影母(ㆆ)의 경우 『飜譯老朴』부터 이미 소실되었고, 微母(ㅸ)만 『飜譯老朴』에서 일부 글자의 성모로 나타나고 있다. 微母는 『中原音韻』에서도 나타나는데, 董同龢(1968/1998: 59)에서는 'v', 陸志韋(1946: 40-42)에서는 'w', 寧繼福(1985: 8)에서는 'ʋ'로 추정하였다. 본서에서는 성모 체계에서의 전체적인 관계를 고려해 'w'로 추정한다. 그 이후의 중국 자료를 살펴보면, 『韻略易通』(1442)에서는 아직 소실되지 않아서 'v' 또는 'w'로 추정되고 있고(陸志韋 1947a: 162, 安在哲 1985: 166), 『等韻圖經』(1606)과 『五方元音』(1654-1673?)에서는 소실된 모습을 보여 주고 있다(陸志韋 1948: 2, 유영기 1987: 69). 微母의

〈표 Ⅳ-1〉『老乞大』와『朴通事』언해서에 나타난 微母字의 우측음 표기

例字	飜老	老諺	平老	朴新諺	重老
文	:ᄝᅮᆫ	운	운	운	운
晩	완	완	완	완	완
無	:ᄝᅮ	우	우	우	우
問	·ᄝᅮᆫ	운	운	운	운
物	·ᄝᅮ	우	우	우	우
微	:위	위	위	위	
忘	:왕	왕	왕	왕	왕
萬	·완	완	완	완	완
望	·왕	왕	왕	왕	왕
輞		왕	왕		왕
亡	:왕	왕	왕	왕	
務	·ᄝᅮ	우	우	우	우
襪	:와	와	와	와	와
未	·위	위	위	위	위
紋				운	운
武				우	
聞				운	
尾				이	
舞				우	
蚊				운	
惟				위	
妄				왕	
挽				완	
網	왕			왕	
勿				우	
味				위	

변화 과정은 대략 'm > (ɱ) > v > w > 零(u)'으로 요약할 수 있다. 이는 明母의 일부(m)로 발음되던 微母가 중고 시기에서 근대 시기를 거치면서 輕唇音(v)에서 반모음(w)이 되었다가 현대 北京語와 같은 合口(u)의 상태가 되는 변화 과정을 보여 주는 것이다. 微母의 완전한 소실 양상은『老乞大』와『朴通事』언해서의 간본들에 잘 반영되어 있어서 微母는『老諺』,『朴諺』부터 모두 소실되어 合口(u)의 상태를 보여 주고 있다. <표 Ⅳ-1>

은 5종의 『老乞大』와 『朴通事』 언해서에 나타난 微母字의 우측음 표기 상황이다.

1.2. 권설음화

중국어에서 권설음화가 일어나기 시작한 시기에 대한 견해는 학자마다 다소 차이가 있지만, 『飜譯老朴』이 편찬된 16세기 초반에 북방중국어에서 권설음화가 폭넓게 일어나고 있었다는 것은 의심할 여지가 없을 듯하다.[1] 17세기의 중국 자료들을 살펴보면, 『等韻圖經』에서는 中古 照, 穿, 審母가 齊齒呼의 환경에서 나타나지 않아서 이미 권설음화가 완성 단계에 이르렀다는 것을 알 수 있는데, 전통적인 等韻圖의 배열 방법과는 다른 방식을 취하여 照系 성모가 細音과 결합할 수 없음을 보여 주고 있다.[2] 그러나 『等韻圖經』 이후에 간행된 『五方元音』에서는 照三等의 권설음화가 『等韻圖經』보다 훨씬 뒤진 모습을 보여 주고 있다.[3] 이처럼 중국 자료에서는 권설음화의 진전 양상이 자료에 따라 다르게 나타나고 있지만 전반적으로 볼 때 17세기에 이미 거의 완성되었거나 상당히 진전된 상태의 권설음화 상황을 보이고 있다.

『老乞大』와 『朴通事』의 언해서에 나타난 권설음화 상황은 의심스러운

---

1 中古 照, 穿, 審母의 『中原音韻』에서의 음가는 학자에 따라 그 추정이 다르다. 董同龢(1968/1998)에서는 'ʧ, ʧʰ, ʃ'로 추정하여 『中原音韻』에서 아직 권설음화가 일어나지 않은 것으로 보았다. 趙蔭棠(1936)에서는 'tʂ, tʂʰ, ʂ'의 권설음으로 추정하고 있으며, 陸志韋(1946)에서도 일부 권설음화가 일어났음을 인정하고 있다.

2 李在敦(1990: 50)에서는 『等韻圖經』에서 전통적인 等韻圖의 배열 방법과는 달리 上等, 中等, 下等의 3개의 等으로 구분해 놓았고 이것은 두 개의 等으로 줄일 수 있는데, 中等에는 권설음 성모만 배열해 놓고 있다고 하였다. 이처럼 한 이유는 첫째로 精系와 照系의 전통적인 관계를 무시할 수 없었기 때문이고, 둘째로 이보다 더 중요한 것은 이 시대에 이미 권설음 성모는 舌面音 介音 'i'와 결합할 수 없었기 때문이라는 점을 지적하고 있다.

3 陸志韋(1948: 2)에서는 "照二等雖然都變爲捲舌, 可是照三知等的捲舌化不像徐孝所記順天方言的積極"이라 하여 照二·三等의 권설음화 상황에 대해 언급하고 있다.

면이 있다. 권설음화는 照二系와 照三系가 합류해 가는 과정으로 볼 수 있다. 따라서 권설음화의 과정은 성모의 변화뿐만 아니라 운모 환경의 변화와도 관련된 것으로, 'i'나 'y' 개음 또는 주모음과 결합할 수 있었던 照系 성모들이 현대 北京語에서는 'i'나 'y'와 결합할 수 없게 된 것이다. 정치음의 영역에서 권설음을 나타내기 위한 별도의 성모 표기가 마련되지 않은 상황에서 『老乞大』와 『朴通事』 언해서에 나타난 권설음화 진행 상황도 이와 같은 운모의 변화 과정을 통해 관찰할 수 있을 것임을 기대할 수 있다. 실제로 『譯訓』의 정음, 속음과 『飜譯老朴』의 우측음을 비교함으로써 이들 문헌의 편찬자들이 운모 환경의 변화를 통해 권설음화를 나타내려고 했었다는 의도의 일면을 엿볼 수 있다. 예를 들어 '紙, 試'는 『譯訓』의 정음에서는 ':지, ·시', 속음에서는 ':즹(又音 :즈), ·싀', 『飜譯老朴』의 우측음에서는 '즈, ·스' 표기를 보여 준다. 이는 『譯訓』 정음에서 舌葉音의 상태에 있던 글자가 『譯訓』의 속음과 『飜譯老朴』의 우측음에서 권설음화된 것을 보여 주는 것이다. 이처럼 『飜譯老朴』에 나타난 권설음화 대상 글자의 상황은 당시 권설음화의 진전 상황을 파악하는 데 좋은 자료를 제공하고 있다. 『飜譯老朴』에 나타난 권설음화의 양상은 中古 莊組의 권설음화와 止攝에서의 권설음화를 비교적 충실히 반영할 뿐만 아니라 일부 韻에서 '知·莊·章' 성모가 병합하는 양상을 반영하고 있어서 북방중국어 권설음화의 초중반 단계와 부합하는 방향으로 진행되고 있다.

그러나 『飜譯老朴』 다음에 간행된 『老乞大』와 『朴通事』 언해서의 우측음과 비교해 보면, 『飜譯老朴』부터 18세기 간행 『老乞大』와 『朴通事』 언해서까지 'i(ㅣ)'와 결합하는 권설음화 대상 글자는 'i(ㅣ)'가 그대로 유지되어 변화가 없다. 이처럼 『老乞大』와 『朴通事』 언해서의 간본에서는 『飜譯老朴』을 제외하고 운모 표기의 변화를 통해 북방중국어에서 나타난 권설음화의 과정을 제대로 반영하지 못하고 있다. 『老乞大』와 『朴通事』 언해서의 시대에 따른 간본들에 권설음화의 표기 양상이 이와 같이 나타나는 것에는 몇 가지 원인이 있는 것으로 보인다.

첫째, 16세기 초부터 18세기 말까지 『老乞大』와 『朴通事』 언해서의 시대에 따른 간본에 나타나는 권설음화 대상 글자들이 우측음 표기에서 변화가 없다는 사실은 후기 간본의 편찬자들이 'i(ㅣ)'를 다른 표기로 바꾸는 운모 환경의 변화를 통해 권설음화를 나타내려는 의도를 가지고 있었는가의 문제에 대하여 다시 생각해 볼 필요가 있다는 것을 보여 준다. 오히려 '枝, 是, 詩, 施, 市, 使' 등의 권설음 글자는 'ㅡ(ï) → ㅣ(i)'로 운모 표기의 변화가 나타나고 있어서 이러한 고려에 근거를 더해 주고 있다. 이것이 표기상의 변화인지 아니면 방언의 영향과 같은 다른 이유에 기인한 것인지 현재 단계에서는 확실하게 해명하기 어렵다. 일부 연구에서는 이러한 대역 자료를 편찬한 역대 역관들이 성모 다음에 '-i-' 개음이 개재되면 그 성모가 권설음이 아닌 'tɕ'나 'tʃ' 계열로 실현된다는 사실을 모르고 있었던 것처럼 보인다고 주장하기도 하였다(姜信沆 1983).

둘째, 『老乞大』와 『朴通事』 언해서의 우측음은 음성 실현 위주이며 간략표기라고 할 수 있는데, 이들 언해서의 편찬자들은 중국어음을 표기할 때 한글 표기의 점과 획과 같은 세세한 부분까지도 세심하게 고려한 것이 분명하지만 현실음을 나타내는 간략표기인 우측음에서 구별 표지 등을 표시함으로써 음가를 구분한다든가 중국어음의 변화를 바로 반영하는 데는 큰 관심을 두지 않았던 것으로 보인다. 『飜譯老朴』이 15, 16세기 중국북방음의 현실을 보여 준 이후 『老諺』과 『朴諺』에서는 『飜譯老朴』과 우측음에서 거의 차이를 보이지 못하다가 250여 년 이후에 간행된 『老新諺』과 『朴新諺』에 이르러서야 중국어음에서의 음운변화가 반영되고 있는 상황은 이러한 점에서 주목할 만하다. 이러한 편찬자들의 음운변화 수용에 있어서의 소극적 태도도 우측음의 권설음화 대상 글자에서 세세한 구분 표기를 하지 않은 것과 관련이 있는 것으로 볼 수 있다. 또한 姜信沆(1978b: 73)에서 언급한 바와 같이 후세의 역관들이 崔世珍의 표음을 과감하게 고칠 수 없었던 것도 하나의 원인으로 작용한 것으로 보인다.

셋째, 『飜譯老朴』 이후 중국어 음운의 확연한 변화를 보여 주는 『老乞大』와 『朴通事』 언해서는 권설음화가 이미 완성된 18세기 중반 이후에 간행된 것이기 때문에 굳이 운모 표기의 변화를 통해 권설음을 표시할 필요가 없었던 것으로 보인다. 즉 정치음의 영역에서 권설음화가 완성된 결과 舌葉音 'tʃ, tʃʰ, ʃ'가 사라지고 권설음 'tʂ, tʂʰ, ʂ'만이 남게 되므로 두 종류의 음을 구분하기 위하여 운모 표기를 변경시킬 필요가 없어졌다는 것이다. 심지어 조선 후기의 대표적인 역학서인 『華音啓蒙諺解』(1883년경)에서는 '着 져, 쟈, 쟈, 水 쉬, 쉬, 山 샨, 산, 上 샹, 상'과 같은 예에서 보이는 바와 같이 권설음화 대상 글자의 성모 표기가 'ㅣ(i)'와 결합한 것과 결합하지 않은 것이 모두 나타나고 있다.[4] 일부 『華音啓蒙諺解』 간본에서 나타나는 이러한 표기의 혼재 현상은 어떤 측면에서 보면 'ㅣ(i)'의 결합 여부로 권설음화의 발생 여부를 판단하는 것이 이미 의미가 없을 정도로 권설음화가 완성 단계에 이르렀다는 사실을 보여 주는 것일 수 있다.

결론적으로 말해서 조선 초기의 여러 운서나 최초의 역학서 언해인 『飜譯老朴』에서 운모 표기 'ㅣ(i)'를 'ㅡ(ï)'나 'ㆍ(ʌ)'로 바꾸는 것을 통하여 권설음화를 나타내고 있는 것은 사실이지만, 위에서 언급한 몇 가지 원인 때문에 『飜譯老朴』 이후에 간행된 『老乞大』와 『朴通事』 언해서에서는 이와 같은 운모 표기의 변화를 통해 권설음화를 나타내려 했다는 증거를 찾기 어렵고 권설음화의 진전 상황을 확인하기도 어렵다.

---

4 본 표기는 규장각 소장본인 도서번호 '古 3917-6'에 나타난 것이다. 다만 규장각 소장본인 '奎 4043'과 같은 『華音啓蒙諺解』의 다른 판본에서는 '水, 山, 上' 등의 글자에서 이처럼 복수의 표기로 되어 있지 않아서 차이가 있다.

1.3. 日母字의 변화

중국어음의 변화를 반영하고 있는 자료들 중에서도 『老乞大』와 『朴通事』 언해서만큼 日母字의 변화 과정을 생생하게 보여 주는 자료는 드물다. 日母는 『老乞大』와 『朴通事』 언해서에서 'ㅿ'으로 표기되는데, 『老新諺』, 『朴新諺』, 『重老』에서는 日母字에서 'ㅿ', 'ㅇ', 'ㅇ(兒化)', 'ㄹ'의 네 가지로 표기되고 있다. <표 Ⅳ-2>는 5종의 『老乞大』와 『朴通事』 언해서에 나타난 日母字의 우측음 표기이다.

<표 Ⅳ-2>에 보이는 것처럼 日母字의 표기 상황은 네 부류로 나눌 수 있다. 첫 번째는 日母字 성모 표기 'ㅿ'이 후기 간본에서도 그대로 남아 있는 경우이고, 두 번째는 'ㅿ' 표기가 후기의 간본에서 사라진 경우이다. 세 번째는 日母의 소실과 함께 兒化가 일어난 경우로서 'rʅ > ʅr'의 변화 과정을 보여 주고 있으며, 네 번째는 日母가 r음화한 상황을 반영하고 있다.

문제가 되는 것은 두 번째 부류인데, 'ㅿ' 표기가 사라져 있어 표기상으로는 성모가 소실되어 零聲母化된 모습을 보여 주고 있다. 이 경우는 『老乞大』와 『朴通事』 언해서에서의 성모 표기의 변화가 곧 음운변화를 의미한다는 일반적인 분석에 의심을 품게 하는 예이다. 두 번째 부류의 글자들은 현대 北京語에서 여전히 日母가 남아 있는데, 이 부류 글자들의 표기가 'ʐ > 零 > ʐ'의 과정을 보여 주는 것이 아니라는 사실은 북방중국어의 음운사를 통해서 확인할 수 있다. 이 때문에 두 번째 부류의 표기 상황은 음운변화의 관점에서 설명하기 어렵다. 음운변화를 반영한 것이 아니라면 특정 방언이나 제보자의 개인어(idiolect)를 반영하는 것일 수 있으나 현재로서는 명확하게 해명하기 어렵다.

현대중국방언의 大方言區를 기준으로 할 때 中古 日母가 현저하게 약화된 방언은 廣州方言을 비롯한 南方方言에 많이 있다.[5] 그러나 『老乞大』

〈표 Ⅳ-2〉『老乞大』와『朴通事』언해서에 나타난 日母字의 우측음 표기

例字	飜老	老諺	平老	朴新諺	重老
如	:ᅀᅲ	ᅀᅲ	ᅀᅲ	ᅀᅲ	ᅀᅲ
日	·ᅀᅵ	ᅀᅵ	ᅀᅵ	ᅀᅵ	ᅀᅵ
若	:ᅀᅭ	ᅀᅭ	ᅀᅭ	ᅀᅭ	ᅀᅭ
染	ᅀᅧᆫ, ·ᅀᅧᆫ	ᅀᅧᆫ	ᅀᅧᆫ	ᅀᅧᆫ	ᅀᅧᆫ
刃	·ᅀᅵᆫ	ᅀᅵᆫ	ᅀᅵᆫ		
熱	·ᅀᅧ	ᅀᅧ	ᅀᅧ	ᅀᅧ	ᅀᅧ
入	·ᅀᅲ	ᅀᅲ	ᅀᅲ	ᅀᅲ	ᅀᅲ
擾	ᅀᅣ	ᅀᅣ	ᅀᅣ	ᅀᅣ	ᅀᅣ
軟	ᅀᆑᆫ	ᅀᆑᆫ	ᅀᆑᆫ	ᅀᆑᆫ	ᅀᆑᆫ
絨	:ᅀᅮᆼ	ᅀᅮᆼ	ᅀᅮᆼ	ᅀᅮᆼ	ᅀᅮᆼ
辱	·ᅀᅮ	ᅀᅮ	ᅀᅮ	ᅀᅮ	ᅀᅮ
偌	·ᅀᅧ	ᅀᅧ	ᅀᅧ	ᅀᅧ	
壬	:ᅀᅵᆫ	ᅀᅵᆫ	ᅀᅵᆫ	ᅀᅵᆫ	ᅀᅵᆫ
潤					ᅀᅲᆫ
仁				ᅀᅵᆫ	
饒				ᅀᅣ	
褥				ᅀᅮ	
讓				ᅀᅣᆼ	
箬				ᅀᅭ	
揉				ᅀᅱ	
任				ᅀᅵᆫ	
喏				ᅀᅧ	
乳				ᅀᅲ	
仍				ᅀᅵᆫ	
儒				ᅀᅲ	
人	:ᅀᅵᆫ	ᅀᅵᆫ	ᅀᅵᆫ	인	인
然	:ᅀᅧᆫ	ᅀᅧᆫ	ᅀᅧᆫ	얀	얀
認	·ᅀᅵᆫ	ᅀᅵᆫ	ᅀᅵᆫ	인	인
忍				인	
惹				여	여
兒	:ᅀᆞ	ᅀᆞᆯ	ᅀᆞᆯ	을	을
二	·ᅀᆞ	ᅀᅳᆯ	ᅀᅳᆯ	을	을
耳	ᅀᆞ	ᅀᆞᆯ(?)	ᅀᆞᆯ	을	을
餌	ᅀᆞ	ᅀᆞᆯ	ᅀᆞᆯ		
而				을	
肉	·ᅀᅮ	ᅀᅮ	ᅀᅮ	류	류

와 『朴通事』 언해서가 북방방언을 반영하는 것이 분명한 만큼 18세기 당시 북방중국어에서도 日母가 소실된 방언이 있었는지를 살펴보는 것이 필요하다.[6] 북방방언의 하위방언 중에서는 沈陽 등 東北 지역의 다수 방언과 함께 山東 지역 방언 특히 山東半島 일대의 榮成, 烟臺, 靑島 등 東區方言에서 中古 日母字 성모가 零聲母로 읽히며 운모는 細音인 현상이 있는 것으로 알려져 있다(張樹錚 1994, 錢曾怡 主編 2010). 日母字의 이러한 讀法과 관련하여 조선시대의 한학자들이 왕래했던 山東半島 일대의 膠遼官話가 특히 주목을 끈다. 두 번째 부류의 예로 제시한 글자들은 모두 'ㅣ(i)'와 결합하고 있으며 '人, 然' 등은 일부 山東方言에서 日母가 소실된 상용 글자라는 점이 주의를 끈다. 『華音啓蒙諺解』에서는 日母字가 모두 零聲母(ㅇ)로 나타나는데, 이러한 日母字의 표기 상황도 18세기 후반 간행 『老乞大』와 『朴通事』 언해서의 상황과 연관하여 표기적인 특성과 관련된 것인지 방언적인 특성과 관련된 것인지 심도 있는 논의가 필요하다.

또한 日母字는 현대 시기에 이르면서 그 수가 증가하게 되는데, 그 근

---

5 『朴新諺』 등에서 나타나는 의심스러운 표기라고 언급했던 '街 개[kai]'는 현대중국어에서 廣州語나 西南官話 및 長沙, 南昌 등에서의 발음이고, '論 른[lən]'도 合肥, 長沙, 南昌 등을 걸치는 지역에서 나타나는 발음이다(漢語方音字彙 1989). 그러나 이러한 사실만으로는 일부 日母字나 '街, 論'의 의심스러운 표기가 이러한 지역의 방언과 관련이 있다고 말할 수 없다. 다만 『老乞大』와 『朴通事』 언해서 편찬자들의 성모 전사의 태도로 볼 때, <표 Ⅳ-2>의 두 번째 부류에 대한 중국어음의 質正에서 다른 日母字 성모와는 다른 약화된 발음을 청취하였던 것만은 확실한 것으로 보인다.

6 董同龢(1968/1998: 154-155)에서는 日母字의 現代 讀法에 대해 다음과 같은 여섯 가지로 나누어 놓았다. 첫째, 표준어나 일부 官話方言과 같이 '兒, 耳, 二' 등의 글자가 零聲母가 된 것을 제외하고 모두 유성 마찰음인 'ʐ-' 또는 'z-'인 경우. 둘째, 일부 官話方言이나 일부 閩語와 같이 일부는 零聲母가 되었고 나머지는 비음 'n-'(또는 l-)이 된 경우. 셋째, 客家方言이나 일부 吳語와 같이 대체적으로 모두 舌面鼻音인 'ȵ'인 경우. 넷째, 일부 吳語와 같이 소수 글자가 零聲母가 된 것을 제외하고 다수 글자가 從·邪·牀·禪母 등과 혼재되어 'z-'와 'dzʰ-'가 된 경우. 다섯째, 廣州語와 같이 모두 零聲母가 된 경우. 여섯째, 일부 閩語와 같이 거의 모두 'dz-'가 된 경우. 또한 『漢語方音字彙』(1989)에서도 日母는 南方語인 廣州語나 湘方言인 雙峰語에서 현저히 약화되었거나 零聲母인 것으로 조사되어 있다.

〈표 Ⅳ-3〉 '零 〉 ʐ' 변화의 대상이 되는 日母字

例字	飜老	老諺	平老	朴新諺	重老
容	:융	융	융	융	융
榮				융	
蓉				융	
揚	:양	양	양		양

원은 중고 시기에는 零聲母였던 것으로 현대 北京音에서 日母(ʐ)가 생겨난 것이다. 이 변화의 대상 글자들은 후기 간본인 『老新諺』, 『朴新諺』, 『重老』 등의 우측음에서 여전히 零聲母를 유지하고 있다. <표 Ⅳ-3>은 5종 『老乞大』와 『朴通事』 언해서의 우측음에 출현하는 이 변화의 대상 글자들이다.[7]

1.4. 구개음화

『老乞大』와 『朴通事』 언해서의 18세기 간본에 반영된 성모의 음운변화 중 가장 주목할 만한 것은 구개음화이다. 여기서 구개음화란 북방중국어에서 근대 시기에 발생한 尖團不分 현상을 말하는 것이다. 중국어음운사의 측면에서 보더라도 구개음화는 『老乞大』와 『朴通事』 언해서의 간본들이 간행된 16~18세기에 북방중국어에서 나타난 성모의 변화 중에서 가장 논의가 많이 진행되었던 것이다. 더구나 18세기 간행 『老乞大』와 『朴通事』 언해서에서는 각 글자마다 구개음화의 발생 상황을 확인할 수 있어서 중국 자료에서는 찾아볼 수 없는 소중한 자료를 제공하고 있다. 따라서 비교적 많은 지면을 할애하여 『老乞大』와 『朴通事』 언해서에 나타난 구개음화 현상에 대하여 논의하도록 하겠다.

7 이 변화가 어떤 원인 때문에 발생하였는지 그리고 어떤 방향성을 가지고 진행되었는지에 대한 명확한 설명은 하기 어렵다. 李在敦(1990: 65-70)에서는 이 변화를 규칙적으로 설명하려는 시도를 하고 있다.

1.4.1. 尖團不分 현상의 발생 시기

북방중국어에서 尖團不分 현상이 발생한 시기는 18세기 전후로 추정하고 있는데, 이는 대체로 18세기 중엽에 나온 『圓音正考』(1743序)를 기준으로 하는 것이다. 그러나 『圓音正考』는 精組와 見組의 구개음화가 발생한 결과 두 부류가 구분되지 못하는 '尖團不分' 현상을 보여 주는 것이 아니라 오히려 精組 細音과 見組 細音을 인위적으로 분명히 구분함으로써 尖團의 구별을 강조하고 있다.[8] 따라서 『圓音正考』에서는 尖團字를 분명히 구별하는 것을 통하여 18세기 초반에 북방중국어에서 이미 구개음화가 일어나고 있었다는 사실과 보수적인 지식인 등과 같은 일부 계층에서 尖團不分 현상을 거부하고 있었다는 사실을 역설적으로 보여 주고 있다.

이처럼 18세기 초반이면 북방중국어에서 구개음화가 폭넓게 일어난 것으로 보이는데, 그렇다면 구개음화가 발생하기 시작한 시기는 언제로 보아야 할 것인가의 문제가 제기된다. 구개음화 발생 시기와 관련된 문제에서 우리는 몇 단계로 나누어 고찰할 필요가 있다. 우선 구개음화가 일어나기 위한 환경 조건이 완비된 시기가 언제인가의 문제가 있고, 다음으로 구개음화가 실제로 발생하여 구개음화된 음이 북방중국어의 음운체계로 들어온 시기가 언제인가의 문제가 있다.

---

8 楊劍橋(1999: 153-154)에 따르면, 古代의 '精[ts], 淸[ts^{h}], 從[dz], 心[s], 邪[z]' 5母에 속했던 글자들 중에 운모가 [i], [y]이거나 혹은 [i], [y]로 시작하는 글자들이 尖音字이고, 古代의 '見[k], 溪[k^{h}], 群[g], 曉[x], 匣[ɣ]' 5母에 속했던 글자들 중에 운모가 [i], [y]이거나 혹은 [i], [y]로 시작하는 글자들이 團音字이다. 결국 '尖團不分' 현상이란 음운변화가 발생하던 당시의 중국어 성모 '[ts], [ts^{h}], [s]' 부류와 '[k], [k^{h}], [x]' 부류가 [i]나 [y] 앞에서 구개음화하여 모두 '[tɕ], [tɕ^{h}], [ɕ]'로 변한 관계로 두 부류의 글자들이 구분되지 않는 현상을 의미하는 것이다. '尖團音'이라는 명칭은 『圓音正考』에 처음으로 나타나는데, 藤堂明保(1960) 등에 따르면 이 명칭의 기원에 대해서는 滿漢對譯에서 尖音과 團音에 대응하는 滿洲文字의 모양에서 온 것으로 보는 주장이 타당해 보인다. 또한 團音의 본래 명칭은 '圓音'으로 여기에서 『圓音正考』라는 書名이 나온 것으로 보인다. 이 문제에 대해서는 馮蒸(1997: 298-300)을 참고할 수 있다.

먼저 구개음화가 일어나기 위한 환경 조건이 갖추어진 시기의 문제에 대하여 살펴보자. 중고 시기 精組와 見組 성모는 三四等에서 전설성의 개음을 가지고 있어서 관련 글자들에서 이미 구개음화가 일어날 수 있는 환경을 형성하고 있었다. 그러나 이러한 환경에서 구개음화는 일어나지 않았는데, 근대 시기에 이르러 中古 開口 二等 喉牙音字에서 'i' 개음이 발생하였고 이 결과 開口 三四等字와의 합병과 함께 구개음화를 야기하였다.[9] 근대 시기에 中古 開口 二等 喉牙音字에서 'i' 개음이 발생한 것이 구개음화를 촉발시킨 결정적인 계기가 되었는가의 문제에 대해서는 더 심도 있는 논의가 필요하겠지만, 이 현상을 통해 구개음화가 나타날 수 있는 환경 조건이 보다 잘 갖추어지게 되었다는 점은 분명하다. 구개음화가 발생하기 위해서는 성모 뒤의 전설모음이라는 환경 조건이 필수적이라는 점에서, 근대중국어에 나타난 관련 현상들은 구개음화가 발생한 시기의 상한선 문제와 관련하여 중요한 단서를 제공하고 있다. 中古 開口 二等 喉牙音字에서 洪細 두 종류의 讀音이 존재하는 현상이 元代의 자료들에서 본격적으로 나타나기 시작한다는 점에서, 中原音을 아우르는 북방중국어에서 見組의 구개음화가 산발적으로나마 발생하기 시작한 시기의 상한선을 12세기 이전으로 잡기는 어려울 것으로 보인다.

구개음화 발생의 상한선 문제를 고려할 때, 검토해야 할 또 한 가지의 문제는 권설음화와의 관계이다. 기존의 일부 연구에서는 북방중국어에서

9 王力(1980: 124)에서는 이러한 운두 i가 중고 이후에 새로 발생한 것이 아니라 상고의 운두 e에서 변화한 것이라고 하고 있다. 이 현상은 『古今韻會擧要』(1297)와 『中原音韻』(1324)에서 이미 살펴볼 수 있는데, 이를 통해 喉牙音 성모 뒤에 전설모음이 나타나서 구개음화 발생의 환경 조건이 갖추어졌음을 알 수 있다. 『古今韻會擧要』에는 見溪曉匣 4母가 하나의 字母韻으로, 疑影 2母와 舌齒唇音이 다른 字母韻으로, 二等 開口韻字에서 두 개의 字母韻으로 나누어지는 현상과 見溪曉匣 4母字에서만 三四等이 대립을 유지하는 현상이 나타나고 있어서 구개음화가 발생했을 가능성을 보여 주고 있다(寧忌浮 1997: 27-35). 『中原音韻』에서도 喉牙音 開口二等韻字에서 이와 유사한 현상이 나타나고 있다. 그러나 이 운서들에서 체계적으로 구개음화가 발생했는가의 문제에 대해서는 확증할 수 있는 증거가 없다.

구개음화가 발생하기 이전에 권설음화가 발생하였고, 권설음화로 경구개음의 성격을 가진 舌葉音이 음운체계에서 사라진 결과 이로 인한 음운체계의 공백을 메우려는 체계 내에서의 압력에 영향을 받아 구개음화가 발생한 것으로 보기도 하였다. 이와 같이 권설음화의 발생이 구개음화가 발생하는 데 중요한 요인이 되었다면 적어도 북방중국어의 구개음화는 권설음화의 종반 단계인 17세기 초반 이후에 발생했다고 보는 것이 합리적일 것이다. 그러나 권설음화로 인한 경구개음의 소실이 구개음화를 유발하였다는 것은 이론적으로는 가능하지만 실제로 작용하였는가에 대해서는 어떠한 언어학적 증거도 없다.

그렇다면 북방중국어에서 구개음화가 실제로 일어나기 시작한 것은 언제일까? 우리는 기존의 연구들에서 언급한 18세기보다 훨씬 이전에 구개음화가 발생했음을 보여 주는 자료들을 찾아볼 수 있다. 17세기 이전에 구개음화가 발생한 것을 보여 주는 자료는 크게 두 부류로 나눌 수 있는데, 첫 번째는 17세기의 滿漢對譯 자료이고 두 번째는 구개음화의 발생과 관련된 기록들이다.

17세기의 만한대역 자료에는 團音의 구개음화를 보여 주는 예들이 나타난다. 예를 들어 17세기 無圈點字 滿文 자료에서는 新滿洲語 'gi, ki, hi'에 대한 무권점자 표기에 'ji, ci, si'가 나타나는 경우가 있다.[10] 17세기 초의 無圈點 檔案을 정리한 *Tongki Fuka Akū Hergen i Bithe*(무권점 십이자두)(1741)에 나타나는 'giowan↔JIOWAN(Ⅳ-33), joo kin dzung↔JOO CINSUNG(Ⅳ-31), hise efire↔SISE EBIRE(Ⅰ-101)' 등의 예는 만주족이 접했던 중국어의 방언에서 17세기에 이미 구개음화가 일어나고 있었음을 보여 주는 증거라고 볼 수 있다(성백인 1999: 288). 『三國志演義』의 滿洲語譯인 *ilan gurun i bithe*의 두 판본인 順治 7년(1650)의 滿文 刻本

10 본 장에서 滿文의 로마자 표기법은 Möllendorff(1892)에 의거하였다.

과 雍正年間(1723-1735)의 滿漢合璧本에 나타난 '將軍'의 만주어 중국어음 표기를 비교하면, 順治 7년의 滿文本에는 'jiyangjiyūn'으로만 표기되어 있고 雍正年間의 滿漢合璧本에는 'jiyangjiyūn'과 'jiyanggiyūn' 표기가 모두 나타나서 '軍'의 구개음화를 반영하고 있다(岸田文隆 1994: 6-7). 또한 초기 만한대역 자료인 『大淸太祖武皇帝實錄』(1636?)에는 '吉'이 'ji', '奇'가 'ci', '希'가 'si'로 각각 표기되어 있어서 團音의 구개음화를 보여 주고 있다. 山崎雅人(1990)에서는 『大淸太祖武皇帝實錄』 등의 초기 만한대역 자료에 나타난 이러한 尖團音의 표기 상황을 검토하여, 團音이 'j, c, s'로 표기되는 것으로 볼 때 이 시기에 이미 團音의 구개음화가 일어났으며 心母字 '蕭, 先' 등이 'h'로 표기되는 것으로 볼 때 마찰음에서는 이미 尖團不分 현상이 완료되었다고 주장하였다.

그러나 淸朝가 入關하여 北京으로 들어간 것이 1644년이라는 점을 고려하면 17세기 초의 만한대역 자료가 당시의 北京語를 반영한다고 보기는 어렵다. 이후 18세기 초의 자료인 『淸文啓蒙』(1730)의 第一字頭를 살펴보면 'ci'가 '七', 'si'가 '西' 등의 尖音으로 주음되어 있으나, 'ji'는 中古 見母系인 '飢'로 주음되어 있어서 이를 통해 團音 구개음화의 일면을 엿볼 수 있다. 17세기 만한대역 자료에서는 중국어의 團音 'gi, ki, hi'를 'ji, ci, si'로 표기함으로써 團音의 구개음화를 보여 주고 있지만 이러한 예들은 소수이고, 滿文 표기 'hi'와 'si'가 상호 혼동되는 것을 제외하고는 尖團音이 不分된다고 할 수도 없어서 이 시기에 구개음화의 결과 생겨난 음이 음소(phoneme)의 지위를 가지게 되었다고 보기는 어렵다. 다만 위에서 언급한 현상을 통해 17세기 이후에는 북방중국어의 핵심 지역에서 구개음화가 발생하기 시작했음을 알 수 있다.

또한 尖團音을 혼용하는 데 대한 잘못을 비판한 『圓音正考』 原序(1743)의 내용과는 달리 道光 10년(1830) 간행한 刊行者序에서 尖團의 구별이 만한대역 과정에서는 필요하나 중국어에는 無用의 것이 되었다는 언급이 있는 것으로 보아『圓音正考』의 刊行者序가 나온 19세기 초반에는 이미 尖團不分 현상이 당연시된 것으로 보인다.[11]

방언 현상을 반영하는 것으로 보이는 일부 자료에 나타난 기록에서도 17세기 이전에 이미 구개음화가 발생했음을 증언하고 있다.『韻略易通』 앞에 있는 雲南人 本悟의『取字相互之例』歌訣에서는 z 등과 g 등이 더 이상 구별되지 않고 모두 j 등으로 바뀌어 尖團不分 현상이 15~16세기에 이미 일어났음을 보여 주고 있다(邵榮芬 2010: 65, 楊振淇 1991: 77).[12] 또한 明隆慶間本『韻略易通』에는 '見溪若無精淸取, 審心不見曉匣跟'이라는 기록이 있는데, 이를 근거로 王力(1985: 394)에서는 明隆慶年間(1567-1572)에 見組가 이미 'tɕ, tɕʰ, ɕ'로 분화되었다고 하였다. 또한 張鴻魁(1996)에서는 明代의 소설인『金瓶梅』에 '不濟'를 '不急'이나 '不及'으로 쓰는 등 精組 三四等字와 見組 三四等字를 同音으로 간주할 수 있는 현상이 나타난다고 하고 있다. 이는 精組와 見組에서 모두 구개음화가 발생하여 구분이 되지 않거나 또는 見組에서 구개음화가 일어나 精組와 근접한 음을 나타내는 상태를 반영하는 것으로 보인다. 이러한 기록들은 북방 지역의 일부 방언에서 17세기 이전에 이미 구개음화가 발생했음을 보여 준다고 할 수 있다.

지금까지 논의한 바를 정리하면, 북방중국어의 일부 방언에서는 17세기 이전에 음성적 층위에서 구개음화가 이미 발생했으며 이후 관련 자료의 추가 발견을 통하여 이보다 이른 시기에 구개음화가 발생했음을 입증할 수도 있을 것이다. 또한 관련 자료를 전반적으로 살펴보면 北京을 중심으로 하는 北方官話에서는 17세기 중후반에 구개음화가 발생하기 시작한

---

11 "夫尖團之音, 漢文無所用, 故操觚家多置而不講. 雖博雅名儒, 詞林碩士, 往往一出口而失其音. 惟度曲者尙講之, 惜曲韻諸書, 只別南北陰陽, 亦未專晰尖團. 而尖團之音, 繙譯家絕不可廢. 蓋淸文中旣有尖團二字, 凡遇國名地名人名當還音處, 必須詳辨. 存之堂集此一册, 蓋爲繙譯而作, 非爲韻學而作也, 明矣." (『圓音正考』 烏扎拉文通序)

12 歌訣은 구구단식으로 외우기 편하게 가락이 붙은 공식이다.

것으로 보는 것이 합당해 보인다. 즉 구개음화 발생의 환경조건인 見組와 精組 성모 뒤의 전설모음은 13~14세기에 이르면 완비되었다고 할 수 있고, 17세기 중반에는 北方官話에서 구개음화가 체계적으로 일어나기 시작했으며, 18세기에 이르면 구개음화는 尖音과 團音에서 전면적으로 발생하여 무시하기 어려운 상황에 이르렀다고 볼 수 있다. 결과적으로 尖音과 團音이 합류하여 구개음화된 음이 北方官話의 음운체계로 들어간 것은 18세기 초중반으로 추정된다.

1.4.2. 관련 자료에 나타난 尖團不分 현상

위에서 언급한 바와 같이 17세기 초에서 18세기 초에 나온 일부 無圈點字와 有圈點字 만한대역 자료는 구개음화를 직접적으로 반영하고 있어서 북방중국어에서 구개음화가 17세기 초에 이미 발생했음을 보여 주고 있다. 그러나 17세기의 만한대역 자료에서도 소수의 예들에서 尖團不分 현상을 반영할 뿐 대부분의 경우에는 尖團音이 구분되고 있다.

북방중국어에서 尖團不分 현상을 전문적으로 보여 주는 최초의 문헌은 『圓音正考』(1743序)이다. 이 책의 편찬 목적은 소위 '尖團音'을 구분하지 못하는 당시의 언어 현실을 비판하여 만한대역 과정에서 일어날 수 있는 혼란을 막기 위한 것으로 편찬자의 의도는 서문에 잘 나타나 있다.[13] 『圓音正考』에서는 尖團의 구별을 분명히 하는 것을 통하여 18세기 초반에 북방중국어에서 이미 구개음화가 일어나고 있었다는 사실과 보수적인 지식인과 같은 일부 계층에서는 尖團不分 현상을 거부하고 있었다는 사실을

13 "…… 第尖團之辨, 操觚家闕焉弗講, 往往有博雅自詡之士, 一失口肆筆而紕繆立形, 視書璋爲麞, 呼杕作杖者, 其直鈞也, 試取三十六母字審之, 隸見溪群(*원문은 郡)曉匣五母者屬團, 隸精淸從心邪五母者屬尖 ……."(『圓音正考』 存之堂原序) 藤堂明保(1960)에서는 연극에서 尖團音을 구별하기 위한 목적 또는 만한대역에 이용하기 위한 목적으로 『圓音正考』가 편찬되었다고 하였다. 이와 함께 이 책의 주요한 편찬 목적은 尖音과 團音을 구분하지 못하는 당시의 현실을 비판하기 위한 것으로 보인다.

보여 주고 있다. 『圓音正考』는 총 48組(96小組)의 團音과 尖音의 짝으로 이루어져 있는데, 각 小組는 성모와 운모는 동일하나 성조는 여러 종류인 글자들이 함께 배열되어 있다. 3組씩 하나의 단위를 이루어 이 단위는 동일한 운모를 가지고 있는데, 다음의 예에서 보이는 바와 같이 1~3組의 운모는 '-i', 22~24組의 운모는 '-in', 34~36組의 운모는 '-ing'이다.

(1) 『圓音正考』 1~3組, 22~24組, 34~36組

1組-A (團音) — [74字] (ki) 其欺期旗棋………郗
1組-B (尖音) — [20字] (ci) 齊懠臍蠐妻………蹷
2組-A (團音) — [94字] (gi) 及級伋岌笈………乩
2組-B (尖音) — [53字] (ji) 即塈鯽喞脊………輯
3組-A (團音) — [64字] (hi) 奚蹊谿傒鼷………餼
3組-B (尖音) — [46字] (si) 析晳晰蜥淅………蓰
⋮
22組-A (團音) — [16字] (kin) 欽嶔廞捦衾………芹
22組-B (尖音) — [9字] (cin) 侵寑駸祲綅………沁
23組-A (團音) — [26字] (gin) 堇謹僅靳槿………巹
23組-B (尖音) — [13字] (jin) 盡儘藎燼贐………浸
24組-A (團音) — [10字] (hin) 欣忻訢昕炘………衅
24組-B (尖音) — [15字] (sin) 辛新薪莘騂………駪
⋮
34組-A (團音) — [16字] (king) 檠擎[illegible]罄磬………綮
34組-B (尖音) — [9字] (cing) 青凊清情請………靘
35組-A (團音) — [23字] (ging) 經勁頸涇剄………荊
35組-B (尖音) — [15字] (jing) 靜精靖睛靚………晶
36組-A (團音) — [21字] (hing) 幸倖悻涬婞………馨
36組-B (尖音) — [11字] (sing) 星醒腥惺猩………錫
⋮

『圓音正考』는 滿文 十二字頭의 순서를 참고하여 위와 같은 방식으로 구성되어 있다. 48組는 동일한 운모를 가지는 3組씩 단위를 이루어 16개의 운모를 제시하고 있으며, 18세기의 자료이기 때문에 탁음청화와 입성운미의 소실이 이루어져 있다. 총 1,650字를 수록하고 있으며 尖音이 수록되어야 할 4組-B, 5組-B, 13組-B, 14組-B, 15組-B, 19組-B, 28組-B, 32組-B, 37組-B, 38組-B, 39組-B 등 11개의 小組에는 수록된 글자가 없다. 『圓音正考』는 그 편찬의 목적이 尖音과 團音을 구분하고자 하는 실제적인 필요에 있기 때문인지 각 組에 함께 배열되어 있는 글자들을 전통적인 운서의 음에 의해서가 아니라 당시의 실제 발음에 의해 귀납하고 있다. 따라서 『廣韻』을 대표로 하는 전통적인 운서의 음과 비교하면 불규칙적인 변화나 대응 관계를 보이는 경우가 적지 않으며 현대 北京語의 발음과 차이를 보이는 경우도 있다.[14]

『圓音正考』가 비판적인 시각에서 尖團不分 현상을 다루고 있는 것과 같이 이 시기에 구개음화 현상을 실제적으로 반영한 만한대역 자료를 거의 찾아볼 수 없다. 兪敏(1992: 22)에서는 당시 滿文에 團音字([ki], [k^hi], [xi])가 있었고 漢文으로 滿文을 대역할 때에 尖音字를 정확히 나타낼 수 없었기 때문에 滿文에 정통한 사람들의 항의를 불러일으켰다는 언급을 하고 있다. 藤堂明保(1960)에서도 道光 10년(1830) 간행한 『圓音正考』의 刊行者序에서 尖團의 구별이 만주어에서 존재하여 만한대역 과정에서는 필요하나 중국어에는 無用의 것이 되었다는 언급을 인용하여, 尖團音을 혼용하는 데 대한 잘못을 비판한 原序(1743)의 내용과 비교하고 있다. 그리고 이를 통해 尖團不分 현상이 당연시된 시기가 刊行者序가 나온 道光年間이며, 이 시기에는 연극의 세계나 만한대역에서만 尖團音의 구분이 필

14 이러한 例字는 林慶勳(1991)에 상세하게 제시되어 있다. 例字를 살펴보면 『圓音正考』에는 中古 三四等 細音 이외에도 34個韻에서 中古 二等 洪音 開口字(喉牙音)도 수록되어 있다. 또한 林慶勳(1991: 181-183)에서는 『五方元音』(1654-1673?), 『音韻闡微』(1726), 『圓音正考』(1743序), 現代 北京音 간의 讀音 비교표를 제시하고 있다.

요했다는 점을 지적하고 있다. 따라서 滿文에 정통한 사람이 尖團不分 현상에 항의했다는 주장은 타당한 것으로 생각되며 만한대역 과정에서는 19세기까지도 尖團不分 현상이 인정되지 않았던 것으로 보인다.

『圓音正考』에서 중국어의 尖音과 團音은 일반적으로 '[ts], [tsʰ], [s]'와 '[k], [kʰ], [x]'의 대립을 보이는 것으로 간주되어 왔으나 실제로 尖音과 團音을 이처럼 설정할 수 있는가의 문제에 대해서는 보다 다각적인 검토가 필요하다. 楊亦鳴・王爲民(2003: 132-133)에서는 만주어의 音變規則에 따라 尖音을 나타내는 滿文 표기인 'ji-, ci-, si-'는 구개음화된 음을 나타내는 것이기 때문에 『圓音正考』 및 『音韻逢源』, 『正音切韻指掌』 등에 나타난 尖團音에서 보이는 대립은 '[tsi], [tsʰi], [si]'와 '[ki], [kʰi], [xi]' 사이의 대립이 아닌 '[tɕi], [tɕʰi], [ɕi]'와 '[ki], [kʰi], [xi]' 사이의 대립이라고 주장하고 있다. 그러나 이 주장은 『圓音正考』를 편찬한 주요 목적이 尖音과 團音을 인위적으로 구분하여 만한대역 과정에서 발생하는 혼란을 막기 위한 것이고 만주문자의 본래 음가와 그 문자가 대역하는 중국어음의 음가가 다를 수 있다는 점을 간과한 것이기 때문에 타당성을 입증하기 위해서는 보다 면밀한 설명이 필요하다.[15] 즉 尖團音에 대한 표기법이 규범화되기 전에 간행된 17세기의 일부 만한대역 자료에서 보이는 滿文 표기 'ji, ci, si'는 실제로 '[tɕi], [tɕʰi], [ɕi]'라는 중국어의 경구개음을 나타내는 것이지만, 『圓音正考』에서는 尖音을 표기하기 위하여 규정한 'ji, ci, si' 표기를 중국어 尖音 '[tsi], [tsʰi], [si]'에 인위적으로 대응시킨 것으로 보이기 때문이다. 그리고 『圓音正考』의 尖音과 團音에서 보이는 대립을 '[tɕi], [tɕʰi], [ɕi]'와

15 楊亦鳴・王爲民(2003: 132-133)에 따르면 尖音을 나타내는 滿文 표기 'ji-, ci-, si-'는 중국어의 '[tɕi], [tɕʰi], [ɕi]'를 나타내는 것이고, 滿文 표기 'dzy-, tsy-, sy-(특수문자)'는 중국어의 '[tsɿ], [tsʰɿ], [sɿ]'를 나타내며, 滿文 표기 'gi-, ki-, hi-'는 중국어의 '[ki], [kʰi], [xi]'를 나타낸다고 한다. 이 견해는 만주어의 音變規則에 근거한 것인데, 이 규칙이 누가 설정한 것인지 어디에서 나온 것인지에 대해서는 명확한 설명이 없다.

'[ki], [kʰi], [xi]'의 대립이라고 한다면 尖音의 구개음화가 완성된 상태에서 團音은 구개음화가 일어나지 않았다는 것을 의미하기 때문에 상식적으로 납득하기 어려우며, 團音(見組)이 尖音(精組)보다 구개음화의 발생이 앞서는 경향을 보이는 현대중국방언의 양상과도 부합하지 않는다. 본서에서는 만주어에서 'ji, ci'가 경구개음의 성격을 갖는 소리([ʧi], [ʧʰi])이지만 『圓音正考』에서는 중국어의 尖音([ts], [tsʰ] + [i]/[y])을 나타내는 것이며, 『圓音正考』에서 尖音과 團音은 '[tsi], [tsʰi], [si]'와 '[ki], [kʰi], [xi]'의 대립을 보이는 것으로 간주한다. 이 문제를 명확히 해결하기 위해서는 만주어의 중국어음 표기법을 세밀하게 고찰해야 할 필요가 있다. 『圓音正考』는 근대중국어 구개음화의 발생 시기를 추정할 수 있는 기준점으로 간주되어 왔으며, 만한대역 자료에서의 尖團音 표기를 규범적으로 확정했다는 점에서 이 음운현상의 연구에 핵심적인 자료로 보아야 할 것이다.

尖團音을 인위적으로 구분한 18세기의 『圓音正考』 이후에는 국가적 차원에서 공식적으로 편찬 간행한 만한대역 자료에서 團音이 'j, c, s'로 표기되는 상황은 찾아보기 어렵다.[16] 이처럼 17세기의 만한대역 자료에 團音의 구개음화를 나타내는 표기가 존재하는 반면 18세기 이후의 공식적인 자료에서 이러한 표기를 찾아보기 어려운 이유는 무엇일까? 이 문제에 대하여 山崎雅人(1990)은 『圓音正考』 이후의 문헌들에서는 중국어의 정음에 따라 尖團音을 구분하는 인위적인 조작을 했기 때문에 오히려 그 이전의 옛 문헌들이 새로운 변화를 기록하게 되었다고 설명하였으며, 岸田文隆(1994)는 淸初의 滿漢對譯者들은 만주어의 음운체계로 중국어음을 듣고 표기했기 때문에 구개음화된 團音字에 대하여 尖音字를 표기하는 것과

16 18세기 후반의 자료인 『御製增訂淸文鑑』(1771序)이나 『滿文老檔』(1778) 등에서도 's'와 'h'의 혼용을 보여 주는 여러 어휘가 나타난다. 이는 구개음화의 과도교정(hypercorrection) 현상으로 볼 수도 있으나 단순한 誤記일 수도 있어서 좀 더 검토가 필요하다.

같은 'ji, ci' 등의 표기를 사용했고 이러한 상황은 漢化의 정도가 심화된 淸代 中期에 이르면 변화하였다고 하고 있다. 『圓音正考』에서 尖團의 구별을 분명히 함을 통하여 역설적으로 18세기 초반에 북방중국어에서 구개음화가 일어난 사실을 기정사실화하였고, 또한 尖團音에 대한 규범적 표기가 정해지기 전인 17세기 자료들에서는 만주어의 음운체계로 중국어음을 듣고 표기하는 과정에서 자연스럽게 구개음화를 반영하고 있다. 이는 『圓音正考』가 나온 18세기 중엽보다 훨씬 이전에 구개음화가 발생했음을 보여 주는 것이다. 이처럼 『圓音正考』에서 尖團音에 대한 滿文 표기가 규범화되기 이전에 편찬된 일부 만한대역 자료에 구개음화가 부분적으로 반영되어 있다는 점에서 이들은 근대중국어 구개음화 연구에 중요한 자료로 간주할 수 있다.

만한대역 자료 이외에 17세기의 중국 운서나 운도에서는 기본적으로 구개음화가 반영되어 있지 않다. 17세기 자료인 『交泰韻』(1603), 『重訂司馬溫公等韻圖經』(1606), 『韻略滙通』(1642), 『五方元音』(1654-1673?)뿐 아니라 로마자로 중국어음을 표기한 『西儒耳目資』(1626)에서도 구개음화는 반영되어 있지 않으며 18세기 중국 운서나 운도의 상황도 크게 다르지 않다. 耿振生(1992: 148)에서는 17~18세기의 운서나 等韻圖가 구개음화를 반영하지 않은 것은 이 음운현상이 이 시기에 발생하지 않았기 때문이 아니라 저자들이 전통적인 음운학의 원리를 운용하는 데 습관이 되어 [tɕ]류와 [k]류의 성모를 하나로 처리하였기 때문이라고 하였다.

19세기에 이르면 尖團不分 현상이 일반화되었기 때문인지 운서나 운도에서도 구개음화를 반영하는 경우가 나타난다. 『李氏音鑒』(1805년 이전)에서 저자는 尖音과 團音에서 反切上字와 被切字에 서로 다른 부류의 글자를 사용하기도 하고 두 부류의 글자들을 혼용하여 음을 표기하는 것을 통해 당시 北音에서 이미 尖音과 團音이 合一 상태에 있었음을 반영하고 있다(李在敦 1990: 59-62). 華長忠(1805-1858)의 『韻籟』나 『等韻學』

(1878序) 등 19세기 北京 일대의 방언을 반영하는 것으로 보이는 자료 역시 구개음화 현상을 반영하고 있다고 한다(李在敦 1990: 56, 蔣紹愚 2005: 91).[17] 蔣紹愚(2005: 92)에 따르면 尖團不分 현상을 가장 분명히 반영하는 19세기 자료는 『語言自邇集』(1886)인데, 자료 중에 있는 '總音節表'에서 'ch, ch', hs (tɕ, tɕʰ, ɕ)'를 성모로 하는 것은 50組이고 이 중에서 見組와 精組의 글자가 혼용된 것은 27組라고 한다. 현대 北京語에서는 齊齒(i)와 撮口(y)의 환경에서 'k, kʰ, x'와 'ts, tsʰ, s'가 구개음화되어 모두 'tɕ, tɕʰ, ɕ'로 변화하였기 때문에 구개음화는 예외 없는 최종 단계에 와 있다.

중국 자료에 나타난 구개음화의 전반적인 진행 상황은 이와 같은데, 중국의 운서와 운도 자료들은 음을 표기하는 수단의 한계 등의 요인 때문에 구개음화의 진행 과정을 제대로 반영하지 못하고 있어서 중국의 전통적인 자료들을 통해서는 구개음화의 진행 양상을 온전하게 살펴보기 어렵다. 반면에 중국어음을 표음문자로 표기한 조선 한학서와 만한대역 자료에서는 구개음화의 진행 과정을 비교적 생생하게 반영하고 있다. 그러나 만한대역 자료가 구개음화를 반영하는 것은 소수의 예이고 18세기 중반 이후의 자료는 오히려 구개음화의 진행에 역행하는 방향으로 변화를 반영하고 있기 때문에 구개음화가 발생한 후 어떠한 양상으로 진행되었는지를 살펴보기에 조선 한학서는 가장 적합한 자료이다.

이 중에서도 『老乞大新釋諺解』(1763), 『朴通事新釋諺解』(1765), 『重刊老乞大諺解』(1795년경) 세 문헌은 글자별로 구개음화의 진행 상황을 반영한다는 점에서 다른 자료에서는 찾아볼 수 없는 귀중한 가치를 가지고 있다. 세 문헌에 나타난 구개음화의 상황은 見組의 구개음화가 일부 글자들에서 일어나서 그 양상은 변화의 초중반 단계를 반영하고 있다. 이 문헌들에 반영된 구개음화는 운모 구조와 어느 정도 관련이 있으며, 성조의 平仄

17 『韻籟』는 '角, 闕, 雪', 『等韻學』은 '今, 琴, 心'을 같은 열에 배열하는 방식으로 尖團不分 현상을 나타내고 있다(耿振生 1992: 183, 蔣紹愚 2005: 91).

이나 기식의 유무와도 관련되어 있는 모습을 보이지만 운모 구조에 따라 상황이 다르다. 또한 喉音의 구개음화는 牙音보다 상대적으로 부진하며, 표기상의 문제로 精組의 구개음화가 발생했는지는 확인할 수 없다. 이 문헌들에서 구개음화가 어떤 음성 환경에서 발생했는가의 문제에 대해서는 다음 절에서 논의하도록 하겠다.

19세기 후반 이후 간행된 조선 한학서에서는 구개음화의 후반 단계를 반영하고 있다. 『華音啓蒙諺解』(1883년경)와 『華語類抄』(19세기 말)는 喉牙音系 성모(k-, k^h-, x-)의 구개음화가 거의 완성된 모습을 보여 주고 있어서, 18세기 간행 『老乞大』와 『朴通事』의 언해서에서 전혀 구개음화가 발생하지 않은 -n 韻尾字에서까지 전면적으로 구개음화가 발생하고 있다. 『華音啓蒙諺解』에서는 '賈, 甲, 欣' 등 극소수의 글자에서 구개음화가 일어나지 않은 경우가 있기는 하지만, 거의 모든 운모 구조로 변화가 확산된 모습이 나타나고 있다. 이 자료들은 19세기 말에 이르면 北京을 중심으로 하는 北方官話에서 구개음화가 완성 단계에 이르렀다는 것을 보여주며, 19세기에는 尖團不分 현상이 당연시되어 중국의 운서나 운도에서도 구개음화가 반영된다는 사실과도 부합한다. 이들 자료뿐 아니라 『你呢貴姓』(『學淸』)(1864-1906), 『華音撮要』(1877?)와 『中華正音』(1883?) 등 19세기 말에서 20세기 초에 간행된 중국어 학습서에서는 주음 중에서 상당수의 글자들이 여전히 구개음화를 반영하지 않고 있지만, 역시 구개음화의 후반 단계를 보여 주고 있다.

문헌자료에 반영된 음운현상을 정확하게 이해하기 위해서는 그 자료가 기초하고 있는 방언 배경에 대한 파악이 매우 중요하다. 또한 현대중국방언에서 나타난 구개음화 양상은 현재 상태에서 직접 관찰할 수 있는 관련 자료이며, 이를 통하여 근대중국어 구개음화가 어떤 방향성을 가지고 현대중국어에 이르기까지 진행되어 왔는가의 문제에 대하여 실마리를 얻을 수 있다. 근대중국어 구개음화의 진행 과정이 현재 상태에서 어떻게 종결

되었는가에 대하여 살펴보기 위해서 현대중국방언에서 구개음화가 나타나는 양상을 大方言區를 기준으로 간략하게 정리하면 다음과 같다.

첫째, 구개음화는 北京方言을 중심으로 하는 북방방언의 많은 지역에서 나타나 尖團字가 구분되지 않고 있으나 남방방언에서는 일어나지 않은 경우가 많다. 둘째, 吳方言 등에서는 團音字(見組)에서는 구개음화가 일어났으나 尖音字(精組)에서는 구개음화가 일어나지 않은 경우가 나타난다. 吳方言 등에서의 이러한 상황은 기존의 연구에서 團音字가 尖音字보다 구개음화가 먼저 일어났다는 중요한 근거가 되기도 하였다.[18] 셋째, 중부 방언인 湘方言(長沙方言), 贛方言(南昌方言)에서도 尖團不分 현상이 일어났으나 세대에 따라 讀法이 달라지는 경향이 나타난다. 넷째, 客家方言, 粤方言, 閩方言 등 남방의 방언들은 대부분 尖音字와 團音字에서 모두 구개음화가 일어나지 않았다.

이처럼 현대중국방언에서의 구개음화는 크게 보면 북방에서 먼저 시작되어 중부를 거쳐 남방으로 확산되는 양상을 보이고 있다. 구개음화는 이미 북방의 폭넓은 지역과 함께 중부 방언에서도 진행되었고 구개음화가 수많은 언어들에서 보편적으로 나타나는 음운현상이라는 점을 감안하면, 이후 남방의 방언들에서도 구개음화가 발생할 가능성이 충분히 있음을 예상할 수 있다.

1.4.3. 『老乞大』와 『朴通事』 언해서에 나타난 구개음화 현상

『老乞大』와 『朴通事』 언해서 중에서 18세기 중반 이후에 간행된 『老乞大新釋諺解』(1763), 『朴通事新釋諺解』(1765), 『重刊老乞大諺解』(1795년경)

---

18 馮蒸(1997: 301-302)에 따르면 烟臺方言 등 山東 지역의 일부 방언들에서 보이는 바와 같이 團音의 구개음화는 일어나지 않은 상황에서 尖音의 구개음화가 일어난 경우도 있어서 현대중국방언에서 團音의 구개음화가 尖音보다 먼저 일어났다고 단언하기 어려운 측면이 있다.

세 간본은 글자별로 한글이라는 표음문자를 통해 구개음화의 진행 과정을 생생하게 보여 준다는 점에서 근대중국어 구개음화 연구에 있어서는 전대미문의 귀중한 자료이다. 아래의 <표 Ⅳ-4>는 세 간본에 나타나는 우측음의 각 운모에서 구개음화가 일어난 글자와 일어나지 않은 글자를 정리한 것이다.

세 간본은 30년 정도의 간격을 두고 간행된 문헌들이지만 구개음화의 진행 상황이 일치하고 있다. 즉 『老新諺』, 『朴新諺』은 당시 실제로 조사된 중국어음으로 간행 당시의 중국어음을 생생하게 반영하고 있으나, 『重老』는 두 문헌의 중국어음을 그대로 답습하고 있다. 따라서 세 간본의 비교를 통해서는 음운변화가 진전되어 가는 상황에 대해서 의미 있는 통시적 방향성을 수립하기 어렵다. 다만 見組의 구개음화가 일부 글자들에서 일어나서 변화의 초중반 단계를 반영하고 있는 점은 확인할 수 있다. 또한 精組의 구개음화가 발생했는지는 확인할 수 없는데, 이는 精組의 구개음화가 전혀 일어나지 않았다는 것을 보여 주는 것이라기보다는 전사 표기의 문제와 관련된 것이다. 세 간본에서 우측음의 'ㅈ, ㅊ, ㅅ'은 이미 치두음, 설엽음, 권설음 등 여러 종류의 음을 함께 표기하고 있었는데, 精組의 구개음화로 인하여 새로운 음이 생겨나더라도 새로운 표기를 만들지 않고서는 'ㅈ, ㅊ, ㅅ' 이외의 다른 초성으로 표기하기 어렵다는 문제가 있다. 세 간본에서 각 글자의 구개음화 발생 여부는 음성 환경과 일정 부분 관련을 맺고 있는 것으로 보이는데, 음성 환경의 관점에서 분석하여 주요 내용을 정리하면 다음과 같다.

첫째, 운모 구조와 밀접한 관련을 맺고 있다. 예를 들면, -n 韻尾字에서는 전혀 구개음화가 일어나고 있지 않고, '-i, -iau' 등의 운모 구조에서는 비교적 구개음화가 잘 일어나고 있다. 이는 세 간본에 반영된 구개음화 현상의 음성 환경에서 가장 명확하게 관찰할 수 있는 것이지만, 여기에서 음성 환경과 관련된 해석을 더 진전시키기 어려운 점이 있는 것이 사실이다.

〈표 Ⅳ-4〉 18세기 간행 『老乞大』와 『朴通事』 언해서에 나타난 見組 구개음화[19]

운모	구개음화가 일어난 글자	구개음화가 일어나지 않은 글자
-i	지 幾 旣 計 鷄 飢 急 記 給 饑 稽 忌[20]	기 己 紀 及 季 極 繫 麂 吉 技 激 寄 箕 戟 髻
	치 起 氣 騎 器 豈 朞 旗 欺 棋	키 乞 其 棄 契 期 奇
	시 喜	히 戲 稀 吸 係
-ia	쟈 家 傢 架 嘉	갸 價 加 假 甲 駕 佳 袈 挾
		캬 恰 伽 掐
		햐 下 夏 瞎 匣 暇 廈
-iau	쟈ᇢ 教 較 叫 覺 攪	갸ᇢ 交 澆 膠 鉸 嬌 挍
	챠ᇢ 橋 蕎	캬ᇢ 巧 敲
		햐ᇢ 效 曉 効 孝

---

19 구개음화가 일어난 글자가 처음 출현하는 卷, 張次, 行을 표시하면 아래와 같다. 『朴通事新釋諺解』에 가장 많은 글자가 출현하기 때문에 아래의 例字에는 『朴新諺』에서 처음으로 출현하는 卷, 張次, 行을 書名 없이 제시하고 『朴新諺』에 출현하지 않는 글자는 해당 書名(『重老』, 『老新諺』)과 함께 처음으로 출현하는 卷, 張次, 行을 표시한다.

(지) 幾(一-1a-9) 旣(一-4a-1) 計(一-11b-2) 鷄(一-5a-7) 飢(二-29b-8) 急(二-17b-8) 記(一-56a-10) 給(一-3b-1) 饑(『重老』上-40a-5) 稽(『重老』上-43b-8) 忌(『老新諺』一-20b-4)

(치) 起(一-8b-9) 氣(一-2a-2) 騎(一-12b-4) 器(三-33a-5) 豈(一-15a-2) 朞(一-26a-1) 旗(二-12a-2) 欺(『重老』下-29b-4) 棋(『重老』下-64a-5)

(시) 喜(一-28b-1)

(쟈) 家(一-1b-3) 傢(三-10a-1) 架(三-19b-3) 嘉(『重老』下-24a-8)

(쟈ᇢ) 教(一-1b-9) 較(二-7b-4) 叫(一-3a-8) 覺(一-21a-3) 攪(『重老』上-19b-5)

(챠ᇢ) 橋(一-9b-3) 蕎(三-38a-8)

(져) 劫(一-26b-10) 挈(『重老』下-42b-1)

(쥐) 舊(二-37a-10)

(취) 求(『重老』上-17b-1)

(츄) 去(一-1b-1) 曲(二-5b-5) 衢(『重老』下-8a-5)

(슈) 許(一-7a-4) 虛(一-1a-7)

(츄ᅥ) 蹶(?)(『重老』下-9b-5(츄ᅥ))

(징) 京(一-2a-7) 荊(二-39b-5) 鏡(二-5b-1) 粳(『重老』上-8b-8)

(쟝) 講(一-19b-3) 江(二-9b-6) 薑(二-25a-4)

(챵) 强(二-27a-5)

20 '忌'는 『老新諺』에서 '계 지'(卷一 20b-4)로 우측음이 구개음화되어 있고, 『朴新諺』에서는 '끼 기'(卷三 43a-8)로 구개음화되어 있지 않다. 중국어음 표기가 일치하는 두 문헌에서 왜 '忌'만 표기가 일치하지 않는가의 문제에 대해서는 잘 알 수 없으나 두 문헌에서 단 한 번씩만 출현하는 글자라는 점에서 큰 의미를 두기는 어렵다.

〈표 Ⅳ-4〉 계속

운모	구개음화가 일어난 글자	구개음화가 일어나지 않은 글자
-ie	져 劫 挈	겨 隔 羯 結 頰
		켜 茄
		혀 歇 蝎 血
		계 解 疥 界 堦 芥 皆 戒
		혜 械 薤 鞋
-iou	직 舊	긱 舅 久 救 九 灸 柩
	칙 求	킥 毬
		힉 休
-y		귀 句 駒 具 矩 據 俱 鋸 局 居 擧 莒 車 屈(?) (규 橘)
	취 去 曲 衢	퀴 鋸
	쉬 許 虛	
-ye		궈 掘 橛
	춰 蹶(?)	퀘 缺 瘸 闕
		훠 靴
		교 角 脚
		효 學
-in		긴 今 近 斤 金 禁 襟 緊 謹 筋 妗 觔 錦 巾
		킨 勤 檎 禽 芹 琴 欽
-iɛn		견 見 減 揀 撿 件 艱 堅 肩 鑑 建 監 健 劍
		갼 澗 簡 間 鐧
		켠 牽 欠 嵌 謙 遣 慳 鉗
		현 閑 鹹 現 嫌 見 弦 餡 絃 限 縣 寋 顯 檻 嗛 險 咸 閒
-yn		균 君 匀 軍 郡
		큔 群
		훈 訓
-yan		권 絹 眷 卷 券 捲
		퀀 勸 拳
		훤 眩 玄
-iŋ	징 京 荊 鏡 粳	깅 經 競 竟 景 徑 敬 境 驚
		킹 慶 輕 卿 傾 擎 磬
		힝 行 興 杏 幸 刑 形 倖
-iaŋ	쟝 講 江 薑	걍 繮 降 姜
	챵 强	캉 腔
		향 香 巷 向 項 響 享 鄕
-iuŋ		큥 瓊
		흉 兄 胸 凶

遠藤光曉(1993: 105)에서는 -n 韻尾字에서 전혀 구개음화가 일어나지 않은 데 대하여 舌尖音韻尾 -n을 가진 음절에서 舌根音(또는 舌面中音) 성모가 'tɕ, tɕʰ, ɕ' 등으로 변화할 수 없었다는 점을 발음과정의 측면에서 지적함으로써 舌尖音韻尾 -n이 성모의 변화에 영향을 주었을 가능성을 제시하고 있다.[21]

둘째, 일부 운모 구조에서는 구개음화의 발생이 성조의 平仄이나 기식의 유무와 관련된 것으로 보인다. 金完鎭(1992: 49)에서는 구개음화가 발생한 '家 자'가 평성의 麻韻字인데 반하여 구개음화가 발생하지 않은 같은 음절 유형의 '價, 假 자'는 거성 글자라는 차이를 발견할 수 있어서 平仄의 대립이 이러한 차이를 만들어 내는 것으로 보인다고 하였다. '-i' 등의 운모 구조에서도 성조의 平仄이 구개음화의 발생 유무와 어느 정도 관련되는 것으로 보이나 동일한 운모 구조 내에서도 이러한 경향에 부합되지 않는 글자들이 많이 있다. 또한 일부 운모 구조에서 구개음화는 성모가 유기, 무기인가의 여부와도 관련되어 '-ia, -ie, -iŋ' 등의 운모에서는 무기음인 'k'의 구개음화만 발생하고 있고 '-y' 운모에서는 'kʰ, x'의 구개음화만 발생하고 있다. 그러나 이러한 현상은 일부 운모 구조에서만 나타나고 어떤 운모 구조에서는 나타나지 않고 있어 성조나 기식과 관련된 명확한 규칙성을 수립하기는 어렵다.

셋째, 牙音에서는 상당한 수의 글자에서 구개음화가 일어나고 있으나 喉音에서는 단지 '喜, 許, 虛' 세 글자에서만 구개음화가 일어나고 있다. 이 글자들의 운모는 '-i, -y'뿐으로 근대중국어 구개음화의 가장 기본적인 환경이 되는 운모 구조에서만 제한적으로 喉音의 구개음화가 나타나고 있

---

21 遠藤光曉(1993: 107)에서는 일본의 음운학자인 平山久雄의 언급을 인용하여 北京語의 운미 -n이 구개음화되어 있는데 이 세 간본이 의거하고 있는 방언도 유사한 상황이었다면 역행동화에 따라 牙音의 구개음화가 抑止되었을 가능성이 있다고 하였다.

다. 遠藤光曉(1993: 105)에서는 이러한 경향에 마찰음과 비마찰음의 차이가 관련된 것으로 보고 있다. 그러나 이 자료들 이외에는 牙音의 구개음화가 喉音의 구개음화보다 진행이 앞섰다는 기록을 찾기 어렵고, 오히려 만한대역 자료에서는 喉音字의 滿文 표기 'hi'와 'si'의 不分 현상이 먼저 나타나고 있다. 또한 음성학적인 측면에서 이러한 양상을 설명하기도 어려워서 실제로 牙音의 구개음화가 먼저 일어났는가의 여부에 대해서는 확인할 수 없다.

이처럼 세 간본에 나타난 구개음화와 음성 환경과의 관계에 대하여 몇 가지 경향을 제시할 수는 있으나 완전히 동일한 음성 환경이면서도 어떤 글자는 구개음화가 일어나고 또 어떤 글자는 구개음화가 일어나지 않은 경우가 많아서 음성 환경의 측면만으로 세 간본에 나타난 구개음화의 양상을 설명하기 어렵다. 운모 구조와 일정 부분 관련된 것 이외에 음성 환경의 관점에서 구개음화의 발생을 온전히 설명하기 어려운 불규칙성이 나타난다는 사실은 일부 운모 구조의 어휘로부터 변화가 시작되어 다른 운모 구조의 어휘들로 변화가 점진적으로 확산되고 있음을 보여 주는 것일 수 있다.

또한 구개음화의 양상에 대해 보다 잘 설명하기 위해서는 세 간본이 기초하는 방언 배경을 살펴보아야 한다. 세 간본에서 보이는 구개음화 현상이 북방의 어떤 하위 방언을 반영하는 것인지에 대하여 확실한 단서를 제시하기는 어렵다. 그러나 중국어 원문 중에 나타난 여행 경로나 당시 중국어음을 質正하기 위하여 방문했던 지역 등을 고려하고 山東 지역의 방언이 특히 파찰음 계열의 성모가 매우 발달되어 있으며 구개음화의 양상이 혼재되어 있다는 점에서 볼 때 이 지역 방언을 반영할 가능성이 있다고 볼 수 있다.[22] 18세기에 간행된 『老新諺』, 『朴新諺』, 『重老』의 우측음과

22 이 세 간본에는 山東 지역의 일부 방언에서 보이는 현상이 반영되어 있다. 첫째, '人, 然, 認, 忍, 惹' 등의 글자에서 中古 日母를 소실하였는데, 山東 膠東半島 일대

山東 지역 방언의 관련 문제에 대해서는 V장에서 다시 논의하도록 한다.

精組의 구개음화는 세 간본에서 이미 치두음, 설엽음, 권설음 등 여러 종류의 음을 함께 표기하고 있었던 'ㅈ, ㅊ, ㅅ' 이외의 다른 초성으로 구개음화된 음을 표기하기 어렵다는 전사상의 문제 때문에 그 발생 여부를 확인할 수 없으므로 논의에서 제외하도록 한다. 다만 精組의 구개음화와 관련하여 지적하고 싶은 사실은 齊齒(i)와 撮口(y)의 환경에서 'k, kʰ, x'가 'tɕ, tɕʰ, ɕ'로 변화하는 것으로 그치지 않고 'ts, tsʰ, s'에서까지 구개음화가 발생했다는 사실이다. 양방향으로 구개음화가 일어난 원인에 대해서는 정확히 설명할 수 없으나 한국어 등에서도 유사한 예가 나타나는 것으로 보아 이는 음성학적 측면에서도 충분히 발생할 수 있는 현상으로 보인다.

다음으로 근대중국어 구개음화의 음성 환경 문제와 관련하여 19세기 이후의 조선 한학서 자료를 추가로 살펴보자. 이 자료들 중에는 일관되게 구개음화를 보여 주지 않는 글자들이 있는데, '價, 甲, 賈, 欣' 등을 예로 들 수 있다. '馨, 假, 家, 幾, 今, 舊, 敎, 鷄, 呌, 九' 등의 글자는 자료마다 구개음화의 상황이 일관되지 않지만 구개음화가 일어나지 않은 경우가 많다.[23]

의 榮成, 烟臺, 靑島 등 東區方言에서 中古 日母字 성모가 零聲母로 읽히는 현상이 있는 것으로 알려져 있다. 둘째, '街'와 '姐' 두 부류의 讀法에서 '街'가 '개'로 표기되고 두 부류가 구분되는 것은 山東 南部의 薛城方言과 膠東方言에 속하는 烟臺方言에서 나타나는 현상이다. 셋째, 세 간본의 일부 글자들에서 知莊章組 성모의 대립이 유지되는 현상은 膠東方言의 榮成方言과 烟臺方言에서 나타나고 있다.

23 『華音啓蒙』 卷末에 붙어 있는 '千字文 · 百家姓 · 天干地支 · 二十八宿 · 算數'에서는 '馨, 甲, 欣, 賈' 등의 글자가 구개음화가 일어나지 않았고, 『你呢貴姓』과 『學淸』에서는 '馨, 甲, 假, 欣, 賈, 家, 幾, 價, 今, 矩, 舊, 敎, 鷄, 呌, 脚, 屈, 九' 등의 글자가 구개음화되지 않았다. 更科愼一(2010: 413-414)에 따르면 『華音撮要』의 첫 번째 부분인 商務會話에서 '家, 傢, 架, 價, 街, 鷄, 幾, 今$_1$, 今$_2$, 叫, 敎, 九, 舊, 景' 등과 같은 일부 見群(仄聲)母 細音字는 구개음화가 일어나지 않았거나 표기가 일관되지 않은 경우가 있는 반면, 心邪와 曉匣 細音字는 완전히 합류하였고 淸從(平聲)과 溪群(平聲) 細音字도 완전히 합류하였다고 한다. 각종 대화 등으로 구성된 세 번째 부분에서는 '起, 去, 下' 세 글자의 표기를 제외하고 尖團音이 구분되고 있다. 반면에 『中華正音』에서는 尖團音이 완전히 합류하여 구분되지 않는다고 한다.

이 글자들 중에서 '價(賈), 甲, (欣), 假, 今, 九' 등은 18세기 간행 『老乞大』, 『朴通事』의 언해서에서도 구개음화가 일어나지 않았고, '家, 幾, 舊, 教, 鷄, 叫' 등은 구개음화가 일어났다. '價, 甲, 賈' 등의 운모가 '-ia'인 점이 눈에 띄기는 하지만, 사실상 위에서 언급한 글자들을 운모 구조나 성조, 기식 등과 같은 어떤 공통적인 언어적 특성으로 묶기는 어려운 상황이다. 다만 구개음화가 어휘적으로 확산이 마무리되어 가는 후반 단계에 이르면 음운 변화에 영향을 받지 않고 남아 있는 소수의 잔존형들이 존재했던 것으로 추정할 수 있다.

2. 韻母의 변화

중고에서 근대 시기를 거치면서 현대에 오는 사이에 중국어의 운모는 많은 변화를 겪었다. 운모 변화의 양상을 모두 정리한다면 상당한 분량이 될 것이고 또한 복잡한 양상을 보일 것이다. 본 절에서는 『老乞大』와 『朴通事』의 언해서에 나타난 운모 변화의 양상을 알아보는 것이 주된 목적이기 때문에 초기 간본과 비교하여 후기 간본의 우측음 운모 표기에 변화가 일어난 것 중에서 음운변화를 반영하는 표기를 대상으로 살펴보도록 하겠다. 근대 시기에 각 운모에서 나타난 주요한 변화들은 상당부분 종료된 상태이지만 다음과 같은 몇 가지 변화들을 살펴볼 수 있다.

2.1. iu 〉 y

중고 시기에 開口와 合口로 나누어져 있던 중국어 개음 체계는 현대 北京語에서 開口, 合口, 齊齒, 撮口의 四呼로 분류된다. 齊齒呼는 開口呼, 撮口呼는 合口呼에서 각각 분화된 것으로 알려져 있고 四呼로 분류한 것은 明

〈표 Ⅳ-5〉『老乞大』와『朴通事』언해서의 우측음에 나타난 'iu 〉 y' 변화

例字	飜老	老諺	平老	朴新諺	重老
去	·큐	큐	큐	큒	큒
句	·규	규	규	귀	귀
衢	:큐	큐	큐		큒
駒	·규	규	규		귀
具	·규	규	규	귀	
許	휴	휴	휴	싊	싊
虛	·휴	휴	휴	싊	싊
語	유	유	유	위	위
與	유	유	유	위	위
餘	:유	유	유	위	위
玉	·유	유	유	위	위
雨	유	유	유	위	위
魚	:유	유	유	위	위
驢	:류	류	류	뤼	뤼

代 이후의 일이라고 한다(이재돈 2007: 57).

『老乞大』와『朴通事』의 언해서에 나타난 'ㅠ(iʉ) > ㆌ(iʉi)' 변화는 'i'와 'u'가 병합하여 撮口呼(y)가 되는 과정을 보여 주고 있다. 이 변화는『平老』까지 보이지 않다가『老新諺』,『朴新諺』부터 '女, 橘' 등 몇 글자를 제외하고는 변화가 이루어져 거의 완성된 모습으로 나타난다.『老乞大』와『朴通事』언해서의 우측음에서 'ㅠ'로 전사되는 운모는 대개 두 갈래의 발전 과정을 거치게 되는데, 그중의 하나는 개음 'i'와 주모음 'u'가 병합하여 'y'가 되는 것이다.[24] <표 Ⅳ-5>는 5종의『老乞大』와『朴通事』언해서의 우측음에서 'iu > y' 변화가 발생한 주요 글자들이다.

위의 예 이외에 이 변화의 대상 글자 중『朴新諺』과『重老』에서 'ㆌ(iʉi)'로 변화된 글자와 변하지 않은 글자에는 다음과 같은 것들이 있다.

24 'ㅠ' 운모의 또 다른 변화는 정치음 성모의 운모로 쓰이는 경우와 관련되는데, 권설음화의 발생에 따라 'ㅜ'로 표기가 변화할 것으로 기대되지만『老乞大』와『朴通事』언해서의 우측음에서는 표기의 변화가 없다.

〈표 Ⅳ-6〉 'ㆌ'로 변화된 글자

표기	例字
ㆌ	據, 矩, 俱, 鋸, 局, 居, 擧, 莒, (車)
퀴	鋸, 屈(?)
취	曲, 趣
쉬	俗, 贖, 徐, 需
위	于, 預, 愚, 盂, 娛, 浴, 漁, 於, 宇, 芋, 遇, 諭
뤼	慮, 閭, 盧, 屢, 律

〈표 Ⅳ-7〉 'ㆌ'로 변화되지 않은 글자

표기	例字
규	橘
쥬	聚
츄	取, 娶
슈	須, 戌, 序
유	峪
뉴	女

2.2. 山攝系 韻母의 변화

『老新諺』, 『朴新諺』, 『重老』 등에서는 다양한 山攝系 운모의 변화가 나타나고 있는데, 이 변화와 관련하여 다음과 같은 네 종류의 표기 변화가 있다.

(2) 山攝系 운모의 네 종류 표기 변화
① uən → uan
② ən → an
③ iʉiən → iʉian
④ iən → ian

네 종류의 표기 변화 중 ①, ②, ③은 山攝系 운모가 변화하면서 현대어의 발음으로 근접되어 가는 과정을 보여 주는 데 반해, ④의 경우에는 시기에 관계없이 자료에 따라 표기가 다르게 나타나서 음운변화를 반영한다고 보기에는 의심스러운 면이 있다. ④는 운모 'iɛn'을 표음하는 데서 생긴 전사상의 문제로 보이는데, 현대 北京語에서 ④ 부류에 속하는 일부 글자들에서 'iɛn' 중 'ɛ'의 開口度는 'a'와 비슷할 정도로 큰 것으로 관찰되고 있다(周同春 1990). ④ 부류에 속하는 글자들이 『老乞大』와 『朴通事』 언해서의 우측음에서 나타나는 표기는 <표 Ⅳ-8>과 같다.

〈표 Ⅳ-8〉 山攝系 운모의 표기 변화 'iən → ian'

例字	飜老	老諺	平老	朴新諺	重老
間	·견	견	견	갼	갼
鐗	·견	견	견		갼
箭	·젼	젼	젼	쟌	쟌
氈	·젼	젼	젼	쟌	쟌
剪	젼	젼	젼	쟌	쟌
扇	·션	션	션	샨	
然	:ᅀᅧᆫ	ᅀᅧᆫ	ᅀᅧᆫ	얀	얀
鹽	:연	연	연	얀	얀
眼	연	연	연	얀	얀
澗				갼	
簡				갼	
碾				냔	
念	·년	년	년	냔	냔

『老乞大』와 『朴通事』의 언해서에 나타난 山攝系 운모의 변화에 대해서는 姜信沆(1978c: 96-97)에 비교적 자세하게 언급되어 있다. ①은 17세기에 이미 山攝 合口 1等字가 2等字로 합치되어 모두 'uan'이 된 것을 『朴新諺』 등의 기록이 반영하기 시작한 것이며, ②는 唇音系에서 일어난 변화이고, ③은 『朴新諺』 등에서 일부 음이 'yan'으로 변화하는 과정을 반영한 것이라고 설명하고 있다. ③은 山攝系 운모의 변화로 분류했지만, 위에서 논의한 'iu > y' 변화와 그 흐름을 같이하는 것이다. 다음은 ①, ②, ③ 표기 변화에 속하는 대상 글자들로 (a)는 『老新諺』과 『朴新諺』부터 변화가 일어난 글자이고 (b)는 변화가 일어나지 않은 글자이다.

(3) 山攝系 운모의 표기 변화

① uən → uan

(a) 관 官 罐 灌, 좐 鑽, 솬 算, 환 換, 완 椀 完 碗, 돤 段 緞, 퇀 團.

(b) 권 館 管 觀 冠 貫, 퀀 寬 款, 춴 竄, 숸 酸 蒜, 훤 喚 歡, 원 玩 翫 豌 剜, 둰 端 短 斷, 뤈 欒.

② ən → an

(a) 만 瞞 滿 饅, 반 半 搬, 판 盤 判.

(b) 먼 蔓 幔, 번 伴 般 拌 絆, 펀 攀.

③ iʉiən → iʉian

(a) 쵼 痊 全 船.

(b) 권 絹 眷 卷 券 捲, 퀀 勸 拳, 줜 轉 專 磚, 춴 傳 穿 串 泉, 숸 旋 選 宣 鏇, 휜 眩 玄, 웬 軟, 원 園 遠 元 院 轅 丸 原 願 苑 員 垣 圓 愿 淵 鴛 寃 怨 芫.

2.3. uɔ(uo) 〉 ɤ

이 변화는 『老乞大』와 『朴通事』 언해서의 중국어음 표기에서는 'ㅗ → ㅓ'의 표기 변화로 나타난다. 이는 中古 果攝 合口의 喉牙音系와 中古 宕·江攝의 入聲 一等字에서 발생한 예외적인 변화를 『老新諺』, 『朴新諺』부터 반영하고 있는 것이다. 또한 中古 果攝 開口의 일부 喉牙音系도 'ɑ > (uo) > ɤ'의 과정을 거쳤다. 中古 果攝 合口와 中古 宕江攝 入聲 一等字의 일반적인 변화의 과정은 'ua > uɔ(uo)'로 나타나는데, 이 변화 과정에서 더 진전하여 'ua > uɔ(uo) > ɤ'의 과정을 거쳤다고 볼 수 있고, '課'와 같은 글자는 『等韻圖經』에서 果攝 合口에 속해 있어서 17세기 초에는 'uɔ(uo)'의 상태였음을 알 수 있다. 『老乞大』와 『朴通事』 언해서에 나타난 이 변화의 예는 <표 Ⅳ-9>와 같다.

〈표 Ⅳ-9〉 운모 변화 'uɔ(uo) 〉 ɤ'

例字	飜老	老諺	平老	朴新諺	重老
課	·코	코	코	커	커
騍	·코	코	코		커
和	·호	호	호	허	허
鵝	:오	오	오	어	어
樂	:로	로	로	러	러

2.4. 鼻音韻尾의 변화

현대 北京語에 입성운미는 없고 비음운미는 'n, ŋ' 두 가지만 있는데, 北京語에서 현대와 같은 모습으로 운미가 정리된 것은 중국 자료를 기준으로 보면 늦어도 16세기경인 것으로 보인다.[25]

『老乞大』와 『朴通事』의 언해서에서는 『飜譯老朴』부터 우측음에서 이미 입성운미 표기가 나타나지 않고, 비음운미는 'n, ŋ'으로 간략화된 모습을 보여 주고 있어 표기에서는 비교적 16세기 당시 중국어의 현실을 잘 반영하고 있다. 비음운미에서 문제가 되는 것은 의문사인 '怎麼'와 '甚麼'만이 현실음인 우측음에서 m 운미를 보존하고 있다는 사실인데, 5종 『老乞大』와 『朴通事』 언해서에 나타난 이들 의문사의 우측음 표기 상황은 <표 Ⅳ-10>과

〈표 Ⅳ-10〉『老乞大』와 『朴通事』 언해서에 나타난 '怎麼'와 '甚麼'의 중국어음 표기

例	飜老	老諺	平老	朴新諺	重老
怎麼	즘:마	즘마	즘마	즘마	즘마
甚麼	·슴:마	슴마	슴마	셔마	셔마

25 Chen, M. Y. & W. S-Y. Wang(1975: 267-269)에서는 중국어 운미의 간략화 과정과 각 자료에 반영된 모습을 제시하고 있다. 이에 따르면 비음운미 체계는 '(1) m, n, ŋ → (2) n, ŋ → (3) ŋ → (4) V^N → (5) Ṽ → (6) V' 여섯 단계를 거치며 간략화되었고, 입성운미 체계는 '(1) p, t, k → (2) t, k → (3) k → (4) Vʔ → (5) V̆ → (6) V' 여섯 단계를 거치며 간략화되었다고 한다. 문헌 자료에서 비음운미 체계가 어떤 단계에 있는지 살펴보면, 『切韻』(601), 『廣韻』(1008), 八思巴 音譯(1269), 『中原音韻』(1324) 등은 (1)단계(m, n, ŋ)를 반영하고 있고, 『等韻圖經』(1606), 『西儒耳目資』(1626), 『韻略匯通』(1642), 『五方元音』(1654) 등은 (2)단계(n, ŋ)를 반영하고 있다. 唐詩(618-899)에서는 (1)단계를 위주로 (2)단계도 나타나고 있고, 『韻略易通』(1442)에서는 (1)단계를 위주로 (2), (3)단계도 나타나고 있다. 문헌 자료에 나타난 입성운미 체계의 단계를 살펴보면, 『切韻』은 (1)단계, 唐詩는 (1)단계(일부는 (2)단계), 『廣韻』은 (1)단계(일부는 (2)~(4)단계), 八思巴 音譯, 『中原音韻』은 (4)단계, 『韻略易通』은 (4)단계(일부는 (5)~(6)단계), 『等韻圖經』은 (5)단계(일부는 (6)단계), 『西儒耳目資』는 (5)단계(소수가 (4)단계), 『韻略匯通』은 (4)단계(일부는 (5)~(6)단계), 『五方元音』은 기본적으로 (6)단계를 반영하고 있다.

같다.

'怎麼'와 '甚麼'의 현대 北京語 발음에서 일반적으로 '怎'과 '甚'은 n 운미를 가지고 있는데, n 운미가 없는 발음도 함께 나타난다. 기존의 연구에서는 『老乞大』와 『朴通事』 언해서에서 이 의문사들만 m 운미를 보존하고 있는 것이 동화 작용에 의한 것으로 받아들여졌지만(姜信沆 1978c: 95), 金完鎭(1992: 28-32)에서는 『重老』에서 '즘마'의 m 운미를 동화 작용으로 보는 견해에 대하여 의문을 제기하였다. 그 근거로는 '怎麼' 이외의 다른 환경에서 '怎'이 있을 때에도 여전히 m 운미를 유지하고 있는 경우가 있다는 사실을 들고 있다.[26] 실제로 동화 작용으로 이 두 의문사의 예외적인 표기를 설명하는 데 대한 충분한 반론이 될 수 있는 지적이다. 반면 '甚麼'는 『老新諺』, 『朴新諺』부터 m 운미를 표기하지 않는 '셔마'의 형태를 보여 주고 있어서 m 운미를 함께 보존하고 있던 두 의문사가 『老新諺』, 『朴新諺』부터는 서로 다른 양상을 보이고 있다. 그러나 이러한 양상은 중국어음운사를 살펴보거나 현대 北京語의 현실을 비추어 볼 때, '怎'이 18세기까지 m 운미를 보존하고 있고 '甚'이 운미를 소실했다는 것을 보여 주는 것은 아니라고 할 수 있다. 현대 北京語에서 '怎麼'와 '甚麼'에 n 운미가 있고 없는 두 종류의 발음이 있나는 것을 고려하면 설명이 가능할 수 있을지 모르지만, 『飜譯老朴』에서 『平老』까지는 모두 m 운미의 상태를 보여 주다가 『老新諺』, 『朴新諺』부터 한쪽은 m 운미를 유지하는 상태와 다른 한쪽은 운미가 소실된 상태를 보여 준다는 것은 설명하기 어렵다. 다만 우측음이 음성 실현 위주의 전사라는 점을 감안한다면, 당시의 중국어음 質正者는 두 의문사의 첫 번째 글자의 운미에서 분명한 발음의 차이를 감지

---

26 金完鎭(1992: 29)에서 제시된 이러한 환경에서의 예는 다음과 같다. '13-31 我怎敢說謊', '19-33 那賊們怎知你有錢沒錢', '27-3 怎不會打水', '33-1 怎能忘你的情', '37-20 怎知道你們是好人歹人', '39-18 我怎敢略你宿', '39-29 我怎敢略你宿', '100-24 怎那般說'.

했으리라고 추측할 수 있다. 즉 質正 당시 '怎'과 '甚'의 운미는 실제로는 모두 'n'이었을 것으로 추정되나, 두 의문사에서의 이러한 발음 차이의 감지가 한쪽은 이미 소실해 버린 m 운미를 표기하고, 다른 한쪽은 운미를 생략하는 표음으로 이어졌다는 것이다.

그러면 후속하는 글자의 성모가 'm(ㅁ)'이 아닌 경우에도 '怎'이 『重老』까지 '즘'으로 일관되게 표기되는 것은 어떻게 설명할 수 있을까? 이 문제에 대해서는 『老乞大』와 『朴通事』 언해서의 중국어음 표기에서 뜻이 달라지는 경우나 文白音을 반영하는 소수의 경우를 제외하고는 동일한 글자는 동일하게 표음한다는 일반적인 원칙을 생각할 수 있다.[27] 즉 金完鎭(1992: 29)에서 제시된 '怎麽' 이외의 환경에서의 '怎'도 대부분 '엇지'로 언해되고 있다는 점에서 두 부류의 '怎'은 별다른 의미의 차이가 없다는 것을 알 수 있다. 반면 '甚'의 경우에는 『重老』에서 의문사인 '甚麽'에서는 '셔'로, 언해에서 'ᄀ장, 심히' 등의 의미로 나타나는 정도부사로 쓰일 경우에는 '신'으로 표음되고 있다. 따라서 '怎麽'에서 '즘'에 남아 있는 m 운미는 음성 실현 위주의 전사에서 質正者들이 '甚麽'와 발음의 차이를 느꼈다는 것이고, 다른 환경에서 '즘'이 일관되게 유지된 것은 뜻이 차이가 나기 전에는 동일한 글자의 중국어 주음은 동일하게 표기한다는 『老乞大』와 『朴通事』 언해서에서의 중국어음 표기 원칙에서 나온 것으로 추측할 수 있다. 결국 '즘마'의 예를 근거로 일부 글자에서 18세기 후반까지 m 운미가 유지되고 있었다고 주장하기는 어려울 것으로 보인다.

27 예를 들어 『飜譯老朴』의 우측음에서는 '摘이 ':저' 또는 ':재'로 표기되어 있어 文白音이 함께 출현하는데, 이러한 경우는 소수이다.

3. 聲調의 변화

『老乞大』와 『朴通事』 언해서에서 성조 표기로 방점이 표시되어 있는 것은 최초의 간본인 『飜譯老朴』밖에 없고 두 번째 간본인 『老諺』, 『朴諺』 및 그 이후의 간본에서는 성조 표시가 본래의 간행본 자체에서는 보이지 않는다. 임진왜란 이후의 문헌에서 일괄적으로 방점이 사라졌다고 해도 『老諺』, 『朴諺』 이후의 간본들이 다른 부분에서는 대부분 『飜譯老朴』의 체재를 따르고 있으면서 성조가 필수적인 중국어음 표기에서 방점을 표시하고 있지 않은 것은 의문을 불러일으킨다. 다만 현재 전하는 일부 『老乞大』와 『朴通事』 언해서의 한자 좌우에는 교습자나 학습자가 성조를 표시한 것으로 보이는 朱點이나 墨點을 찍어 놓고 있다. 그러나 기본적으로 『飜譯老朴』의 표기를 계승했다고 볼 수 있어서 『老乞大』와 『朴通事』 언해서의 시대에 따른 간본들을 통해서는 기본적으로 성조의 변화 양상을 논의하기 어렵다. 따라서 본 절에서는 『飜譯老朴』에 나타난 성조 표기의 상황과 함께 15~16세기 당시의 중국어 調値를 기록하고 있는 飜譯凡例의 관련 기록을 현대 北京語와 비교하여 그 변화의 양상과 양자 사이에 보이는 차이가 어떤 의미를 가지는가의 문제에 대해서만 간략하게 언급하고자 한다.

『飜譯老朴』에 나타난 성조 표기와 飜譯凡例의 調値 관련 기록은 현대 北京語의 성조 상황과는 많은 차이를 보이고 있다. 즉 현실음인 『飜譯老朴』 우측음의 성조 표기에는 음평과 거성이 동일한 표기로 묶여 있고, 입성운미는 없어졌으나 방점을 통한 두 종류의 입성 표기가 존재하고 있다. 飜譯凡例의 기록에 따르면 15~16세기 중국어 성조의 調値에서 대체적으로 음평은 高昇調, 양평은 低昇調, 상성은 低平調, 거성은 高平調로 추정할 수 있다. 이처럼 『飜譯老朴』에 나타난 성조 표기의 모습과 飜譯凡例의 기록은 15~16세기 北方官話의 성조가 기초하고 있는 언어의 성격에 관심을 가지게 한다.

『飜譯老朴』에 나타난 중국어 성조의 상황이 北方官話의 중심인 北京方言의 현재 성조 상황과 많은 차이를 보인다면 우리는 두 가지 측면에서 이러한 현실을 해석할 수 있다. 한 가지는 『老乞大』와 『朴通事』 언해서가 간행되던 16세기 초에서 18세기 말에 이르는 시기의 중국어 성조가 일정한 변화를 거쳐 현재의 北京方言의 상태에 이르게 되었다고 보는 것이고, 또 다른 한 가지는 『老乞大』와 『朴通事』 언해서에 나타난 중국어 성조가 北方官話를 반영한다면 당시의 北方官話가 北京方言 이외에 또 다른 방언의 영향을 받았다고 보는 것이다. 飜譯凡例에서 기록하고 있는 중국어의 調値가 당시의 北京音을 반영하는 것으로 본다면 Mei(1977)에서도 언급하고 있는 바와 같이 현대 北京語의 성조로 오는 과정에서 일종의 추이(shift)가 일어났을 가능성이 있다. 그러나 18세기 간행 일부 『朴新諺』과 『重老』 간본에 나타나는 성조 표기도 『飜譯老朴』과 큰 차이가 없다는 점에서 이러한 추이가 발생하였다면 그 발생 시기에 의문이 제기된다. Mei(1977: 255)에 따르면, 飜譯凡例의 기록과 현대 北京語의 상황을 고려할 때 북방중국어는 근대 시기에 다음과 같은 성조의 변화 과정을 거친 것으로 추정되고 있다. 이 성조의 변화 과정은 각 調値의 변화에 자질(feature) 하나의 변경만이 관여되는 일종의 끌기 연쇄(pull chain)이다.

(4) 16세기 北京語에서 현대 北京語로의 성조 변화 과정 추정(Mei(1977: 255))

16세기 北京語(飜譯凡例)

高-平	高-昇	低-昇		低-平
↙第4聲	↙第1聲	↙第2聲	第3聲↙	↓半3聲
高-降	高-平	高-昇	低-昇	低-平

현대 北京語

그러나 일반적으로 음운추이가 비교적 긴 시간에 걸쳐서 서서히 일어난다는 점을 고려하면 짧은 기간 동안 중국어 성조의 調値에서 이와 같이 대대적인 추이가 일어났다고 단정하기는 어렵다. 金芳漢(1988: 76-79), Jeffers & Lehiste(1979: 93-95) 등에서 언급하고 있는 영어 대모음추이나 게르만어 자음추이 등 음운 방면에서 대대적인 추이가 일어난 예가 있으나 다양한 언어들의 긴 역사를 고려할 때 이러한 추이가 단기간에 일어난다는 것은 이론적으로는 가능하나 실제로 나타난 경우는 많지 않다. 다만 平山久雄(1991) 등에서는 상고에서 현대에 이르기까지 중국어 성조가 일종의 순환적인 추이를 겪으며 일정 기간 불명확한 단계를 거친 것으로 보고 있는데, 이러한 논의는 중국어 성조의 추이 문제와 관련하여 참고할 부분이 있다.[28] 그러나 16세기 간본인 『飜譯老朴』과 18세기 간본의 성조 표기가 유사한 양상을 보이고 있다는 점에서 성조 추이가 짧은 기간에 실제로 발생하였을 가능성은 크지 않으며, 이러한 성조 추이가 北方官話에서 일어났음을 보여 주는 다른 기록이나 증거를 찾기 어렵다.

결국 성조 변화의 문제는 『老乞大』와 『朴通事』의 언해서에 나타난 성조의 상황이 어떤 방언을 반영하는 것인가와 관련하여 논의할 필요가 있다. 飜譯凡例의 기록이나 『飜譯老朴』과 일부 『朴新諺』, 『重老』 간본에서의 성조 표기는 근대중국어의 성조 상황을 보여 주는 중요한 자료이지만, 이 책들에 나타난 성조 상황에서 현대 北京語의 성조 상황에 이르는 변화

---

28 Karlgren(1960)에서는 상고중국어와 중고중국어의 調値가 같은 것으로 추정하였으며 현대 北京語도 상고중국어 성조의 調値를 유지하고 있는 것으로 보았다. 王力(1980: 102)에서는 중고중국어 성조의 명칭으로 미루어 분석할 때 평성은 평탄조(高平調), 상성은 상승조, 거성은 하강조, 입성은 일종의 촉급한 성조인 것으로 추정하였다. 陳振寰(1986: 27-28)에서는 고대 시기 정치・문화의 중심이었던 黃淮 유역 일대에서 隋唐 시기 이전에 통용되던 중국어 성조의 調値를 평성 陰 *44 / 陽 *33, 상성 陰 *45 / 陽 *23, 거성 陰 *322 / 陽 *211, 입성 陰 *44 / 陽 *22(21, 22)로 추정하였다. 丁邦新(1998: 106)에서는 평성은 平調, 상성은 高昇調, 거성은 대략적인 中降調, 입성은 短促調라고 추정하였는데, 상고 시기의 성조도 중고 시기의 평・상・거・입 四聲과 대응하는 형태의 四聲이었다는 것을 전제로 하고 있다는 점에서 상고 성조의 調値도 중고 시기와 유사했던 것으로 보았다. 이상의 연구에서 보이는 바와 같이 많은 학자들은 고대중국어에서 현대중국어에 이르기까지 각 성조의 調値가 큰 변화 없이 계승되어 내려왔다고 보고 있다.

과정에는 설명하기 어려운 문제가 많이 남아 있어서 다른 측면에서 이 문제를 살펴볼 필요가 있다. 『飜譯老朴』의 성조 상황과 관련된 방언 배경의 문제는 다음 장에서 논의하고자 한다.

V

방언 배경

언어사 자료에 반영되어 있는 음운체계와 음운현상을 연구하는 경우 우리는 시간적인 요인뿐만 아니라 지역적인 요인 다시 말해 방언의 영향 문제에 대해서도 마땅히 고려해야 한다. 특히 『老乞大』와 『朴通事』의 언해서와 같이 당시의 구어를 생생하게 반영하는 자료의 경우는 더욱 이러한 문제를 세심히 살펴보아야 한다. 기존의 연구에서는 『老乞大』와 『朴通事』의 언해서에 나타난 중국어음이 편찬 당시의 北京語를 반영하는 것으로 보고 현대 北京語와의 비교를 시도한 경우가 많았다. 그러나 『老乞大』와 『朴通事』의 언해서가 편찬 당시의 北京語를 반영한다는 사실이 먼저 입증되어야만 이처럼 비교하는 것이 설득력을 얻을 수 있을 것이다. 따라서 본 장에서는 『老乞大』와 『朴通事』의 언해서에 나타난 주요 음운현상을 검토하여 그 방언적인 배경을 살펴보고자 한다. 특정한 언어사 자료에 나타난 언어의 방언 배경을 고찰하는 문제는 해당 자료에 대한 면밀한 기술적 검토가 어느 정도 끝난 후에야 가능한 것이다. 따라서 『老乞大』와 『朴通事』의 언해서에 반영된 중국어음에 대하여 위에서 언급한 내용 중 방언 배경과 관련해 산발적으로 언급한 부분들을 집약하여 논의를 진행하게 될 것이다.

1. 『飜譯老朴』에 나타난 중국어음의 방언 배경

『老乞大』와 『朴通事』 언해서의 최초 간본인 『飜譯老朴』에 나타난 좌측음과 우측음은 전체적으로 15세기 이후 16세기 초의 북방중국어를 반영하고 있다고 할 수 있다. 특히 이 문헌의 우측음은 中古音과 비교할 때 성모・운모 체계의 간략화, 입성운미의 변화, 비음운미의 변화, 탁음청화와 그에 따른 성조 변화 등을 반영하고 있다. 이처럼 우측음은 15~16세기의 중국북방음의 현실을 보여 주고 있고 현대 北京語의 모습에도 근접해 있다. 조선 초기와 중기에 역학자들이 중국어음을 조사하고 채록한 지역도 주로 중국의 북방 지역인데, 다음과 같은 기록을 통해 이를 알 수 있다.

(1) "遣集賢殿副修撰申叔舟, 成均注簿成三問, 行司勇孫壽山于遼東, 質問韻書." (『世宗實錄』, 世宗 27년(1445))
(集賢殿 副修撰 申叔舟, 成均館 注簿 成三問과 行司勇, 孫壽山을 遼東에 보내서 운서를 질문하도록 하였다.)

(2) "然語音旣異, 傳訛亦甚, 乃命臣等, 就正中國之先生學士, 往來至于七八, 所與質之者若干人. 燕都爲萬國會同之地, 而其往返道途之遠, 所嘗與周旋講明者, 又爲不少, 以至殊方異域之使, 釋老卒伍之微, 莫不與之相接, 以盡正俗異同之變." (『洪武正韻譯訓』 序)
(그러나 어음도 이미 다르고 訛傳된 것도 많아서, 이에 신들에게 중국의 선생이나 學士에게 물어서 바로잡도록 명하시니, 내왕한 것이 7, 8회에 이르고 물어본 사람도 여러 명이었다. 燕都는 萬國이 한데 모이는 땅으로 그 오가는 길이 멀어 일찍이 뒤좇아 물어서 분명히 밝히고자 한 사람 또한 적지 않았고, 변방이나 이역에서 온 사신들과 중, 도사, 군졸 등과 같은 미천한 사람들까지 서로 접하지 않은 바가 없었으며, 이렇게 함으로써 正俗의 같고 다름을 다 살피려 하였다.)

(3) "崔同知世珍, 精於華語, 兼通吏文. 屢赴燕質習, 凡中朝制度物名, 靡不通曉. 嘗撰四聲通解, 訓蒙字會以進. 又奉敎諺解老乞大朴通事等書……" (『稗官

雜記』 卷二)
(同知 崔世珍은 중국말에 정통하고 吏文에도 통달하였다. 여러 번 燕京에 가서 질문하고 익혀 모든 중국의 제도와 物名에 통달하여 알지 못함이 없었다. 일찍이 『四聲通解』, 『訓蒙字會』를 편찬해 바쳤고, 또한 임금의 교지를 받들어 『老乞大』와 『朴通事』 등의 책을 언해하여 ……)

위의 기록에 나타난 바와 같이 『譯訓』이나 『飜譯老朴』의 저자가 중국어음을 조사하고 채록한 지역은 遼東과 燕京(현재의 北京) 등 북방 지역이었다. 또한 『飜譯老朴』 좌우음의 전체적인 모습은 현대중국방언의 大方言區를 기준으로 할 때 북방방언 이외의 다른 방언의 음운사를 반영한다고 보기는 어렵다. 따라서 『飜譯老朴』의 좌우음은 일단 북방음을 반영하는 것으로 보아도 무리가 없을 것으로 보인다.[1] 다만 『飜譯老朴』이 반영하고 있는 15~16세기 중국북방음의 상황과 성격에 대해서는 심도 있는 연구가 필요하며, 본 절에서는 이 문헌에 나타난 중국어음의 방언 배경에 대한 고찰을 통하여 당시 중국북방음의 성격에 대한 해명을 시도하고자 한다.

1.1. 南京官話의 영향

『中原音韻』을 통하여 中原을 포함한 북방중국어 지역에서는 14세기에 이미 탁음청화와 입성 소실 등의 중요한 음운변화가 나타나고 있었음을 알

1 尉遲治平(1990)에서도 『朝鮮王朝實錄』, 『明實錄』 등의 史料 기록에 근거하여 좌측음은 官話音, 우측음은 遼陽音을 반영하는 것으로 보았다. 조선 초기에는 漢語文과 중국어음에 대한 質正을 꾸준히 시도하였는데, 그 시초는 世宗 16년 봄에 李邊과 金何를 遼東에 파견하여 『直解小學』에 관하여 질문한 것이다. 이처럼 조선 초기와 중기에 걸쳐 언어 조사 및 학습을 목적으로 遼東에 사람을 보내는 일이 많았기 때문에 遼東 지역어를 접할 기회가 많았다는 점에서 尉遲治平(1990)의 견해도 참고할 부분이 있다. 다만 관련 史料 기록에는 遼東과 관련된 내용이 많이 나타나지만 『飜譯老朴』의 중국어음 표기에서는 遼東 지역 방언에서만 나타나는 독특한 언어적인 특징을 사실상 찾아보기 어렵다.

수 있다. 그러나 『飜譯老朴』 좌측음의 기반이 된 『譯訓』과 『通攷』의 속음이 기초하고 있었던 15세기 북방중국어의 언어 상황은 14세기와는 상당히 달랐던 것으로 보인다. 1421년 明朝는 吳方言 지역에 근접한 南京에서 北京으로 遷都하였고, 수도의 이전에 따라 지배층이 대거 이주를 하기 때문에 천도한 수도의 언어는 이전 수도 언어의 영향을 크게 받는 것이 일반적인 사례라는 점에서 『譯訓』과 『通攷』가 편찬되던 15세기 중반은 北京을 중심으로 하는 지역에서 통용된 北方官話에 南京語의 영향이 강하게 반영된 시기였다고 할 수 있다.[2] 즉 明代 초기에 수도를 南京에서 北京으로 옮기는 과정에서 많은 수의 官民이 함께 이동했기 때문에 明代의 官話는 南京語의 영향이 있었을 가능성이 크다(遠藤光曉 1984, 薛鳳生 1992).[3] 이러한 역사적인 배경과 明·淸代의 언어에 대한 고찰에 근거하여 南京語가 明代官話의 기초방언일 뿐 아니라 淸代 중기까지도 표준음의 지위를 가지고 있었다고 보는 학자들도 적지 않다(魯國堯 2003, 張衛東 2007). 실제로 明代官話에 南京語의 영향이 있었다는 사실은 대부분의

2 李鍾九(2009: 55-56)에서는 『飜譯老朴』의 중국어음이 관료들의 활동 공간에서 주로 쓰인 官話와는 달리 민간에서 쓰이던 民間音이라고 하였다. 본서에서는 이러한 구분이 없이 明淸 시기 수도를 중심으로 하는 지역에서 폭넓게 사용되던 漢族의 共同語를 지칭하는 용어로 '官話'를 사용하였다.

3 新宮學(2004: 125-126)에 따르면 北京 천도 과정은 '① 새로운 수도의 설정, ② 궁전의 건설, ③ 최고 권력자의 이동, ④ 관료, 군대의 이동과 정부의 이전, ⑤ 정보, 물류시스템의 확립, ⑥ 수도 공간 전체의 완성'의 순서로 이루어진 것으로 보인다. 특히 北京 천도 준비 과정에서 행해진 이민 정책은 주목을 끄는데, 그 주요 내용은 다음과 같이 정리할 수 있다(新宮學 2004: 136-142). 첫째, 永樂 元年(1403)에 江南 지역을 시작으로 전국 각지로부터 富戶 3,000戶를 골라 北京으로 강제 이주시켰다. 둘째, 北平(현재의 北京) 지역 주변에 罪囚者와 함께 일반 民戶 중 이주 희망자를 대상으로 대규모 이민 정책을 실시하였다. 셋째, 군사 계통의 衛所 자체가 北平으로 이전 또는 새로 설치되었다. 永樂年間에 행한 이러한 이민정책을 통하여 46만 명 이상의 이민이 北京 지역으로 이주해 들어간 것으로 추산되고 있다. 北京 천도 준비 단계에서 이와 같이 적극적인 이주정책이 시행되었으며, 北京 천도가 본격적으로 시작된 후에는 최고권력층과 함께 南京 官民의 대규모 이주가 이루어졌다.

학자들이 인정하고 있으나, 다만 그 영향의 크기와 영향이 미친 시기의 범위에 대해서는 견해의 차이가 있다.[4]

南京은 본래 吳方言 지역에 위치하고 있었으나 여러 王朝가 수도를 이곳으로 정하는 과정에서 인구의 구성이나 언어에서 북방의 영향을 받았기 때문에 점차 북방방언으로 변하였다. 그런데 明初 편찬된 『洪武正韻』이 전탁음을 보존하고 있는 등 吳方言과 유사한 언어적 특징을 많이 보여 주고 있다는 점에서 일반적으로 수도의 언어가 특정 방언에 전적으로 기반을 두지는 않으나 明初 수도였던 南京에서 통용되던 언어는 지리상 근접한 吳方言의 영향이 있었던 것으로 보인다.

『譯訓』과 『通攷』의 속음에 기반을 두고 있는 『飜譯老朴』 좌측음은 시

---

4 元代에 간행된 『古今韻會擧要』(1297)의 음계는 中原雅音에 기초를 두고 있으면서 南宋末 元初에 南宋의 수도 臨安에서 통용되던 通語를 반영하는 것으로 보이는데, 『古今韻會擧要』가 中原雅音 및 北方音의 요소도 가지고 있으면서 南方의 通語에 기초하고 있는 현실은 通語나 官話가 특정한 한 방언에만 기초하지 않고 이전 首都語의 영향을 받는다는 사실을 보여 준다. 따라서 15세기 明代의 官話 역시 北京語만이 아니라 南京語의 영향을 받았을 가능성이 충분히 있다. 錢曾怡 主編(2010: 66-67)에서는 元代의 수도였던 大都(현재의 北京)가 明初에 대규모의 외지 이민 등으로 극심한 인구 구조상의 변화를 겪었으며 明初의 北京語는 南京語 등 외부 방언의 영향을 받은 상황에서도 결국 元代 大都語를 계승 발전했는데, 이에는 다음의 세 가지 원인이 있었다고 한다. 첫째, 元末에 大都人은 상당수가 大都를 떠났지만 明初에 다시 대량으로 北京에 돌아온 것으로 보인다. 둘째, 明初 北京 주변 지역의 사람들이 대거 北京으로 들어왔다. 셋째, 明初에 北京에 유입된 대다수의 이민자는 일반 백성이라기보다 주로 군대, 官員, 富商, 수공업자 등이었는데, 이들의 고향 및 방언이 다양해서 본래의 北京語를 대체하지 못했다. 耿振生(2007: 247-253)에서도 洪武年間(1368-1398)과 永樂年間(1403-1424)에 이민과 정부조직의 이동 등으로 明初 北京 지역의 인구에 큰 변화가 있었지만 여러 지역에서 다양하게 유입되었기 때문에 외부 방언의 北京語에 대한 영향은 아주 크지는 않았다고 한다. 따라서 明代의 北京語는 다른 방언의 요소와 융합되어 본래의 변화 방향에서 벗어난 측면이 있기 때문에 元代 大都語의 직접적인 연속이라고 할 수는 없으나, 대체적으로는 元代 大都語와 계승 관계를 가지는 것으로 볼 수 있다고 하였다. 또한 張竹梅(2007)에서는 천도에 따른 南京에서의 대규모 이민의 영향으로 南京語가 北京語의 형성에 큰 영향을 준 것으로 보이기는 하지만, 천도나 외우내환 및 언어 자체의 규율적 변화 등의 요인 때문에 南京語는 明代 前期에 官話나 官話의 기초 방언이 될 수 있는 언어적 기초나 사회적 조건을 갖추지 못했다고 주장하였다.

<표 V-1> 현대 북방중국어 하위방언의 성조와 그 調値[5]

<table>
<tr><th>調類\調値</th><th>飜譯老朴</th><th>北京</th><th>南京</th><th>沈陽</th><th>丹東</th><th>靑島</th><th>烟臺</th><th>濟南</th></tr>
<tr><td>陰平</td><td>高昇</td><td>55</td><td>31</td><td>33</td><td>312</td><td rowspan="2">213</td><td rowspan="2">31</td><td>213</td></tr>
<tr><td>陽平</td><td>低昇</td><td>35</td><td>13</td><td>35</td><td>24</td><td>42</td></tr>
<tr><td>上聲</td><td>低平</td><td>214</td><td>22</td><td>213</td><td>214</td><td>55</td><td>214</td><td>55</td></tr>
<tr><td>去聲</td><td>高平</td><td>51</td><td>44</td><td>53</td><td>52</td><td>42</td><td>55</td><td>21</td></tr>
<tr><td>入聲$_1$</td><td>高</td><td></td><td rowspan="2">5</td><td></td><td></td><td></td><td></td><td></td></tr>
<tr><td>入聲$_2$</td><td>低昇</td><td></td><td></td><td></td><td></td><td></td><td></td></tr>
</table>

기상으로 볼 때 우측음보다는 南京語의 영향을 강하게 받았을 가능성이 있다.[6] 우측음에서도 성조의 調類와 調値나 文白異讀 현상 등에서 여전히 이러한 영향이 잔존하고 있는 것으로 보인다. <표 V-1>은 현대북방방언의 하위방언 중에서『飜譯老朴』의 중국어 성조 상황과 관련이 있을 가능성이 있는 明代의 수도 지역어와 함께 遼寧과 山東 지역 방언의 調類와 調値를 비교하여 살펴본 것이다.

<표 V-1>을 보면『飜譯老朴』의 성조 체계가 北京方言과 큰 차이가 있지만 南京方言과는 상당한 유사성이 있다는 것을 알 수 있다. 南京方言 성조 체계에서 음평이 하강조라는 점 이외에 양평이 低昇調, 상성이 低平調, 거성이 高平調라는 점은 飜譯凡例의 기록과 기본적으로 일치하고 있다.[7] 음평의 調値에서 차이가 있으나, 南京方言에서 연속변조가 일어나는

5 본 표에서 제시한 각 방언의 調類와 調値는 陳章太・李行健 主編(1996)의『普通話基礎方言基本詞彙集』을 참고하였다.

6 安奇燮(1988a: 97)에서는『飜譯老朴』의 좌측음은 南方音의 반영이고 우측음은 순전한 北方語音의 기록이라고 하였는데, 본서에서는『飜譯老朴』좌우음 사이의 본질적인 차이가 '通攷所制之字 : 國俗撰字之法'이라는 표기방식에 있다고 보며 '南方音 : 北方音'의 대립이라고 보지 않는다. 다만『飜譯老朴』의 좌측음은 15세기 당시의 북방음을 반영하지만 당시 북방중국어의 상황을 고려하면 남방음의 요소도 어느 정도 반영되어 있었던 것으로 보인다. 비록 좌우음이 각각 반영하는 음계는 시간상 큰 차이가 없지만, 당시 북방중국어에서 음운변화가 활발하게 일어나고 있던 상황에서 진행 중인 음운변화를 반영하지 않는 규범적 성격의 좌측음과 음운변화 과정을 비교적 잘 반영하는 우측음 사이의 성격 차이도 표기상 좌우음이 큰 차이를 보이게 된 요인으로 작용하였다.

일부 환경에서 음평의 調値가 '33'으로 실현되는 경우가 있어서 飜譯凡例의 기록과 유사해지기도 한다. 또한 南京方言의 입성은 입성운미 '-ʔ'가 있으나 인접한 지역의 다른 江淮官話나 江蘇省 南部 吳方言보다 운미가 약화된 높은 調値의 상태를 보여 주며 고모음 입성운인 'ʅʔ, iʔ, uʔ, yʔ'에서 입성운미가 더 약화되는 양상을 보이는데, 이 역시 『飜譯老朴』의 입성 상황과 유사하다.[8] 현대중국방언의 상황을 『飜譯老朴』과 직접 대응시켜 비교하는 것은 문제가 있으나, 현대 南京方言은 15~16세기의 南京語와 계승 관계를 가진다는 점에서 당시의 정치사회적 상황과 함께 현대 南京方言과 『飜譯老朴』의 성조 체계에서 보여 주는 유사성은 『飜譯老朴』의 방언 배경 문제 해결을 위한 실마리를 제공할 가능성이 충분히 있다.

또 다른 측면에서 보면 『飜譯老朴』이 반영하는 15~16세기 北方官話의 調値가 현대 北京語와 큰 차이를 보이는 것은 일정한 변화 과정을 거쳐 현대에 이르렀기 때문일 수도 있다. Mei(1977: 255)에서는 『飜譯老朴』 성조의 상황과 현대 北京語와의 관계를 고려할 때 북방중국어는 근대 시기

---

7 飜譯凡例에는 중국어 四聲의 調値에 대하여 음평은 '輕呼而稍擧', 양평은 '先低而中按後厲而且緩', 상성은 '低而安', 거성은 '直而高', 입성은 '直而高'·'先低後厲而促急'이라고 기록되어 있다. 이를 현대적인 기준에서 調値로 제시하면 음평 *45, 양평 *13, 상성 *21(3), 거성 *55, 입성 *5 및 *<u>23</u>으로 추정할 수 있다. Mei(1977: 243)에 따르면 『西儒耳目資』(1626)에서는 성조 고저의 순서를 음평을 중간 높이로 하여 가장 높은 것은 거성이고 다음으로 높은 것은 입성이며 가장 낮은 것은 양평이고 다음으로 낮은 것은 상성이라고 기술하고 있다고 한다. 이러한 언급은 飜譯凡例의 기록과 상당 부분 일치하며, 현대 南京方言의 調値와도 유사한 것이다.

8 현대 南京方言 입성의 상황은 『南京方言詞典』(1995)를 참고하였다. 遠藤光曉(1984: 170)에서는 입성의 분화조건으로 주모음이 고모음인가의 여부에 중점을 두고 있는데, 『飜譯老朴』에 나타나는 290개의 입성 글자 중 82%인 237字가 이러한 분화조건에 부합한다고 한다. 이러한 분화의 양상은 현대 南京方言의 상황과도 유사하다. 『飜譯老朴』의 좌측음에서는 'ㆆ'이나 'ㅸ(藥韻)'을 입성운미로 사용하고 있으나 우측음에서는 입성운미가 없는데, 여러 차례 언급한 바와 같이 이를 우측음에서 입성이 소실된 것을 반영한다고 보기 어려운 측면이 있다. 즉 우측음에서는 운미가 표시되어 있지 않지만 평성, 상성, 거성과는 성격이 다른 두 가지 입성 표기가 배정되어 있다.

에 각 調値의 변화에 자질(feature) 하나의 변경만이 관여되는 일종의 끌기 연쇄(pull chain)인 성조 추이(tone shift)를 거친 것으로 추정하였다. 그러나 수많은 언어들의 긴 역사에 나타났던 사례들을 고려할 때 이러한 성조 추이가 단기간에 일어난다는 것은 매우 어려운 일이다.

성조 변화의 전반적인 추세에서 북방중국어가 근대 시기에 성조 추이를 거친 것으로 보는 견해가 설득력이 떨어진다는 점을 미루어볼 때, 『飜譯老朴』에 나타난 성조 현상이 현대 北京語의 상황과 많은 차이를 보이는 것은 南京語의 영향을 받은 15, 16세기의 北方官話를 반영했기 때문일 가능성이 크다. 이후 이러한 南京語의 영향이 北京을 중심으로 하는 北方官話에서 점차 약화되는 과정을 거친 것으로 추측할 수 있다.[9]

1.2. 文白異讀과의 관계

다음으로 『飜譯老朴』에 나타난 文白異讀 현상의 방언 배경에 대하여 살펴보자. 이러한 文白異讀 현상은 좌우음의 입성운 글자 표기와 밀접하게 관련되어 있다. 中村雅之(2006b)에서는 舊入聲韻字를 근거로 『飜譯老朴』의 우측음은 南京官話의 영향을 받은 音形이라고 하였고, 崔玲愛(2006: 117)에서도 입성 글자 표기에 대한 고찰을 기초로 『飜老』 좌측음은 전통 관념이 씌워진 15세기 중엽의 北部官話 구어음이고 우측음은 南部官話가 北部官話에 흡수되어 형성된 16세기 초엽의 讀書音으로 표준음이라 하였다. 『飜譯老朴』 좌우음의 입성운 글자 표기만을 기준으로 하면 우측음이 文讀, 좌측음이 白讀의 경향을 보이는 것은 실제로 관찰할 수 있는 사실이어서 좌우음의 음계 기초가 다르다는 이러한 견해에 일단 주목할 필요가 있

9 자체의 음운변화에 따라 형성된 음운체계는 그 변화의 방향성에 따라 지속되지만 다른 방언의 영향에 따른 변화는 일부 요소는 잔존할 수 있으나 많은 부분은 시간이 지남에 따라 약화되어 본래의 상태로 돌아가는 것이 일반적인 경향이다.

<표 V-2> 『飜譯老朴』의 입성운 글자 좌우음과 南京音 비교(中村雅之 2006b)

	學	角	北	黑	色	白
좌측음	ɣiaw̲	kiaw̲	piiʔ	xiiʔ	ʃiiʔ	biiʔ
우측음	xio	kio	pə	xə	sə	pə
현대 南京音	ɕio	tɕio	pəʔ	xəʔ	səʔ	pəʔ
19세기 南京官話	hioh	kioh	peh	heh	shèh	peh

다. <표 V-2>는 中村雅之(2006b)에서 제시한 입성운 글자의 예이다. 이 표에서 보이는 바와 같이 『飜譯老朴』의 우측음은 입성운 글자에서 南京語의 音形과 유사하다. 南京官話의 우측음에 대한 영향은 입성운 글자와 성조에서 주로 나타나는데, 성조는 좌측음에도 해당하는 사항이어서 우측음이 좌측음에 비해 南京官話의 특징을 반영한 것은 주로 입성운 글자에 국한되어 있다.

표기의 요인을 고려해야 하기는 하지만 좌측음은 전탁음 표기를 비롯한 성모 표기나 입성운미 표기 등 다양한 부분에서 南京에 인접한 吳方言의 특성과도 유사한 모습을 보이고 있다. 『飜譯老朴』 좌우음 표기 차이의 많은 부분이 通攷所制之字와 國俗撰字之法이라는 표기방식의 차이에서 왔다는 점을 고려하더라도 전체적으로는 좌측음이 전통적인 北京音이고 우측음이 南京官話의 영향을 받은 音形이라고 보는 것은 근거가 미약하다. 또한 南京에서 北京으로 천도한 후 얼마 되지 않아서 南京官話의 영향이 상당히 컸던 15세기 중반의 북방음을 반영하는 좌측음보다 16세기 초반의 북방음을 반영하는 우측음에 南京語의 영향이 더 강하게 반영되어 있다고 주장할 근거는 미약하다. 『飜譯老朴』 좌우음 모두에 南京官話의 영향이 있었던 것으로 보며, 시기적으로 볼 때 전체적인 영향은 좌측음에 더 강하게 미쳤을 것으로 본다. 다만 『飜譯老朴』의 우측음에 나타난 文讀은 汴洛 지역의 中原官話에 기반을 둔 南京官話의 音形이 일정한 경로를 거쳐 우측음에 부분적으로 수용된 것이라고 할 수 있다.

다음으로 『飜譯老朴』에 나타난 文白異讀 문제에 대하여 살펴보자. 『通

<표 V-3> 차이를 보이는 'ㅸ' 종성 글자의 『飜譯老朴』 좌우음 운모 표기

좌측음	우측음	例字
-aw	-o	博薄莫托落絡樂作錯昨索(樸)朴
	-ao	膊
	-ə	各閣鶴惡
-iaw	-io	嚼着斫若(箬)脚約藥角學樂
	-iao	雀(鵲)
-oaw	-o	卓捉涿

攷』의 藥韻을 구성하는 中古 宕・江攝 入聲字는 元代에 대체적으로 '蕭豪韻'(白讀)과 '歌戈韻'(文讀)에 각각 병입되어 文白異讀 현상이 존재했으며(王力 1980, 忌浮 1991), 현대 北京語에서도 宕・江攝 입성 글자의 白讀은 中古 效攝과 합병하였고 文讀은 果攝과 합병하여 文白異讀 현상을 보여 주고 있다(高曉虹 2001). <표 V-3>은 『飜譯老朴』에 나타난 입성 글자 좌측음에서의 'ㅸ' 종성 글자의 운모 표기가 우측음에서 달라지는 경우이다.[10]

<표 V-3>에서와 같이 『飜譯老朴』 좌측음에서의 'ㅸ' 종성을 우측음에서는 종성을 표시하지 않으면서 운모를 'ㅗ, ㅛ, ㅓ' 등으로 표기하고 있다. 이러한 상황은 북방중국어에서 中古 宕・江攝 入聲字가 '蕭豪韻'(白讀)과 '歌戈韻'(文讀)에 각각 병입되어 나타난 文白異讀 현상과 맥을 같이한다. 또한 일부 예를 제외하고 『飜譯老朴』에서는 <표 V-4>에서와 같이 'ㆆ' 종성 입성 글자의 좌우음 표기에서도 文白音의 차이가 나타나고 있다.

10 忌浮(1991: 40)에서는 14세기 大都方言의 文白異讀 현상에서 白話音은 大都의 舊音이고 文言音은 12세기경 中原語인 汴洛方言에서 흡수된 것이어서 文白音이 상이한 방언 배경에서 형성된 것으로 보았다. 그러나 『飜譯老朴』에서 나타나는 'ㅸ' 종성 글자의 우측음은 明代 北方官話에 큰 영향을 끼친 南京語의 音形과도 유사하다(中村雅之 2006b). 薛鳳生(1992)에 따르면 汴洛 지역의 早期 中原官話는 南京語를 중심으로 형성된 南部官話의 뿌리가 되었고 현대 北京語의 讀書音에 반영되었다고 한다. 이 견해는 文言音의 경향을 보이는 『飜譯老朴』의 우측음이 汴洛方言에 기반을 둔 南京語의 영향을 받은 상황에 대한 합리적인 설명을 제시하고 있다.

<표 V-4> 차이를 보이는 'ㆆ' 종성 글자의 『飜譯老朴』 좌우음 운모 표기

좌측음	우측음	例字
-ïiʔ	-ə	北德克黑(墨)則色濇百栢伯珀白帛窄摘核
	-u	蔔
	-ai	宅
	-iə	客隔
-uiʔ	-uə	國或惑
-aiʔ	-ə	脉
-uəʔ	-o	鉢潑沫抹脫聒活(豁)

<표 V-4>에 제시한 예의 대부분은 曾攝의 開口 1等, 曾攝 開口 3等의 莊組, 梗攝 開口 2等에서 나타난 文白異讀 현상을 반영하는 것으로 보인다. 다만 曾攝과 山攝의 合口 1等에서 나타나는 좌우음의 차이는 北方官話의 일반적인 文白異讀 유형이라고 보기는 어렵다.

『飜譯老朴』에 나타난 'ㅸ'과 'ㆆ' 종성 글자의 좌우음 운모 표기가 차이를 보이는 양상은 입성운 글자의 좌우음이 서로 다른 방언 배경에 기초한 白話音과 文言音을 각각 반영하고 있기 때문인 것으로 보인다. 즉 입성운 글자에서 좌측음은 南京官話의 영향이 전체적으로 미치는 가운데 北京 舊音의 요소가 반영된 것이고, 우측음은 汴洛方言에 기반을 둔 南京語의 音形이 文讀의 형태로 수용된 상황을 보여 주는 것으로 추측할 수 있다.

『飜譯老朴』에 나타난 좌우음의 대체적인 모습은 15세기 중반 이후 北京을 중심으로 하는 지역에서 통용된 北方官話를 반영하고 있다고 할 수 있다. 다만 『飜譯老朴』이 반영하고 있는 15세기 중반 이후의 北方官話는 明初의 首都語인 南京官話의 영향이 있었을 것으로 보며, 이러한 영향은 성조와 입성운 글자에서 두드러지게 나타나는 것으로 보인다.[11] 그러나

11 尉遲治平(1990: 12)에 따르면 다수의 연구에서 현대 北京音이 明代의 北京音과는 다르고 오히려 東北方言과 깊은 연원 관계를 가지고 있다는 견해를 제시하고 있다고 한다. 실제로 北京語와 東北方言은 근대 시기 이후 오랜 기간 동안 상호간에 영향을 끼쳤고, 그 결과 현대에는 北京方言과 東北方言을 北京官話區라는 한 범주로 묶기도 한다(錢曾怡 主編 2010: 62). 그렇다면 『飜譯老朴』 우측음의 음계가 성

성조와 입성운 글자에서 나타나는 현상을 南京官話의 영향이라고 확정하기에는 여전히 그 근거가 충분하지 않고, 입성운 글자에서 좌측음이 白讀, 우측음이 文讀의 경향을 보이는 이유도 현재 단계에서는 명확히 해명하기 어렵기 때문에 이후 다각적이고 세밀한 연구를 통해 더 논의를 진전시킬 필요가 있다.[12]

2. 18세기 간본에 나타난 중국어음의 방언 배경

『飜譯老朴』이 간행되고 150여 년 후 간행된 『老諺』과 『朴諺』의 우측음은 『飜譯老朴』과 비교할 때 微母字의 완전한 소실, 일부 日母字의 兒化 등을 제외하고는 음운변화가 진전된 모습을 거의 보이지 못하고 있다. 『平老』도 우측음이 『老諺』과 기본적으로 일치하여 변화가 반영되어 있지 않다. 그러나 『老新諺』, 『朴新諺』, 『重老』 등 18세기 중반 이후의 간본에 나타난 우측음은 이전의 간본들과 비교할 때 표기의 변화를 통하여 다양한 음운변화의 양상을 보여 주고 있다. 성모에서는 일부 글자에서 나타난 見組의 구개음화가 가장 주목할 만하며 日母字에서도 다양한 변화가 반영되어

조와 입성운 글자를 제외하고 현대 北京音과 유사한 상황에 대해서 의문의 여지가 있다. 이는 明代의 北京語와 현대의 北京語 및 東北方言이 모두 北京官話라는 범주 안에 있어서 많은 부분은 공통점을 공유하고 있으나, 성조나 입성운 글자와 같은 일부 중요한 특징에서는 차이를 보이는 언어 상황을 반영하는 것일 수 있다.

12 『飜譯老朴』의 우측음에 나타난 文讀은 『老新諺』, 『朴新諺』, 『重老』 등 18세기 간본에서는 상당수가 白讀으로 표기가 변화한다. 예를 들면 다음과 같은데, '→'의 앞은 『飜譯老朴』, 『老諺』, 『朴諺』의 우측음 표기(방점 제외)이고, '→'의 뒤는 『重老』 등 18세기 후반 간본의 우측음 표기이다. 嚼 죠→쟌, 着 죠→져/쟌, 薄 보→받, 白 버→배, 摘 저→재, 黑 허→희, 暖 눤→난. 반대로 白讀이 文讀으로 바뀐 경우도 다음과 같이 나타난다. 客 켜→커, 宅 재→저. 위의 예를 통해 현실음인 우측음에서 南京官話의 영향을 받은 文讀 형태가 『重老』 등의 18세기 간본에서는 상당수 수정되었음을 알 수 있다.

있다. 일부 권설음 글자에서 표기의 변화가 나타나는 경우가 있지만 권설음화의 상황은 별다른 진전이 없다. 운모에서는 撮口呼에서의 변화, 山攝系 운모의 변화, 中古 果攝 喉牙音系와 中古 宕江攝의 入聲 一等字에서 발생한 예외적 변화 및 일부 운모 표기에서의 변화가 나타나고 있다.

18세기 중반 이후의 간본에 나타난 중국어음의 전체적인 모습과 변화 양상을 살펴보면 이들 문헌 역시 중국북방음을 반영한다고 할 수 있다.[13] 그러나 북방중국어의 어떤 하위방언을 반영하는지에 대해서는 분명한 증거를 찾기 어렵다. 다만 이 문제의 해결을 위한 실마리를 주는 몇 가지 음운현상과 중국어음 표기가 있다.

성모에서는 구개음화와 日母字에서 나타난 변화를 예로 들 수 있다. 『老新諺』, 『朴新諺』, 『重老』에서는 우측음에 일부 見組 글자의 구개음화가 나타나는데, 각 운모 구조에서 구개음화가 나타난 글자는 <표 V-5>와 같다. 18세기 간본에 나타난 구개음화는 운모 구조와 밀접한 관계가 있어서 ŋ 운미 글자 및 '-i, -iau' 등의 운모 구조에서는 구개음화가 일어나고 있는 반면 n 운미 글자에서는 구개음화가 전혀 일어나고 있지 않다. 또한 '-y'와 같은 일부 운모 구조에서는 구개음화의 발생에 성모의 유무기 대립이 관련된 것으로 보인다.

이들 간본에 나타난 見組의 구개음화는 근대 북방중국어에서 진행되고 있었던 음운변화인데, 구개음화의 진행 양상이 각 방언마다 다르기 때문에 방언 배경을 살펴볼 수 있는 단서가 될 수 있다. 현대중국방언에 나타난 尖團字 讀法의 양상을 정리하면 예 (4)와 같다.

---

13 『老新諺』의 漢文本인 『老乞大新釋』의 序에는 "……時譯士邊憲在行, 以善華語名, 賤臣請專屬於憲, 及至燕館, 逐條改證, 別其同異, 務令適乎時便於俗……"이라고 하여 邊憲 등이 燕館에 가서 조목조목 예문을 고치고 그 같고 다름을 구별하여 때에 맞고 時俗에 편리하게 하도록 힘썼다는 내용이 있다. 이를 통해 이 문헌이 편찬 당시에 燕京에 있던 朝鮮使行들의 숙소인 燕館에서 실제로 質正을 통해 改修되었음을 알 수 있다.

<표 V-5> 『老新諺』, 『朴新諺』, 『重老』에서 구개음화된 글자

운모	例字
-i	(지) 幾 既 計 鷄 飢 急 記 給 饑 稽 忌
	(치) 起 氣 騎 器 豈 碁 旗 欺 棋
	(시) 喜
-ia	(쟈) 家 傢 架 嘉
-iau	(쟈) 敎 較 叫 覺 攪
	(챠) 橋 蕎
-ie	(져) 劫 挈
-iou	(쥐) 舊
	(취) 求
-y	(취) 去 曲 衢
	(쉬) 許 虛
-ye	(춰) 蹶(?)
-iŋ	(징) 京 荊 鏡 粳
-iaŋ	(쟝) 講 江 薑
	(챵) 强

(4) 현대중국방언에 나타난 尖團字의 讀法(漢語方音字彙 1989)

① 尖音字(精組)와 團音字(見組)가 모두 구개음으로 구분이 되지 않는 경우[14]

예) 北京方言, 西安方言, 武漢方言, 長沙方言, 南昌方言

② 團音字(見組)는 구개음이나 尖音字(精組)는 구개음이 아닌 경우

예) 蘇州方言

③ 대부분의 尖音字(精組)와 團音字(見組)가 구개음화의 환경이 아닌 경우

예) 廣州方言

④ 尖音字(精組)와 團音字(見組)가 모두 구개음이 아니어서 구분되는 경우

예) 梅縣方言, 福州方言

위에서 제시한 현대중국방언에서의 구개음화 양상은 다음과 같이 간략

14 武漢方言에서 중·노년 계층은 見曉組 開口 二等字 '階, 誡' 등의 성모를 [k]組로 읽으며, 청년 계층은 [tɕ]組로 읽는다. 長沙方言은 구어에서 尖團音의 발음이 세대에 따라 차이를 보여, 노인들의 경우 尖團音을 구분하기도 한다. 北京方言에서는 團音字로 [i] 개음을 갖는 글자들이 南昌方言에서는 [i] 개음을 갖지 않는 경우가 있다. 이러한 상황은 『漢語方音字彙(第二版)』(1989)를 참고할 수 있다.

하게 정리할 수 있다. 첫째, 구개음화는 北京語를 중심으로 하는 북방방언에서 폭넓게 나타나고 있으나 남방방언에서는 일어나지 않은 경우가 많아서, 이 음운변화의 방향은 북방에서 먼저 시작되어 남방으로 향하고 있다. 둘째, 吳方言에서는 일반적으로 團音字(見組)에서 구개음화가 일어났으나 尖音字(精組)에서는 구개음화가 일어나지 않았다. 吳方言 내부에서도 차이가 있어 蘇州方言에서는 團音字에서 구개음화가 일어났으나, 溫州方言에서는 尖團字가 구개음화의 환경을 이루지 못한 경우가 많으며 尖團音이 구분되지 않는 경우도 적지 않게 나타난다. 셋째, 長沙方言(湘方言), 南昌方言(贛方言)에서도 尖團不分 현상이 일어나기는 했지만 세대에 따라 讀法이 달라지는 경향이 명확하게 나타난다. 넷째, 梅縣方言(客家方言), 廣州方言(粵方言), 福州方言(閩方言) 등 남방의 방언들은 尖音字와 團音字에서 모두 구개음화가 일어나지 않았으며, 廣州方言에서는 대부분의 尖團字에서 구개음화의 환경을 이루지 못하고 있다.

18세기 간행 『老乞大』와 『朴通事』의 언해서에 나타난 구개음화의 양상은 北京官話에서 발생한 구개음화의 초반 단계를 반영하였을 가능성이 높다. 다만 본 논의와 관련하여 북방방언 중에서 山東方言의 하위방언들은 검토할 필요가 있다. 山東 지역의 방언은 구개음화의 진행 과정을 생생히 보여 주고 있으며 구개음화가 혼재된 양상을 보여 주고 있다. 山東方言은 크게 보면 東區와 西區의 방언으로 나눌 수 있는데, 朴炯春(2001: 5)에 따르면 東區方言에서는 壽光, 濰縣, 濰坊, 臨朐, 益都, 蒙陰 6곳을 제외하고 尖團音이 구분되고 있으며, 西區方言에서도 尖團音이 구분되는 지역과 구분되지 않는 지역이 혼재되어 있다.[15] 遠藤光曉(1993: 106)에서는 현대중

15 朴炯春(2001: 25-27)에서는 山東方言에서의 精組와 見組의 讀法을 표로 제시하고 있다. 필자도 2003년 1월과 2004년 7월에 山東 東區方言에 속하는 萊州, 萊陽의 방언과 烟臺, 威海, 青島 지역 방언의 다수 제보자들을 대상으로 尖團音의 讀法을 조사한 바 있다. 이 조사를 통해 山東 東區方言에서는 많은 지역에서 아직 尖團音이 구분되고 있다는 사실을 직접 확인할 수 있었다. 또한 山東 지역의 방언에서는

국방언 중에서『重老』와 유사한 현상이 나타나는 방언으로 山東省 膠東方言에 속하는 榮成方言과 山東省 南部에 인접한 贛榆(靑口)의 방언을 언급하고 있다. 그러나 이 방언들은 일부 喉牙音 細音字에서의 文白異讀 현상이나 구개음화의 정도가 혼재되어 있는 상황을 보여 주고 있고『重老』등에 반영된 현상과는 어느 정도 차이가 있다.[16]

18세기 간본에 나타난 구개음화 현상은 北京을 중심으로 하는 지역에서 통용된 北方官話에서 團音字(見組)가 구개음화하고 있는 과도 단계를 반영하였을 가능성이 높다. 다만 이들 간본에 나타난 여행 경로나 당시 중국어음을 質正하기 위하여 방문했던 지역 등을 고려하고 山東半島 일대의 방언이 파찰음 계열의 성모가 매우 발달되어 있으며 尖團音이 구분되는 지역이 많다는 점에서 이 지역 방언을 반영하였을 가능성도 있다.

日母字는『老新諺』,『朴新諺』,『重老』에서 다음과 같이 네 부류의 표기로 나타나고 있다.

(5)『老新諺』,『朴新諺』,『重老』에서의 日母字 표기 양상

① 日母를 보존한 경우

예) 如, 日, 若, 染, 熱, 入, 擾, 軟, 絨, 辱, 偌, 壬, 潤, 仁, 饒, 褥, 讓, 箬, 揉, 任, 喏, 乳, 仍, 儒

② 中古 日母를 소실한 경우　예) 人, 然, 認, 忍, 惹

③ 中古 日母의 소실과 兒化　예) 兒, 二, 耳, 而

④ 日母의 r음화　예) 肉

특히 파찰음 계열의 성모가 발달되어 있어 3계열 또는 4계열로 되어 있음을 확인할 수 있었다. 예를 들어 靑島方言에서는 "ʦ, ʦʰ / tʂ, tʂʰ / ʨ, ʨʰ / ʧ, ʧʰ"의 4종류 파찰음 계열이 나타난다.

16 膠東半島의 일부 방언은 見組와 精組 모두 구개음화가 발생하지 않아 구분되고(王力 1980: 125), 江蘇 贛榆方言에서는 精組 細音이 [ʦ], [ʦʰ], [s]이고 見組 細音이 [k], [kʰ], [x](일부 글자는 [ʧ], [ʧʰ], [ʃ])이며, 山東 烟臺方言에서는 精組 細音이 [ʨ], [ʨʰ], [ɕ]이고 見組 細音이 [k], [kʰ], [x](실제로는 [c], [cʰ], [ç])인 것으로 알려져 있다(楊亦鳴·王爲民 2003: 132).

위에서 ①, ③, ④는 북방중국어의 음운사에서 충분히 나타날 수 있는 과정으로 볼 수 있다. 그러나 中古 日母를 소실한 ②의 例字들은 현대 北京語에서 여전히 日母가 남아 있는 글자들이어서 이를 北京官話 음운사의 정상적인 과정이라고 보기 어렵고 특정 방언의 특성이나 또는 제보자의 개인어(idiolect)를 반영했을 가능성이 높다. 현대중국방언 大方言區의 핵심 방언 중 廣州方言에서는 日母가 零聲母로 나타나고 있으며(董同龢 1968/1998: 154-155), 『漢語方音字彙』(1989)에서도 남방방언인 廣州語와 梅縣語에서 현저히 약화되었거나 零聲母인 것으로 조사되어 있다. 그러나 『老新諺』, 『朴新諺』, 『重老』에서 日母의 소실을 보여 주는 예는 소수이며, 이 간본들의 전체 음계를 고려할 때 남방방언을 반영한다고 보기는 어렵다. 북방방언의 하위방언 중에서는 沈陽 등 遼寧省 지역의 일부 방언과 함께 山東 지역 방언 특히 山東半島 일대의 榮成, 烟臺, 青島 등 東區方言에서 中古 日母字가 零聲母로 읽히며 운모는 細音인 현상이 있는 것으로 알려져 있는데(張樹錚 1994, 錢曾怡 主編 2010), 『老新諺』, 『朴新諺』, 『重老』에 나타난 몇 가지 특수한 음운현상을 전체적으로 고려할 때 日母字의 이러한 讀法과 관련하여 山東半島 일대의 膠東方言이 주목을 끈다. 특히 ② 유형의 예로 제시한 글자들은 모두 'i'와 결합하고 있으며 '人, 然' 등은 일부 山東方言에서 日母가 소실된 상용 글자들이어서 이들 간본의 중국어를 質正한 일부 제보자가 山東 東部 지역 방언의 화자였을 가능성을 보여 주고 있다.

이 외에 『老新諺』, 『朴新諺』, 『重老』 중 일부 글자에서 나타난 운모 표기에서의 변화도 면밀히 고찰할 필요가 있다. 먼저 『老新諺』, 『朴新諺』, 『重老』에 나타난 '街'의 우측음이 이전의 간본에서는 '계'로 표기되어 있으나 이들 세 간본에서는 '개'로 바뀌어 있다는 점이 주목을 끈다. '街解界皆鞋'字 부류와 '姐且寫也夜'字 부류의 운모는 현대 北京語에서 모두 'ie'이지만 그 기원과 변화 과정이 서로 다르며 『老新諺』, 『朴新諺』, 『重老』의 우

<표 V-6> 중국 각 방언에서의 '街'와 '姐'의 讀法

例字	漢口	薛城	濟南	烟臺	榮成
街	kai	tɕiai	tɕiæ	ciaæ	cie
姐	tɕie	tɕiɤ	tɕie	tɕie	tsie

측음에 나타난 표기도 'ㅔ'와 'ㅕ'로 구분된다. 이 두 부류 글자들의 讀法은 西南官話와 함께 河北省 南部方言 및 山東語, 膠東語 등 일부 북방방언의 하위방언에서 구분이 되는 반면 北京語나 東北語에서는 구분되지 않는다고 한다(鶴殿倫次 1985: 171-172). <표 V-6>은 漢口方言(西南官話)과 山東 지역 각 방언에서의 讀法을 제시한 것이다(鶴殿倫次 1985: 172).

이 간본들의 우측음에서 두 부류의 글자가 구분되고 '街'가 '개'로 표기되는 상황만을 고려하면 漢口方言이나 중·남부 일부 방언의 상황과 가장 가까우나 이들 문헌에 나타난 중국어음의 전체적인 모습이 西南官話나 중·남부의 방언을 반영한다고 보기는 어렵다. 따라서 '街'가 '개'로 표기되고 있는 상황은 설명하기 어렵지만 두 부류가 구분되는 山東 南部의 薛城方言과 膠東方言에 속하는 烟臺方言을 주목할 필요가 있다.

『老新諺』, 『朴新諺』, 『重老』에서 '論'이 '른'으로 표기된 것도 주목을 끈다. 현대 北京音([luən^{51}])을 기준으로 하면 '룬'이 적합한 표기인데, 이전의 간본에서 모두 '룬'으로 나타나다가 이들 간본에서 '른'으로 표기가 바뀌어 나타나고 있다. 『漢語方音字彙』(1989: 292)에서는 合肥(官話方言), 長沙(湘方言), 南昌(贛方言) 등의 지역과 함께 吳方言 일부에서 '論'의 讀音이 'lən'인 것으로 보고하고 있고, 成都方言(西南官話)에서도 성모는 다르지만 운모가 동일한 'nən'으로 나타나고 있다. 『老新諺』, 『朴新諺』, 『重老』의 전체적인 모습을 고려할 때 이러한 방언들을 반영할 가능성은 희박해서 '개(街)'나 '른(論)'과 같은 표기가 나타나는 원인에 대해서 명확히 해명하기 어렵다. 이 문제에 대한 해명에는 제보자의 방언적 배경에 대한 세밀한 검토가 필요하지만 제보자와 관련된 정보가 기록되어 있지 않아서 이러한 표기를 제보자의 방언적인 배경과 연관시키기도 어렵다.

中古 知莊章組의 성모는 현대 北京方言에서 권설음으로 합류하여 구분되지 않는데, 『老乞大』와 『朴通事』 언해서의 우측음에서는 표기를 통하여 권설음화가 일어났는지의 여부를 명확하게 파악하기 어렵다. 그런데 권설음과 관련된 표기에서 『老新諺』, 『朴新諺』, 『重老』의 우측음에서는 아래와 같이 일부 글자의 표기가 'i'와 결합하는 방향으로 바뀌어 나타난다.

(6) 18세기 간본의 일부 우측음에 나타난 권설음 글자의 표기 변화
① 즈 → 지 예) 枝
② 스 → 시 예) 是, 詩, 施, 市, 使

司譯院의 전통적인 중국어음 표기에서는 운모 환경의 변화를 통해 권설음화를 나타내기도 하였다. 예를 들어 '支, 時'를 『通解』의 정음에서 '지, 씨', 속음에서 '즈, 쓰', 『飜譯老朴』의 우측음에서 '·즈, :스'로 표기한 것은 속음과 『飜譯老朴』의 우측음에서 권설음화된 것을 보여 주는 것이다. 『飜譯老朴』이 편찬된 16세기 초반에는 북방중국어에서 권설음화가 폭넓게 발생하고 있었던 것으로 보이지만 『老乞大』와 『朴通事』 언해서의 간본들에 나타나는 권설음 글자 표기는 'i'와 결합하지 않는 방향으로의 변화가 나타나지 않아서 이들 문헌의 편찬자들이 운모 환경의 변화를 통해 권설음화를 나타내려고 했는가에 대하여 위에서 의문을 제기한 바 있다. 오히려 예 (6)에서와 같이 권설음 글자가 'i'와 결합하는 방향으로 표기가 변화하는 소수의 예가 나타나기도 하는데, 例字가 '使'를 제외하고는 모두 照三系라는 점에서 이러한 표기의 변화는 知莊章組가 구분되는 특정 방언의 영향이 관여되었을 가능성도 있어서 흥미를 끈다. 張樹錚(1994: 371-372)에서는 山東方言에서 日母字를 零聲母로 읽는 지역은 주로 膠遼官話區인데, 이 지역 및 인근의 일부 지역에서는 古知莊章組의 讀音이 대체적으로

<표 V-7> 榮成方言과 烟臺方言에서의 知莊章組字 및 精組字 讀法

	字(精)	事(莊)	之紙(章)	制(章)	擠(精)	知(知)
榮成	tsɿ	ʂʅ	tʂʅ	ʧi	tsi	ʧi
烟臺		sɿ	tsɿ	tɕi	tɕi	tɕi

'知二等·莊組'와 '知三等·章組' 두 부류로 나누어져 '知三等·章組'가 古音 三等의 흔적을 보존하는 뚜렷한 특징이 있다고 한다. 또한 鵜殿倫次(1985: 172)에서는 山東 지역의 膠東方言에서 知莊章組의 대립이 유지되고 있다고 하면서 榮成方言과 烟臺方言에서의 讀法을 <표 V-7>과 같이 제시하고 있다.

『老新諺』, 『朴新諺』, 『重老』 우측음의 일부 권설음 글자에서 나타난 표기의 변화도 膠東方言의 양상과는 어느 정도 차이가 있다. 그러나 이 간본들은 북방중국어에서 권설음화가 완성된 것으로 추정되는 18세기 후반에 간행되었음에도 '知二等·莊組'와 '知三等·章組' 사이에 권설음화의 진전 상황이 차이가 있을 뿐 아니라 이전의 간본에서 'i'와 결합하지 않던 일부 照三系 글자들이 'i'와 결합하는 방향으로 표기가 변하였다는 점에서, 이들 방언의 양상과 어떤 공통점과 차이점을 보이는지 살펴볼 여지가 있다.[17]

18세기 간본의 일부 글자에서 나타난 성모와 운모 표기의 변화는 이 간본들이 북방방언의 어떤 하위방언을 반영하고 있는가를 엿볼 수 있는 중요한 단서로 보이나, 너무 단편적으로 반영된 현상들이어서 현재의 단계에서는 명확히 결론을 내리기 어렵다. 다만 18세기 간행 『老乞大』와 『朴通事』 언해서에 새로 나타난 몇 가지 종류의 중국어음 표기가 공통적으로 山東方言의 일부 지역에서 나타난 언어적 특징과 유사하다는 사실은 이 문제의 해명에 희미한 단서를 제공하고 있다.

17 이외에도 鵜殿倫次(1985: 173-175)에서는 中古 遇攝 三等音과 그 入聲字 표기를 비롯하여 膠東語와 공통되는 『華音啓蒙諺解』에서의 중국어음 표기를 제시하고 있다. 『老乞大』와 『朴通事』 언해서의 해당 표기도 『華音啓蒙諺解』와 유사하므로 膠東語는 이들 문헌의 방언 배경 연구에서 충분히 주목할 만하다.

『老乞大』와『朴通事』 언해서에 나타난 현실음인 우측음을 살펴볼 때 최초의 간본부터 최후의 간본까지 모두 北京을 중심으로 하는 지역의 북방방언을 반영하고 있다고 할 수 있다. 그러나 이들 간본에 나타난 표기 중에서 北京語 음운사의 측면에서 설명하기 어려운 부분이 북방방언의 어느 하위방언을 반영하고 있는가에 대해서는 여러 측면에서 논의하였지만 분명하게 결론내리기 어렵다. 18세기의 간본인『老新諺』,『朴新諺』,『重老』의 경우 일부 日母字가 零聲母로 나타나는 양상이나 古知莊章組 글자의 讀法 등을 비롯한 몇 가지 음운현상은 북방방언에서는 山東半島 일대의 山東 東部 방언에서 나타나는 독특한 현상이어서 주목을 끈다.[18] 결론적으로 말해서 18세기 간본『老乞大』와『朴通事』 언해서에 나타난 중국어음은 전체적으로는 北京을 중심으로 하는 북방 지역에서 통용된 官話의 모습을 보여 주고 있고, 淸代의 이 시기 北京官話는 東北方言의 영향을 지속적으로 받고 있었던 것으로 보인다(耿振生 2007: 253-256, 錢曾怡 主編

18 太田辰夫(1991)에서는『老乞大』,『朴通事』가 北京 또는 華北 지역의 방언을 반영할 가능성이 높다고 하는데, 이들 문헌에 출현한 여행 경로를 나타내는 지명을 통해 볼 때 당시 교역을 위해 華北 지역을 여행하던 조선인들이 다니던 경로의 하한선이 山東 北部였고 黃河 以南까지 다닌 것 같지는 않다고 하고 있다. 박정주 옮김(2003: 16)에서는 조선의 사신들이 淸의 北京까지 간 경로를 '서울~평양~의주~만주 봉황성~연산관~요동~심양~광녕~사하~산해관~통주~북경'으로 제시하고 있는데, 이외에도 山東半島 北部 登州에서 山東 北部를 거쳐 가는 경로도 있었다고 한다. 따라서『老乞大』와『朴通事』 언해서의 중국어음에 山東半島 일대의 방언적인 요소가 반영되어 있을 가능성은 충분히 있다. 또한 한국에서는 일제강점기인 1930년대에 山東 지역의 膠遼官話를 반영한『滿洲語自通』(1934),『實用官話滿洲語問答會話集』(1935) 등 다수의 중국어 학습서가 간행되는데, 이를 통해서도 한국과 膠遼官話 지역의 밀접한 관계를 알 수 있다. 조선 초기 이후 역학자나 역관들이 주로 왕래하던 곳이 북방 지역이라는 사실은 틀림없으나, 이들이 제보자로 삼은 중국인들이 모두 북방인이라고 확언할 수 없기 때문에 제보자의 방언 배경을 확인하는 작업이 필요하다. 현재 단계에서 제보자의 방언적인 배경을 일일이 확인하기는 어려우나 明初에 일시적으로 南京에 수도를 정한 시기를 제외하고 元代 이후에는 정치 문화의 중심이 北京을 중심으로 하는 북방 지역으로 이동하였기 때문에 조선 초기 이후 역학자나 역관들이 청취하고 익히는 대상이 되었던 것이 당시 정권의 공통어인 北方官話였음은 어렵지 않게 추측할 수 있다.

2010: 67). 또한 『老新諺』, 『朴新諺』, 『重老』에 반영된 음운현상들로 미루어 이들 간본의 일부 제보자가 山東 東部 지역의 방언적 배경을 가지고 있었을 가능성도 있다.[19]

본 장에서는 기존의 연구 성과 및 중국 방언에 대한 조사와 연구 결과를 폭넓게 활용하고 관련 기록을 참고하여 『老乞大』와 『朴通事』 언해서에 나타난 중국어음의 방언 배경 문제를 살펴보았다. 특정 언어사 자료의 방언 배경을 밝히는 것은 매우 어려운 문제이다. 해당 자료가 간행되던 시기의 방언 상황을 상세하게 제시하는 자료가 거의 없고 해당 자료에 반영된 어떤 언어현상을 특정 방언에서 온 것이라고 판정하는 과정에서도 많은 문제들을 고려해야 한다. 본 장에서는 단편적으로 나타나는 언어현상을 통하여 『老乞大』와 『朴通事』 언해서 간본의 방언 배경 문제를 논의하였기 때문에 명확한 결론을 제시하기에는 근본적인 한계를 가지고 있다. 다만 본 논의를 기반으로 이후 이 문제에 대한 보다 활발한 논의가 이루어지기를 바란다.

---

19 『老乞大』와 『朴通事』의 언해서에 나타난 음운현상에서 그 방언적인 배경을 밝히는 데는 다음과 같은 문제가 있다. 첫째, 일부 중국어음 표기에서 주목할 만한 예가 보이고 있으나, 北京語 음운사의 관점에서 설명할 수 없는 글자는 소수여서 이를 근거로 北京官話 이외의 다른 방언적 배경을 논의하기는 쉽지 않다. 둘째, 현대방언에 나타나는 현상을 근거로 과거의 문헌에 나타난 중국어의 방언 배경을 논의하는 것은 한계가 있다. 즉 현대어에 나타나는 현상이 해당 문헌이 편찬되던 시기에도 있었을 것이라고 확언하기 어렵다는 것이다. 이는 어휘나 문법 현상의 경우에도 적용되는 것으로 특정 언어사 문헌의 방언 배경을 밝히는 것이 쉽지 않은 문제임을 보여 주고 있다. 그러나 이러한 한계에도 불구하고 『老乞大』와 『朴通事』의 언해서에 나타난 음운현상은 비교적 현대에 가까운 시기의 자료이고 이 시기 북방방언의 각 하위방언의 상세한 상황을 보여 주는 자료가 거의 없다는 점에서 본 장에서는 주로 현대방언자료를 이용하여 이들 문헌에 나타난 음운현상과의 유사성과 특정 현대방언으로의 변화 가능성을 살펴보았다.

VI 결론

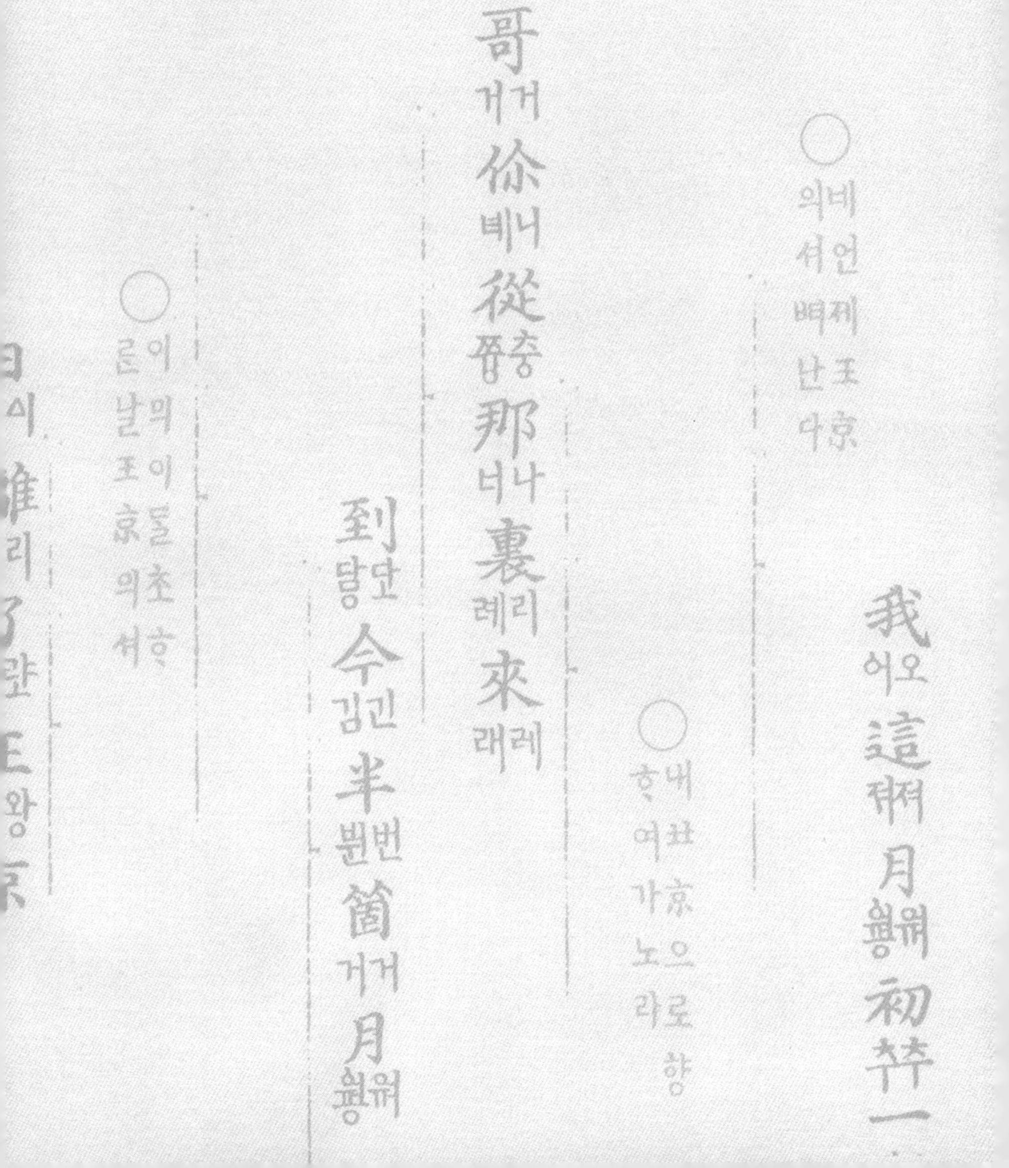

본서에서는 『老乞大』와 『朴通事』의 언해서에 나타난 중국어음에 대하여 여러 측면에서 살펴보았다. 필자가 『老乞大』와 『朴通事』의 언해서를 연구 대상 문헌으로 선택하면서 주요 연구 과제로 삼은 부분은 다음과 같다. 첫째, 『老乞大』와 『朴通事』 언해서 각 간본의 자료적 특징. 둘째, 중국어음을 전사한 한글 표기의 양상과 중국어음을 표음문자인 한글로 전사하면서 발생한 문제들. 셋째, 한자 밑에 좌우로 전사한 중국어음 표기의 성격. 넷째, 16~18세기 사이에 간행된 간본에 반영된 중국어음의 음운변화와 그 전개 양상. 다섯째, 『老乞大』와 『朴通事』의 언해서가 기초하고 있는 방언 배경. 이 문제들에 대한 다각적인 검토가 이루어져야 『老乞大』와 『朴通事』의 언해서에 나타난 중국어음 표기의 자료적 가치와 성격을 온전히 밝힐 수 있을 것으로 보인다. 각 장에서 논의한 내용을 정리하면 다음과 같다.

I 장에서는 『老乞大』와 『朴通事』 언해서 각 간본의 자료적 특징과 반영하는 중국어에 대하여 중국어음 표기를 중심으로 소개하였고, 이 책에 나타난 중국어음을 연구한 전문적인 연구 성과의 목록을 주제별로 제시하였다. 그리고 본서에서 논의하는 주요한 문제와 관련된 '通攷所制之字'와

'國俗撰字之法'의 개념과 이에 따른 실제 표기 양상을 개략적으로 설명하였다.

Ⅱ장에서는 성모 및 운모 전사의 도식을 제시하고 이들을 전사하는 과정에서 생긴 핵심적인 문제들을 한국어음과 중국어음의 상호 관계 및 전사적 측면에서 살펴보았다. 성모 부분에서는 전탁음과 치음이 주요 논의 대상이 되었다. 운모 부분에서는 입성운미 표기를 비롯하여 운모 전사에서 발생한 문제들을 『飜譯老朴』 좌우음의 표기 차이와 시대에 따른 간본에서 나타나는 표기 차이를 대상으로 하여 집중적으로 분석하였다. 또한 『飜譯老朴』을 비롯하여 일부 『老乞大』와 『朴通事』의 언해서에 표시된 성조 표기를 분석하고, 이를 통해 역관이나 역학자들과 같은 일부 계층에서는 체계적인 성조 표기를 사용하고 있었다는 점을 지적하였다.

Ⅲ장에서는 『老乞大』와 『朴通事』 언해서의 각 한자 밑에 한글로 좌우에 표기한 중국어음 표기의 성격에 대하여 논의하였다. 이를 위하여 좌측음과 우측음을 정음과 속음의 관점에서 살펴보고 좌우음의 성격이 어떤 부분에서 차이가 나는지 여러 측면에서 고찰하였다. 특히 그간 우측음에 비해 관심이 떨어졌던 좌측음의 성격 문제에 대하여 상세하게 논의하였다. 아울러 『飜譯老朴』의 좌측음을 『譯訓』의 속음과 비교하여 미세하게 나타나는 차이의 양상과 원인을 밝히고자 하였고, 『飜譯老朴』의 우측음을 동일한 저자에 의해 비슷한 시기에 이루어진 『通解』의 금속음과 비교하여 운서적 표기방식과 역학서적 표기방식이 어떠한 점에서 차이를 보이는지 해명하였다.

Ⅳ장에서는 첫 간본인 『飜譯老朴』에서 마지막 간본인 『重老』 사이에 우측음을 통해 반영된 음운변화의 문제를 살펴보았다. 각 간본에 근대 시기 중국어의 음운변화가 어떠한 양상으로 나타나는지 예를 제시하고 이와 관련된 문제들을 논의하였다. 특히 18세기 중반 이후의 간본에 나타난 성모의 음운변화 중 가장 두드러지며 관여하는 글자도 많은 구개음화(尖團

不分) 문제를 상세하게 살펴보았다.

V장에서는 『老乞大』와 『朴通事』의 언해서에 나타난 중국어음의 방언 배경 문제에 대하여 논의하였다. 먼저 이 책의 간본들에 나타난 우측음의 전체적인 모습은 16세기 초반에서 18세기 후반까지 北京을 중심으로 하는 지역에서 통용된 北方官話를 반영한다는 점을 지적하였다. 다만 『飜譯老朴』의 좌우음이 반영하고 있는 15세기 중반 이후의 北方官話는 明初의 首都語인 南京官話의 영향이 있었으며, 이러한 영향은 성조와 入聲韻字 文白異讀에서 두드러지게 나타나는 것으로 보았다. 『老乞大』와 『朴通事』 언해서의 18세기 간본에 나타난 우측음도 전체적으로는 北京과 東北 지역을 중심으로 하는 북방 지역에서 통용된 官話의 모습을 보여 준다고 할 수 있는데, 18세기 간본에 반영된 일부 음운 현상으로 미루어 이들 간본의 제보자 일부가 山東 東部 지역의 방언적인 배경을 가지고 있었을 가능성에 대해서도 논의하였다.

본서에서는 특히 『老乞大』와 『朴通事』의 언해서에서 각 한자 밑의 좌우에 나란히 표기한 두 중국어음 표기의 성격과 관계를 규명하는 데 많은 관심을 기울였다. 최초의 간본인 『飜譯老朴』에 나타난 좌우음에서 좌측음은 『通攷』 속음의 표기방식에 기초한 通攷所制之字로 중국어 규범음을 나타낸다. 우측음은 중국어를 배우는 사람들의 학습을 위하여 일반적으로 사용하는 한글 표기방식인 國俗撰字之法에 의거하여 만든 것으로 당시의 중국어 현실음을 나타내고 있다. 國俗撰字之法은 중국어 初學者의 학습상 편의를 위하여 일반적인 글자체의 방법으로 중국어음을 표기한 것이기 때문에 일반인이 이해하기 쉬운 간략표기의 성격을 가지고 있다. 이는 중국어음을 최대한 정밀하게 표기하기 위하여 운서에서 고안된 표기방식에 기초하고 있는 『飜譯老朴』 좌측음의 표기가 중국어 학습을 위하여 만들어진 『飜譯老朴』 우측음에서 중국어 학습의 편의라는 현실적인 목적 때문에 간략한 표기로 조정되었음을 의미한다. 『飜譯老朴』에 나타난 이러한 표기방식은 조선시대의 한학자들이 중국어음을 어떻게 인식하였는가와 함께 훈민정음을 사용한 중국어음 표기의 면모를 여실히 보여 주고 있으며, 이후 역학서에서 사용된 중국어음 표기의 기초가 되었다. 『飜譯老朴』의 좌우음은 이처럼 표기방식에서 중요한 차이를 보이는데, 좌측음은 『通攷』의 저자인 申叔舟의 표기방식이고 우측음은 『飜譯老朴』의 저자인 崔世珍의 표기방식이다. 따라서 조선시대를 통틀어 가장 뛰어난 두 한학자의 훈민정음을 사용한 중국어음 표기방식인 운서적 표기방식과 역학서적 표기방식이 공존하는 것이라고 할 수 있다. 현대적인 의미에서 보면 좌측음은 정밀표기이고 전문가를 위한 표기의 성격을 가지는 반면 우측음은 간략표기이고 중국어 학습자를 위한 표기의 성격을 가진다고 볼 수 있다. 조선시대의 한학자들은 훈민정음 창제 이후 훈민정음의 특성을 이용하여 이와 같은 뛰어난 중국한자음 표기법을 만들어 낸 것이다. 『老乞大』와 『朴通事』 언해서의 좌우음은 표기방식에서 차이를 보일 뿐 아니라 음운변화의 반영 정도에서도 차이를 보인다. 또한 入聲韻字에서는 文白音의 차이도 나타난다. 이처럼 『老乞大』와 『朴通事』 언해서의 좌우 중국어음 표기에서는 표기의 정밀도 차이와 음운의 기원을 적절하게 제시하여 중국어 학습에 효과적으로 사용할 수 있도록 하였다. 따라서 우측음과 함께 좌측음의 표기 특성을 종합적으로 검토해야만 이 책이 반영하고 있는 중국어음의 모습을 정확하게 이해할 수 있을 것이다.

『老乞大』와 『朴通事』의 언해서에 나타난 좌측음은 규범음의 성격을 가지고 있으므로 간본의 발행 시기에 따른 중국어의 음운변화를 반영하고 있지 않다. 반면 중국어 현실음인 우측음은 각 간본을 통해 시간에 따른 중국어의 음운변화를 비교적 생생하게 반영하고 있다. 우측음은 한편으로는 보수적인 성격도 가지고 있는데, 그 이유는 이들 언해서가 전거로 삼고 있는 것이 이전에 간행된 언해서이기 때문이며 특히 『飜譯老朴』의 영향은 매우 큰 것이었다. 따라서 편찬자들은 음운변화를 수용하는 데 소극적이었고 이전의 언해서를 답습하는 경향도 한편으로 보여 주고 있는 것이다. 본서에서는 이러한 상황을 종합적으로 고려하여 16~18세기에 북방중국어에서 나타난 음운변화의 문제에 대하여 살펴보았다. 또한 『老乞大』와 『朴通事』의 언해서에는 北京語 음운사의 측면에서 설명하기 어려운 표기나 음운변화의 양상이 나타나기도 하는데, 이러한 양상을 보다 온전하게 설명할 수 있도록 이 책들에 나타난 중국어음의 방언 배경 문제에 대해서도 여러 측면에서 검토하였다.

『老乞大』와 『朴通事』의 언해서에 나타난 중국어음 표기에 대한 기존의 연구는 그 자료적 가치에 비하여 많다고 할 수는 없으나 주목할 만한 연구들이 있었기 때문에 기존의 연구들과 중복을 피하려 했지만 본 연구도 그 테두리에서 크게 벗어나지 못했음은 인정해야 할 것 같다. 특히 이들 연구의 기본 전제는 『老乞大』와 『朴通事』의 언해서에 나타난 현실음 표기인 우측음은 음성 실현 위주의 전사로서, 현실적인 중국어음을 표음문자인 한글로 정성스럽게 기록한 결과의 반영이라는 것이었다. 본서에서는 현실적인 표기를 방해하는 문헌 편찬적인 요인을 제시하기도 하고 규범음인 좌측음과의 관련성에 대해서도 많은 논의를 했지만, 근본적인 연구 태도는 동일한 것이어서 이들 문헌의 우측음은 편찬자가 중국어음을 듣는 그대로 표기한 것이라는 전제하에 있는 것이었다. 즉 표기에서 어떤 변화가 일어났다면 제보자의 발음에서 이전에 조사된 중국어음과는 다른 음가의 발음을 인지한 것을 반영해 놓았다거나 또는 조사자는 제보자의 발음을 듣는 그대로 표기해 놓았다는 전제에서 논의가 이루어졌다는 것이다. 문헌에 반영된 중국어음 자료의 연구에서 이러한 태도는 위험하다는 것을 인정하면서도 이전의 연구에서의 연구 태도를 필자가 계속 유지하고 있는 데는 이유가 있다. 즉 조선시대에는 역관이나 역학자들이 중국 현지를 왕래하면서 꾸준히 중국어음을 청취했으며, 여러 관련 근거들을 통해 『飜譯老朴』이나 『老新諺』, 『朴新諺』과 같은 문헌들의 우측음은 중국인 제보자들에게 중국어음을 質正함에 의해 얻어진 것임을 알 수 있기 때문이다. 이러한 상황에서 『老乞大』와 『朴通事』 언해서의 우측음을 음성 실현 위주의 전사라고 전제하는 연구 태도에 대해 반박할 근거는 미약하다.

『老乞大』와 『朴通事』의 언해서에 나타난 중국어음 표기에 대한 연구는 국어 문헌에 반영된 중국어음운사 자료를 대상으로 하므로 중국어음운학과 국어음운사의 전문적인 지식이 모두 필요하다는 점에서 어려움이 있다. 즉 중국어음을 전사하고 있는 수단이 훈민정음이어서 한국어와 중국어 각각의 음운체계에 대한 이해와 두 언어의 음운체계 사이의 관계에 대한 올바른 분석이 함께 선행되어야 하기 때문이다. 또한 훈민정음 표기의 성격과 사용 양상에 대해서도 심도 있는 이해가 필요하다. 그간 이 분야의 연구는 국어학자들에 의해 주도된 측면이 있는데, 이들 자료는 기본적으로 중국어음운사 자료의 성격이 강하기 때문에 국어학자들과 함께 중국어음운사에 전문적인 지식을 가진 중국어학자들의 정밀한 연구가 요망되며 앞으로 이들 자료에 대한 보다 많은 관심을 기대한다.

■참고문헌 및 참고자료

참고문헌

姜信沆(1973), 『四聲通解研究』, 新雅社.

______(1974), 「飜譯老乞大・朴通事의 音系」, 『震檀學報』 38.

______(1978a), 『李朝時代의 譯學政策과 譯學者』, 塔出版社.

______(1978b), 「老乞大・朴通事諺解內字音의 音系」, 『東方學志』 18.

______(1978c), 「「朴通事新釋諺解」內 字音의 音系」, 『學術院論文集(人文・社會科學篇)』 17.

______(1978d), 「中國字音과의 對音으로 본 國語母音體系」, 『國語學』 7.

______(1983), 「齒音과 한글 表記」, 『國語學』 12.

______(2000), 『韓國의 譯學』, 서울대학교출판부.

______(2007), 『國語學散稿』, 도서출판 월인.

菅野裕臣(1977), 「司譯院漢學書에 記入된 近世 中國語의 聲調表記」, 『李崇寧先生古稀紀念國語國文學論叢』.

金武林(1999), 『洪武正韻譯訓 研究』, 도서출판 월인.

金芳漢(1988), 『歷史-比較言語學』, 民音社.

金完鎭(1971), 『國語音韻體系의 研究』, 一潮閣.

______(1973/1989), 『中世國語聲調의 研究』, 韓國文化研究所, 1989(3版), 塔出版社.

______(1976), 『老乞大의 諺解에 대한 比較研究』, 韓國研究院.

______(1978), 「朱點本 重刊老乞大諺解에 대하여」, 『奎章閣』 2.

______(1992), 「重刊老乞大諺解의 研究」, 『韓國文化』 13.

김태싱(2001), 「≪洪武正韻譯訓·序≫ 釋補」, 『中國硏究』 28.

김현주·정경재(2006), 「飜譯『老乞大』·刪改『老乞大』·『老乞大諺解』의 漢文原文 對照」, 『역학서와 국어사 연구』, 태학사.

南廣祐(1972), 「新發見인 崔世珍 著 「飜譯老乞大」 卷上을 보고」, 『국어국문학』 55-57 합병호.

리득춘(1994), 「번역 박통사의 중국어 표음에 대한 초보적 감별」, 『조선어 한자어음 연구』, 박이정.

朴炳采(1983), 『洪武正韻譯訓의 新硏究』, 高大民族文化硏究所.

박정주 옮김(2003), 『북학의』, 서해문집.

박태권(1976), 『국어학사 논고』, 샘문화사.

______(2002), 『국어학사 연구』, 세종출판사.

성백인(1999), 『만주어와 알타이어학 연구』, 태학사.

신용권(1994), 「老乞大諺解의 漢語音 硏究 — 18世紀 刊本의 在右字音을 중심으로 —」, 서울대학교 석사논문.

愼鏞權(1995), 「≪漢淸文鑑≫의 漢語音 表記에 대하여」, 『언어연구』 10·11·12.

______(1999), 「≪老乞大新釋諺解≫의 漢語音 硏究」, 『언어의 역사』, 태학사.

______(2003), 「≪古今韻會擧要≫, ≪蒙古字韻≫과 ≪東國正韻≫」, 『알타이학보』 13.

______(2004), 「≪飜譯老乞大≫에 나타난 좌측음의 성격에 대하여」, 『中國文學』 42.

______(2007), 「≪老乞大≫, ≪朴通事≫ 諸刊本에 나타난 漢語 문법 변화 연구 — 漢語의 성격 규명과 文法化 현상을 중심으로 —」, 서울대학교 박사논문.

______(2008), 「老乞大諺解書에 나타난 漢語 聲調 표기와 관련된 몇 가지 문제에 대하여」, 『中國文學』 57.

______(2009), 「≪飜譯老乞大≫에 나타난 濁音과 入聲 표기에 대하여」, 『中國語文學』 54.

______(2010a), 「近代漢語 구개음화 연구 (Ⅰ) — 반영하는 자료를 중심으로」, 『中國文學』 64.

______(2010b), 「近代漢語 구개음화 연구 (Ⅱ) — 변화의 양상과 원인을 중심으로」, 『中國言語硏究』 33.

______(2011), 「『번역노걸대·박통사』에 나타난 정속음의 개념에 대한 재검토」, 『한글』 293.

______(2012a), 「≪번역노걸대·박통사≫의 한어음 표기와 관련된 몇 가지 문제에 대하여」, 『언어학』 62.

______(2012b), 「去聲의 변화와 문법적 기능의 쇠퇴」, 『中國語文學』 61.

______(2013), 「老乞大와 朴通事의 諺解書에 나타난 漢語音의 방언배경 연구」, 『中國言語硏究』 47.

______(2014), 「≪華音啓蒙諺解≫의 漢語音 표기 연구」, 『中國文學』 81.

______(2015), 「조선 후기의 漢語 학습서와 훈민정음의 사용」, 『韓國實學硏究』 29.
______(2016a), 「≪洪武正韻譯訓≫의 俗音 표기와 관련된 몇 가지 문제」, 『中國語文學』 71.
______(2016b), 「「홍무정운역훈」에 나타난 속음의 성격에 대하여」, 『언어학』 76.
______(2017), 「≪四聲通解≫에 나타난 今俗音의 성격에 대하여」, 『中國文學』 92.
安奇燮(1988a), 「朝鮮時代 對 漢語 譯音書의 正音・俗音 성격의 再考 —序・凡例上의 기술을 중심으로—」, 『中語中文學』 10.
______(1988b), 「朝鮮時代 對 漢語 譯音書 序・凡例上의 聲調 認識과 入聲 —/-k//-t//-p/韻尾 脫落 後의 變遷 탐구를 위하여 —」, 『中國人文科學』 7.
安秉禧(1996), 「老乞大와 그 諺解書의 異本」, 『人文論叢』 35.
安在哲(1985), 「韻略易通硏究」, 연세대학교 석사논문.
유영기(1987), 「「合併字學集韻」硏究」, 서울대학교 석사논문.
유재원(2002), 「조선 역음서의 정속음과 좌우음의 관계 및 성격에 대한 연구」, 『언어와 언어학』 30.
______(2003a), 「조선시대의 두 가지 중국어음 표기체계」, 『中國學硏究』 23.
______(2003b), 「18세기 중국어 正齒音성모의 성격에 대한 고찰」, 『中國學硏究』 25.
李基文(1972/1987), 『國語音韻史硏究』, 韓國文化硏究所, 1987(五版), 塔出版社.
李敦柱(1989a), 「「飜譯老乞大・朴通事」의 漢音 上聲 變調에 대하여」, 『주시경학보』 3.
______(1989b), 「「飜譯老乞大・朴通事」의 漢音 調値에 대하여」, 『國語學』 18.
______(2003), 『韓中漢字音硏究』, 태학사.
李秉根(1970), 「19世紀 後期 國語의 母音 體系」, 『學術院論文集』 9.
李丙疇(1966), 『老朴集覽考』, 進修堂.
李崇寧(1971), 「洪武正韻의 認識의 時代的 變貌」, 『金亨奎博士 頌壽紀念論叢』.
李英月(2004), 「『四聲通解』의 正音・俗音・今俗音 성격 고찰」, 『中國語文學論集』 29.
李在敦(1990), 「中國 近世 官話의 音韻 演變 硏究」, 서울대학교 박사논문.
______(1993), 「≪四聲通解≫에 반영된 16세기 중국어 음계 연구」, 『中國文學』 21.
______(2007), 『中國語音韻學』, 學古房.
李鍾九(2009), 「『飜譯老乞大朴通事』 中國音의 성격」, 『中國言語硏究』 29.
장경희(1993), 「『老乞大』・『朴通事』의 언해본」, 『國語史 資料와 國語學의 硏究』, 文學과 知性社.
張馨實(1994), 「「飜譯老乞大」의 中國語 注音에 對한 硏究」, 고려대학교 석사논문.
정경일(2006), 「근대국어 한자음」, 『國語史와 漢字音』, 박이정.
鄭 光(1974a), 「飜譯老乞大朴通事凡例硏究」, 『第17次 全國 國語國文學大會 發表要旨』.
______(1974b), 「飜譯老乞大 朴通事의 中國語音 表記 硏究 — 四聲通解 歌韻內 諸字의 中聲表記를 中心으로 —」, 『國語國文學』 64.

______(2002), 『譯學書研究』, 제이앤씨.
정승혜(1998a), 「平壤版 老乞大諺解 서문」, 『문헌과 해석』 여름 통권 3호, 태학사.
______(1998b), 「老乞大新釋 서문」, 『문헌과 해석』 가을 통권 4호, 태학사.
______(1998c), 「朴通事諺解 서문」, 『문헌과 해석』 겨울 통권 5호, 태학사.
朱星一(2005), 「조선초기 韓中 對譯音 자료를 통해 본 捲舌音의 형성과정」, 『中國語文論譯叢刊』 14.
______(2006), 「조선 초기 韓中 譯音 자료에 나타난 중국어음 표기방식 연구 — 申叔舟식과 崔世珍식 어음표기를 중심으로」, 『中語中文學』 38.
______(2008a), 「申叔舟와 崔世珍의 中國語 正音觀」, 『中國學報』 57.
______(2008b), 「≪四聲通解≫ 入聲韻의 今俗音 考察」, 『中國文學硏究』 37.
______(2009), 「≪四聲通解≫凡例考(Ⅱ)」, 『中國文學研究』 39.
______(2011), 「≪四聲通解≫에 반영된 近代漢語 어음 연구」, 『中國文學研究』 42.
崔玲愛(2006), 「『飜譯老乞大』 入聲字의 훈민정음표기 연구」, 『中國語文學論集』 37.
許 雄(1955), 「旁點研究」, 『東方學志』 2.
______(1985), 『국어 음운학 — 우리말 소리의 오늘·어제 —』, 샘문화사.

康寔鎭(1985), 『「老乞大」「朴通事」研究』, 臺灣學生書局.
更科愼一(2010), 「≪華音撮要≫、≪中華正音≫二書韓文注音所見的漢語方音特點」, 『韓漢語言探索』, 學古房.
耿振生(1992), 『明清等韻學通論』, 語文出版社.
______(2007), 「從歷史上的人口變遷看近代北京話的遞嬗延續」, 『近代官話語音研究』, 語文出版社.
高曉虹(2001), 「北京話入聲字文白異讀的歷史層次」, 『語文研究』 第2期.
祁慶富(2004), 「明清時期北京的朝鮮使館」, 『亞細亞文化研究』 8.
忌 浮(1991), 「十四世紀大都方言的文白異讀」, 『中原音韻新論』, 北京大學出版社.
金周生(1985), 『宋詞音系入聲韻部考』, 文史哲出版社.
寧繼福(1985), 『中原音韻表稿』, 吉林文史出版社.
寧忌浮(1997), 『≪古今韻會擧要≫及相關韻書』, 中華書局.
魯國堯(2003), 「明代官話及其基礎方言問題」, 『魯國堯語言學論文集』, 江蘇教育出版社.
董同龢(1968/1998), 『漢語音韻學』, 1998(十五版), 文史哲出版社.
朴炯春(2001), 「中古知莊章三組聲母在今山東方言中的讀音研究」, 山東大學 博士論文.
馮 蒸(1997), 「尖團字與滿漢對音—≪圓音正考≫及其相關諸問題」, 『漢語音韻學論文集』, 首都師範大學出版社.
鋤田智彦(2010), 「三本≪重刊老乞大諺解≫中所見反映聲調的傍點」, 『韓漢語言探索』, 學古房.

薛鳳生(1992), 「方音重迭與普通話文白異讀之形成」, 『紀念王力先生九十誕辰文集』, 山東教育出版社.
邵榮芬(2010), 『漢語語音史講話(校正本)』, 中華書局.
孫建元(2010), 『≪四聲通解≫今俗音研究』, 中華書局.
申雅莎(2010), 「試論≪老乞大≫諺解各版本中的入聲韻尾"ㅸ"」, 『韓漢語言探索』, 學古房.
愼鏞權(2002), 「≪古今韻會擧要≫研究」, 南京大學 博士論文.
沈建民(1994), 「近代漢語梗攝二等開口喉牙音字的讀音」, 『語言研究』 增刊本.
楊劍橋(1999), 「"尖團音"辨釋」, 『辭書研究』 第4期.
楊亦鳴・王爲民(2003), 「≪圓音正考≫與≪音韻逢源≫所記尖團音分合之比較研究」, 『中國語文』 第2期.
楊振淇(1991), 『京劇音韻知識』, 中國戲劇出版社.
葉寶奎(2001), 『明淸官話音系』, 厦門大學出版社.
王　力(1980), 『漢語史稿(修訂本)』, 中華書局.
______(1985), 『漢語語音史』, 中國社會科學出版社.
遠藤光曉(1984), 「≪飜譯老乞大・朴通事≫裏的漢語聲調」, 『語言學論叢』 13, 商務印書館.
尉遲治平(1990), 「老乞大、朴通事諺解漢字音的語音基礎」, 『語言研究』 第1期.
俞　敏(1992), 「現代北京話和元大都話」, 『俞敏語言學論文二集』, 北京師範大學出版社.
陸志韋(1946), 「釋中原音韻」, 『燕京學報』 第31期.
______(1947a), 「記藍茂韻略易通」, 『燕京學報』 第32期.
______(1947b), 「記徐孝重訂司馬溫公等韻圖經」, 『燕京學報』 第32期.
______(1948), 「記五方元音」, 『燕京學報』 第34期.
李啓文(1996), 「近代漢語共同語人聲字的演變」, 『中國語文』 第1期.
李得春(1988), 「≪四聲通解≫今俗音初探」, 『民族語文』 第5期.
李鍾九(1997), 「≪飜譯老乞大・朴通事≫所反映的漢語聲調調値」, 『古漢語研究』 第4期.
林慶勳(1991), 「刻本≪圓音正考≫所反映的音韻現象」, 『聲韻論叢』 第3輯.
蔣紹愚(2005), 『近代漢語研究概要』, 北京大學出版社.
張樹錚(1994), 「山東方言"日"母字研究」, 『語言研究』 增刊本.
張衛東(2000), 「≪華音正俗變異≫考」, 『國際中國學研究』 3.
______(2007), 「論近代漢語官話史下限」, 『近代官話語音研究』, 語文出版社.
張竹梅(2007), 「試論明代前期南京話的語言地位」, 『近代官話語音研究』, 語文出版社.
張鴻魁(1996), 『金瓶梅詞話語音研究』, 齊魯書社.
張曉曼(2003), 「≪四聲通解≫聲母系統研究」, 『中國學』 21.
錢曾怡 主編(2010), 『漢語官話方言研究』, 齊魯書社.
丁邦新(1998), 『丁邦新語言學論文集』, 商務印書館.
趙蔭棠(1936), 『中原音韻研究』, 商務印書館.

周同春(1990),『漢語語音學』, 北京師範大學出版社.
朱星一(2000a),「從≪飜譯老乞大·朴通事≫左側音看近代漢語入聲」,『古漢語研究』第2期.
_____(2000b),「15、16世紀朝漢對音研究」, 北京大學 博士論文.
陳振寰(1986),「關于古調類調値的一種假設」,『音韻學研究』第2輯, 中華書局.
竺家寧(1994),「宋代入聲的喉塞音韻尾」,『聲韻論叢』第2輯.
太田辰夫(1991),『漢語史通考』(日文原版: 1988), 江藍生·白維國譯, 重慶出版社.
平山久雄(1991),「漢語聲調起源窺探」,『語言研究』第1期.
胡明揚(1963),「≪老乞大諺解≫和≪朴通事諺解≫中所見的漢語、朝鮮語對音」,『中國語文』第3期.

藤堂明保(1957),『中國語音韻論』, 江南書院.
_______(1960),「ki-とtsi-の混同は18世紀に始まる」,『中國語學』94.
山崎雅人(1990),「『[滿文]大清太祖武皇帝實錄』の借用語表記から見た漢語の牙音·喉音の舌面音化について」,『言語研究』98.
新宮學(2004),『北京遷都の研究』, 汲古書院.
岸田文隆(1994),「滿洲字による漢字音表記の規範化 — 滿洲字千字文を資料として —」,『言語學研究』13.
遠藤光曉(1990),『≪飜譯老乞大·朴通事≫漢字注音索引』, 好文出版.
_______(1993),「≪重刊老乞大諺解≫牙喉音字顎化的條件·附パリにある朝鮮資料」,『開篇』11.
_______(2006),「『飜譯老乞大·朴通事』に存在する注音·用字上の內部差異について」, *KOTONOHA* 38.
鵜殿倫次(1985),「『華音啓蒙諺解』の漢字音注の特質」,『愛知縣立大學外國語學部紀要(言語·文學編)』18.
竹越孝(2005),「『飜譯朴通事』と『朴通事諺解』の本文における異同について」, *KOTONOHA* 30.
中村雅之(2006a),「飜譯老乞大朴通事の左側音の入聲表記について」, *KOTONOHA* 41.
_______(2006b),「飜譯老乞大朴通事の右側音」, *KOTONOHA* 42.
_______(2006c),「飜譯老乞大·朴通事の輕聲について」, *KOTONOHA* 43.
_______(2007),「尖音·團音の滿洲文字表記」, *KOTONOHA* 55.
河野六郎(1951),「諺文古文獻の聲點に就いて」,『朝鮮學報』1.

Chen, M. Y. & W. S-Y. Wang(1975), "Sound Change: Actuation and Implementation", *Language* 51:2.
Jeffers, R. J. & I. Lehiste(1979), *Principles and methods for historical linguistics*,

Cambridge, Mass: MIT Press.

Karlgren, B.(1960), "Tones in Archaic Chinese", *The Museum of Far Eastern Antiquities, Bulletin* 32.

Ladefoged, P.(1975), *A Course in Phonetics*, Harcourt Brace Jovenovich, Second edition 1982.

Mei, Tsu-lin(1977), "Tones and tone sandhi in 16th century Mandarin", *Journal of Chinese Linguistics* 5:2.

Möllendorff, P. G. von(1892), *A Manchu Grammar*, Shanghai.

참고자료

『古今韻會擧要』(1297), 明刊本, 甯忌浮整理, 中華書局 영인본(2000).

『蒙古字韻』(1308), 民族出版社 영인본(『蒙古字韻校本』)(1987).

『中原音韻』(1324), 鐵琴銅劍樓藏元刊本.

『洪武正韻』(1375), 亞細亞文化社 영인본(1973).

(舊刊)『老乞大』(14세기후반?), 外語教學與研究出版社 영인본(『原本老乞大』)(2002).

『洪武正韻譯訓』(1455), 高麗大學校出版部 영인본(1974).

『飜譯老乞大』(1515년경), ① 卷上 中央大學校大學院 영인본(1972).
② 卷下 仁荷大學校人文科學研究所 영인본(1975).
③ 卷上下 亞細亞文化社 영인본(1980).

『飜譯朴通事』(1515년경), 卷上 慶北大學校大學院 영인본(1959).

『四聲通解』(1517), 大提閣 영인본(1985).

『訓蒙字會』(1527), 檀國大學校出版部 영인본(1971).

『老乞大諺解』(1670), ① 서울大學校 奎章閣 영인본(2003).
② 京城帝國大學法文學部 奎章閣叢書第九 영인본(1944).

『朴通事諺解』(1677), ① 서울大學校 奎章閣 영인본(2004).
② 京城帝國大學法文學部 奎章閣叢書第八 영인본(1943).

『清文啓蒙』(1730), 永魁齋板本.

『圓音正考』(1743序), 『續修四庫全書(經部小學類)』, 上海古籍出版社.

『老乞大諺解』(平安監營重刊本)(1745序), 서울大學校 奎章閣 영인본(2003).

『老乞大新釋』(1761), 서울大學校 奎章閣 영인본(2003).

『老乞大新釋諺解』(1763), 卷一(零本), 미국 컬럼비아대학 동아도서관 소장본.

『朴通事新釋』(1765년경), 서울大學校 奎章閣 영인본(2004).

『朴通事新釋諺解』(1765), ① 서울大學校 奎章閣 영인본(2004).
② 弘文閣 영인본(1985).

『御製增訂清文鑑』(1771序), 乾隆三十六年本.
『欽定淸漢對音字式』(1772), 乾隆三十七年本.
『滿文老檔』(1778), 乾隆四十三年本.
『漢淸文鑑』(1779년경), 延禧大學校東方學研究所 영인본(『韓漢淸文鑑』)(1956).
『重刊老乞大』(1795), 서울대학교 규장각한국학연구원 소장본.
『重刊老乞大諺解』(1795년경), 서울대학교 규장각한국학연구원 소장본(奎 2049, 奎 4866).
『音韻逢源』(1840), 『續修四庫全書(經部小學類)』, 上海古籍出版社.
『正音切韻指掌』(1860), 『續修四庫全書(經部小學類)』, 上海古籍出版社.
『華音啓蒙』(1883), 서울대학교 규장각한국학연구원 소장본.
『華音啓蒙諺解』(1883년경), 서울대학교 규장각한국학연구원 소장본.
『華語類抄』(19세기 말), 서울대학교 규장각한국학연구원 소장본.
『你呢貴姓』(1864-1906年間), 『朝鮮時代漢語教科書叢刊』(四), 中華書局 영인본(2005).
『學淸』(刊年 미상), 『朝鮮時代漢語教科書叢刊』(四), 中華書局 영인본(2005).
『通文館志』(1888), 景仁文化社 영인본(1972).
『稗官雜記』, 민족문화추진회 역본(1971).
『漢語方言概要』(1989年(第二版)), 袁家驊等, 文字改革出版社.
『漢語方音字彙』(1989年(第二版)), 北京大學中國語言文學系 語言學教研室 編, 文字改革出版社.
『南京方言詞典』(1995), 劉丹青 編纂, 江蘇教育出版社.
『普通話基礎方言基本詞彙集』(1996), 陳章太・李行健 主編, 語文出版社.
『山東方言詞典』(1997), 董紹克・張家芝 主編, 語文出版社.
『漢字古今音表(修訂本)』(1999), 李珍華・周長楫 編撰, 中華書局.
『奎章閣所藏語文學資料 語學篇 目錄・書誌』(2001), 서울大學校 奎章閣.
『譯學書文獻目錄』(2009), 遠藤光曉等 編, 박문사.
『朝鮮王朝實錄』, http://sillok.history.go.kr/.

■찾아보기

ㅊ

ㅌ

ㅍ

ㅎ

저자소개

신용권(愼鏞權)

서울대학교 언어학과 졸업(1992)

서울대학교 대학원 석사(1994), 박사(2007)

중국 난징(南京)대학 중문계 박사(2003)

2004년 3월~현재 인천대학교 중어중국학과 교수

논저: ≪古今韻會擧要≫硏究(2002), ≪老乞大≫, ≪朴通事≫ 諸刊本에 나타난 漢語 문법 변화 연구(2007), 近代漢語 구개음화 연구(Ⅰ), (Ⅱ)(2010), 「홍무정운역훈」에 나타난 속음의 성격에 대하여(2016), ≪四聲通解≫에 나타난 今俗音의 성격에 대하여(2017), 한국어 연구의 새로운 흐름(2018, 공저) 등 공저 및 논문 40여 편.